Pferderassen
der Welt

Wolfgang Kresse

Pferderassen der Welt

280 Farbfotos
12 Zeichnungen

VERLAG
EUGEN
ULMER

Foto S. 2: Namib-Wildpferde.

Die Deutsche Bibliothek – CIP-Einheitsaufnahme
Pferderassen der Welt / Wolfgang Kresse. - Stuttgart (Hohenheim) :
Ulmer, 1999
ISBN 3-8001-7392-1

© 1999 Eugen Ulmer GmbH & Co.
Wollgrasweg 41, 70599 Stuttgart (Hohenheim)
Printed in Germany
Lektorat: Sigrun Wagner
DTP und Produktion: Ulla Stammel
Repro: BRK, Stuttgart
Druck: Druckerei Appl, Wemding
Buchbinderische Verarbeitung: Großbuchbinderei Monheim

Vorwort

Die Entwicklung des Menschen ist eng mit der des Pferdes verbunden, wenngleich sich beide über Jahrtausende als Gegner – Jäger und Gejagter – gegenüberstanden. Erst mit der Domestikation des Pferdes im 3. bis 2. Jahrtausend v. Chr. beginnt, was wir Partnerschaft von Mensch und Pferd nennen. Rind, Schwein, Ziege und Schaf wurden schon um 10.000–3.500 v. Chr. gezüchtet.

Ursache für die verhältnismäßig späte Domestikation des Pferdes waren sicher die unabhängige, auf Bewegung angelegte Natur des Pferdes und dessen Charakter. Erschwerend kam hinzu, daß das Pferd als vom Menschen gejagtes Wildbret gelernt hatte, den Menschen zu fürchten. Das Pferd ist schließlich dem Menschen doch noch ein treuer und zuverlässiger Partner geworden. Es hat den Menschen auf allen seinen Wegen begleitet und viele Wanderungen der Völker erst durch seine Stärke ermöglicht.

Im Verlauf dieser Partnerschaft von Pferd und Mensch haben sich beide wechselseitig beeinflußt und durch sich verändernde Lebensbedingungen in einer anderen Umwelt gewandelt. Stärker betroffen davon war aber das Pferd, weil der Mensch schon sehr bald die Möglichkeiten einer gezielten Zucht erkannt hat. Aus der Stammesgeschichte des Pferdes läßt sich erkennen, daß nicht allein die großen Wanderungsbewegungen der Pferde und Völker zur Vermischung der Wildformen des Pferdes und zur Bildung anderer, neuer Rassen geführt haben, sondern auch das Eingreifen des Menschen.

Ausgehend von den Urpferdtypen des Quartär entwickelten sich über domestizierte Stammformen des Pferdes und vier Urtypen des Pferdes Ponys, Warmblut, Kaltblut, Vollblut, – eine Unterscheidung, der wir heute noch folgen. Nur haben sich aus diesen vier Primitivformen des Pferdes eine Fülle von Rassen – mit und ohne Zutun des Menschen – entwickelt. In der Mitte dieses Jahrhunderts waren etwa 100 Pferderassen bekannt. Wenn man heute auch die kleinen, vom Aussterben bedrohten Rassen und solche, deren Rassebegriff sich mehr vom Typ und der Herkunft ableitet, einbezieht, kommt man gut auf mehrere Hundert Pferderassen. Darunter auch solche, die ihr Dasein nur einer Laune von Menschen verdanken. „Mußte das sein?" fragt man sicher mit Recht.

Man sollte aber nicht vergessen, daß solche Zuchtexperimente auch etwas über die ungebrochene, wachsende und einen neuen Rang bekommende Partnerschaft von Mensch und Pferd aussagt. Noch nach 5.000 Jahren fasziniert uns das Pferd, schlägt uns in seinen Bann. Nicht nur als Lippenbekenntnis, denn vom Aussterben bedrohte Populationen werden geschützt, Reservate werden für letzte wild lebende Pferdeherden eingerichtet und bewährte alte, totgesagte Rassen stoßen wieder auf Interesse und nehmen an Zahl zu. Und überall, in aller Welt hat das Pferd Freunde, und es wird in allen Rassen, Farben und Formen geliebt.

Verden an der Aller, Frühjahr 1999
Wolfgang Kresse

Inhaltsverzeichnis

Abstammung und Geschichte des Pferdes

Wie wir Menschen, so haben sich auch alle Pferde und pferdeartigen Tiere aus anderen Urformen im Verlauf von vielen Millionen Jahren entwickelt und umgebildet. Während die Wissenschaft das aufgrund radioaktiver Vorgänge geschätzte Weltalter von der Urzeit (Azoikum) über das Erdaltertum (Paläozoikum) bis zum Erdmittelalter (Mesozoikum) auf anderthalb bis zwei Milliarden Jahre schätzt, umfaßt die Erdneuzeit (Känozoikum oder Neozoikum) mit den vom Eozän bis in das Holozän oder Alluvium reichenden Epochen bis in unsere Gegenwart den immer noch unvorstellbaren Zeitraum von 60 Millionen Jahren. In dieser im Vergleich zum Erdzeitalter kurzen Zeitspanne entwickelten sich Pferd und Mensch. Die Forschungsergebnisse der unterschiedlichsten wissenschaftlichen Disziplinen tragen dazu bei, das Bild von der Entwicklung des Menschengeschlechts und des Pferdes immer deutlicher werden zu lassen. Was einmal nur schemenhaft als Kontur zu erkennen war, ist zum Bild geworden, dem zur Vollkommenheit nur noch einige wenige Pinselstriche fehlen.

Die Paläanthropologen, die sich mit den frühen Vorfahren des Menschen befassen, sind, wie auch die Paläontologen und Zoologen, zu dem Ergebnis gelangt, daß die Evolution unserer menschlichen Vorfahren und auch die der Tierwelt durch Klimaveränderungen beeinflußt worden ist. Als 1856 fossile Knochen eines Vormenschen in einer Höhle im Neandertal bei Düsseldorf gefunden wurden, setzte eine rege wissenschaftliche Diskussion über die Entwicklung des Menschen ein. Einer der damals führenden Wissenschaftler war der als Begründer der Evolutionstheorie geltende englische Naturwissenschaftler Charles Robert Darwin (1809–1882), der die Lehre von der gemeinsamen Abstammung der Arten und deren natürliche Auslese durch Anpassung an die Umwelt vertrat. Aufgrund fossiler Knochen- und Skelettfunde begannen Zoologen und Paläonthologen die Evolutionsgeschichte des Pferdes eingehend und genau zu erforschen.

Der Ursprung des Pferdes

Der Urahn unserer Pferde, dessen fossile Reste man Mitte des 19. Jh. in Europa und in Nordamerika gefunden hatte, war ein 25 bis 45 cm großer „Mehrzeher", der im Eozän, einer Epoche der Tertiärzeit vor etwa 60 Millionen Jahren, gelebt hat. Sein Lebensraum waren die tropischen und subtropischen Wälder, von deren Blättern und Früchten er sich ernährte. In Europa wurde er unter dem Namen Hyracotherium und in Nordamerika unter dem Namen Eohippus beschrieben. Übereinstimmend stellten die Wissenschaftler Cope und Marsh fest, daß Hyracotherium und Eohippus zur gleichen Gattung der noch im Eozän aussterbenden „unpaarzehigen Huftiere" gehörten. In der dem Eozän nachfolgenden Erdperiode des Oligozän verschwinden in Europa die „Pferdlinge" völlig. Aber in Nordamerika geht die Entwicklung weiter. Und im Miozän hatte sich als Folge der gewaltigen Umweltveränderungen über verschiedene

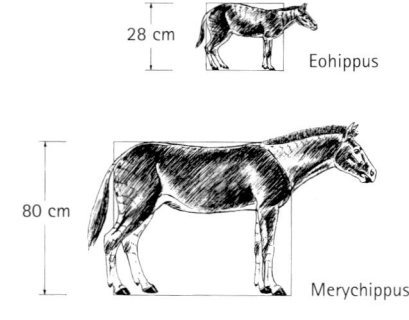

28 cm
Eohippus

80 cm
Merychippus

115 cm
Pliohippus

Augenfälligste Veränderung der Evolution vom Eohippus zum Pliohippus: Größenwachstum und veränderte Oberlinie. Nach Isenbart/Bührer: Das Königreich des Pferdes.

Zwischenformen der grasfressende Steppenbewohner Merychippus entwickelt, der nicht nur größer als sein Vorfahr Eohippus war, sondern auch Gebiß und Gliedmaßen den Bedingungen der Steppe angepaßt hatte: Die Zähne waren härter und hatten die uns bekannte hochkronige Form angenommen, die Seitenzehen der „Dreizeher" berührten den Boden nicht mehr, nur noch die stark ausgeprägte Mittelzehe.

Am Ende des Pliozäns war der Pliohippus weit verbreitet und die Entwicklung zum Pferd schon sehr weit fortgeschritten. Der Pliohippus trat bereits mit der „Mittelzehe" auf, die Seitenzehen waren zu Griffelbeinen degeneriert. Gliedmaßen, Körperbau und Zehenbild hatten sich so fortentwickelt, daß bereits vom Equus, wenn auch

in unterschiedlichen Arten, gesprochen werden kann. In großen Wanderungsbewegungen dehnten sie ihren Lebensraum aus und gelangten über die damals noch bestehenden Landbrücken nach Asien, Europa und Afrika.

Die gewaltigen geologischen Veränderungen der Erde im Pliozän und Diluvium (Epochen des Quartär), die Landbrücken wegbrechen ließen, andere neu schuf (Isthmus von Panama) und mit unvorstellbarer Gewalt Erdmassen zu Gebirgen gehoben hatten, hatten die Eiszeiten im Gefolge. Die damit verbundenen Klimaänderungen in allen Erdteilen zwangen das Pferd zu weiteren Wanderungen nach Eurasien und Afrika und ließen es im Quartär in Nordamerika aussterben. Eurasien wurde zum neuen Lebensraum. Vor allem der zentralasiatische neue Lebensraum hat das Pferd geprägt und geformt. Manche Arten starben aus durch die natürliche Selektion als Folge von Umweltveränderungen, in denen fruchtbare Steppen versandeten, vereisten oder Wälder wuchsen, und andere, anpassungsfähigere traten an ihre Stelle. Im Paläolithikum (Altsteinzeit), der ältesten und längsten Epoche der Menschheitsgeschichte, die vor 70.000 Jahren im Übergang des Tertiär zum Quartär beginnt und bis um 8.000 v. Chr., dem Ende des Eiszeitalters dauert, haben sich in Eurasien die Stammformen des Pferdes entwickelt. Als Stammformen des heutigen Pferdes wurden folgende Wildpferdearten angesehen: der Tarpan (Equus gmelini), das Przewalski Pferd (Equus przewalskii) und die beiden Formen des europäischen Waldwildpferdes (Equus caballus robustus und Equus caballus germanicus). Andere Wissenschaftler, wie J. C. Ewart, unterschieden als Stammformen das Keltenpferd (Equus caballus celticus), das Fjord- oder Vestland-

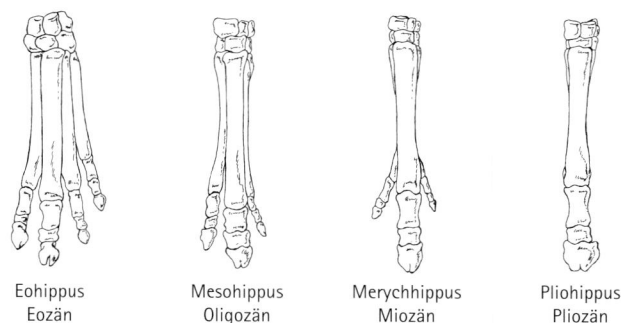

Eohippus	Mesohippus	Merychhippus	Pliohippus
Eozän	Oligozän	Miozän	Pliozän

Weniger auffällig als die des Exterieurs war die Evolution im Bereich der Gliedmaßen: Der Vierzeher wurde zum Einzeher, der Pferdehuf hatte seine Form und Gestalt gefunden.

pferd (Equus caballus typicus) und das Przewalski Pferd (Equus przewalskii). Aber auch andere Rasseeinteilungen wie „Waldtypus", „Steppentypus" und „Wüstentypus" wurden zur Unterscheidung verwendet. In neuerer Zeit ist der Tarpan als Wildpferdeart wegen seiner Schädelmerkmale aus der Liste der Wildpferdearten gestrichen worden und gilt als Hausform des Pferdes. In dieser grauen Vorzeit, in welcher der Mensch noch ein Glied der „Nahrungskette" war, müssen sich auch das alte Pferdegeschlecht und das junge Menschengeschlecht begegnet sein. Damit begann eine Beziehung, die Mensch und Pferd bis heute in einer ganz besonderen Weise miteinander verbindet.

Das Pferd in vorgeschichtlicher Zeit

Wenn auch der Werdegang des Menschen aufs engste mit dem des Pferdes und der anderen Haustiere verbunden ist, so war doch das Pferd vor dem Menschen da. Als sich vor rund 400.000 Jahren in Afrika und Europa aus dem Homo erectus der Neandertaler entwickelte, ist der Mensch dem

Nachttier Pferd nur flüchtig begegnet. Erst im jüngsten Abschnitt der Eiszeit, der Altsteinzeit, wird der Mensch zum Jäger, dem es große Tierbestände erlauben, durch lärmende Treibjagden das Wildbret (Auerochse, Hirsch, Pferd usw.) in Sümpfe, Hohlwege, Fallgruben oder über Felsklippen zu treiben. Diese damals übliche Jagdmethode wurde erst unter dem Einfluß der „Haustierwerdung" von Rind, Kamel, Schwein, Schaf, Ziege, Esel oder Hund und der Verbesserung der Distanzwaffe Pfeil und Bogen, die sicheres Treffen über eine größere Entfernung erlaubte, allmählich aufgegeben.

Das Wildpferd der Steinzeit war robust und klein, ca. 120 bis 140 cm groß und der für das Überleben des Menschen wichtigste Fleischlieferant. Motive der Höhlenmalereien dieser Zeit in Frankreich und Spanien weisen darauf hin, daß es auch als Opfertier verehrt wurde und es sich dem Menschen länger als alle anderen „Haustiere" entzogen hat. Auch in der Saaleschleife am Fuße von Rudelsburg und Saaleck bei Bad Kösen wurden vor mehr als 25.000 Jahren Wildpferde über die steil zur Saale abfallenden Kalksteinfelsen in die Tiefe getrieben, wie die ausgegrabenen Pferdeskelette,

Stein- und Knochenwerkzeuge und Feuer-
steinsplitter beweisen.

Diese barbarische Jagdmethode, mit der
in der Regel immer mehr Pferde erbeutet
wurden als die Jäger als Nahrungsmittel
verwenden konnten, hat die Zahl der Wildpferde ganz erheblich dezimiert. Sie hat sie
aber nicht, wie andere Tiere dieser Zeit,
aussterben lassen. Vielmehr wurde das
Pferd dadurch veranlaßt, in andere, ver-
meintlich sichere Regionen auszuweichen.
Dies ist unter anderem auch eine der möglichen Erklärungen für die Wanderungsbewegungen, die dann durch die anderen
Boden- und Klimaverhältnisse zu Veränderungen des Pferdes in Größe und Wuchsform geführt haben. Eine andere Erklärung
ist, daß die mit der weichenden Eiszeit zunehmende Erwärmung zu einem reichli-
cheren Futterangebot führte und die Wildpferde daher zu den besten Steppen und
Weiden zogen. Aber die Wanderungsbewegungen in andere, fremde Räume haben
durch schlechte Umweltbedingungen, d. h.
vor allem zu wenig Futter, auch zur „Ver-
zwergung" geführt. Denn für die gesamte
Epoche der Domestikation gilt, daß erst die
Haustierwerdung des Pferdes und die damit
verbundenen besseren Haltungs- und Pfle-
gebedingungen zu mehr Größe und besseren Formen geführt haben.

Der Steinzeitjäger, der zwar kein Noma-
de, aber auch noch nicht seßhaft war, jedoch gelernt hatte, das Pferdeverhalten
einzuschätzen, könnte durch die Wanderungsbewegungen dazu veranlaßt worden
sein, sich Pferde zu halten statt sie zu ja-
gen. Solchen einfachen Überlegungen sind
dann weitere Schritte gefolgt. Pferd und
Mensch sind aufeinander zugegangen und
haben zueinander Vertrauen gefaßt. Denn
in der Gefangenschaft des Menschen hatte
das Pferd ja auch so etwas wie Fürsorge
des Menschen erfahren, der es versorgte

und gegen Freßfeinde schützte. Diese frühe
Form der Domestikation verlief über einen
Zeitraum von mehreren Tausend Jahren.
Denn erst der seßhaft gewordene Mensch
konnte sich mit der Haltung von Haus-
tieren beschäftigen. Die Anfänge dieser
Domestikation werden von den Wissenschaftlern unterschiedlich datiert. Die einen
verlegen die Anfänge in die Zeit um 5500
v. Chr. und noch früher, die anderen in das
4. Jahrtausend v. Chr. So wurden die um
1930 von den Wissenschaftlern des Carne-
gie-Institutes in Merw, Turkmenistan, ge-
machten Funde auf 8200 v. Chr. datiert.
Man hatte in dem unter Wüstensand be-
grabenen alten Merw nicht nur Weizen-
spreu und Gerstengrannen in Tongeschir-
ren, sondern auch die Skelette von Rindern
und Pferden (Equus przewalskii) gefunden.
Die Tiere hatten mit den dort lebenden Indogermanen zusammengelebt, waren also
domestiziert. Die Pferde waren den Menschen gewöhnt, sie waren handzahm, aber
noch keine Hauspferde. Es war möglich,
einzelne Pferde ohne lange Verfolgungs-
jagd aus der Herde herauszufangen. Als
gesichert gilt, daß das Pferd im 3. Jahrtausend v. Chr. zum Haustier geworden war,
d. h. zum Fleisch- und Milchlieferanten sowie zum Pack- und Zugtier. Als Jungtiere
eingefangene Pferde waren auf die sie
betreuenden Personen so fest geprägt worden, daß sie mehr oder weniger freiwillig
beim Menschen blieben.

Man muß davon ausgehen, daß das mitteleuropäische Pferd dieser Zeit vom Przewalski Pferd abstammt. Als im Verlauf der
Eiszeiten des Pleistozän die ertragreichen
Grassteppen der Mongolei vereisten und
versandeten, hatte es sich andere Weide-
gründe suchen müssen, um nicht, wie viele
andere Arten, auszusterben. Der Kampf um
das Dasein prägte das Urpferd, denn nur
die härtesten und besten überlebten: das

Przewalski Pferd, das uns noch heute bei den Jakuten, Kalmücken, Kirgisen und Mongolen als Amur-, Sibirisches Steppenpferd oder Mongolenpferd begegnet. Andere Wildpferdgruppen wanderten aus dem Osten in den Südosten, nach Ost- und Mitteleuropa oder aus Zentralasien durch die Völkerpforte der Dsungarei nach Turkestan, Kasachstan und durch das Turan-Becken nach Medien, Armenien und Kleinasien. Denn die natürliche Grenze des Altaigebirges im Norden ließ nur diesen Weg zu.

Das frühgeschichtliche Hauspferd

Die Haustierhaltung des Pferdes war ein sich über Jahrtausende hinziehender Prozeß und dauerte vom 9. Jahrhundert v. Chr. bis in das 4. Jahrtausend. In diesem Zeitalter (Jungsteinzeit) entwickelte sich der Mensch vom umherziehenden Jäger zum seßhaften Bauern. Die Steppenvölker in Zentralasien und Südrußland waren die ersten, die Pferdeherden einfingen und hielten, um sich damit einen lebenden Fleischvorrat, Milch und Häute zu verschaffen.

Die wichtigsten Zentren der Domestikation waren die eurasischen Steppen in Zentralasien, die sibirische und die südosteuropäische Waldsteppe sowie die Steppenlandschaften Südfrankreichs, Südspaniens und Portugals.

Südlich der Kunlun-Gebirgskette, die mit einer Länge von fast 4.000 km Innerasien von Ost nach West durchzieht und im Westen über die Gebirge Pamir, Hindukusch und Elbrus bis zum Kaukasus reicht, haben in der Jungsteinzeit (Neolithikum) keine Pferde gelebt.

Es kann als gesichert angesehen werden, daß das Pferd am Ende des Neolithikums (ca. 2000–1800 v. Chr.) als Haustier in allen eurasischen Kulturkreisen, von den

Tundren und Steppen Nordasiens über Ost-, Mittel- und Nordeuropa bis nach Frankreich und die Iberische Halbinsel bekannt war, ausgenommen im altmittelländischen Raum (Italien, Ägäis). Im vorgeschichtlichen Deutschland läßt sich das Pferd als Haustier bereits für das Jahrtausend v. Chr. im Dümmergebiet nachweisen. Auch Grabungsfunde der Bronzezeit (1800–800 v. Chr.) sprechen deutlich für das Pferd als Haustier und dessen Zähmung und Verwendung als Zugtier für Pflug und Wagen. Die veränderte Nutzung, nicht mehr nur zur Fleischversorgung, ist mit dem Aufkommen der sogenannten Bauernkultur des Menschen verbunden. Er war nicht mehr nur nichtseßhafter Sammler und Jäger, sondern seßhafter Bauer mit Getreideanbau und Tierhaltung. Die Bedeutung des Pferdes zur Fleischversorgung spielte ausgenommen in Nordasien bei den Völkerstämmen der Mongolen keine so große Rolle mehr, da Rind, Schwein, Schaf und Ziege lange schon Haustiere waren und für die Ernährung verwendet wurden. Diese Wirtschaftsweise hatte sich um 5000 v. Chr. bis an die südwestliche Grenze Mitteleuropas ausgebreitet und sich gegen Ende des Neolithikums in Mitteleuropa durchgesetzt, während sich in Osteuropa und Nordasien die Kultur der „Hirtennomaden" behauptete. In beiden Kulturen war das Pferd Haustier, d. h. Fleischtier und lebender Lebensmittelvorrat.

Zu dieser Zeit hat sich in Siedlungen der südosteuropäischen Waldsteppe um das Dorf Tripolje bei Kiew auch die „Tripolje-Kultur" gebildet, eine jungsteinzeitliche Kulturform um 3000 v. Chr. In den planmäßig angelegten Dörfern gab es Getreideanbau und Viehzucht. Das Wildpferd wurde nun auch in der südosteuropäischen Waldsteppe, im donauländisch-mitteleuropäischen Raum und in der sibirischen

Urpony.

Tundrenpony.

Ramskopfpferd.

Urvollblüter.

Waldsteppe zum Haustier. Die Verwendung des Pferdes als Transport-, Zug- und Reittier begann ebenfalls in dieser Epoche. Aber wann, wie und wo zuerst, entzieht sich unserer genauen Kenntnis, da die Ergebnisse der Forschung zu unterschiedlichen Schlußfolgerungen führen. Denn es gibt aus dieser Zeit nur wenige Aufzeichnungen, ausgenommen auf Felsen oder Knochen gemalte oder geritzte Bilder sowie Tontafeln mit Keilschrift (Hethiter um 1400 v. Chr.), deren Deutung nicht einfach ist. Als gesichert gilt, daß die Entdeckung der Metalle Bronze und Eisen (um 1800 v. Chr. bis zur Zeitwende), die einen schnellen Transport über oft weite Strecken erforderten, die Verwendung des Pferdes als Zugtier vorangetrieben hat. Mit dieser neuen Nutzung wird die Domestikation des Pferdes vollendet: die gezielte Verwendung und kontrollierte Zucht. In dieser frühen Epoche waren die Hauspferde mehr kleine, derbe, stämmige Ponys, Wildpferde im Typ des Przewalski- oder des Waldwildpferdes. Die Widerristhöhe dieser Pferde soll nur 120 bis 140 cm betragen haben. Erst durch die kontrollierte Haltung, Pflege und Zucht wurde das Pferd im Laufe der Jahrhunderte größer und schlankbeiniger. Bereits das Pferd der „Hallstattzeit" (9.–2. Jh. v. Chr.) war, wie die Grabungsfunde von Katzelsdorf in Niederösterreich und Heuneberg in Württemberg bezeugen, ein „graziles" Pferd im Typ des Arabers. In Kurganen (Grabhügeln) aus dieser Zeit in dem im Altai gelegenen Dorf Pazyrik wurden die fossilen Reste von Reit- und Zugpferden mit Sätteln und Zaumzeug ausgegraben, die der gefrorene Boden über die Jahrtausende konserviert hatte. Aus den Skelettmaßen wurde ersichtlich, daß die Pferde „hochgewachsen mit langem, hochgetragenen Hals und trockenem, ausdrucksvollem Kopf, kurzem Rumpf und

stabilen Beinen, ungefähr dem Araber gleich" waren.

In Eurasien aber soll das Pferd bereits um 4000 v. Chr. zum Reiten benutzt worden sein, was aus Grabungsfunden 1983 in Dereiwka, 250 km südlich von Kiew (Ukraine) hervorgeht. Als Beweis dienen den russischen und amerikanischen Archäozoologen Abnützungsspuren an den Zähnen eines etwa achtjährigen Hengstes, wie sie typisch von einer Trense verursacht werden. Außerdem fanden die Wissenschaftler Teile einer aus Geweihstangen angefertigten Trense.

Die Bewohner der steinzeitlichen Siedlung von Dereiwka gehörten zu Srednij-Stog-Kultur, einer Bauernkultur aus der Zeit der Linienbandkeramik in der 2. Hälfte des 4. Jahrtausends v. Chr. Sie hatten auch Verbindung mit Bewohnern des Ural-Altai-Bezirkes und bis nach China. Interessanter aber als die gewonnenen Erkenntnisse über die Verwendung der „Dereiwka Pferde" als Reittiere sind die aus den Skelettresten gewonnenen Erkenntnisse über Größe und Wuchsform der Tiere. Laut Untersuchungen waren sie größer als die Pferde im mitteleuropäischen Neolithikum, aber kleiner als die im gleichen Gebiet vorkommenden frühmesolithischen Wildpferde. Allerdings konnte bislang nicht eindeutig entschieden werden, ob es sich bei den Dereiwka-Pferden um eine Wild- oder Hausform handelt oder um die Übergangsform in einem frühen Domestikationsstadium. Das Problem läßt sich mit dem Begriff „Wildpferd-Hauspferd-Problematik" im Neolithikum zusammenfassen, dessen Kern der Tarpan (Equus farus gmelinini) ist. Für die einen ist es eine Wildform, für andere aber bereits das Ergebnis kontrollierter Zucht, ein Hauspferd. Dies ist eine These, die von Wissenschaftlern vertreten wird, die die Herkunft von Pferden im „frühesten schweizerischen Neolithikum nicht durch Tauschhandelsbeziehungen mit osteuropäischen Kulturen" erklären.

Es kann deshalb davon ausgegangen werden, daß es in Eurasien nicht nur ein einziges Zentrum für die Domestikation des Pferdes im Neolithikum gegeben hat, sondern mehrere: die sibirisch-asiatischen Tundren und Steppen, die südosteuropäische Waldsteppe und der donauländische, mitteleuropäische Raum, alles Regionen nördlich der gewaltigen asiatisch-europäischen Kunlun-Pamir-Kaukasus Gebirgsketten gelegen.

Hatte bis zum Ende der Eiszeit der Überlebenswille der Pferde die Wanderungsbewegungen bestimmt, so änderte sich das, als um 4000 v. Chr. im Neolithikum die mongolischen und kuschitischen Stämme Nord- und Zentralasiens ihren ursprünglichen Lebensraum verließen, ihre „Völkerwanderung" in den Westen und Südwesten begannen und auf die Indogermanen stießen. Diese waren bereits bis nach Medien, Armenien und Kleinasien vorgedrungen und drängten die Mongolen nach Süden ab. Und alle Völker – Mongolen wie Indogermanen – führten ihre Pferde mit. Und erst jetzt, als Begleiter des Menschen, tritt das Pferd in die Geschichte.

Seither sind Nachrichten über den Menschen auch Nachrichten über das Pferd, über dessen Verbreitung und über den bis heute noch nicht abgeschlossenen Prozeß der Rassebildung. Die sich im Lauf der Jahrhunderte entwickelten unterschiedlichen Typen in Größe und Form können nicht mehr allein auf den andauernden Einfluß von Boden und Klima der neuen Lebensräume zurückgeführt werden, sondern auch auf die bessere Nahrung, also bessere Haltungsbedingungen einer gewollten und gezielten Maßnahme für die Zucht des Pferdes.

Von der Entwicklung der Rassen

Das gezähmte Pferd war über viele Jahrhunderte nur Zugtier vor der Schleppe oder Schleife, dem Pflug, dem einfachen Karren und auch vor dem Streitwagen. Zum Reittier wurde es aus naheliegenden Gründen sehr viel später, denn es ist leichter, ein Gewicht zu ziehen, statt es zu tragen. Dies schließt natürlich nicht aus, daß da und dort jemand sich schon auf das Pferd geschwungen hat. Als Reittiere wurden damals eher Esel, Maultiere und Kamele eingesetzt. Homer beschreibt in seiner berühmten Ilias die Streitwagen beim Kampf um Troja (um 1100 v. Chr.) und das Pferd als Gegenstand der göttlichen Verehrung (Trojanisches Pferd), aber nicht die Verwendung des Pferdes als Reittier. Doch berichtet Homer an anderer Stelle der Ilias, wie Odysseus und sein Begleiter Diomedes sich in das feindliche Lager schleichen und dem König Rhesos die schönsten Pferde stehlen, mit denen sie im Galopp in das griechische Lager zurückreiten. Eine Knochenritzzeichnung aus dem 4. Jahrtausend v. Chr. zeigt einen Reiter aus der Stadt Susa im westbabylonischen Elam.

Früheste Zeugnisse finden sich in den „heiligen Büchern" der Chinesen, die schon für das 3. und 2. Jahrtausend v. Chr. das Pferd ausführlich erwähnen: im Buch des Stallmeisters Kikkuli über „Pferdetraining" (um 1360 v. Chr.), in der Schrift des Hippologen Cimon von Athen (6. Jh. v. Chr.), dem „Pferdeorakel", von dessen Reitlehre leider nur Bruchstücke erhalten geblieben sind, und in Xenophons (450–354 v. Chr.) Werk „Über die Reitkunst". Ein weiteres bedeutendes Werk „Arthacastra" wurde in Indien am Hofe Candraguptas im 3./4. Jh. v. Chr. von dem Brahmanen Kautilya geschrieben, der in einem Handbuch für die Beamten auch „Vorschriften der Pferdeaufseher" mit genauen Anweisungen für Stall, Rationen, Zucht, bis zum Gnadenbrot für alte Pferde behandelt.

Schon Mitte des 4. Jahrtausends v. Chr. soll durch Kaiser Fo-Hi die Bedeutung des Pferdes erkannt und die Domestikation, d. h. dessen Zähmung und Verwendung als Reit- und Zugtier veranlaßt worden sein.

Bereits zur Zeit der Tschau-Dynastie gab es eigene Gesetze für die Pferdehaltung mit sechs Klassen von Pferden: für den Landesregenten, den Adel und zum Kriegsgebrauch; Zug- und Arbeitspferde; Pferde für die kaiserliche Post; Pferde für Privatpersonen und Lastpferde. Marco Polo berichtet, daß am Hof des Kublai-Khan (1270) in Peking ein Marstall mit 10.000 Hengsten und Stuten bestanden habe. Vor allem in der Tang-Zeit (618–907 n. Chr.) stand das edle Pferd in hohem Ansehen, und es gab einen regen Handel mit persischen Pferden. Sie wurden auf dem Seeweg von Hurmuz am Persischen Golf nach China transportiert oder auf dem Landweg in das Land geholt. Sie kamen aus den Steppen Sibiriens, aus Tibet, dem Altai und aus Turkmenistan, aus allen Gegenden der damaligen Welt. Sie waren Gastgeschenke oder Tribut unterworfener Völker, wurden auf Kriegszügen geraubt und manchmal auch gekauft.

In hohem Ansehen standen die Pferde aus Ferghana, im heutigen Usbekistan, die „himmlischen oder blutschwitzenden Pferde", die wegen ihrer Schönheit und Ausdauer berühmt und begehrt waren. Diese Urahnen des Achal-Tekkiners zeichneten sich durch ihre Größe, den ausdrucksvollen Kopf und trockenen Körper mit feinen, stabilen Gliedmaßen aus. Vor allem waren sie wegen ihrer großen Ausdauer berühmt. Die besten Pferde hießen qianlma, „Tausend-Meilen-Pferde", da sie an einem Tag 1.000 chinesische Meilen (ca. 400 km) zurücklegen konnten. Pferde waren aber nicht nur

Objekte des Handels oder der Begierde, sondern wurden vor allem auch zur Zucht benutzt. Dabei spielte auch der Verwendungszweck eine große Rolle: Krieg und Jagd oder auch das Polospiel. Nachdem unter Dschingis Khan (1155–1227) und seinem Nachfolger in China ganze Landstriche verwüstet und die kaiserlichen Gestüte zwischen der großen und kleinen Mauer geplündert worden waren, verfiel in China die Pferdezucht. In dem schon damals dicht bevölkerten Land wurden für den Ackerbau vor allem die genügsamen Esel, Maultiere oder Wasserbüffel als Zugkraft verwendet. Die Zucht der in halbwilden Herden lebenden Pferde überließ man den Tibetern und Mongolen. Der Einfluß orientalischer-vollblütiger Rassen war unbedeutend und ist es bis heute geblieben. Die Schläge des Chinesischen Ponys stammen alle vom Przewalski Pferd und dessen domestizierten Abkömmlingen ab.

Um 3500–2500 v. Chr. stießen andere mongolische Völker dank ihrer Überlegenheit durch das Pferd bis zum Gelben Meer und nach Indien vor. Die Begegnung mit den eindringenden Mongolen, deren Heimat den Bewohnern Indiens als „Land der Pferde" bekannt war, brachte das Pferd um 2500 v. Chr. nach Indien. Medien, Mesopotamien und die arabische Halbinsel waren weitere Ziele. Der Sturm der Mongolen nach Westen wurde aber im Tiefland von Turan aufgehalten, wo sie auf die Indogermanen trafen.

Dank ihrer überlegenen Pferde gelang es den Indogermanen, die Mongolen zurückzudrängen und selbst bis nach Indien, Medien, Mesopotamien und Kleinasien vorzudringen und sich dort niederzulassen. Mit ihnen kamen die „trockenen Pferdearten" nach Indien, deren Zustrom in den folgenden Jahrhunderten zunahm. Bereits im 1. Jahrtausend v. Chr. stand in Indien das

Pferd in hohem Ansehen, es gab Pferderennen und das Reiten war allgemein üblich. In dieser Epoche wurden vor allem Pferde aus dem Nordwesten, dem heutigen Afghanistan und Turkmenistan eingeführt. Wie der arabische Schriftsteller Ibn-Batuta (14. Jh. n. Chr.) berichtet, wurden bis in das 14. Jh. Tausende von Pferden aus osteuropäischen Ländern und aus Vorderasien nach Indien verkauft. Sie wurden aus Arabien und aus Vorderasien, den Steppen der Goldenen Horde bis Ormuz (Hurmuz) getrieben und von dort mit einer „Tawa", einem flachen Schiff für Pferdetransport, in einer mehrwöchigen Seereise nach Indien gebracht.

Erste gezielte Selektion je nach Nutzungszweck (Fleisch- oder Milchlieferant, Reit- oder Lasttier) bestimmte die weitere Entwicklung der Rassen im Altertum. Hier war von Bedeutung, daß das Pferd nicht nur wichtig für die Ernährung war, sondern auch um sich im Lebenskampf der Völker zu behaupten.

Dem daraus entstehenden Bedarf an bestimmten Pferdetypen konnte durch Auswahl des gewünschten Typs aus den großen Herden auf Dauer nicht entsprochen werden. Das führte über erste Schritte der „natürlichen Selektion", d. h. Herdenbildung nach Form und Typ, auch zu geographischen Schwerpunkten der Zucht besonders geeigneter Pferdetypen. Erste primitive Rassen bildeten sich, deren Blut dann in den späteren Kulturrassen aufgegangen ist oder in den Vollblutrassen bis heute erhalten geblieben ist. Zu den hervorragendsten Pferderassen des Altertums gehörten die der Perser, vor allem die „Nissäische" aus dem Hochland von Medien beim heutigen Kermanscha/Iran. Aus Kunstwerken (Skulpturen, Reliefs, Mosaiken) kann man sich heute ein recht genaues Bild von den persischen Pferden ma-

chen: Ein Relief zeigt einen König auf der Löwenjagd. Sein Pferd ist von edler Rasse mit trockenem Kopf, schönem, großem Körper und Gliedmaßen mit klaren Sehnen. Pferd und Reiter bilden eine harmonische Einheit.

Die Pferdezucht stand schon im 1. Jh. v. Chr. in hoher Blüte und wurde in allen Provinzen Persiens mit großer Sorgfalt betrieben. Auch Stammbäume wurden geführt und bei der Zuchtwahl berücksichtigt.

Unter den Perserkönigen Darius I. und Xerxes I., deren Einfluß im 6. und 5. Jh. v. Chr. vom Kaukasus und Indien bis nach Ägypten und Kleinasien reichte, gelangten persische Pferde auch nach Griechenland und traten von dort als „Orientalen" ihren Siegeszug über alle Länder an. Als 537 v. Chr. König Kyros den Juden erlaubte, aus der babylonischen Verbannung in die Heimat zurückzukehren, führten sie auf dem 1.300 km langen Marsch nicht nur Kamele, Esel und Maultiere mit sich, sondern auch „736 Rosse". Mit Sicherheit waren es Pferde der persischen Rasse. Nach den Historikern Strabo und Apsystus (1. Jh. v. Chr.) sind unter Pferden persischer Rasse „alle im westlichen Asien und in Arabien vorkommenden Pferdeschläge zu verstehen, einschließlich der cappadozischen, armenischen, parthischen und der von Oppian (200 v. Chr.) erwähnten arabischen Pferde sowie der aus Baktrien, der von Legenden umrankten „himmlischen Pferde".

Die Griechen liebten und verehrten das Pferd, dem sie göttlichen Ursprung zuschrieben. Nach ihrer Überlieferung schuf Poseidon im Wettstreit um die Gunst des Menschen mit Athene das Pferd, Athene den Ölbaum. Die griechische Mythologie ist voller Bezüge zwischen Göttern, Pferden und Menschen.

Von den griechischen Pferderassen hatten im Altertum die thessalische und die

Griechische Pferde und Jünglinge (Athen 500 v. Chr.).

peloponnesische Rasse den besten Ruf. Ihnen im Ansehen gleich waren die von Homer (8. Jh. v. Chr.) und Vergil (1. Jh. v. Chr.) erwähnten Schecken und Tigerpferde aus dem benachbarten Thrakien. Nach dem Urteil der Zeitgenossen wies die Masse der griechischen Pferde vor den Perserkriegen (5. Jh. v. Chr.) erhebliche Mängel auf. Nach Darstellung auf Vasenbildern dieser Zeit lassen sich folgende Rassemerkmale erkennen: „stark gewölbte Brust, trockener Kopf mit großen lebhaften Augen, aufmerksamen Ohren und bewegten Nüstern, kurzer, massiver Hals, steile Schulter, kurzer, kräftiger Rücken mit überbauter Kruppe, tief eingesteckter, getragener Schweif, die Beine zierlich und sehnig, schmale Fesseln, kleine Hufe".

Die pferdeliebenden Griechen zogen aber sehr bald die persischen Pferde den eigenen Zuchtprodukten vor. Denn die persischen Pferde waren nicht nur edler und größer, sondern hatten ihre Überlegenheit in den beliebten Rennen, die immer auch Leistungsprüfungen für die Zucht waren, beeindruckend gezeigt. Die griechische Rennordnung dieser Zeit stimmt laut Graf

Georg Lehndorff weitgehend mit der modernen Rennordnung überein. In den Stadien wurden auch die Statuen der siegreichen Pferde und Reiter aufgestellt. Wie Pausanias 170 v. Chr. in seiner „Beschreibung von Hellas" berichtet, errichteten rennbegeisterte Griechen nicht nur in Griechenland, sondern auch in den griechischen Kolonien (v.a. Sizilien und Libyen) Gestüte zur Zucht schneller und ausdauernder Pferde; eine Maßnahme, durch die das Blut des edlen medischen (nissäischen) Pferdes erhalten geblieben ist. Über die Griechen und Römer sowie die Wanderungsbewegungen der indogermanischen Stämme, gelangte das „orientalische Pferd" im Laufe der Jahrhunderte nach Europa.

Die Römer waren kein klassisches Reitervolk, auch nicht so pferdebegeistert wie die Griechen. Ihre Beziehung zum Pferd war eher pragmatischer Natur. Im römischen Kernreich, dem heutigen Italien, gab es ein buntes Mosaik der Pferderassen aus aller Welt. Zwar bestand laut Oppian und Varro (2. Jh. v. Chr.) Pferdezucht in den Provinzen Apulien und Etrurien, aber ohne genaue Angaben. Nur der römische Historiker

Livius (1. Jh. v. Chr.) berichtet, daß die apulischen Pferde zahlreich und brauchbar seien und Hannibal in den Punischen Kriegen (3. u. 2. Jh. v. Chr.) 4.000 junge Pferde ausgehoben habe. Im alten Rom war das Pferd vor allem Statussymbol, Zeichen von Einfluß und Macht, und spielte außerhalb der beliebten Rennen keine bedeutende Rolle. Die Römer kämpften damals noch zu Fuß, und nur die Offiziere waren beritten. Arbeitstiere waren Ochsen, Maultiere und Esel. Dies änderte sich erst unter Julius Cäsar (100–44 v. Chr.), der im Krieg mit den Galliern die strategische und taktische Bedeutung der Reiterei kennengelernt hatte. Gallische Pferde, nach Vergil (70–19 v. Chr.) „kühn und rassig, mit schmalem Kopf, stolzem Hals mit dichter Mähne, muskulöser Brust und breitem Rücken", wurden zur Verbesserung der eigenen Zucht ins Land geholt. Aber auch aus dem Orient, Libyen und Numidien, aus Griechenland und Spanien sowie von den Steppen am Dnjestr und Dnjepr wurden Pferde bezogen. Das Pferdematerial der römischen Kavallerie wurde somit durch Züchtung und Kreuzung mit anderen Pferderassen in großen Gestüten verbessert. Die zunehmende Bedeutung des Pferdes drückt eine römische Redensart so aus: Der Weg zu Ruhm und Amt geht durch den Stall.

Auf dem afrikanischen Kontinent wurde das Pferd vor allem im Norden, in Numidien, Libyen und Ägypten gezüchtet. Die Numidier, ein Hamitischer Berberstamm, bewohnten im Altertum Teile des heutigen Algeriens, Marokkos und Tunesiens. Sie waren ausgezeichnete Pferdezüchter und Reiter, deren Reiterheere in den Punischen Kriegen siegreich waren. Über die Kultur und das Leben der Numider weiß man nur wenig. Die meisten Quellen aus dieser Zeit betreffen die numidischen Pferde, die bei den Römern als Kriegs- und auch als

Rennpferde geschätzt waren. Sie waren klein, schlank, lebhaft, ausdauernd und schnell. Man sprach vom numidischen bzw. maurischen Pferd, vom libyschen und cyrenaeischen oder vom Dongola Pferd. All diese waren aber Berber unterschiedlichen Typs, bis hin zum arabischen Typ.

In Ägypten läßt sich das Vorkommen des Pferdes erst im 2. Jahrtausend. v. Chr. nachweisen. Denn die Hieroglyphen der uralten Baudenkmäler Ägyptens erwähnen das Pferd nicht, obwohl man andere Haustiere (Esel, Schafe, Rinder, Ziegen) schon um 6000 v. Chr. besaß. Keines der vielen Kunstwerke aus dieser Zeit stellt die Verwendung des Pferdes als Reit- oder Zugtier dar. Erst unter den Pharaonen der XVIII. Dynastie (1555–1355 v. Chr.) findet man Pferdebilder. Auch Abraham, der um 1800 v. Chr. aus Kanaan nach Ägypten zog, führte keine Pferde mit.

Ägyptens Pferde gehen auf jene Rasse zurück, die von den um 1700 v. Chr. aus Kleinasien kommenden und in Ägypten einfallenden Hyksos mitgeführt wurden. Aber erst nach der Vertreibung der Hyksos durch Amosis I. (1580–1555 v. Chr.) bekam die Pferdezucht größere Bedeutung und gelangte unter den Pharaonen der XIX. und XX. Dynastie (etwa um 1300–1000 v. Chr.) zu hoher Blüte. Vor allem Ramses II. förderte die Zucht des Pferdes, das er zur Bespannung seiner Streitwagen benötigte. Die Zucht erreichte sehr bald einen hohen Stand. Den Pferdedarstellungen dieser Zeit auf Fresken, Friesen, Münzen und anderen Kunstwerken nach wurden in den Gestüten zwei Rassen gezüchtet: ein Pferd mit hohem, gebogenen Hals, langgestrecktem Rumpf und zierlichen Beinen im orientalischen Typ und eine schwere, derbere Rasse, die als Wagenpferd verwendet wurde. Die Zeit der Kavallerie war aber noch nicht gekommen, noch

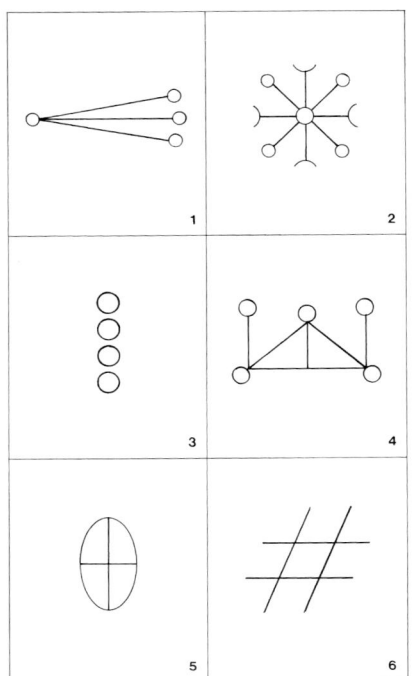

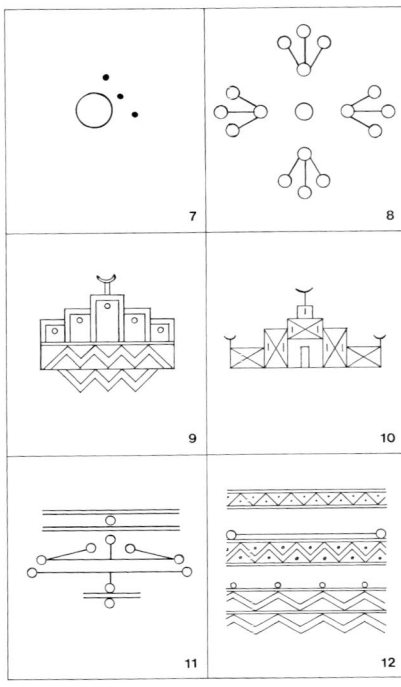

Brände der veredelten ägyptischen Pferde. 1) an der Schulter und den Backen, 2) an den Backen, 3) an Fessel und Schweif, 4) am Schenkel, 5) an der Brust, 6) am Bauch, 7) in der Gegend der Ohrdrüse, 8) an der Schulter, 9) an den Hinterbacken, 10) an den Hinterbacken, 11) am Vorder- oder Hinterfuß. 12) Armbänder am Vorder- oder Hinterfuß.

galt das Reiten in Ägypten als etwas Minderwertiges, das man allenfalls für Pferderennen und Sport gelten ließ. Später wurden aus den nordafrikanischen Nachbarländern kommende berberische Schläge eingekreuzt und beim Sturmlauf Mohammeds auch „arabisches" Blut.

Für die Geschichte der arabischen, muslimischen Völker ist das arabische Pferd von großer Bedeutung gewesen, das nach dem Urteil vieler Fachleute nissäische und libysche Ahnen hat und von berberischer Rasse war. Die große Zeit des arabischen

Pferdes wurde erst durch Mohammed (570–632) in Gang gebracht. Nach Herodot war vor allem das Kamel das Reittier, und nur wenige vornehme Araber besaßen mehr als ein Pferd. Im Heer Mohammeds waren bei der Eroberung Mekkas 10.000 Kämpfer, aber nur 200 Pferde. Es ist das Verdienst Mohammeds, daß er die Bedeutung des Pferdes als Kriegswaffe erkannte und seinem Volk die Liebe und Pflege des Pferdes zur religiösen Pflicht machte. Er schuf die Voraussetzungen für die Zucht des arabischen Pferdes, die sich überraschend schnell entwickelte und konsolidierte.

Spanien hatte im Altertum mit dem iberischen Pferd eine eigene Rasse, die sich durch Schnelligkeit, Ausdauer, deutliche Aufrichtung und einen besonderen Gang mit viel Knieaktion von den anderen Rassen unterschied. Die iberische Rasse wurde im 3. und 2. Jh. durch libysche und numidische Pferde beeinflußt. So entstand ein leichter, eleganter, rumpfiger Pferdetyp mit viel Ausdruck. Unübersehbar ist die Ähnlichkeit mit dem ursprünglichen Berber, dem „Morischkischen Pferd", das über viele Jahrhunderte ein begehrter Exportartikel des punischen/karthagischen Welthandels war und dessen Kopf punische Münzen schmückte.

Iberische Pferde galten zur Römerzeit im 2.–4. Jh. und zur Zeit der im 4.–7. Jh. eindringenden germanischen Stämme als die beste Rasse im römischen Imperium. Die Pferdezucht in Spanien blühte, und es gab auch viele Rennbahnen. Der ungeheure Pferdereichtum in Spanien war Anlaß zu der Fabel, die besagt, daß in Spanien die Stuten wohl auch vom Winde tragend würden.

Die nach der Niederlage 732 bei Poitiers im Lande verbliebenen Mauren wurden seßhaft und führten die von ihnen nach ihrem Einfall 711 gegründeten Gestüte weiter. Sie begründeten den Ruf des edlen Andalusiers, der über viele Jahrhunderte die Pferdezuchten Europas beeinflußte. In den folgenden Jahrhunderten, bis zur endgültigen Befreiung Spaniens von den Mauren Ende des 15. Jahrhunderts, entstand die Rasse der spanischen „Genetten", eine Kreuzung schwerer flandrischer, friesischer und dänischer Ritterpferde mit Andalusiern. Die ausdauernden, wendigen und schnellen Pferde waren bald in ganz Europa begehrt.

Der Name „Genetta" wird auf den in Spanien geübten Reitstil „a la jineta", d. h. mit kurzen Bügeln zurückgeführt, den man von den Mauren übernommen hatte und der die Wendigkeit von Pferd und Reiter begünstigte. Der Einfluß spanischer Pferde, vor allem des Andalusiers, auf alle Kulturpferderassen blieb über die folgenden Jahrhunderte ungebrochen. Fredriksborger, Friesen, Oldenburger, Trakehner, Neapolitaner, Kladruber und Lipizzaner, Connemaras und die Coach-Horse Rassen Cleveland Bay's und Yorkshires führen spanisches Blut. Unter der Regierung Philipps II. galt Spanien als Heimat der schönsten und besten Pferde in Europa, denen der spanische Gelehrte Pasqual Caracciolo in seinem 1556 in Venedig erschienenen Werk „Gloria del Cavallo" ein Denkmal gesetzt hat.

In Mitteleuropa, wo das Pferd sehr lange nur Fleischlieferant war, setzte die Rassebildung erst um 300 v. Chr. unter dem Einfluß eurasischer Landpferderassen ein. Es bildeten sich drei Rassegruppen: das primitive Steppenpferd, das orientalische Pferd und das schwere europäische (okzidentale) Pferd vom Typ Equus robustus. Alle waren sie von den Steppen Eurasiens geprägt mit den Hauptmerkmalen der Lauf- und Schrittpferde. Die Widerristhöhe dieser Pferde lag zwischen 120–140 cm. Typ und Größe der Pferde waren stark vom Lebensraum und Weidequalität geprägt, d. h. sie waren im Süden Mitteleuropas schlanker, trockener, größer und schmächtiger, und im Norden schwerer und kräftiger, in beiden Regionen von der Scholle geprägt. Die Bevorzugung eines gewünschten Typs wurde Anlaß zur natürlichen Selektion. Dieser erste Schritt zur Rassebildung führte über weitere Selektionsvorgänge zur Typbildung, d. h. der Zusammenfassung nach äußerlich erkennbaren Körpereigenschaften wie Größe oder Farbe zu bodenständigen

Pferdeschlägen (z. B. Friesland, Hannover, Jütland, Ostpreußen u. a.) und im Verlauf der Jahrhunderte durch Veredler und ein klares Zuchtziel zur Bildung bodenständiger Rassen.

Die Bildung der Rassen wurde in Mitteleuropa durch die römischen Eroberungskriege, die germanische Völkerwanderung und die Hunnenstürme im 1. bis 6. Jh. nach Chr. sowie die Kriegszüge der Normannen im 8. bis 11. Jh. gefördert, die zu einer Vermischung der Rassen führten. Die mitteleuropäischen Pferde haben dadurch wesentliche Veränderungen und Verbesserungen erfahren. Die germanischen, d. h. deutschen Pferde waren nach dem Urteil von Cäsar, Tacitus und anderen in der Masse klein, nicht schön gebaut, aber kräftig und ausdauernd, waren in großer Menge als Wildpferde vorhanden und wurden gejagt. Daneben wurden aber auch noch edlere, größere und stärkere Pferde gezüchtet, die den Römern lange unbekannt blieben.

Im Alpenraum lebte in dieser Zeit aber auch ein kleiner, von den Römern wenig beachteter, schmächtiger Pferdeschlag im Stockmaß von 120 cm, von dem Strabo berichtet, und in Friesland das von Cäsar geschätzte friesische Pferd mit einem Stockmaß um 150 cm.

Die Römer führten vor allem zwei Pferdeschläge in die eroberten Länder Germaniens ein: das große, stolze thessalische Pferd mit viel Aktion und das Pferd der gepanzerten Reiter, ein tiefes, breites, schweres Pferd. Letzteres wurde vorwiegend in den römischen Provinzen des Alpenlandes – Noricum und Raetien – verwendet und hat zur bodenständigen Rasse des Norikers beigetragen.

Um 500 n. Chr. waren die Pferde der Sachsen und Thüringer, deren Größe, Schönheit und Schnelligkeit gerühmt wur-

de, am bekanntesten. Die Pferdezucht machte große Fortschritte. Edles, orientalisches Blut kam nach dem Sieg Karl Martells über die Mauren 732 bei Tours in die fränkischen Stutereien und wurde zur Veredlung benutzt.

Vor allem Karl der Große (747–814) förderte die Zucht eines guten, kräftigen, ausdauernden Pferdeschlages und richtete auf Königshöfen und Klöstern Gestüte ein, in denen arabische, spanische, italienische und orientalische Pferde aufgestellt wurden. Er schickte die Deckhengste, „emissari"in das Land und verbot die Ausfuhr von Hengsten. In einem Gestüt, „equaritia" genannt, wurden nicht nur Ritterpferde, sondern auch Zelter und Saumrosse gezüchtet.

Auch Heinrich I. (919–936) förderte die Zucht eines schweren, leistungsfähigen Pferdes. In den folgenden Jahrhunderten, in denen das Pferd zum sichtbaren Zeichen des freien Lehens- und Gefolgsmannes wurde und sich der Ritterstand bildete, erreichte die Zucht des Ritterpferdes ihren Höhepunkt. Die mächtigen, kraftvollen „Streitrosse", die ausnahmslos Hengste waren, wurden vor allem in den Küstenländern der Nord- und Ostsee gezüchtet. Sehr geschätzt war der Däne oder Jütländer, wie er auch genannt wurde, ein mächtiges, kraftvolles Streitroß, von dem es im mittelalterlichen Heldenlied „Parzival" heißt:

„Nicht zu groß, doch stark genug,
War das Pferd, das ihn trug,
Um Pferdeschöne nicht betrogen,
Am Zaum aus Dänemark hergezogen
Oder auf dem Meer gebracht".

Zu den großen Pferdemärkten dieser Zeit in Aurich kamen die Käufer aus allen Ländern, um das geschätzte ostfriesische Pferd zu kaufen. Der Bedarf an Ritterpferden nahm auch durch das Aufkommen der Ritterturniere zu und führte zur Einrichtung weiterer Stutereien. In Württemberg legte Herzog

Ludolf von Schwaben um 940 seinen berühmten Stutengarten an, von dem Stuttgart seinen Namen hat.

Das Ritterpferd war im Typ nicht einheitlich. Ursprünglich mehr ein schweres Warmblut, fand im Laufe der Zeit ein Wandel zum Typ des Kaltblüters statt, vor allem wegen der schweren Panzer für Reiter und Pferd. Denn der Streithengst mußte mit der Eisenrüstung für Roß und Ritter sowie dem Reitergewicht zwischen 340–440 Pfund tragen und mit Kraft und Schwung im Turnier auf der Stechbahn oder im Kampf gegen den Feind galoppieren. Gefragt war ein Pferd mit Widerristhöhe zwischen 155–165 cm, das ausreichend Kraft, Ausdauer, Schnelligkeit, Gewandtheit und Temperament hatte, um den Gegner aus dem Sattel zu stechen bzw. den Feind mit wuchtigem Anprall zu überrennen. Man liebte Pferde mit auffälligen Farben wie Schecken oder Isabellen und mit kräftiger, langer Mähne, Schweifhaar und Behang, die als Zeichen der Kraft des Pferdes galten. Der aus Spanien kommende „Kastellan" mit „breiter Brust, kräftigem, aufgerichtetem Hals, mit vollem Langhaar und hoher Aktion und starkem Kniebug" wurde im Mittelalter zum Vorbild und Inbegriff des Ritterpferdes.

Allerdings wurden die Streithengste bis zum Turnier- oder Kampfplatz von einem Knappen als Handpferd mitgeführt und wurden erst im Kampf geritten. Bis dahin saß der Ritter leicht geharnischt auf einem leichteren Reisepferd, seinem „Palefroi", seinem Paradepferd, während seine schwere Rüstung von einem Klepper getragen wurde. Denn Reitersitz, Sattel und die schwere, unbequeme Rüstung machten das Traben unmöglich. Galopp war über lange Strecken für Roß und Reiter zu anstrengend und Schritt zu langsam. Zelter wurden als bequeme Paßgänger aber nicht nur von Damen geritten, auch Könige, Fürsten und Ritter wußten ihren räumenden Paß zu schätzen. Das Siegel auf einer Urkunde aus dem 13. Jh. zeigt König Ottokar von Böhmen auf einem Zelter. Wallache oder Stuten blieben Geistlichen, Frauen und Leuten geringeren Standes vorbehalten.

Obwohl schon Karl der Große in seinen Gestüten über eine große Zahl arabischer, orientalischer und italienischer Pferde verfügte, wurden erst die Erfahrungen aus der Begegnung mit dem Araberpferd in den Kreuzzügen von großem Einfluß auf die europäische Pferdezucht. Die heimkehrenden Kreuzritter brachten zahllose edle arabische und orientalische Pferde mit, die in den deutschen, französischen und englischen Gestüten als Veredler verwendet wurden. Jeder Fürst oder Ritter hielt viel darauf, in seiner Stuterei auch arabische, türkische oder wenigstens spanische oder italienische Zuchthengste zu haben.

Von besonderer Bedeutung war im 13. Jh. die Pferdezucht im Ordensland Preußen, da es dort nur die „Schweiken" gab, eine primitive Landrasse, die dort sowohl als Haustier gehalten wurde, als auch noch als Wildpferd lebte. Da die Schweiken als Ritterpferd zu klein und zu schwach waren, konnten sie nur als Reise-, Post- oder Arbeitspferde verwendet werden. Ihre Ritterpferde brachten die aus allen deutschen Gauen stammenden Ordensritter aus ihrer Heimat mit, und viele von ihnen blieben nach der Rückkehr der Ordensritter im Lande. So hat z. B. Herzog Otto von Braunschweig 1289 bei seiner Rückkehr dem Orden seine Hengste zurückgelassen, worauf der Ritterorden zahlreiche Gestüte anlegte. Insterburg war das östlichste Gestüt, Tapiau das wertvollste. Jedes Gestüt verfügte über ein eigenes Brandzeichen und züchtete mit einem klaren Zuchtziel: Adel, Kraft, Stärke, Beweglichkeit, Anspruchslosigkeit, Willigkeit. Auch zahllose Privatgestüte, deren Namen noch heute einen guten Klang haben, entstanden in Gerdauen, Schlobitten, Wildenhof, Schlodien, Gilgenburg u. a. Kreuzungen zwischen dem schweren Ritterpferd und dem einheimischen Schweiken waren bis 1434 verboten. Man kann aber davon ausgehen, daß die bäuerlichen Siedler die von ihnen aus Sachsen, Thüringen oder Hessen mitgebrachten Pferde zur Deckung des eigenen Bedarfs mit den einheimischen Schweiken gekreuzt haben, zumal jeder Landeigentümer dem Orden auch „Roßdienste" leisten mußte.

Eine besondere Stellung nahm im Ordensland Preußen das Ermland ein als ein der Kirche zugewiesener Landstrich. Dort bestimmten nicht militärische, sondern wirtschaftliche Forderungen die Pferdezucht. Für den Einsatz in der Landwirtschaft wurden in den kirchlichen Gestüten durch die planmäßige Kreuzung von schweren Hengsten mit einheimischen Schweiken ein schweres, bewegliches, lebhaftes und anspruchsloses Arbeitspferd gezüchtet, dessen konsolidierter Typ als Ermländer bis in unsere Zeit erhalten geblieben ist.

Die Erfindung des Schießpulvers im 14. Jh. und der Übergang von der Natural- zur Geldwirtschaft führten im 16. Jh. zum Verfall des Rittertums und damit auch der Zucht der mächtigen Streithengste. Prinz Georg Albrecht von Preußen konnte schon im Jahre 1539 kein gutes Turnierpferd mehr auftreiben, obwohl schwere Zuchtstuten noch in Mengen vorhanden waren. Diese wurden aber nicht mehr zur Zucht

Troßknecht mit Packpferd und Maultier (12. Jh., Hortus deliciarum).

Pinzgauer Tigerhengst um die Jahrhundertwende nach einem Gemälde von Emil Volkert.

von Streithengsten verwendet, sondern zur Zucht von schweren Zugpferden. Manche bildeten mit arabisch/orientalischen Veredler-Hengsten die Grundlage für die Zucht beweglicherer, edler Pferde, deren massives Gebäude nicht immer mit dem edlen Kopf harmonierte. Vor allem aber wurden Andalusier und Neapolitaner mit einheimischen Stuten zur Zucht eines Pferdes für das „Caroussel" und die Reitbahn gekreuzt, eine Entwicklung, die durch die großen Reitmeister der Renaissance (14–16. Jh.) Grisone, Caracioli, Pignatelli u. a. und deren „italienische Schule" maßgeblich beeinflußt wurde. Den bunten Pferdebestand in Deutschland beschreibt ein Frankfurter 1584 nach Jähns so: „Zu unserer jetzigen Zeit haben wir im Gebrauch spanische, sardinische, friesische, flämische, türkische, neapolitanische, italienische u. a., und man weiß nicht mehr, wessen Landes ein Pferd

sei, weil sie alle fast bastadiert sein". Reichsgraf Fugger erwähnt 1577 in seinem Buch „Von der Gestüterei" den starken Einfluß „Türckischer Rosse" und versteht darunter: „Erstlichen aber seindt die Persianischen, die wol unter die Türckischen Rossz gerechnet werden, weil sie durch die Türcken zu uns kommen. Diese seindt fürtreffliche Pferdt, dergleichen in den ganzen orientalischen Landen nicht gefunden werden. Denn der mehrer theil kommen aus Media, in welchem Landt ein sonders ort, so man Campum Niseum nennt. Es kommen aber gar wenig zu uns und wer ein solches Pferd bekompt, der mag es wol aufheben. Zum andern sind die Arabische und Armenische Pferdt (welches schier ein ding ist), dieses sind auch gar gute Pferdt. Zum dritten sind die Morischke Pferdt, so aus Affrica kommen und von dannen in Italiam übergeführt werden, von der sie

Altdeutscher Karren aus dem Jahr 1505, nach einer Zeichnung von Albrecht Dürer.

auch hernach zu uns kommen. Diese Moren Pferdt oder Barbari sind gar köstliche gute Rossz".

In dieser Zeit des Übergangs von den Naturrassen zu den Kulturrassen waren aus den vorhandenen schweren Schlägen durch Veredelungskreuzung edle, trockene, leichte Pferdeschläge entstanden.

Aber auch die Geburtsstunde des schweren Zugpferdes, des späteren Kaltblutes, fällt in diese Zeit. Dies ist eine bemerkenswerte Entwicklung, da man mit der Verwendung des Pferdes als Zugtier vor dem Wagen oder Pflug erst gegen Ende des 12. Jh. begonnen hatte. Bis dahin wurden vor allem Ochsen als Zugtiere eingesetzt. Die Verwendung des Pferdes als Zugtier fiel im 15. Jh. mit der Entwicklung des Verkehrswesens zusammen. Für die Rassebildung des Kaltblutpferdes sind an erster Stelle die drei belgischen Landrassen zu nennen: das Flamländer Pferd, das Ardenner Pferd und das Brabanter Pferd, aus denen sich der einheitliche Typ des heutigen belgischen Lastpferdes entwickelt hat. Fugger nennt die „Niederländische Rossz (Friesen, Gelde-

rische und Bergische Pferdt)". Doch dürfen in dieser Aufzählung die Noriker (Pinzgauer) und der Däne (Jütländer) nicht unerwähnt bleiben. Auch in Frankreich und England entwickelten sich die schweren, kaltblütigen Zugpferderassen wie Boulogner, Percheron, Clydesdale und Shire.

In den Kriegen des 17. und 18. Jh. wurde die Kavallerie zur entscheidenden Waffe. Der große Bedarf an Pferden führte im 19. Jh. in Deutschland zur Bildung von geschlossenen Warmblutzuchtgebieten der Rassen Ostpreußen, Hannoveraner, Holsteiner, Oldenburger, Ostfriesen, Württemberger und Zweibrücker. Die Warmblutzucht wurde vom Staat durch die Gründung zahlreicher Gestüte unterstützt, die durch die Aufstellung von Haupt- und Landbeschälern die Landespferdezucht und deren charakteristische Rasse prägten.

Mit der Schöpfung der englischen Vollblutrasse im 18. Jh., des unentbehrlichen Veredlers aller Warmblutrassen, wurde der Grundstein für die Zucht des Leistungs- und des Sportpferdes der heutigen Zeit gelegt.

Das Zeitalter des Pferdes

Das Pferd macht Weltgeschichte

Die Geschichte des Pferdes ist auch die Geschichte der Kavallerie, der berittenen Krieger zu Pferde. Die Anfänge reichen weit in die vorchristlichen Jahrtausende zurück, als aus den berittenen Nomaden die Reitervölker wurden, die über viele Jahrhunderte die Geschichte Eurasiens bestimmten.

Die Skythen, die im ersten vorchristlichen Jahrtausend den über 5.000 km langen Steppengürtel besiedelten, der sich von Ungarn bis in das nördliche China erstreckte, waren ein gefürchtetes Reitervolk. Ihre kriegerische Stärke und Erfolge verdankten sie hauptsächlich ihrer Gewandtheit auf dem Rücken der Pferde und ihrem unvergleichlichen Angriffsschwung. Ihren Pferden im kräftigen, derben Ponytyp konnte man die Abstammung vom Wildpferd noch ansehen. Und wie man aus zahlreichen Grabfunden schließen kann, war ihnen auch das Fahren nicht unbekannt, – 1976 fand man in einem Fürstengrab die Reste eines hölzernen Wagens. In anderen Grabkammern lagen nicht nur die Gebeine männlicher und weiblicher Toter, sondern auch die Skelette von Pferden. Außerdem hatte der tiefgefrorene Boden der Grabkammern auch Pferdesättel, Zaumzeuge, Kleidung, hölzerne Gegenstände und Goldschmuck bis in unsere Tage überdauern lassen.

Aber schon lange vor den Reiterkriegern der Skythen hatte der Streitwagen, der zwei oder drei Kriegern Platz bot und mit zwei bis vier Pferden bespannt war, die Weltgeschichte bewegt, wie Funde aus dem vierten bis zweiten Jahrtausend v. Chr. beweisen. Die Hethiter drangen schon im zweiten vorchristlichen Jahrtausend mit ihren Streitwagen, der neuen, alles entscheidenden Waffe, aus dem Inneren Asiens bis nach Kleinasien vor. Unter König Labarna I. (1590–1531 v. Chr.) konnten sie ihre Herrschaft bis zum Euphrat und nach Syrien ausdehnen. Das Pferd und seine Zucht hatte bei den Hethitern einen hohen Rang. Die bedeutendste schriftliche Hinterlassenschaft sind die auf Tontafeln erhalten gebliebenen Anweisungen zum Pferdetraining des königlichen Stallmeisters Kikkuli, die etwa um 1360 v. Chr. entstanden sind und zu Verbesserungen in der Zucht und Haltung des Pferdes geführt haben. Die Pferde der Hethiter

Assyrischer Reiter zur Zeit Assurbanipals (668 – 620 v. Chr.).

Sommerschau für Connemaras
in Clifden/Irland.

waren größer, schöner und leistungsfähiger und damit den noch stark durch das Przewalski Pferd geprägten mesopotamischen Pferden überlegen.

Von ganz anderer Qualität waren die medischen Pferde, mit denen der Mederfürst Hammurabi (1728–1686 v. Chr.) seine Streitwagen bespannte, sein großbabylonisches Reich mit der Hauptstadt Babylon gründete und mit denen der Siegeszug der Streitwagen in die Geschichte begann. Die Pferde zeichneten sich durch ihre Größe und ihr edles, harmonisches Gebäude aus und stammten aus dem nissäischen Raum, einer fruchtbaren Hochebene im gebirgigen Nordwesten Irans. Bei den Streitwagen, in der Regel Quadrigen, d. h. von vier Pferden gezogen, handelte es sich um verhältnismäßig leichte Fahrzeuge. Denn da man Seile oder Zugstränge noch nicht kannte, mußten die Pferde die Last mit dem Hals ziehen. Das erklärt auch, daß auf den Reliefs dieser Zeit die Streitwagenpferde immer hoch aufgerichtet und mit nach vorn gewölbtem Hals (Hirschhals) dargestellt sind.

Den Assyrern gelang es im 9.–7. Jh. v. Chr. unter ihren Königen Assurnasirpal II. (883–859 v. Chr.), Salmanassar III. (859–824 v. Chr.), Tiglatpileser III. (745–727 v. Chr.) und Assurbanipal (669–630 v. Chr.), die Herrschaft über Kleinasien, Mesopotamien und Vorderasien zu erlangen und ein Weltreich aufzurichten. Die Bedeutung des Pferdes und der Streitwagen waren erkannt. Vor allem verbesserte man die verheerende Durchschlagskraft der Streitwagen, indem an den Deichselspitzen und den Radnaben der Streitwagen Sicheln angebracht wurden, mit denen die feindlichen Linien durchbrochen wurden. Um Pferdeverluste gering zu halten, wurden die Pferde gegen feindliche Pfeile und

Wurfspieße am Rumpf durch gesteppte Decken und am Kopf und Hals durch Metallzierate geschützt.

Doch nicht nur die Kriegskunst stand bei den Assyrern in hoher Blüte, sondern auch Kultur und Kunst. Aus ihren in Keilschrift überlieferten Berichten wurden viele Einzelheiten über das öffentliche und politische Leben in Assyrien überliefert. Auf zahlreichen Pferdedarstellungen, die vor allem um 700 v. Chr. entstanden sind, sind die Assyrer und ihre Pferde festgehalten, bis hin zur Stallunterbringung und Pflege. König Assurbanipal II. förderte nicht nur die Pferdezucht, sondern war auch ein guter Reiter, der gern „feurige Pferde" bestieg. So verwundert es nicht, wenn im assyrischen Weltreich das Reiten und damit auch die Krieger zu Pferde an Bedeutung gewinnen und die Reiter den Streitwagen verdrängen konnten; das Zeitalter der Kavallerie begann. Die neue Kriegstechnik und die Verwendung „gemischter Verbände", d. h. Streitwagen, Bogenschützen zu Pferde und Kämpfer zu Fuß, machten die Heere der Assyrer beweglicher als ihre Feinde und ihnen überlegen.

Das beste Beispiel für die Überlegenheit der Völker, die Pferde nutzten, sind die Hyksos und die Ägypter. Denn erst durch das um 1700 v. Chr. mit ihren barbarischen Reiterkriegern in Ägypten einbrechende Volk der „Hirtenkönige", der Hyksos, begegneten die Ägypter in dem bis dahin hermetisch abgeschlossenen Land dem Pferd.

Die Ägypter waren es auch, die die Bedeutung des Streitwagens für die Kriegsführung als erste erkannten und von denen es die anderen Völker ihrer Epoche – Assyrer, Babylonier, Phönizier, Perser, Griechen und Juden – übernommen haben. Noch Josua hatte bei der Eroberung

Kanaans alle Pferde töten und die Streitwagen verbrennen lassen (Josua 11), aber schon König David folgte diesem Beispiel nur noch eingeschränkt, denn er ließ nicht alle erbeuteten Pferde töten, sondern behielt 100 Wagenpferde für sich zurück (2. Samuel 8,4). Und König Salomo (970–931 v. Chr.) war ein leidenschaftlicher Freund edler Pferde und betrieb einen schwungvollen Pferdehandel mit den Nachbarvölkern.

Unter den großen Reitervölkern im Altertum muß auch das Volk der Perser genannt werden, das unter König Kyros (550–529 v. Chr.) nach dem Zerfall des assyrischen Weltreiches das großpersische Reich gründete, das vom Ägäischen Meer bis nach Indien reichte. Ohne den Pferdereichtum Mediens wäre dies nicht möglich gewesen. König Darius I. von Persien (521–485 v. Chr.) führte auf seinem Feldzug gegen die Griechen im 1. Perserkrieg allein 10.000 Reiter mit. Und zum Heer Xerxes I. (485–465 v. Chr.) sollen nach Angaben Herodots im 2. Perserkrieg 80.000 Reiter gehört haben.

In der Begegnung mit den Persern lernten auch die Griechen den Wert guter Pferde schätzen, aber die Reiterei blieb ohne Bedeutung und war, wie das Fahren, mehr Sport der Aristokraten. Zur Zeit Xenophons (430–354 v. Chr.) war die Reitertruppe Athens nur etwa 1.000 Reiter stark, die Reitkunst dagegen war hochentwickelt, wie man aus Xenophons Schriften „Über die Reitkunst" und „Der Reiteroberst" erfährt.

Durch Alexander den Großen (336–323 v. Chr.), der von seinem Vater Philipp II. von Macedonien eine gut ausgebildete, schlagkräftige Kavallerie übernommen hatte, wurde auch das Weltreich der Perser zerschlagen. Philipp II. war ein vorzüglicher Reiter. Sein Sohn, Alexander der Große, übertraf ihn wohl noch an Kennerschaft und Kühnheit, wie die schwierige Zähmung des Hengstes Bucephalus beweist. In einem einzigartigen Siegeszug unterwirft Alexander Kleinasien, Palästina und Ägypten. Krankheit und Tod beenden in Indien seinen Siegeslauf, bei dem die gut ausgebildete und geführte Kavallerie eine bedeutende Rolle gespielt hat.

Das große Reitervolk im 3. Jh. v. Chr. waren die Berberstämme Nordafrikas, viel gerühmte Pferdezüchter und Reiter im Gebiet des heutigen Algerien und der Randgebiete Marokkos und Tunesiens, die sich unter Scheich Massinana (um 240 v. Chr.) zum Königreich Numidien zusammengeschlossen hatten. Der römische Historiker Livius wußte zu berichten, daß die Numidier auf kleinen, zähen Pferden ohne Zaumzeug und Sattel in den Kampf ritten. Das Eingreifen der numidischen Reiter in der Schlacht von Zama auf der Seite der Römer im Jahre 202 v. Chr. entschied die Schlacht gegen die Karthager unter Hannibal (246–182 v. Chr.).

Die Römer hatten noch zu Cäsars Zeit (100–44 v. Chr.) kein besonderes Verhältnis zum Pferd, obwohl die Nachrichtenübermittlung durch Reiter und die Versorgung der Legionen mit Hilfe des Pferdes in überraschend kurzer Zeit geschah. Es wurden nicht nur Tragpferde, sondern auch Wagen genutzt, vom einfachen zweirädrigen Karren (carrus) mit einem Kasten, der im römischen Heer als Bagagewagen diente, bis zur Carruca, dem Pracht- und Galawagen der römischen Präfekten und Kaiser. Auch Wagenrennen wurden veranstaltet, dies war der Sport der Reichen.

Die für die römische Weltmacht unverzichtbare Kavallerie wurde von verbündeten oder unterworfenen Völkern gestellt. Im Gallischen Krieg (58–51 v. Chr.) lernte

Cäsar die Pferde und die Reiterfertigkeit der Gallier kennen und schätzen. Nach dem Urteil der Zeitgenossen sollen die Römer eine besondere Vorliebe für importierte Pferde mit schmalem Kopf und stolzer Haltung gehabt haben. Bei den Germanen, deren Pferde Cäsar als klein und häßlich, aber kräftig und ausdauernd schildert, erkannte er den Wert geschlossen kämpfender Reiterverbände. Und für Cäsars persönlichen Schutz sorgte seine berittene germanische Leibwache. Obwohl die Römer kein klassisches Reitervolk waren, erkannten sie sehr schnell die Vorteile der Reiterei zur Sicherung ihres Weltreiches. Die römische Kavallerie ging deshalb dazu über, ihr Pferdematerial durch Züchtung und Kreuzung mit anderen Pferderassen zu verbessern. Und zusammen mit der Macht und dem römischen Recht transportierte das Pferd auch die Kultur in alle Winkel des römischen Weltreiches.

Auch die Germanen waren kein ausgesprochenes Reitervolk, aber sie schätzten und verehrten das Pferd und wußten sich seiner Kraft und Stärke zu bedienen. Tacitus (50–116) wurde nicht müde, Pferde und Reitkunst der Germanen zu loben. In den der römischen Zeit folgenden Jahrhunderten der Völkerwanderung zeichneten sich vor allem die Franken, Thüringer und Friesen als Reiter und Züchter aus. Dank der Unterstützung der mit großen, starken Pferden berittenen germanischen Stämme gelang es schließlich auch, das aus Zentralasien im 4. Jh. n. Chr. nach Europa stürmende Reitervolk der Hunnen unter Attila (434–453 n. Chr.) in Pannonien zu besiegen.

Eine einzigartige Rolle spielt das Pferd in der Geschichte der Araber, bei denen das Pferd sehr viel später als bei den Ägyptern und Juden Eingang gefunden

hat. Denn bis zu Mohammed (570–632) waren Dromedare und Esel die Reittiere für kriegerische Zwecke und den Handel. Mohammed soll, als er nach Mekka zog, in seinem Heer nur drei Pferde gehabt haben. Doch er begriff die Bedeutung des Pferdes als Kriegsmittel und benutzte die Satzungen seiner Religion, um die Araber mit der Pflege und Zucht des Pferdes vertraut zu machen. Mit großem Erfolg, denn die arabische Reiterei wurde eine furchtbare Waffe im Kampf gegen alle Völker. Die Reiterheere Mohammeds stießen bis nach Spanien und Südfrankreich vor. Erst Karl Martell (714–741), dem Großvater Karl des Großen, gelingt es in der Schlacht bei Tours und Poitiers (732), die in das Frankenreich eindringenden Araber zurückzuschlagen.

Gut zweihundert Jahre später besiegte Otto I. (912–973) mit seinem Reiterheer in der Schlacht auf dem Lechfeld (955) die Ungarn und bereitete damit den ungarischen Beutezügen nach Deutschland, Italien und Frankreich ein Ende.

Mit den Karolingern treten im 8. Jh. die Ritter in die Geschichte ein. Diese Männer wurden vor allem nach ihrer Kriegstüchtigkeit ausgesucht und erhielten ein Lehen, das sie in die Lage versetzte, ihre Knappen und Pferde zu ernähren. Ihre vornehmste Pflicht war, das Land und seine Bevölkerung gegen Feinde zu schützen. Dieser Stand gewann hauptsächlich durch seine Verdienste für die Christenheit in den Kreuzzügen Anerkennung und Macht, als man gemeinsam mit allen europäischen Rittern im heiligen Land kämpfte. Die Glanzzeit des Rittertums endete, als man im 15. Jh. von der Naturalwirtschaft zur Geldwirtschaft überging und die Fürsten auf die Dienste der edlen Ritter verzichten konnten. Denn die Geldwirtschaft ermöglichte es ihnen, Soldaten

Das Pferd in der Kulturgeschichte

gegen Bezahlung an-
zuwerben, die als
Söldner auf Zeit und
ohne zusätzliche
Ansprüche den
Kriegsdienst verrich-
teten. Auch die Er-
findung des Schieß-
pulvers spielte dabei
eine Rolle. Denn gegen
die geschlossenen Haufen der
Landsknechte konnten die Ritter
als Einzelkämpfer und mit ihren schweren
Streitrossen wenig ausrichten.
Dies sollte sich erst ändern, als die
Pferde im 16. Jh. edler, leichter, schneller
und rittiger wurden. Gustav Adolf nahm
seinen Reitern im Dreißigjährigen Krieg
(1618–1648) den schweren Panzer und
führte die Taktik der geschlossenen
Attacke ein. In den kommenden Jahrhunderten, bis zum Ende des 19. Jh., war die
Kavallerie die alles entscheidende Waffe,
deren Erfolg aber abhängig war von gut
ausgebildeten und gerittenen Pferden und
sowie von ebenso gut geschulten Reitern.
Die hervorragend berittene und geschulte
preußische Kavallerie Friedrich des
Großen konnte viel Ruhm erringen. Bis
zum 1. Weltkrieg standen in Deutschlands
Garnisonen 110 Kavallerieregimenter. Das
100.000 Mann-Heer hatte noch 18 Kavallerieregimenter, und gegen Ende des 2.
Weltkrieges gehörten noch sechs Kavalle-
rie-Divisionen zur Deutschen Wehrmacht.
Bis zu Kriegsende mochte keine der
kriegsführenden Mächte auf den Dienst
des Pferdes verzichten. Dabei haben die
Pferde zu allen Zeiten leidend und mit
großer Hingabe dem Menschen Treue bewiesen.

Die Beziehung zwi-
schen Pferd und
Mensch war immer
eine besondere. Es
ist dem Menschen
über Jahrtausende
nicht nur Nahrungs-
mittel und Helfer in
Krieg und Frieden
gewesen, sondern es hat
auch den kulturellen Fortschritt des Menschen ermöglicht
und begleitet. Es hat dem Menschen die
Fortbewegung von Ort zu Ort nicht nur
erleichtert, sondern auch dessen Geist und
Seele beflügelt. Zugleich aber hat es den
Erfindungsgeist des Menschen herausge-
fordert, sich die Pferdekraft nutzbar zu
machen. Denn immer war und ist das
Pferd für den Menschen Gabe und Aufgabe, Muße und Arbeit zugleich,es setzte
sowohl geistige und produktive Kräfte
frei.

Die Höhlenmalereien der Steinzeit sind
dafür ein treffender Beweis. Der Mensch
schätzte das Pferd als Wildbret, aber es
war zugleich auch heiliges Opfertier. Was
er mit der Sprache nicht auszudrücken
vermochte, sagte er in Bildern. In späterer
Zeit nahm das Pferd in der Mythologie
der Völker eine Sonderstellung ein und
gehörte immer zu den Göttern und deren
Reich. Von dem Kult um das Pferd gibt,
angefangen von der Antike bis in die Gegenwart, die Kunst Zeugnis: Reliefdarstellungen, Vasenbilder, in Stein gehauene
oder aus Metall getriebene Pferde der Antike, die Darstellung von Reiter und Pferd
Donattelos oder Dürers im 15. Jh. bis zu
denen eines Jank, Liebermann oder Marc
in unserem Jahrhundert.

Pferdeherden in den Steppen Kasachstans.

Auch die Literaten und Poeten aller Zeiten wurden durch Pegasus, das geflügelte Pferd der Griechen beflügelt, angefangen von den Götter- und Heldensagen der Völker oder den Werken der großen Reitmeister wie Xenophon, Newcastle und Gueriniere bis zu Steinbrecht, Podhajsky und Seunig.

Während die mythisch-religiöse Verehrung durch die unterschiedlichsten Formen der Kunst, angefangen von den Höhlenmalereien der Vorzeit über die Pferdedarstellungen im Altertum bis zu den modernen Pferdedenkmälern bezeugt ist, findet man im Altertum keine Darstellungen des Pferdes zu Wirtschaftszwecken vor dem Lastfuhrwerk oder dem Pflug, weil diese Art der Verwendung noch nicht üblich war. Dafür war das Pferd den Menschen im Altertum zu edel, – eine Vorstellung, die bei den Germanen bis hinein in das Mittelalter die Verwendung des Pfer-

des für den niederen Dienst des Zugtiers nicht zuließ.

Dagegen wurde die Ausrüstung des Pferdes wie Zaum, Zügel und Sattel und sonstige Geschirrteile bald zum Objekt sorgfältiger, großer handwerklicher Kunst. Geschirr, Streitwagen und die verschiedenen zwei- und vierrädigen Karren und Wagen wurden wichtige Handelsgüter. Aus den Anfängen des Hufschutzes durch Sandalen aus Bast, Leder oder Metall wurden Hufeisen und Hufbeschlag entwickelt. Handwerke entstanden, die im Sattler, Stellmacher oder Wagner und Hufschmied bis heute überdauert und ihre Bedeutung nicht verloren haben.

Die wachsende Bedeutung der Fuhrwerke zum Transport von Gütern und Personen wirkte sich auf viele Wirtschaftszweige aus, so auch auf den Straßenbau. Wenn auch der Reiter überall hinkam, so war das Fuhrwerk auf Straßen angewiesen. Schon die Römer hatten ein Netz von Heerstraßen über ihr Imperium gespannt, mit Postreitern, Wagenposten und Relaisstationen. Auch die Germanen kannten Verkehrswege. Viele dieser Straßen mit Bezeichnungen wie „Salzstraße", „Bernsteinstraße" oder „Kupferstraße" waren wichtige, die Völker verbindende Handelswege, die z. B. von der Nord- und Ostseeküste bis nach Italien führten oder im Mittelalter als „Reichsstraßen" ihre Bedeutung hatten. Fortschritte im Wagenbau und die Verbesserung des Straßen- und Wegenetzes ermöglichten ab dem 16. Jh. mehr als nur zwei Pferde anzuspannen. Und Goethe, der 1786 nach Italien gereist war, schrieb an einen Freund in Weimar: „Ueber den Tiroler Berg bin ich gleichsam weggeflogen. Der Postillion eilte mehr, als ich wünschte". Am Ende dieser Entwicklung verschwanden die Postwagen, „Denn wo einst das Posthorn rief, da pfeift jetzt die Lokomotiv".

Kein Wunder, daß in den deutschen Landen die Pferdezucht und der Pferdehandel blühten, woran in vielen Städten heute noch Namen von Straßen und Wirtshäusern wie z. B. „Pferdemarkt", „Roßplatz" oder „Zum Rappen" erinnern.

Von großem Einfluß war das Pferd auf die gesamte Kultur des Menschen, was auch bis heute noch in unserem Sprachgebrauch erhalten blieb, wenn wir von „sich die Sporen verdienen" sprechen oder das Wort „Kavalier" verwenden. Die meisten dieser Redewendungen stammen von den Turnieren und Ritterspielen des Mittelalters und wurden durch die Universitäten und Ritterakademien weitergeführt.

Nach dem humanistischen Bild der Italiener, die in der Renaissance dem gebildeten Europa ihren Stempel aufdrückten, war nur der geistig und körperlich gebildete Mensch vollkommen. Dabei galt die

Reitkunst als die vornehmste und wurde auch in Universitäten in ganz Europa gelehrt. Die Universitäten bauten Reithäuser und unterhielten Reitmeister, die den Professoren gleichgestellt waren. Sie unterrichteten nicht nur in der Reitbahn, sondern hielten auch Vorlesungen über die Naturgeschichte des Pferdes und die „Pferdearzeneykunst". Goethe sagte nach einem Besuch bei Reitmeister Ayrer in Göttingen, „daß man hier (in der Reitbahn), vielleicht einzig in der Welt, die zweckmäßige Beschränkung der Tat, Verbannung aller Willkür ja des Zufalls, mit Augen, mit dem Geiste begreift. Menschen und Tiere verschmelzen hier dergestalt in eins, daß man nicht zu sagen wüßte, wer denn eigentlich den anderen erzieht".

Auch im 18. und 19. Jh. gehörte die Reitkunst zur Bildung des Menschen, ob Gelehrter, Offizier, Jurist oder Theologe.

Die Ritterakademien, die im 17. Jh. erstmals gegründet wurden und die Idee des Grafen Johann von Nassau waren, dienten der Erziehung der Jugend. Gelehrt wurde neben Theologie, Jurisprudenz, Mathematik, Philosophie, der französischen und italienischen Sprache auch Tanz-, Fecht- und Reitkunst. Nicht wenige dieser Ritterschulen wurden später Universitäten. Kein Wunder, daß diese Jahrhunderte zur Blütezeit der Reitkunst wurden.

Die Erfindung des Schießpulvers führte zum Ende des Rittertums und die Motorisierung zum Ende der Kavallerie. Auch der Turniersport unserer Zeit sucht nach neuen Formen und Wegen. Bisher wenig bekannte Pferderassen werden zu anderen Erdteilen und Menschen gebracht, und mit ihnen andere Reitweisen und andere Formen der Begegnung mit dem Pferd. „Das Pferd wird bleiben!" Wer immer es zuerst gesagt hat, wird recht behalten.

Rassen
von A bis Z

Abtenauer

Kennzeichen: Das verkleinerte Modell des Original-Norikers, im Durchschnitt 5 cm kleiner, besticht durch seinen trockenen, harmonischen Körperbau und sein kräftiges Fundament. Überwiegend Rappen und Füchse, aber keine Tigerschecken. Stockmaß um 155 cm.
Verbreitung: Österreich, mit dem Bundesland Salzburg und dem Hochtal Abtenau als Zuchtzentrum.
Leistung: Ruhiges Temperament, anspruchslos, leichtfuttrig und robust, energisch und arbeitswillig, mit korrekten, bestechenden, flotten Gängen, die dazu führten, daß man gute Bewegungen in dem Urteil „*Er geht wie ein Abtenauer*" zusammenfaßte. Vor allem auch wegen seiner Trittsicherheit und Wendigkeit sowie seines ausgeprägten Gleichgewichtsgefühls für die Arbeit an Berghängen und für die Holzabfuhr im Gebirge gleichermaßen geeignet.

Zuchtgeschichte: Der kleinste Kaltblutschlag im deutschsprachigen Raum ist eine Sonderform des Norikers. Der Bestand beträgt zur Zeit etwa 100 Zuchtstuten.

Seine Zuchtgeschichte ist die des österreichischen Norikers, insbesondere die des ehemaligen Pinzgauer Pferdezuchtvereins Nr. 6 Abtenau, mit dem Vereinsbezirk Abtenau, Rigaus, Rüßbach, Rußbachsegg. Dessen Stutenbestand wird für 1939 mit 178 Hauptbuch- und vier Stammbuchstuten angegeben.

Die Abgeschlossenheit des Hochtales am Fuße der Salzburger Dolomiten hat den Abtenauer Typ des Norikers, dessen Maße schon die Stutbuchordnung von 1898 wiedergibt, bis heute begünstigt. Außerdem fand und findet der „Abtenauer Typ" auch in anderen Landesteilen Österreichs guten Absatz.

Achal-Tekkiner

Kennzeichen: Er besticht durch seine klassische Trockenheit und edle Haltung. Typisch der metallische Glanz des seidigen Fells und das spärliche Langhaar. Der Kopf fein und trocken, große ausdrucksvolle Augen, bewegliche Ohren. Langer Hals mit viel Aufrichtung; schräge Schulter, tragfähiger Rücken, breite, kräftige Kruppe. Trockene Gliedmaßen mit gut markierten Sehnen, Gelenken und harten Hufen, Stockmaß 150 bis 165 cm. Vorwiegend Braune, Füchse und Falben.

Verbreitung: Hauptzuchtgebiete: Turkmenistan (Gestüt Machmut Kuli, ehemals Komsomol, bei Aschchabat), Kasachstan (Gestüt Lugowsk), Kaukasus (die Gestüte Tersk und Stawropol und einige Sochwosen der GUS), Iran (im Norden, in der Region Maraveh Tepe, begrenzt vom Kaspischen Meer und dem Atrek), Europa (vor allem Deutschland, Frankreich und Österreich), USA und Kanada.

Leistung: Von außerordentlicher Härte und Ausdauer, das ideale Distanzpferd. Als Rennpferd dem Vollblüter ebenbürtig. Als Dressurpferd olympische Medaillen errungen. Bewährt als Spring-, Jagd- und Militarypferd sowie im Fahrsport.

Zuchtgeschichte: Die Nachfahren der „Nissäischen Rosse" waren im Altertum wegen ihrer Schönheit, Ausdauer und Kraft geschätzt. Der Nomadenstamm der Tekke gab ihnen den Namen und hat die Rasse durch sorgfältige Selektion rein erhalten. Mit *Byerly Turk*, einem Stammvater des Englischen Vollbluts, hat er weltweiten Einfluß und Ruhm gewonnen, in Deutschland im 18. Jh. mit *Turcmain-Atti* (1791–1806). Der Hengst *Boj-Nou* (1885–1908) ist Stammvater der modernen Zucht. Die im 20. Jh. zur Verbesserung der Renngeschwindigkeit aufgenommene Einkreuzung von Vollblütern wurde bald aufgegeben und mußte 1938 dem Reinzuchtprogramm und 1973 dem Originalzuchtprogramm weichen.

Achetta (Sardisches Pony)

Kennzeichen: Kleines, drahtiges Pony mit unverkennbarem orientalischen Einfluß. Ausdrucksvoller Kopf, mittellanger, gut aufgesetzter Hals, schräge Schulter, tiefer Rumpf mit gefälliger Oberlinie. Trockenes, festes Fundament mit harten Hufen. Vor allem Rappen, Dunkelbraune, Braune. Stockmaß um 120 bis 140 cm.

Verbreitung: Auf der Giara de Gesturi, einem Hochplateau im Süden der Insel Sardinien/Italien.

Leistung: In kleinen Herden frei und halbwild lebend; trittsicher, ausdauernd und genügsam, energisches Temperament. Früher als vielseitiges „Kleinpferd" zum Ziehen, Tragen und Reiten eingesetzt; auch als Fleischlieferant. Heute vor allem als Reitpony verwendet. Ausdauernder Trab.

Zuchtgeschichte: Diese Ponys leben in den Bergen Sardiniens und gelten als Nachkommen der hier seit Jahrhunderten lebenden Pferde. Es sind keine Wildpferde, sondern verwilderte Pferde. Sie kamen einst mit numidischen und karthagischen Eroberern auf die Insel, denen Spanier für 400 Jahre folgten. Jeder brachte seine Pferde mit. Ihr Lebensraum ist die Giara, ein etwa 50 km^2 großes Gebiet, dessen freie Flächen mit Felsbrocken und Geröll übersät sind. In den Mulden der Hochebene bilden sich in der Regenzeit auf dem undurchlässigen Basaltuntergrund große, flache Seen, deren Sumpf- und Wasserpflanzen Nahrungs- und Lebensquell für die hier lebende Tierwelt sind. Die ca. 600 Achettas leben in kleinen Familienverbänden und ernähren sich hauptsächlich von diesen Sumpf und Wasserpflanzen, die sie sogar unter Wasser abweiden, wozu sie bis zu 15 Sekunden mit den Nüstern unter Wasser bleiben können. Einmal jährlich werden die Pferde durch ihre Besitzer eingefangen. Früher wurden die Fohlen dann gebrannt, heute werden sie tierärztlich versorgt und Überzählige an die Regionalverwaltung verkauft.

Aegidienberger

Kennzeichen: Das mit einem Stockmaß von 140 bis 150 cm mittelgroße Gangpferd trägt sich mit viel Ausdruck und Eleganz. Das harmonische Gebäude wird von einem stabilen, trockenen Fundament getragen. Von den energischen Gangarten des Fünfgängers ist vor allem der genetisch fest verankerte Tölt hervorzuheben. Der Aegidienberger ist freundlich, intelligent, leistungswillig und in allen Farben vertreten.

Verbreitung: Die junge Rasse – erst 1994 offiziell anerkannt worden – ist in Deutschland, ausgehend vom Gestüt Aegidienberg, bereits auf die Gesamtzahl von ca. 350 angewachsen. Mit steigender Tendenz, da der Aegidienberger sich bei den Freunden des Gangpferdereitens zunehmender Beliebtheit erfreut.

Leistung: Seine Intelligenz, Leistungsbereitschaft und Menschenfreundlichkeit machen ihn, gepaart mit seiner großen Robustheit, zu einem familienfreundlichen und umgänglichen Freizeitpferd. Durch seine außergewöhnliche Töltsicherheit wird er als Partner bei den Freunden für Sport und Show geschätzt.

Zuchtgeschichte: Der Aegidienberger ist das Ergebnis einer systematischen Kreuzung zweier Rassen, des Islandpferdes und des Peruanischen Paso, deren gemeinsames Merkmal der genetisch fixierte Tölt ist. Die erste Aegidienberger-Stute wurde 1985 in das Rheinische Pferdestammbuch eingetragen. Damit war der Zuchtversuch des Islandpferdezüchters W. Feldmann sen. durch eine „Fünfachtelkreuzung" von Islandpferden mit Peruanischen Pasos gelungen. Die offizielle Anerkennung der neuen Rasse hat 1994 durch Vertreter der Deutschen Reiterlichen Vereinigung (FN) und der deutschen Zuchtverbände stattgefunden. Die Rasse wird in den Zuchtregistern der Pferdestammbücher unter der Rassebezeichnung „Aegidienberger" eingetragen und geführt.

Altai Pferd

Kennzeichen: Robustes kleines Gebirgspferd, ähnlich dem Mongolenpferd, aber
trockener, mit bis zu 140 cm Stockmaß,
170 cm Gurtentiefe und 19 cm Röhrbeinumfang. Mittelgroßer, derber Kopf mit
breiter Stirn, wachen Ohren und lebendigen Augen. Kurzer, muskulöser Hals, steile
Schulter, kräftiger, tiefer Rumpf, mittellanger, leicht geschwungener Rücken mit
muskulöser, schräger Kruppe. Stabiles Fundament mit kurzen, kräftigen Gliedmaßen;
gelegentlich steile Fessel oder säbelbeinig.
Vor allem Schimmel, Füchse, Braune und
Rappen, auch Tigerschecken.
Verbreitung: Im Altai Gebirge der GUS.
Leistung: Vorsichtiges, trittsicheres Trag-
und Reitpferd. Äußerst widerstandsfähig
gegen äußere Einflüsse. Leistungsfähig,
kann bis zu 160 kg transportieren. Die für
die Stutenmilchgewinnung verwendeten
Stuten geben bis zu 10 l Stutenmilch pro
Tag.

Zuchtgeschichte: Die Zucht des Altai Pferdes ist schon über 2.500 Jahre alt. Nach
Meinung der Zoologen wurde die Rasse
nicht nur durch das Mongolische Pferd
und das Kirgisenpferd beeinflußt, sondern
auch durch persische und arabische Rassen. Archäologische Ausgrabungen unter-
stützen diese Behauptungen, da diese
gefundenen Pferdeskelette von größeren
Pferden stammen.

Nach dem Urteil der Zoologen hat sich
das ursprünglich größere Altai Pferd den
ungünstigen Standortbedingungen, dem
Gebirge mit seinen extremen klimatischen
Bedingungen, angepaßt und ist dadurch
kleiner und widerstandsfähiger geworden.
Zur Entwicklung einer neuen Rasse u.a.
für die Pferdefleischproduktion wird das
Altai Pferd mit den Rassen Litauisches,
Russisches, und Schweres Sowjetisches
Kaltblut gekreuzt.

Altér Real

Kennzeichen: Nobler Vertreter einer alten
iberischen Edelrasse. Ausdrucksvoller
Kopf, weit auseinanderliegende Augen,
gelegentlich Ramsnase. Der Hals gut aufgesetzt und elegant getragen. Breite Brust,
gute Schulter, wenig Widerrist, kurzer
Rücken, muskulöse, leicht abfallende
Kruppe. Kräftiges, trockenes Fundament
mit harten Hufen. Üppiges Langhaar, vorwiegend Braune, Rappen, Füchse, gelegentlich Schimmel. Stockmaß um 155 cm.
Verbreitung: Portugal, zunehmend auch im
übrigen Europa.
Leistung: Hart, intelligent, mutig, widerstandsfähig. Elegante, auffallende Bewegungen mit Aktion. Ein Pferd für den
Stierkampf, die Hohe Schule und für alle
anderen Disziplinen des Reitsports. Die
Escuola Portuguesa de Arte Equestre, die
Hochschule und Pflegestätte der klassischen portugiesischen Reitkunst, ist mit
Altér Real-Hengsten beritten.

Zuchtgeschichte: Der Altér Real hat seinen
Namen durch König Juan V. erhalten, der
1748 in Altér do Chao in der Provinz
Alentejo auf andalusischer Grundlage ein
königliches Gestüt (Real = königlich) einrichtete, das von seinem Sohn Jose I. weitergeführt wurde. Zuchtziel waren edle
Pferde für den königlichen Marstall in Lis-
sabon. Um 1801 wurde die Rasse konsequent für die Hohe Schule selektiert. Eine
weit rigorosere Selektion fand unter Napoleon I. statt, der ganze Regimenter mit Altér Real-Pferden beritten machte. Dadurch
wurde die Rasse in alle Welt verstreut und
dem Untergang nahegebracht, den man
durch Zuführung von Arabern, Englischem
Vollblut und Hannoveranern aufzuhalten
versuchte. 1941 waren nur noch zwei reinblütige alte Hengste und ein Dutzend Stuten vorhanden, als Dr. Ruy d'Andrade mit
reinen Andalusiern mit dem Wiederaufbau
der Zucht begann und sie rettete. Das
frühere königliche Gestüt Altér do Chao ist
heute Staatsgestüt.

Altmärkisches Kaltblut

Kennzeichen: Gefälliger Kaltblüter im mittleren Rahmen. Kopf mit markantem Gesicht, geradem Profil und großem Auge; kräftiger, gut aufgesetzter Hals. Gut bemuskelter Körper, gute Brust- und Flankentiefe, schräge Schulter, lange Kruppe. Trockenes, korrektes Fundament mit harten Hufen. Braune, Füchse, Rapp-, Braun- und Fuchsschimmel. Stockmaß 158 bis 165 cm.
Verbreitung: Deutschland, Hauptzuchtgebiet Sachsen-Anhalt.
Leistung: Vielseitig verwendbar, energisch, guter Schritt und Trab; gutmütig, ruhiges Temperament, harte Konstitution.
Zuchtgeschichte: Die Anfänge der Zucht gehen in das 19. Jh. zurück. Über Shire Horse, Belgier, Percherons und Kreuzungsverfahren führte der Weg zur Zucht auf belgischer Grundlage und machte die Provinz Sachsen zu einem der drei großen Kaltblutzuchtgebiete. Bedeutenden Anteil an der Entwicklung hatten das 1891 gegründete Landgestüt Kreuz, Halle (Saale) und dessen verdienstvolle Landstallmeister. Entscheidend zum Aufstieg der provinzialsächsischen Kaltblutzucht beigetragen haben Züchter wie Werner Thiele, Ringfurth a. Elbe, der die Zucht auf belgischer Grundlage vertrat und die Hengsthaltergenossenschaft Mahlwinkel gründete. Bedeutende Blutlinien sind die *Jupiter-, Gerfaut II-, Jean I-, Brin d'Or de Thiribut*-Linie. Bedeutende Hengste sind *Albion II d'Haubrouge 1100, Gaulois du Monaceau 888* und andere.

Es ist das große Verdienst wahrhafter Pferdeleute, daß in den Wirren nach 1945 das Kulturgut Kaltblutpferd in Sachsen-Anhalt erhalten wurde. Heute wird mit einer Restpopulation von 120 Stuten und 20 Hengsten ein mittelschwerer Kaltblüter gezüchtet. Zuchtziel ist, durch gesteuerte Inzucht, Zuchttieraustausch und Import belgischer Hengste den charakteristischen leistungsfähigen Phänotyp zu erhalten.

Alt-Oldenburger

Kennzeichen: Das schwerste und ausgeglichenste deutsche Warmblutpferd. Mittelgroß, korrekt und schön, gute Schulter, ausgeprägter Widerrist. Gute Brusttiefe, runde, tiefe Rippe und Flanke, starkes Fundament mit kräftigen Gelenken und guten Hufen. Rappen, Braune und Füchse. Stockmaß um 165 cm.

Verbreitung: Deutschland, mit dem Hauptzuchtgebiet Oldenburg. In anderen europäischen Staaten als Karossier sowie als zugkräftiges Wirtschaftspferd.

Leistung: Leistungsfähig, gesund, leichtfuttrig, langlebig, nervenstark, gutes Temperament. Gute Mechanik mit langem Schritt und raumgreifenden Trab, gleich gut geeignet für Landwirtschaft und Gewerbe wie als elegantes Fahr- und Reitpferd. 1930 zogen die Oldenburger Wallache *Didde* von *Dittmar*, geb. 1924, und *Gerold* von *Gruson*, geb. 1923, das 11,54fache ihres Eigengewichtes: 18.520 kg.

Zuchtgeschichte: Die Zucht des friesisch-oldenburgischen Landpferdes in Oldenburg ist untrennbar mit dem Grafen Anton Günther verbunden. Oldenburgische Karossiers waren an den Fürstenhöfen Europas geschätzt. Der unkontrollierten Verwendung neapolitanischer und spanischer Hengste wurde 1819 durch ein Körgesetz ein Ende gesetzt. Mit der Reinzucht, in deren Folge sich der Typ des eleganten, schweren Warmblüters mit dunklen Farben entwickelte, begann eine neue Blütezeit. Die nach 1945 einsetzende Mechanisierung in Landwirtschaft und Gewerbe erforderte den Umzüchtungsprozeß zum Sportpferd. Dieser wurde 1959 mit der Verwendung des Vollblüters *Adonis xx*, geb. 1952, durch Ludwig Kathmann eingeleitet. Auf die damit verbundene Typveränderung reagierten Anfang der 80er Jahre Freunde des „Original Oldenburgers" mit der Rückzüchtung. 1989 wurde der „Zuchtverband für das Alt-Oldenburger Pferd e. V." anerkannt.

Altwürttemberger

Kennzeichen: Ein gefälliges, mittelschweres, rumpfiges Pferd. Der Kopf mittelgroß, trocken, mit aufmerksamen, freundlichen Augen, kräftiger, gut gewölbter Hals. Gut markierter Widerrist, lange schräge Schulter, mittellanger, kräftiger Rücken mit guter Hinterhand. Gutes Fundament mit harten Hufen. Alle Grundfarben. Stockmaß 155 bis 165 cm.

Verbreitung: Deutschland, vor allem Baden-Württemberg.

Leistung: Ruhiges Temperament, leichtfuttrig, ausdauernd, raumgreifende Gänge mit viel Schub. Ursprünglich ein leistungsstarkes Warmblutpferd im Wirtschaftstyp für Landwirtschaft und Heer. Heute steht die Verwendung als zuverlässiges Reit- und Fahrpferd im Vordergrund.

Zuchtgeschichte: Sie ist eng verknüpft mit der Pferdepassion des württembergischen Fürstenhauses und den Hofgestüten Marbach und Weil, aber auch mit den geographischen und agrarischen Bedingungen, die einer bäuerlichen Pferdezucht abträglich waren. Auch fehlte es an einem verbindlichen Zuchtziel. Dieser Zustand wurde erst durch den Landoberstallmeister von Hofacker beendet, der einen geeigneten Warmblüter im Anglo-Normänner-Cob-Typ aufstellte. Von 1872 bis 1888 wurden insgesamt 30 Hengste aus der Normandie in die Landespferdezucht eingebracht und damit dem Württemberger Pferd sein Typ gegeben. Um 1900 durchgeführte Kreuzungsversuche mit Englischem Vollblut, Holsteiner- und Oldenburger-Hengsten wurden nach wenigen Jahren aufgegeben und ein bodenständiges, starkes, schönes Pferd geschaffen. Doch ein Pferd dieses Typs entsprach nach 1950 nicht mehr den Bedürfnissen, der Württemberger wurde zum Sportpferd umgezüchtet. Der Altwürttemberger war vom Aussterben bedroht, als 1988 in Marbach ein Verein zu seiner Erhaltung gegründet wurde.

American Albino
(American Cream and White)

Kennzeichen: Eine Farbzucht mit einer einzigen Bedingung: nur rein weißes oder cremefarbenes Körper- und Langhaar erlaubt und als Augenfarbe nur braun oder dunkelblau. Das Exterieur ist so unterschiedlich wie die Blutlinien der zur Zucht verwendeten Pferde. Das Tier muß lediglich ein rassetypischer Vertreter seiner Rasse sein. Es werden zwei Typen unterschieden: Albinos im Western Type (mehr oder weniger Quarter Horse-, Morgan- oder Araber-Blut) und Albinos im English Type (Kreuzungen aus Saddle Horse, Morgan, Araber oder Englischem Vollblut). Nach der Größe werden Pferd (144 bis 162 cm Stockmaß) und Pony (102 bis 144 cm Stockmaß) unterschieden. Das Albino Pony führt zur Hälfte Shetland- oder Welsh Pony-Blut.
Verbreitung: USA vor allem, in anderen Ländern existieren keine nennenswerten Populationen, ausgenommen Frankreich.

Leistung: Die Fähigkeiten und Leistungen von Albinos sind so unterschiedlich wie ihr Rassetyp. Der Albino ist aber nicht nur ein Show- und Zirkuspferd oder für Gruppen interessant, die mit genau gleichfarbenen Pferden beritten sein möchten. Albinos werden auch zum Fahren verwendet.
Zuchtgeschichte: Albinos entstammen der Zucht der White Horse Ranch in Nebraska/USA. Ruth und Caleb Thompson setzten den Hengst *Old King* (geb. 1906) als Deckhengst ein. Er führte Morgan- und Araberblut, war milchweiß und hatte rosa Haut und braune Augen. Seine Nachkommen waren alle milchweiß mit blaßrosa Haut und hatten blaue, braune oder nußbraune Augen. 1937 wurde ein Zuchtprogramm aufgestellt und die American Albino Association Inc. gegründet. 1970 wurde das Zuchtregister für American Cream Horse geöffnet und die Zucht 1980 unter dem Namen International American Albino Assn. weltweit ausgedehnt.

American Miniature Horse

Kennzeichen: Der Kopf soll in seinen Proportionen zum Pferd passen. Mittelgroße, bewegliche Ohren mit leicht gebogenen Ohrenspitzen. Breite Stirn, große, auffallend weit gesetzte Augen, verhältnismäßig geringer Abstand zwischen Augen und Maul. Gerades oder leicht konkaves Profil, große Nüstern, makelloses feines Maul und Zähne. Gut proportionierter Hals, lange, schräge Schulter. Muskulöser Rumpf mit guter Rippenwölbung und Gurtentiefe, kurzer Rücken, lange, kräftige Hinterhand, gut angesetzter, leicht getragener Schweif. Korrekte Gliedmaßen, runde, feste Hufe. Seidig glänzendes Haar und Langhaar. Alle Farben. Stockmaß maximal 34 Zoll (ca. 85 cm).
Verbreitung: USA, Kanada, Westeuropa.
Leistung: Perfektes, kleines Pferd mit freien, schwungvollen Bewegungen. Guter, liebenswerter Charakter, zum Spielen, Reiten und Fahren für kleine Kinder.

Zuchtgeschichte: Die American Miniature Horse Association (AMHA) wurde 1978 in Arlington (USA) von einer Gruppe entschiedener Pferdeleute gegründet, um die Rasse zu erhalten und sie von anderen Pony- und Kleinpferderassen zu unterscheiden.

Es werden nur Pferde registriert, die im Alter von fünf Jahren die Größe von 34 Zoll nicht überschritten haben. Provisorische Papiere werden ausgegeben, wenn beide Eltern registriert sind und fünfjährig die vorgeschriebene Größe nicht überschritten wurde.

Das Hauptanliegen der AMHA sind die korrekte Zuchtbuchführung und Pedigrees. Ein wichtiger Schritt war die Schließung des Zuchtbuches am 31.12.1987. Seitdem werden nur Fohlen von eingetragenen Eltern registriert. Seit 1995 müssen sich alle Fohlen einem Bluttest unterziehen. Jährlich werden 7.000 Fohlen eingetragen, vorwiegend im Araber- und Quarter Horse-Typ.

American Saddlebred Horse

Kennzeichen: Beeindruckend seine Schönheit und Eleganz. Auffallend der mittelgroße, feine Kopf mit den großen, wachen, weit auseinanderliegenden Augen, dem Spiel der nah beieinanderliegenden Ohren, dem feinen Maul und den großen Nüstern. Der Hals ist lang, wohlgeschwungen und aufgerichtet, der Widerrist gut markiert und über Hüfthöhe liegend, die lange, schräge Schulter gut gelagert. Der kräftige, gerade Rücken geht in die gerade Kruppe mit hohem Schweifansatz über. Vor- und Hinterhand gut bemuskelt, Gliedmaßen lang und fein mit trockenen Gelenken, elastischer Fessel und guten Hufen. Stockmaß 152 bis 162 cm, alle Farben erlaubt.

Verbreitung: Amerika, mit den Hauptzuchtgebieten Kentucky, Virginia, Missouri und Indiana, und in aller Welt.

Leistung: Der Saddler ist nicht nur schön, sondern auch leistungsstark, intelligent und vertrauensvoll. Als Show Horse brilliert er durch hohe, stechende Aktionen und raumgreifende Tritte sowie im Rack und Slow Gait. Ausgezeichnet sind seine Leistungen auch in allen anderen reitsportlichen Disziplinen sowie im Westernreiten und im Fahrsport.

Zuchtgeschichte: Aus der Verbindung eines Naraganset Pacers mit einem Vollblütler in der Kolonialzeit entstanden wurde es das American Horse schlechthin. Es wurde 1776 zum ersten Mal registriert und verbreitete sich schnell in den Staaten. Der Vollblutsohn *Denmark*, geb. 1839, wurde über seinen Sohn *Gaines Denmark* zusammen mit *Bourbon King*, dem Begründer der *Chief*-Linie, zum Stempelhengst der Rasse. Die Südstaaten, vor allem Kentucky und Missouri, haben sich um die Zucht des Saddlers verdient gemacht. Bereits Ende des 19. Jh. war die Rasse, die ihre Härte und Leistungsfähigkeit im Bürgerkrieg nachdrücklich bewiesen hatte, berühmt und konsolidiert.

American Shetland Pony

Kennzeichen: Schon rein äußerlich hat es nichts mit dem klassischen, dem robusteren Typ gemein, es ist ein Vollblüter en miniature. Der Kopf ist insgesamt von edlem Ausdruck mit geradem oder leicht gewölbtem Profil, mit Augen, die Intelligenz und Freundlichkeit ausstrahlen, und wird von dem schönen Hals hoch getragen. Der Rumpf ist tief und kräftig, mit guter Rippenwölbung, mittelhohem Widerrist und ausreichend schräger Schulter. Der kurze, kräftige Rücken geht in die nahezu gerade, lange, breite Kuppe mit dem hoch angesetzten Schweif über. Das kräftige Fundament ist gut bemuskelt, die Gelenke gut markiert. Röhren und Fesseln sind länger als bei den anderen Shetland-Typen, was ihre Gänge leichter und schwungvoller macht. Die dunklen Hufe sind mittelgroß, rund und kräftig. Das volle Langhaar ist wellig und mittelfein. Das Stockmaß liegt bei 36 bis 46 Zoll (91 bis 117 cm). Alle Farben, vorwiegend Hellbraune, Rappen, Schimmel.

Verbreitung: USA und Canada, Puerto Rico, Südamerika und in verschiedenen europäischen Ländern.

Leistung: Es ist vor allem ein Show-Pferd mit viel Knieaktion, zum Fahren und für Trabrennen. Als Kinderpony sind die hochgezüchteten Miniatur-Vollblüter zu teuer.

Zuchtgeschichte: Die ersten Shetland Ponys kamen um 1800 nach Amerika. Als um 1870 Lord Londenderry in zwei Gestüten in Schottland das Shetland Pony größer, mehr im Reitpony-Typ zu züchten begann, war die Voraussetzung für den American Type geschaffen. Hackney-Blut wurde zugeführt und ein lebhaftes, langbeiniges Pony gezüchtet, mit besseren Gangarten im Show-Type, mit edleren Merkmalen, glattem Fell, feiner Mähne und Schweif. Der American Shetland Pony Club wurde 1888 gegründet mit dem Ziel, alle für die Zukunft wichtigen Angaben zu sammeln und aufzuzeichnen.

Andalusier (Pura Raza Espanola)

Kennzeichen: Das „reinrassige spanische Pferd" ist ein edles mittelgroßes Pferd mit viel Ausdruck. Trockener Kopf mit geradem oder leicht ovalem Profil, gut angesetzten Ohren, lebhaften Augen. Schön geformter mittellanger Hals hoch aufgesetzt. Die muskulöse Schulter ist lang und schräg, der Widerrist breit und gut bemuskelt. Der kräftige Rumpf hat eine gute Sattellage; die Kruppe leicht abfallend mit tief angesetztem Schweif. Gutes trockenes Fundament, relativ lang und schräg gefesselt, harte Hufe. Üppiges gewelltes Langhaar. Schimmel, Rappen, Braune dominieren, Füchse und Schecken unerwünscht. Stockmaß 155 bis 162cm.

Verbreitung: Spanien mit dem Hauptzuchtgebiet Andalusien, Europa, Lateinamerika und in vielen Ländern der ganzen Welt.

Leistung: Ein schnelles, ausdauerndes und genügsames Reit- und Wagenpferd mit hoher Begabung für die Dressur und ein beliebtes Gebrauchspferd. Energische, raumgreifende Bewegungen, typisch der „Glockenspielergang" und die hohe Knieaktion.

Zuchtgeschichte: Das bodenständige „Spanische Pferd" gab es schon vor dem Einfall der Araber im 7. Jh. und dem sich daraus ergebenden Einfluß arabischer und berberischer Hengste auf die Zucht. Im Mittelalter galten Pferde der Pura Raza Espanola als Symbol für Adel und Macht und waren begehrte Veredler vieler Rassen, wie z. B. Friesen, Holsteiner, Oldenburger, Orlow-Traber, Lipizzaner und Trakehner. Das Karthäuserkloster bei Jerez de la Frontera, auf das die älteste und reinste der Blutlinien, die *Cartujano*-Linie zurückgeht, war für die Zucht von großer Bedeutung. Im Hauptzuchtgebiet Andalusien mit den Gestüten Jerez und Cordoba werden die Hengste für die vom Zuchtverband überwachte Reinzucht gehalten. Der Verband hat seinen Sitz in Sevilla und führt im Zuchtbuch über 2.000 eingetragene Stuten.

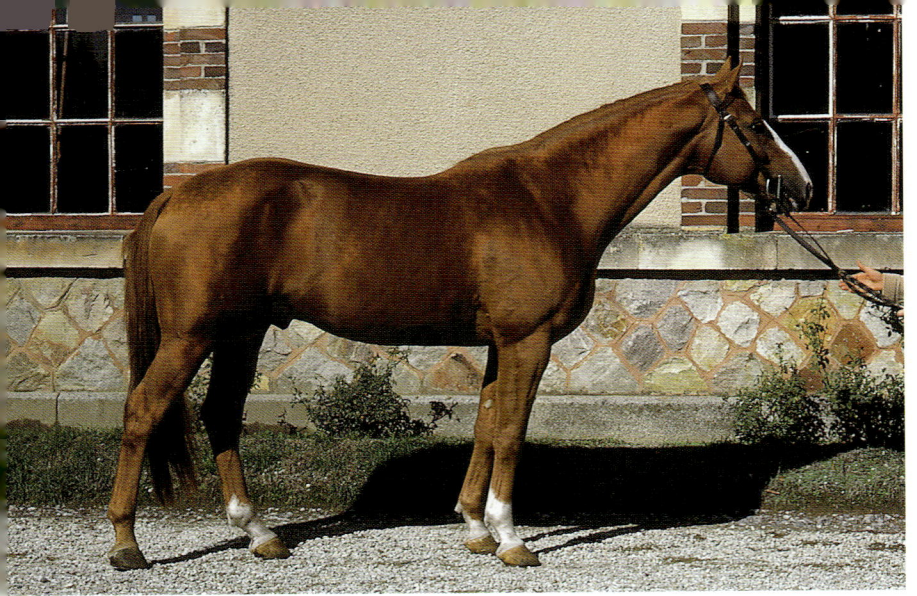

Anglo-Araber

Kennzeichen: Er ist die gelungene Verschmelzung des Vollblut Arabers mit dem
Englischen Vollblut und vereint die Vorzüge beider Rassen. Er zeichnet sich durch
ein ausdrucksvolles Gesicht, eine elegante,
harmonische Oberlinie und hervorragende
Points, wie ideale Halsung, mächtige
Schulter, lange Kruppe, vorzügliches Fundament aus. Feines seidiges Langhaar, alle
Farben, keine Albinos. Stockmaß um 155
bis 165 cm.

Verbreitung: Ausgehend vom Südwesten
Frankreichs, in Limousin und in der Ebene
von Tarbes und im Tal der Adour ist der
Anglo-Araber in der ganzen Welt verbreitet und als wertvoller Veredler geschätzt.

Leistung: Ein vielseitiges, sehr leistungsfähiges Pferd, das nicht nur vom Rennen
bis zum Fahren in allen pferdesportlichen
Disziplinen brilliert, sondern auch als Veredler, und nicht nur für das Selle Francais, sondern z. B. auch in den deutschen

Warmblutzuchten (Hannoveraner, Holsteiner, Oldenburger usw.) verwendet wird.

Zuchtgeschichte: Der Anglo-Araber ist das
Ergebnis der 1843 begonnenen spontanen
züchterischen Leistung der Gestütsdirek-
toren de Lespinats und Eugéne Gayot vom
Gestüt Pompadour mit zwei arabischen
Hengsten und drei Vollblutstuten, die
1852 der Züchterwelt als gelungen vorgestellt werden konnte. Bereits um 1880
wurde die neue Rasse im Stutbuch geführt
und nur solche Pferde eingetragen, die
einen Mindestanteil von 25% Araberblut
nachweisen konnten. Die Zucht entwickelte sich bis zum 1. Weltkrieg kontinuierlich
fort und stagnierte danach durch den
Wegfall der Kavallerie. Damit war die
Weiche für den Anglo als Sportpferd und
Veredler gestellt. Hauptzuchtstätte sind
das Haupt- und Landgestüt Pompadour
und die Nationalgestüte. Das Stutbuch für
Anglo-Araber gehört seit 1965 zur Sektion I im „livre généalogique" der französischen Reitpferderassen.

Anglo-Kabardiner/
Anglo-Karatschaever

Kennzeichen: Elegantes, über viel Boden stehendes Gebrauchspferd. Mittelgroßer, leicht ramsnasiger Kopf, schöner, mittellanger, gut bemuskelter Hals, markanter Widerrist, starke, schräge Schulter, kräftiger, tiefer Rumpf, relativ kurzer, gerader Rücken, gute Sattellage, leicht abfallende Kruppe, tief angesetzter Schweif, stabiles Fundament. Lange, trockene Gliedmaßen mit gut markierten Sehnen und Gelenken, gesunden harten Hufen. Feines Langhaar. Vor allem Braune, Schwarzbraune. Stockmaß um 160 cm.

Verbreitung: In den Kaukasusrepubliken der GUS, den Gestüten Malokaratschajew, Malbinsk u. a.

Leistung: Ein mit hoher Leistungsfähigkeit ausgestattetes, belastbares, ausdauerndes, schnelles, vielseitiges und einsatzbereites Sportpferd. Sehr gut geeignet für alle Disziplinen, vor allem auch für Distanzritte. Freundlicher, ausgeglichener Charakter.

Zuchtgeschichte: Beide Rassen sind nahe Verwandte, da das Blut des Karatschaevers auch im Kabardiner fließt. Denn durch die Einkreuzung von Vollblut, zur Veredlung beider Rassen, haben sich Anglo-Kabardiner und Anglo-Karatschaever im Exterieur so angeglichen, daß sie im Zuchtgebiet als eine Rasse gesehen und beurteilt werden.

Nach 1945 wurde dem bewährten Kabardiner zur Veredlung Englisches Vollblut mit bis zu $3/4$ Vollblutanteil erfolgreich eingekreuzt. Dadurch wurde die Rasse eleganter, rittiger und schneller, bekam mehr Reitpferdepoints. Der Kabardiner wird deshalb in der Pferdezucht der Kaukasus-Region mit Erfolg als Veredler verwendet. Der Anglo-Kabardiner ist der Kabardiner des 20. Jahrhunderts.

Appaloosa

Kennzeichen: Auffallend die Farbzeichnungen in sechs möglichen verschiedenen Mustern, die ungleichmäßige Pigmentierung der Haut im Bereich des Mauls (Krötenmaul), der Augen und der Genitalien, die weiß umrandete Iris („Menschenauge"), und die erwünschten weißen Streifen an den Hufen. Es gibt aber auch einfarbige Appaloosas. Der Appaloosa ist eine athletische, harmonische Erscheinung, vom Kopf angefangen, über die gut proportionierte Schulter und den kräftigen Rücken bis zur kraftvollen Hinterhand und den korrekten Gliedmaßen mit den harten Hufen. Auffallend das dünne, spärliche Langhaar. Das Stockmaß liegt bei 148 bis 160 cm. Nach ihrer Verwendung werden drei Typen unterschieden: Halter-, Performance- und Race-Typ. Alle Farben außer Albinos und Cremmellos.
Verbreitung: Die USA, Kanada, außerdem Mexico, Australien, Europa.

Leistung: Ein ausdauerndes, hartes, intelligentes und ruhiges Pferd. Nicht nur für alle Westerndisziplinen, sondern auch für das Dressur-, Spring- und Jagdreiten, für Flachrennen und für Freizeit und Familie.
Zuchtgeschichte: Die Heimat ist das Gebiet der Nez Perce Indianer am Palouse River im Nordwesten der USA gewesen. Der Appaloosa wurde ursprünglich von diesen Indianern gezüchtet, von ihnen stammt auch der Name. Nach der Vertreibung aus dem angestammten Zuchtgebiet Ende des 19. Jh. war die Rasse nahezu ausgerottet. Anfang des 20. Jh. sammelte Claude J. Thompson den restlichen Pferdebestand und ließ 1929 die ersten fünf Stuten *(Babe, Snowflake, Kentucky Girl, Marvel's Angel, Golden Girlie)* registrieren. Es wurde Quarter Horse-, Araber- und Vollblut eingekreuzt. 1938 wurde der Appaloosa Club Inc. in Moscow/Idaho gegründet. Mit über 500.000 registrierten Pferden sind die Appaloosas zur drittgrößten Pferderasse der Welt geworden.

Ara–Appaloosa

Kennzeichen: Ein deutlich vom Araber geprägter Appaloosa mit Farbe und Fleckung, Eleganz und Qualität, robuster Gesundheit, Ausdauer und Leistungsfähigkeit der beiden Rassen.
Verbreitung: USA.
Leistung: Guter Charakter und ausgeglichenes Temperament. Ein Freizeit- und Familienpferd für alle Reitweisen und Disziplinen des Pferdesports.
Zuchtgeschichte: Der Ara-Appaloosa ist keine neue Rasse, mehr ein Partbred oder Halbblüter, d. h. die gelungene Kreuzung des Appaloosa mit dem Araber. Man kann auch von einer Rückzüchtung sprechen: Denn es ist der Versuch, vom Appaloosa im Quarter Horse- oder Vollblut-Typ wegzukommen und wieder den ursprünglichen, reinen Appaloosa zu züchten, der Araberblut geführt haben soll.

Aus der bildenden Kunst des Mittleren Ostens und Ägyptens sind uns auffällige, bunte, vielfarbige Araber bekannt. Von dem Schweizer Maler Rudolf Friedrich Kurz existiert aus dem Jahre 1848 das Bild eines Appaloosas im Arabertyp.

Claude Thompson, der 1938 den Appaloosa Horse Club gründete, erinnerte sich an die schönen Appaloosas, die er in seiner Jugend gesehen hatte und vermißte. Er war überzeugt, daß nur die Zufuhr des edlen, arabischen Blutes zurück zum reinrassigen Appaloosa führen würde und erlaubte durch Aufnahme in das Zuchtprogramm die Verwendung des Arabers. Seitdem gibt es wieder Stämme, die Araber-Blut führen. Der Ara-Appaloosa und die Gründung der Ara-Appaloosa Society 1985 sind das Ergebnis der konsequenten Durchsetzung dieses Zuchtziels: ein im arabischen Typ stehender Appaloosa.

Araber

Mit den rassetypischen Merkmalen der
Araberrasse: edler, trockener Kopf, lange
Schulter, gefällige Oberlinie, starkes,
trockenes Fundament, allgemein mit mehr
Knochenstärke und Größe und einem
Stockmaß von 150 bis 160 cm mehr im
Reitpferdetyp stehend. Und auch er mit
Glanz, Charme, Adel und Grazie des Ara-
bischen Vollbluts. Ausgezeichnet sein gu-
ter Charakter, seine Intelligenz und An-
spruchslosigkeit, seine schnelle Regenera-
tion nach großen Leistungen und seine
gesunde Langlebigkeit. Schimmel, Braune,
Füchse, seltener Rappen.

Verbreitung: In seiner Urheimat, den arabischen Staaten, Ägypten, Türkei und
Iran, und auf der ganzen Erde.

Leistung: Ausdauernd und hart bis an
die Grenze der Leistungsfähigkeit und
mit außerordentlich schneller Regenera-
tionszeit. Daher ein ausgezeichnetes Distanzpferd, aber auch ein leistungsstarkes
Reit- und Fahrpferd für Sport und Freizeit.

Zuchtgeschichte: Was ihm fehlt, ist die lu-
penreine Abstammung, d. h. Araber (A)
weisen im Abstammungsnachweis einen
Vorfahren auf, der in keinem der Stutbücher eintragungsberechtigt ist oder einen,
dessen Herkunft nicht nachgewiesen ist.
Es dominieren aber die arabischen Blutanteile, wenn auch nicht alle ihre Herkunft
aus dem Ursprungsland ableiten können.
Die in aller Welt gezüchteten Araber (A)
sind als „Kulturaraber" durch die unterschiedlichen Umwelt- und Haltungsbedingungen geprägt und deshalb im Typ und
Kaliber unterschiedlich. Einvernehmen besteht bei allen Züchtern darüber, nicht ein-
seitig auf Schönheit, sondern auf Adel und
Leistung zu züchten. Die Zucht der Araberrasse wird nach den strengen Richtlini-
en der Zuchtbuchordnung des Verbandes
der Züchter des Arabischen Pferdes
(VZAP) und der World Arabian Horse Organization durchgeführt und überwacht.

Arabisches Vollblut

Kennzeichen: Ein Pferd, dessen Adel und Schönheit sich niemand entziehen kann. Auffallend die feine Haut und das seidige Langhaar des harmonischen Körpers. Der trockene, keilförmige Kopf (Hechtkopf) mit der breiten Stirn hat das mehr oder weniger konkave Nasenprofil, große Augen und wohlgeformte Ohren, große, erweiterungsfähige Nüstern und ein kleines Maul. Die weit auseinanderliegenden Ganaschen sind breit und kräftig. Der Hals gut angesetzt, leicht gebogen und mit leichtem Genick. Normaler bis ausgeprägter Widerrist, lange, schräge und gut bemuskelte Schulter. Der Rücken mittellang und elastisch, mit fast horizontaler bis dachförmiger Kruppe und hoch angesetztem und getragenen Schweif. Die korrekte Vorhand mit ausgeprägter Vorarmmuskulatur, klar modellierter Vorderfußwurzel und langer, elastischer Fessel. Die gut gewinkelte Hinterhand mit kräftigem, markantem Sprunggelenk, langer elastischer Fessel und kleinem, harten Huf. Stockmaß 148 bis 155 cm. Vor allem Schimmel, Braune und Füchse. Seltener Rappen, obwohl diese Farbe am höchsten geschätzt wird.

Verbreitung: Urheimat ist das zentrale Hochland im Land Nedsched der arabischen Halbinsel, im heutigen Saudi Arabien. Davon ausgehend verbreitete sich das Arabische Pferd über die gesamte islamische Welt. Danach, getrieben von der religiösen Inbrunst der durch die Welt stürmenden Anhänger Mohammeds und des Islam, wurde zwar nicht das Weltreich des Islam, wohl aber das des Arabischen Pferdes errichtet, das auf der ganzen Erde zu Hause ist. Hauptzuchtgebiete sind neben den arabischen Ländern und Ägypten, Polen, Frankreich, England, USA und Deutschland.

Leistung: Der ausgewachsene Vollblutaraber ist gesund, langlebig, von großer Ausdauer, genügsam und kann sich den Bedingungen seiner Umwelt hervorragend

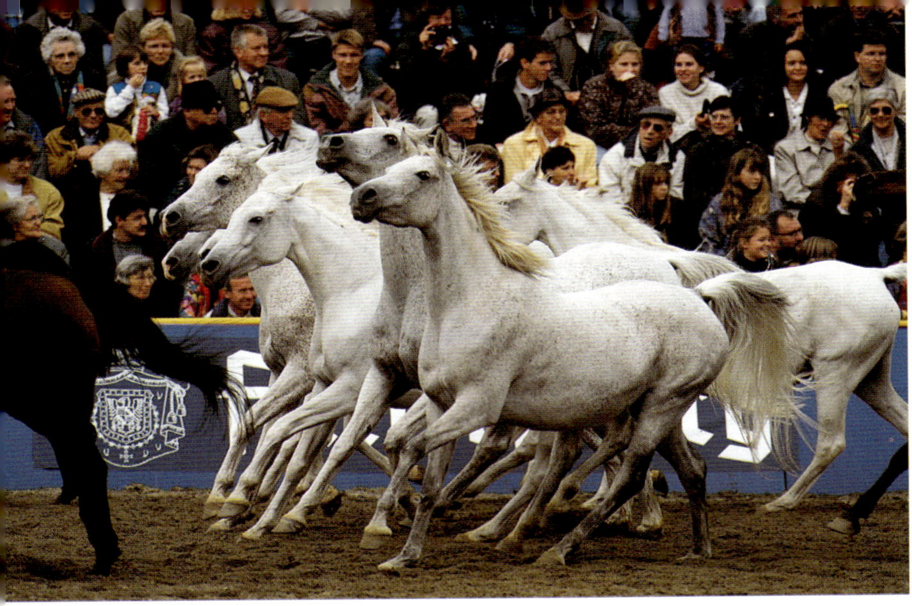

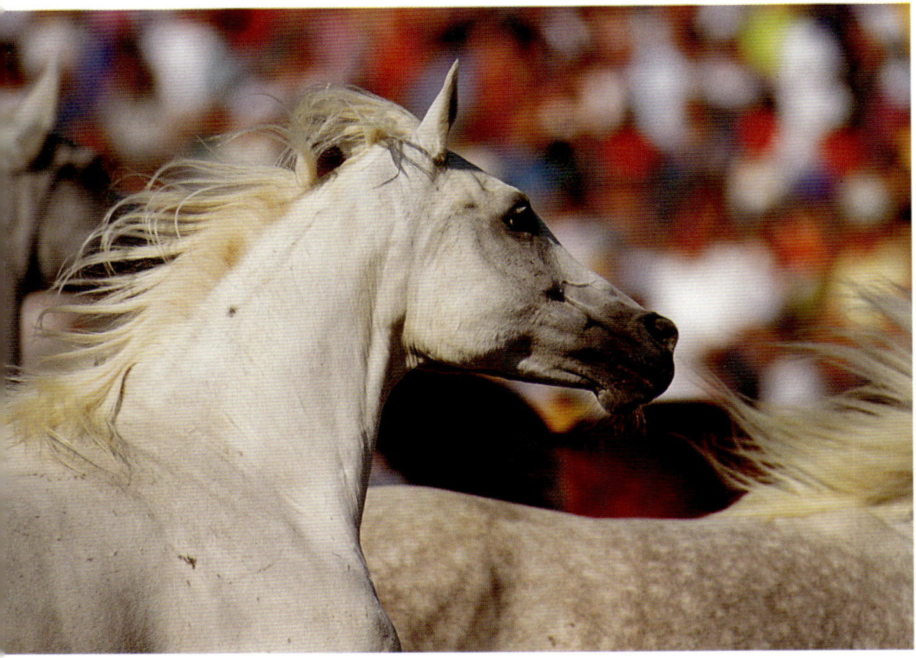

anpassen. Der Schritt ist energisch fleißig, der Trab elastisch federnd und schwungvoll, der Galopp rund, rollend, energisch. Der Gesamteindruck ist der eines Pferdes mit stolzer Aufrichtung, innerer Ruhe und selbstsicherem Auftreten. Hervorzuheben ist seine auch nach außerordentlichen Leistungen große und schnelle Regenerationsfähigkeit. Eine Eigenschaft, die nicht nur auf seine guten Organe und Mechanik zurückzuführen ist, sondern auch auf seinen Charakter und seinen „Nerv". Seine exzellenten Leistungen als Jagd- und Kriegspferd sind Geschichte geworden. Nicht weniger ruhmreich sind seine Leistungen in unserer Zeit als Jagd-, Dressur-, Spring-, Fahr- und Rennpferd. Außerordentliches leistet er als Distanzpferd, wo Araber zur Weltspitze gehören. Das Arabische Pferd ist dank seines guten Charakters, seiner unverwüstlichen Gesundheit und seiner Leistung beliebt, als Veredler für die Pferdezuchten der Welt ist er unverzichtbar.

Zuchtgeschichte: Antike Pferdedarstellungen zeigen oft in geradezu auffallender Weise das Exterieur des Arabers. Die Wissenschaft nimmt deshalb an, daß die Zucht damals schon sehr alt gewesen sein muß, da das Erscheinungsbild so edler Pferde nur durch eine lange vorausgegangene Züchterarbeit zu erklären ist. Es war Mohammed (570–632), der den Wert tüchtiger Pferde und die Überlegenheit der mit solchen Pferden berittenen Völkerstämme erkannte und sie mit religiösen Mahnungen auch für die Zucht verband. Im europäischen Abendland gab es ähnliche Gründe. Und so brachten die abendländischen Ritter das arabische Pferd, das sie auf den Kreuzzügen kennengelernt hatten, nach Europa. Das Araberblut sollte der einheimischen Zucht Härte, Ausdauer und Wendigkeit geben. Damit wurde das edle arabische Pferd zum Veredler für die Zucht des Pferdes damals und heute – in aller Welt.

Die in Europa vornehmlich durch Staats- und Privatgestüte geförderte Zucht kann auf eine lange Zuchtgeschichte zurückblicken, vor allem in Spanien, Polen, Frankreich, Österreich, Ungarn, England und Deutschland. Das erste Gestüt für reinblütige Araber in Europa wurde in Polen durch König Sigismund August (1548–1572) in Knyszyn gegründet. Dessen Tradition führt heute das Hauptgestüt Janow Podlaski fort, die bedeutende Zuchtstätte für Araber in Polen und ganz Europa. Für die deutsche Araberzucht war der Entschluß König Wilhelm I. von Württemberg, 1827 im württembergischen Weil ein Hofgestüt zur Zucht arabischer Pferde zu gründen, von grundsätzlicher und durch Marbach bis heute fortwirkender Bedeutung. In Preußen hatte Landstallmeister von Burgsdorff (1815–1842) die Bedeutung der Araberrasse in Bezug auf Adel und Leistung für die deutsche Warmblutzucht schon früh erkannt und in Trakehnen arabische Hauptbeschäler verwendet. Die Sonderstellung des Englischen Vollbluts ist ohne die drei arabischen Stammväter *Darley Arabian, Godolpin Barb* und *Byerley Turk* nicht denkbar. Die Zucht des Arabischen Vollbluts wird weltweit von der World Arabian Horse Organization (WAHO) definiert und überwacht: *„Ein Vollblutaraber ist ein Pferd, das in einem von der WAHO anerkannten Stutbuch oder Register eingetragen ist."* In Deutschland haben sich die Züchter des Arabischen Vollbluts im Verband der Züchter des Arabischen Pferdes e. V. (VZAP), der dem WAHO angeschlossen ist, zusammengeschlossen. Die weiteren Zuchtrichtungen des arabischen Pferdes werden vom Verband der Züchter von Shagya-Arabern, Anglo-Arabern und Arabern (ZSAA) geführt.

Arabo-Haflinger

Kennzeichen: Elegantes, kleines Reitpferd im Rechteckformat mit typisch arabischen Merkmalen. Trockener, kurzer Kopf, konkaves Profil, großes, klares Auge. Hals genügend lang, gut aufgesetzt, leicht im Genick. Lange, gut bemuskelte, schräge Schulter. Ausgeprägter, lang in den Rücken reichender Widerrist, kräftiger Körper, breite, tiefe Brust, gut bemuskelte, schräge Kruppe. Trockenes, korrektes Fundament, korrekte Gliedmaßen mit großen Gelenken und mittellangen Fesseln, wohlgeformte Hufe. Füchse mit hellem Langhaar. Stockmaß 138 bis 148 cm.

Verbreitung: Deutschland.

Leistung: Genügsam, unkompliziert, umgänglich, einsatzfreudig, nervenstark, gesund, guter Charakter, ausgeglichenes Temperament. Verläßliches Reit- und Fahrpferd für Kinder und Erwachsene mit fleißigen, taktmäßigen, raumgreifenden Grundgangarten mit gutem Schub.

Zuchtgeschichte: Ausgangspopulation des Arabo-Haflingers sind Haflinger und Vollblutaraber, wobei in den ersten drei Generationen sichergestellt sein muß, daß ein Mindestanteil von 25% der Ausgangspopulation nicht unterschritten wird. Die Diskussion um das arabische „Fremdblut" im Haflinger hat den Arabo-Haflinger geboren, der in den Augen derer, die den Haflinger nur reingezüchtet, d. h. ohne Fremdblutanteil gelten lassen wollen, kein Haflinger ist. Dabei ging und geht es grundsätzlich nur darum, wie die Reiteigenschaften des Haflingers verbessert werden können. Die einen vertreten die Reinzucht durch Selektion, die anderen die Blutzuführung, d. h. Einkreuzung der Araber Rasse. Letzteres ist ein in der Zucht seit vielen Jahrhunderten bewährter Weg, weil bei gezielter Blutzuführung zwar veredelt wird, aber der Rassetyp erhalten bleibt. Das Zuchtbuch wird vom Zuchtverband für Deutsche Pferde e. V. (ZfDP), Verden, geführt.

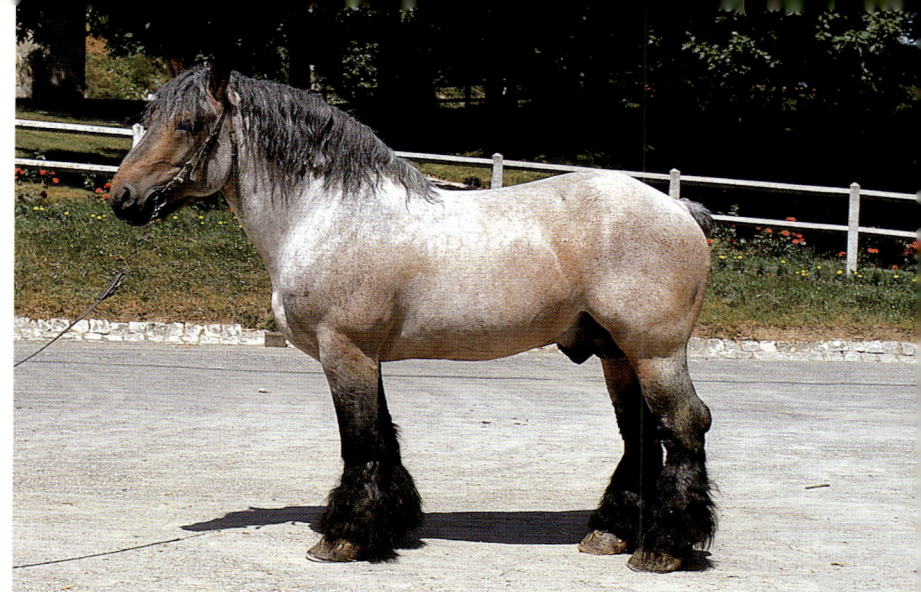

Ardenner

Kennzeichen: Gefälliger, mittelgroßer Kaltblüter. Ausdrucksvoller Kopf, große, wache Augen, kleine, aufmerksame Ohren. Gut aufgesetzter, muskulöser Hals, schräge Schulter, breiter Widerrist. Breite, tiefe Brust, kräftiger, kompakter Rücken, abfallende Kruppe. Korrekte, kurze und stark bemuskelte Gliedmaßen mit kräftigen Gelenken und breiten, gesunden Hufen. Kräftiges Langhaar, ausgeprägter Behang. Rotschimmel, Braune, Falben, seltener Füchse. Stockmaß um 160 cm.

Verbreitung: Hauptzuchtgebiet ist der Nordosten Frankreichs, Belgien, Luxemburg und Schweden.

Leistung: Der Ardenner ist frühreif, langlebig, leichtfuttrig, lebhaft und zuverlässig. Freier energischer Schritt, guter Trab. Nach Jahrhunderten als Zugpferd wird er heute vor allem als Schlachtpferd verwendet. Bei den Freizeitfahrern und auch -reitern wird der Ardenner als kraftvolles, robustes und vielseitig verwendbares Pferd geschätzt.

Zuchtgeschichte: Eine der ältesten Pferderassen Frankreichs, die vom Solutre-Pferd (20.000 v. Chr.) abstammen soll. Seit Caesar haben alle Kaiser aus diesem Reservoir geschöpft. Im Mittelalter wurde das damals 140 cm große Pferd größer und schwerer gezüchtet. Leichtere, durch orientalisches Blut veredelte Ardenner wurden im 17., 18. und 19. Jh. als Kavalleriepferde verwendet. Unter Napoleon I. waren sie im Rußlandfeldzug (1812) wegen ihrer Ausdauer und Widerstandskraft gegen Kälte sehr geschätzt. Im 20. Jh. wurde er durch die Verwendung belgischer Kaltbluthengste wieder schwerer. Inzwischen züchtet man wieder den ursprünglichen, harten, trockenen, mittelschweren Typ mit deutlicher arabischer Blutbeimischung. Ein Zuchtbuch wurde 1929 eröffnet und wird vom Syndicat des Eléveurs du Cheval Ardennais in Malzeville/Frankreich geführt.

Asil Araber

Kennzeichen: Arabischer Vollblüter mit
Hechtkopf, ausdrucksvollen, großen Augen, kleinen Ohren, großen Nüstern, kleinem Maul, gut angesetztem Hals. Harmonischer Rumpf, stabile, trockene Gliedmaßen mit kleinen, festen Hufen. Schönes, seidiges Fell und Langhaar. Alle
Grundfarben, oft Schimmel. Stockmaß
148 bis 155 cm.
Verbreitung: Hauptzuchtgebiet sind der
Nahe Osten und die Arabische Halbinsel,
weltweite Verbreitung.
Leistung: Ausdauernd, hart, intelligent,
sensibel, zutraulich. Fleißige, elastische
Grundgangarten. Ein Pferd mit besonderer
Eignung für den Distanzsport, das aber
auch in den anderen Disziplinen, wie z. B.
der Dressur, dem Rennen oder dem Westernreiten Großes leistet, da Schönheit
und Leistung sich nicht ausschließen.
Zuchtgeschichte: Die Zuchtgeschichte des
Asil Arabers ist die des Vollblutarabers.

Mit dem Unterschied aber, daß er ein asi-
ler, rein geborener, d. h. in einem arabischen Land geborener und aufgezogener
Vollblutaraber ist. Wichtige Zuchtstätte
des Asil Arabers ist das Staatsgestüt El
Zaraah in Ägypten.

Statt Asil Araber wird – jedoch immer
seltener – auch der Begriff Original
Araber verwendet. Beide verwendeten
Begriffe wollen unterstreichen, daß es sich
um ein Pferd handelt, das im Land der
Beduinen gezogen wurde und dessen Abstammung sich lückenlos auf ebensolche
Pferde zurückverfolgen läßt. Weltweit sind
von den ca. 600.000 Vollblutarabern etwa
10.000 asil gezogen.

In Deutschland, dessen Züchter sich
im Asil Club e. V. zusammengeschlossen
haben, gibt es um die 600 Asil Araber.
Beim Zuchtziel legen die deutschen Asil-
Araber-Züchter vor allem auf Härte und
Leistungsbereitschaft Wert.

Australian Pony

Kennzeichen: Unverkennbar die Verwandtschaft zum Welsh Pony. Edler Kopf mit
kleinen Ohren und weiten Nüstern, der
den arabischen Einfluß erkennen läßt. Gut
aufgesetzter und schön gewölbter Hals.
Prägnanter Widerrist, schräge Schulter,
kurzer, kräftiger Rücken, viel Gurtentiefe,
muskulöse Kruppe mit hoch angesetztem,
getragenem Schweif. Kräftiges, trockenes
Fundament mit markanten Sehnen und
Gelenken, gesunden, harten Hufen. Volles
Langhaar und Schopf, kein Behang. Alle
Farben, ausgenommen Schecken, vorwiegend Schimmel. Stockmaß 120 bis 140 cm.
Verbreitung: Australien.
Leistung: Ausgezeichnetes Reitpony mit
eleganten, raumgreifenden Bewegungen
in allen Gangarten und ausgezeichnetem
Springvermögen; intelligent, leistungsbe-
reit, ausdauernd.
Zuchtgeschichte: Britische Einwanderer
holten sie nach Australien, ursprünglich

ein Land ohne Pferde und Ponys. 1803
soll der erste Araber Hengst nach Australi-
en gekommen sein, dem im ersten Viertel
des 19. Jh. Importe unterschiedlicher
Ponyrassen aus England (unter anderem
Welsh, Higland), Englisches und Arabisches Vollblut und aus Südostasien Timor-,
Batak-, Manipur Ponys folgten. Der Welsh
Mountain Hengst *Grey Light* soll der Begründer von Australiens einziger Ponyrasse sein. Aus der Vielfalt der Rassen wurde
das Australian Pony, das durch seine ausgesprochene Reitpferdepoints besticht.
Doch erst um 1920 war die Rasse so konsolidiert und das Interesse daran so groß
geworden, daß 1929 die Australian Pony
Stud Book Society (APSB) und 1931 ein
Stutbuch mit Sektionen für die Rassen
Australian Pony, Welsh (Cob Type), Hackney, Connemara, Highland und New Forest
gegründet wurde. Seit 1975 gibt es noch
das Australian Riding Pony Stud Book mit
Sektionen für Australian Ponys, Welsh-,
Riding Ponys und Araber.

Australian Stock Horse

Kennzeichen: Kopf mit wachsamem, intelligentem Gesicht, breiter Stirn, offenem Auge, weiten Nüstern. Kräftiger, schön aufgesetzter Hals von guter Länge. Schräge Schulter, gut markierter Widerrist, tiefe Brust, gute Rippenwölbung, mittellanger, starker Rücken, gut bemuskelte Hinterhand, schöne Kruppe. Stabiles, korrektes Fundament mit trockenen, kräftigen, gut bemuskelten Gliedmaßen, harten, regelmäßigen Hufen. Schönes Langhaar, alle Grundfarben. Stockmaß von 148 bis 162 cm.

Verbreitung: Australien.

Leistung: Für alle Turnierdisziplinen, Campdrafting, Distanzen, Polo, Western hervorragend geeignet. Gutes Temperament, ausdauernd, unkompliziert, rittig mit guten Grundgangarten und Springvermögen.

Kennzeichen: Es ist die robuste Version seiner vollblütigen Vorfahren. 1788 brachten Schiffe die ersten Pferde, Englische Vollblüter und „Spanier" nach New South Wales im Osten Australiens, denen später weitere Vollblüter, Araber, Timor und Welsh Mountain Ponys folgten. Alles lebenskräftige, zähe Pferde, die die monatelange Seereise überstanden hatten und den harten Anforderungen in Australien gewachsen waren. Nur die robusten Typen wurden zur Zucht verwendet, aus denen sich der „Waler", nach Neusüdwales genannter Typ, entwickelte. Als Kavalleriepferd wurde es ab 1857 in Indien verwendet. Im Burenkrieg und im 1. Weltkrieg gewannen sie als „Waler" weltweiten Ruhm. Doch erst im Juni 1971 gründete eine Gruppe von Enthusiasten um Alex Braid und Bert Griffith in Tamworth die Australian Stock Horse Society und legte die Bedingungen für die Aufnahme in das 1974 eröffnete Stutbuch fest. Über 50% der Hengste führen Vollblut, wie das des Derbysiegers *Hyperion*. Darunter *Cecil*, geb. 1899 und *Radium*, geb. 1918, die Begründer der *Cecil-Radium*-Linie.

Auxois

Kennzeichen: Kaltblüter im Typ des Ardenners, aber mit 160 bis 168 cm Stockmaß größer. Kurzer Kopf mit breiter Stirn und kleinen, beweglichen Ohren. Kurzer, bemuskelter, gut aufgesetzter Hals, schräge Schulter, massiger Rumpf mit gutem Widerrist, breiter Brust und viel Gurtentiefe, kurzer breiter Rücken und Lendenpartie, stark bemuskelte Kruppe mit tief angesetztem Schweif. Robustes Fundament mit kurzen, stark bemuskelten, klaren Gliedmaßen, mit kräftigen Gelenken, wenig Behang. Vor allem Braune und Rotschimmel, selten Füchse und Falben.

Verbreitung: Frankreich.

Leistung: Ausdauernd, gutmütig, unempfindlich, ruhiges Temperament, kraftvoll; raumgreifender, elastischer Schritt. Als Zugpferd in der Landwirtschaft, für den Tourismus und als Fleischlieferant geschätzt.

Zuchtgeschichte: Die fruchtbare Landschaft des Auxois in Burgund (Côte-d'Or, Yonne, Saône-et-Loire) mit saftigen Weiden gab der Rasse Größe, Rahmen und Namen. Der Auxois ist dem Ardenner sehr ähnlich. Er ist das Zuchtprodukt des Haras National de Cluny aus burgundischen Landstuten mit Ardenner-Hengsten, denen anfänglich auch noch Percheron- und Boulonnais-Blut zugeführt wurde. Seit Anfang dieses Jahrhunderts werden aber nur noch Belgier- und Ardenner-Hengste verwendet. Das Hauptzuchtgebiet liegt in der Region Burgund im Bereich des Haras National de Cluny. Teile der Côte d'Or, der Departements Yonne und Saône-et-Loire gehören zum Zuchtgebiet. Im Gestüt von Cluny standen im Jahr 1995 immerhin noch zehn Auxois-Hengste zum Einsatz in der Deckstation zur Verfügung. Rasse und das seit 1913 eröffnete Stutbuch werden vom Syndicat du Cheval de Trait Auxois in Dijon und von Haras National in Cluny betreut.

Aveligneser

Kennzeichen: Die italienische Version des Haflingers. Kräftiges, kleines Gebirgspferd. Feiner, ausdrucksstarker Kopf, gut angesetzter, muskulöser Hals. Gut gelagerte Schulter, markanter Widerrist, Rumpf mit breiter Brust (Brustumfang 175 cm), guter Gurtentiefe und Rippenwölbung, kräftiger, kurzer Rücken, kräftige Hinterhand mit muskulöser Kruppe, stabiles Fundament mit kurzen Gliedmaßen (Röhrbeinumfang 18 bis 22 cm), kräftigen Gelenken, harten Hufen und schwachem Behang. Rassetypisch sind die Fuchsfarbe und das blonde Langhaar. Das Stockmaß liegt bei ca. 140 cm.

Verbreitung: In den Gebirgsregionen Italiens. Hauptzuchtgebiete des Avelignesers sind das Massicio del Sarentino und das Val Venosta.

Leistung: Genügsam, robust, langlebig, guter Charakter, ausgeglichenes Temperament. Ein williges, zuverlässiges, tritt-

sicheres Bergpferd zum Tragen, Reiten und Ziehen.

Zuchtgeschichte: Die konsolidierte Rasse mit orientalischem Blutanteil hat über *El Bedhavi XXII* mit dem Haflinger eine gemeinsame Zuchtbasis, und auch das Erscheinungsbild ist das des Haflingers.

Seit 1922 sind Züchtervereinigungen, Landwirtschaftskammer und das Instituto Incremento Ippico in Ferrara für das systematische Zuchtprogramm des Avelignesers verantwortlich. Höhepunkt des Jahres ist das alljährlich in Verona ausgetragene Championat des Aveligneser Pferdes, auf dem das Pferd des Jahres proklamiert wird.

Bardigiano

Kennzeichen: Ein ausgesprochenes Gebirgspferd: robust, trittsicher, widerstandskräftig. Trotz seiner Kompaktheit ist der orientalische Einfluß unverkennbar. Der hübsche, kleine Kopf mit geradem oder leicht konkavem Profil, kleinen Ohren und ausdrucksvollen großen Augen. Der Hals kräftig und leicht gewölbt, der Widerrist mittelhoch, der kräftige Rumpf mit breiter Brust und guter Gurtentiefe, mittellangem Rücken und ausgeprägter Kruppe. Robustes Fundament mit kurzen Fesseln und harten Hufen. Kräftiges, schwarzes Langhaar, auffallend üppiger Schopf und Behang. Vorzugsweise Braune und Dunkelbraune. Als Abzeichen sind nur bis zu „halbgestiefelt" und ein nicht zu großer Stern erlaubt. Stockmaß 135 bis 149 cm.

Verbreitung: Italien, vor allem in der Provinz Parma mit dem Ort Bardi, dem Namensgeber der Rasse, in der Toscana, Ligurien und der Emilia Romagna.

Leistung: Der Bardigiano ist leichtfuttrig, hat einen guten, unerschrockenen Charakter und ist gelehrig. Dank seiner natürlichen Haltungsbedingungen kommt er mit jedem Wetter zurecht. Als Zug- und Reitpferd in der Landwirtschaft bewährt und zunehmend als Wanderreit- und Freizeitpferd geschätzt.

Zuchtgeschichte: Die ersten Aufzeichnungen und Nachrichten über den Bardigiano stammen aus dem Jahre 1864, obwohl es das Pferd als gleichartige Population schon Jahrhunderte vorher gab. Gallische Pferde sollen zur Zeit der Völkerwanderung (4.–6. Jh. n. Chr.) die Zucht begründet haben, der später auch orientalisches Blut zugeflossen ist. Der Dornröschenschlaf der Rasse wurde durch ministeriellen Beschluß zur Einführung eines Stutbuches am 2. August 1977 beendet. Stutbuch, Hengstregister und Vorbuch werden vom Verband der Pferdezüchter der Provinz Parma in Parma geführt, der das Zuchtprogramm erstellt und überwacht.

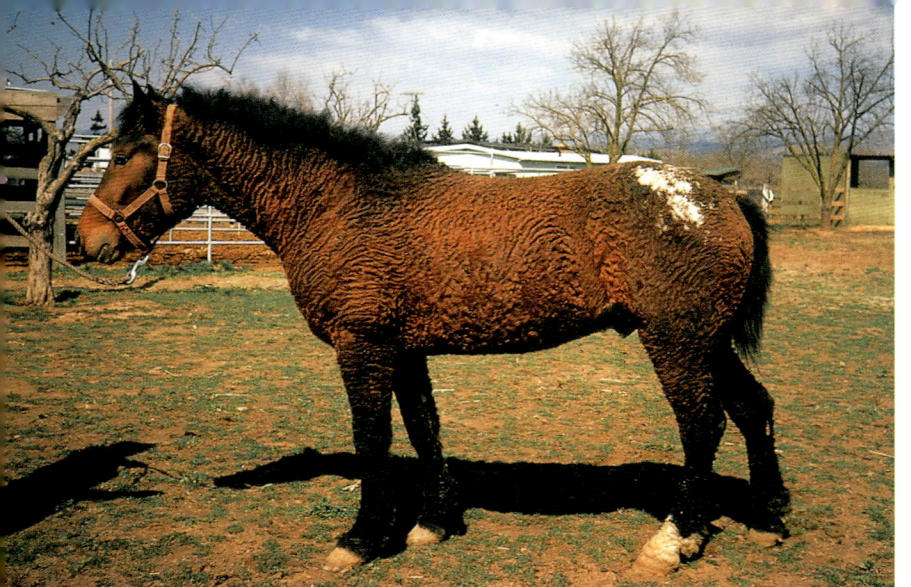

Bashkir Curley
(Baschkirisches Lockenpferd)

Kennzeichen: Charakteristisch ist die ganzjährige Lockenbildung der Körperbehaarung, d. h. des Fells und des Langhaares. Auffällig auch, daß beim jährlichen Haarwechsel auch das Mähnenhaar gewechselt wird, nicht selten auch das Schweifhaar. Eine weitere Besonderheit ist die „Zebrierung", d. h. die Querstreifen (Zebrastreifen) an den Beinen. Mittelgroßer Kopf mit breiter Stirn, hohen Backenknochen, geradem Profil, auffällig die schräg geschnittenen Augen. Mittelhoch aufgesetzter, gerader Hals, kräftiger, tiefer Rumpf mit elastischer Rückenlinie und schräger Kruppe, kräftige Gliedmaßen mit sehr harten Hufen. Vor allem Braune, Dunkelbraune und Füchse. Stockmaß um 148 cm.
Verbreitung: USA, mit dem Zuchtschwerpunkt im Staate Nevada.
Leistung: Ausgeglichenes Temperament und ruhiger Charakter, hart, ausdauernd,

anspruchslos, vielseitig einsetzbares Familienpferd.
Zuchtgeschichte: Die Rasse entstand im 20. Jh. Die Population umfaßt ca. 2.000 Pferde, deren Herkunft dunkel ist. Sicher ist nur, daß die ersten Exemplare 1898 von den Farmern der Peter-Hanson-Range, Peter und Tom Damele, bei einem Ritt durch die Berge Nevadas entdeckt wurden. Die beiden setzten alles daran, die „lockigen Mustangs" zu fangen. Die „Rasse" erhielt den Namen Bashkir Curley, in Erinnerung an das russische Baschkirenpferd, dessen Fell im Winter sehr dicht wird und sich im Winter kräuselt. Die Abstammung von dem russischen Baschkiren wird aber von den Zoologen in Frage gestellt, da es bis zur Ankunft der spanischen Eroberer um 1500 keine Pferde in Amerika gab und die Landbrücke, die heutige Beringstraße, schon seit der Eiszeit nicht mehr bestanden hatte. Sehr wahrscheinlich haben jene Wissenschaftler recht, die von einer Mutation sprechen.

Basutopony

Kennzeichen: Mittelgroßes Pony im Stockmaß um 145 cm, mit starkem orientalischen Einschlag. Auffallend der trockene
Kopf mit geradem Profil und ausgeprägten
Ganaschen, der lange Hals mit Neigung
zum Hirschhals, die stark ausgebildete
Vorhand und die steile Schulter. Charakteristisch der untersetzte, kräftige Rumpf mit
dem langen, tragstarken Rücken. Das Fundament mit kurzen, stämmigen Beinen
und gesunden, harten Hufen. Vor allem
Schimmel, Braune, Dunkelbraune und
Füchse.

Verbreitung: Vor allem im Basutoland,
dem heutigen Lesotho, und in der Republik Südafrika.

Leistung: Zur unverwüstlichen Konstitution des Basuto gesellen sich Mut, guter
Charakter und ein ausgeglichenes Temperament. Das außerordentlich trittsichere
Basutopony ist ein Fünfgänger und besitzt
die Anlage zum Tölt, von den Basutos

Trippel genannt. Der Schritt ist raumgreifend, Trab und Galopp gut. Ein sehr ausdauerndes, zähes Reit-, Jagd- und Polopony, mit besonderer Eignung für lange,
schwere Distanzritte. Im Lesotho wird es
auch als Rennpferd verwendet.

Zuchtgeschichte: In das bis dahin pferdelose Südafrika wurden die ersten Pferde
mit starkem orientalischen Einschlag Mitte des 17. Jahrhunderts durch die Hollän-
disch-Ostindische Compagnie eingeführt.
Später kamen auch Vollblüter, Andalusier
und andere europäische Rassen hinzu, aus
denen sich das Kap-Pferd entwickelte. Als
Lohn für geleistete Arbeit, durch Tausch
und durch kriegerische Entwicklungen gelangte das Kap-Pferd in das Basutoland
und entwickelte sich in dem baumlosen,
kargen Hochland zum Basutopony. Schon
1870 war die Rasse konsolidiert und in
ganz Südafrika berühmt. Mit Unterstützung der Regierung und durch sorgfältige
Selektion ist es gelungen, den ursprünglichen Typ des Basutoponys zu erhalten.

Bayerisches Warmblut

Kennzeichen: Ein edles, großrahmiges und korrektes Reitpferd mit schwungvollen, raumgreifenden Bewegungen und gutem Temperament und Charakter. Der Kopf trocken, ausdrucksvoll und mit großem Auge und guter Ganaschenfreiheit. Gut geformter Hals, große, schräg gelagerte Schulter, markanter, langer Widerrist, mittellanger, gut bemuskelter Rücken, ausreichende Brusttiefe und lange, kräftige, leicht abfallende Kruppe. Gutes Fundament mit korrekten, großen Gelenken, mittellangen Fesseln und normalen, gesunden Hufen. Das Stockmaß nicht unter 158 cm. Alle Farben erlaubt, ausgenommen Schecken, Rappen herrschen vor.

Verbreitung: Deutschland, mit dem Hauptzuchtgebiet Bayern, und in europäischen Nachbarländern.

Leistung: Vielseitig veranlagt, leistungsbereit und leistungsfähig. Nicht nur für die sportlichen Disziplinen Dressur, Springen und Vielseitigkeit geeignet, sondern aufgrund seines guten Charakters auch für Freizeit und Familie.

Zuchtgeschichte: Als Deutsches Reitpferd wird es auf der Basis des bewährten Rottalers gezüchtet, der seit Mitte des 16. Jh. planmäßig gezüchtet wird. Diesen Rottaler Stämmen wurde Mitte der 60er Jahre edles Blut der Rassen Hannoveraner, Westfale, Trakehner und Vollblut zugeführt, darunter so bedeutende Hengste wie die Vollblüter *Niccolini, Manjara, Mordskerl* und *Nathusius, Rasputin* v. *Ramzes* (AA), die auf hannoverscher Grundlage gezogenen Westfalen *Asco* v. *Alpdruck* und *Durst* v. *Ducker*, die Trakehner *Amor, Komet* und *Mahdi* und viele andere.

Nach Konsolidierung der Zucht wurde 1965 die neue Bezeichnung Bayerisches Warmblut eingeführt und verbindlich. Zuchtzentrum ist das Haupt- und Landgestüt Schwaiganger in Ohlstadt/Bay., dem Zentrum der staatlichen Pferdezucht im Freistaat Bayern.

Belgisches Kaltblut (Brabanter)

Kennzeichen: Mittelgroßer, muskulöser Kaltblüter, dessen Kopf Adel ausstrahlt. Kurzer, breiter Hals, niedriger Widerrist, gut gewölbter, tiefer Rumpf, breite Brust, breiter, kurzer Rücken mit langer, stark bemuskelter, abfallender Kruppe. Kurzes, kräftiges Fundament mit breiten, gut markierten Gelenken, großen Hufen und Behang. Kräftiges Langhaar. Vor allem Braunschimmel. Stockmaß 160 bis 170 cm, Gewicht um 1.000 kg.

Verbreitung: Belgien, mit dem Hauptzuchtgebiet Brabant, und Nachzuchtgebieten in vielen Ländern der Welt.

Leistung: Gutartiger Charakter, ruhiges Temperament. Ausdauernd, frühreif, leichtfuttrig, zugkräftig. Die Bewegungen sind kraftvoll und leichtfüßig, der Schritt raumgreifend und der Trab bemerkenswert. Ein Pferd für schwere und schwerste Lasten.

Zuchtgeschichte: Das Belgische Kaltblutpferd, auch Brabanter, Trait du Nord oder auch nur Belgier genannt, kann seinen Ursprung auf einen schweren, beweglichen Pferdetyp der Römerzeit zurückführen. Daraus entwickelten sich bis zu Anfang des 19. Jhs. die Schläge des Flamländer, Ardenner und Brabanter. Die Verschmelzung der Schläge wurde 1885 durch die Gründung einer Zuchtgesellschaft und 1886 durch die Eröffnung eines Zuchtbuches gefördert. Der neue Typ errang im In- und Ausland große Erfolge und wurde, auch in Deutschland, nachgezüchtet. Große Bedeutung erlangten in den Jahren 1920 bis 1930 der Hengst *Albion d'Hor*, der seinen Adel und die Braunschimmel-Farbe weitergab, und sein Sohn *Avenir d'Herse*, ein Bilderbuch-Belgier. Als bester Hengst der letzten Jahrzehnte gilt *Costaud de Marche*. Staatliche Gestüte gibt es nicht, aber die Zucht wird vom Staat gefördert. Zucht und Zuchtbuchführung liegen in der Hand der Gesellschaft Société Royale (S. R.) Le Cheval de Trait Belge in Brüssel.

Belgisches Warmblut

Kennzeichen: Großrahmiges Pferd mit harmonischem Gebäude und gefälliger Oberlinie. Ausdrucksvoller Kopf, gut aufgesetzter Hals, markanter Widerrist und gute Schulter. Rumpf mit viel Gurtentiefe, elastischer Rücken mit guter Sattellage, kräftiges, trockenes Fundament mit gut markierten Gelenken. Vor allem Braune, Dunkelbraune, Füchse und Rappen. Stockmaß um 165 cm.

Verbreitung: Belgien und Westeuropa.

Leistung: Ein leistungswilliges Pferd mit sehr guten Grundgangarten und ausgezeichneter Begabung zum Springen. Ein Pferd für den großen Sport aller Disziplinen.

Zuchtgeschichte: Obwohl Belgien über eine ausgezeichnete Kaltblut- und Vollblutzucht verfügte, gab es bis in die 50er Jahre keine nennenswerte Warmblutzucht. Seine Existenz verdankt das Belgische Warmblutpferd zwei Persönlichkeiten, dem belgischen Kanonikus de Meý und dem Luxemburger Prof. Dr. Weyrich, welche die Bedeutung einer bodenständigen Warmblutzucht mit einem einheitlichen Zuchtziel erkannten und durchsetzten. Die vorhandenen schweren Landschläge bildeten die Zuchtgrundlage, und als Zuchtziel wählte man den Standardtyp des Hannoveraners. Hengste aus Hannover, Frankreich, Holstein und den Niederlanden sowie Vollblüter dienten mit Erfolg als Veredler, darunter so bedeutende Hengste wie der Franzose *Etretat*, die Hannoveraner *Lugano* und *Flügel*. Die französischen Hengste haben mit 50% aller Hengste heute den größten Einfluß. Eine scharfe Selektion und eine strenge Körverordnung trugen zum Erfolg des Belgischen Warmblutpferdes bei. Ein Züchterverband, die Nationale Fokvereinigung Warmbloed Paard (NFWP) wurde 1955 gegründet. 1988 wurde der Name Belgisches Warmblutpferd (BWP) festgelegt. Der Verband hat seinen Sitz in Oud-Heverlee und betreut ca. 4.000 Stuten und Hengste ohne staatliche Gestüte.

Berber

Kennzeichen: Edles, harmonisches Pferd mit dichtem, glänzendem Fell und guter Oberlinie. Trockener Kopf mit kleinen Ohren und wachen Augen, geradem Profil, oft auch konvex. Gut aufgesetzter, kräftiger Hals, markanter Widerrist, schräge Schulter, kurzer, kräftiger Rücken mit abfallender Kruppe und tief angesetztem Schweif. Kräftige, trockene Gliedmaßen mit klaren Sehnen und Gelenken und kleinen, harten Hufen. Üppiges, gewelltes Langhaar. Alle Farben, vor allem Schimmel und Braune. Stockmaß 148 bis 160 cm.

Verbreitung: In den Ursprungsländern Algerien, Marokko, Tunesien, Ägypten, Libyen, Europa und weltweit.

Leistung: Charakterlich einwandfrei, genügsam, robust, mutig, treu, schnell und langlebig. Trittsicherer Schritt, flotter Trab, ausdauernder Galopp. Auch Tölt, Hetwahr genannt, kommt vor. Bewährtes Polo- und Freizeitpferd, sehr geeignet für Distanz- und Wanderreiten, auch als flottes Fahrpferd!

Zuchtgeschichte: Als Vertreter der ältesten Rasse Nordafrikas war der Berber manchen Wandlungen unterworfen, wurde aber immer geschätzt und gefürchtet. Die Numidier schätzten ihn, die Römer fürchteten ihn, die Mauren stürmten im 7. Jh. mit ihm durch Spanien in das Herz Europas. Die Beliebtheit und Bedeutung des Berbers nahm in den folgenden Jahrhunderten zu, von Pluvenil und Newcastle wurde er geschätzt. Sein Blut fließt im Andalusier, und *Godolphin Barb* wurde zu einem der Stammväter des Englischen Vollbluts. Berber waren immer treu und zuverlässig, ob in den heißen Wüsten Nordafrikas oder den eisigen Steppen Rußlands. Um die Rasse rein zu erhalten wurde 1988 von den Regierungen der Ursprungsländer und Frankreich ein Verband, der Mondiale du Cheval Barbe (OMCB) gegründet, der die Reinzucht überwacht und die Zuchtbücher führt.

Bosnisches Gebirgspferd

Kennzeichen: Ein ideales Gebrauchspferd im Quadratformat mit ausgeprägten Ponymerkmalen. Mittelschwerer Kopf mit breiter Stirn, geradem Nasenrücken, großen, aufmerksamen Augen. Kräftiger, mittellanger Hals, breite Brust, gut gelagerte schräge Schulter, starker gedrungener Rumpf mit geradem, kurzen Rücken und abfallender Kruppe mit tief angesetztem Schweif. Stämmige, starke Beine mit kleinen, harten Hufen bilden das Fundament. Meist Braune und Dunkelbraune, Schimmel, seltener Rappen und Füchse. Keine Schecken, kaum Abzeichen. Üppiges Langhaar. Das Stockmaß liegt bei 128 bis 148 cm.

Verbreitung: Im Ursprungsland Bosnien-Herzegowina, Jugoslawien sowie den Staaten Südosteuropas und Deutschland.

Leistung: Solide Grundgangarten. Ein trittsicheres, ausdauerndes, zähes Pferd mit gutem Charakter, robust, gesund und langlebig. Hervorragendes Distanz- und Wanderpferd, Springveranlagung, auch im Geschirr zugwillig.

Zuchtgeschichte: Seine Abstammung wird auf westasiatische Steppenrassen (Przewalski, Tarpan) und Orientalen zurückgeführt. Bis in unser 20. Jh. hinein war es das Kaltblut der Gebirgsbauern und ein zuverlässiges Reit- und Tragtier der Gebirgstruppen. Die Einkreuzung von Arabern, um mehr Größe und Trockenheit zu erzielen, drohte den Urtyp zu verdrängen. Sie wurde aber mehr oder weniger aufgegeben und durch Selektion auf ein größeres, edleres Format ersetzt. Die heutige Reinzucht, deren Zuchtziel auch die deutschen Züchter folgen, basiert auf der Barut- und der Miskolinie der jugoslawischen Staatsgestüte Borik und Han Pijesak. Die deutschen Züchter haben sich in der IG Bosnische Gebirgspferde e. V., Düsseldorf, zusammengeschlossen. Das Stutbuch des Bosnischen Gebirgspferdes wird von Equus International in Oelde geführt.

Boulonnais

Kennzeichen: Ein schwerer, eleganter Kaltblüter mit viel Adel. Edler Kopf mit feinem Schopf, kurzer, trockener Stirn, lebhaften Augen und Ohren, offenen Nüstern. Stark bemuskelter Hals, schön gewölbte obere Halslinie und dichte, feine Doppelmähne. Breite Brust mit viel Tiefe, gute, stark bemuskelte Schulter und ausreichender Widerrist, Rumpf mit guter Rippenwölbung, geradem Rücken, mächtige Kruppe. Kräftiges, trockenes Fundament mit breiten, gut entwickelten Gelenken und gut geformten Hufen, wenig Behang. Vorwiegend Schimmelfarben. Das Stockmaß unterscheidet zwei Typen, den großen Boulonnais mit 160 bis 170 cm und 700 kg, und den kleineren, den „Fischhändler", mit 155 bis 160 cm und 500 bis 550 kg. Beide Typen verfügen über einen guten, raumgreifenden Schritt, lebhaftes, gutartiges Temperament, große Ausdauer, sind leistungswillig und frühreif.

Verbreitung: Vor allem in Frankreich mit dem Zuchtzentrum Boulogne.
Leistung: Leistungsstarkes Fahr- und Zugpferd. Der kleinere, edlere Typ ist besonders für lange Trabstrecken geeignet.
Zuchtgeschichte: In seinen Blutlinien findet man noch heute arabische Hengste. Seine Zuchtgeschichte geht bis auf die Zeit Caesars zurück, dessen Kavallerie im Raum Boulogne lag und deren orientalische Hengste sich mit den einheimischen Landstuten paarten. In späteren Jahrhunderten gaben ihm Mecklenburger mehr Masse und Andalusier mehr Größe, Eleganz und die Schimmelfarbe. Der Kaltblüter mit dem Temperament und Gang eines Warmblüters war in der Armee Frankreichs ein gesuchtes Artilleriepferd. Heute ist die Zahl der als Veredler geschätzten Rasse nicht mehr groß, er wird vor allem als Fleischlieferant gezüchtet. Ein Stutbuch wurde 1886 angelegt und vom Syndicat des Eleveurs du Cheval Boulonnais, Wimereux/Frankreich geführt.

Brandenburger

Kennzeichen: Ein edles, hartes, rahmiges Warmblutpferd im Typ und Kaliber des Hannoveraners. Eleganter, trockener Kopf mit großem, aufmerksamem Auge. Gut aufgesetzter Hals mit leichtem Genick, markantem Widerrist und schräger, gut bemuskelter Schulter, elastischem, tragfähigem Rücken, leicht geneigter, langer, gut bemuskelter Kruppe, gut angesetztem und getragenen Schweif. Das korrekte, trockene Fundament mit gut eingeschienten Gelenken, guter Fessel und festen, mittelgroßen Hufen. Vor allem Braune, Füchse, Rappen, Schimmel. Stockmaß um 165 cm.
Verbreitung: Deutschland, Europa, USA, Kanada.
Leistung: Elastische, taktreine, raumgreifende Bewegungen in allen Grundgangarten. Gutartiger Charakter, ausgeglichenes Temperament, leistungswillig. Vielseitiges Pferd für alle Disziplinen des Reit- und Fahrsports und Freizeitreitens.

Zuchtgeschichte: Sie ist untrennbar mit dem 1788 gegründeten Friedrich-Wilhelm-Gestüt in Neustadt a. d. Dosse, dem Preußischen König Friedrich Wilhelm II. und dem Oberstallmeister Graf Lindenau verbunden. Um ein edles Reitpferd zu erzeugen, wurden 1789 Hengste aus Spanien, Frankreich und der „Berberei" sowie 12 englische Stuten aufgestellt, denen später 11 syrische Hengste und die Hengste *Persianer* und *Turc Main Atty* folgten. Bedingt durch die wechselvolle Geschichte des Gestüts wurde mit unterschiedlichstem Material und auch ohne eigentliches Zuchtziel gezüchtet. Erst Mitte des 19. Jh. wurde als Zuchtziel „*ein edles, möglichst stolzes Reitpferd*" festgesetzt. Das Gestüt wurde 1876 aufgelöst und 1896 wieder eröffnet. Ostpreußisches und hannoversches Blut, Hengste wie Stuten, trugen, wie auch nach 1945, zur Wiedererrichtung der Zucht bei und erzeugten ein gesuchtes Warmblutpferd. Zentrum der Zucht ist das Hauptgestüt in Neustadt/Dosse.

Bretone

Kennzeichen: Der kompakte Kaltblüter hat einen mittelgroßen, quadratischen Kopf mit breiter Stirn, lebhaften Augen, kleinen Ohren und geradem Profil, manchmal auch leichten Ramskopf und weite Nüstern. Kurzer, kräftiger, leicht gewölbter Hals, starker Widerrist, kurzer, breiter, gut bemuskelter Rücken und gute Rippenwölbung, breite, gespaltene Kruppe. Kräftiges, trockenes, muskulöses Fundament mit gut geformten harten Hufen.

Man unterscheidet drei Typen: 1. Den Petit Trait Breton, den „kleinen Bretonen" aus dem Zentralgebirge mit etwa 152 cm Stockmaß und ca. 700 kg Gewicht. 2. Den Trait Breton, das „bretonische Zugpferd" mit 157 bis 160 cm Stockmaß und 900 bis 950 kg Gewicht. 3. Den Postier Breton, das „bretonische Postpferd" mit 157 bis 160 cm Stockmaß, nur ca. 700 bis 900 kg schwer, aber mit mehr Adel und eleganten, schwungvollen Gängen. Vor allem Rot-schimmel, Füchse, Schimmel, selten Braune, Schweif kupiert.

Verbreitung: Frankreich (Hauptzuchtgebiet Bretagne), Europa und Übersee.

Leistung: Arbeitswilliges, lebhaftes, robustes Wirtschaftspferd. Vor allem der Postier Breton besitzt elegante, schwungvolle Gänge. Auch als Fleischlieferant genutzt.

Zuchtgeschichte: Mit den Urahnen dieser stärksten einheimischen Pferderasse der Bretagne waren schon die Kelten beritten. Zur Rassebildung haben auch orientalische Hengste und Stuten beigetragen, so daß es im 14./15. Jh. den Typ des „Sommier" und des „Roussin" gab. In den folgenden Jahrhunderten wurden Boulogner, Ardenner und Percheron eingekreuzt, zuletzt Ende des 19. Jh. mit großem Erfolg Norfolks und dem Postier Breton als Ergebnis. 1930 wurden die Einkreuzungen beendet und zur Reinzucht übergegangen. Zuchtzentren sind die Staatsgestüte Haras National de Lamballe und de Hennebont. Das Zuchtbuch wurde 1909 angelegt.

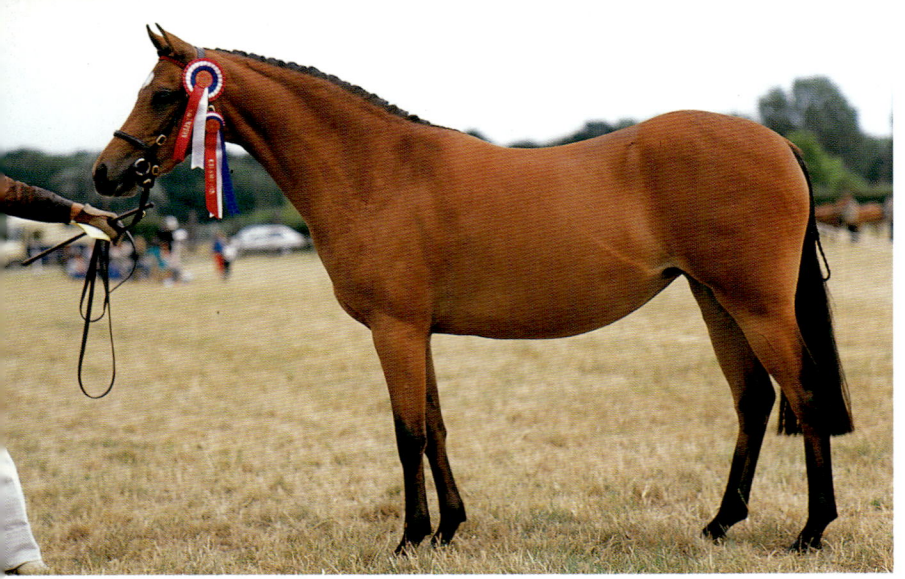

British Riding Pony

Kennzeichen: Reitpony von kräftiger Eleganz. Schöner trockener Kopf mit Ponyausdruck, freundlichen, großen klaren Augen und kleinen Ohren. Gut aufgesetzter, mittellanger, schön gewölbter Hals, lange schräge Schulter, gut gerippter, tiefer Rumpf mit elastischer Rückenlinie und guter Sattellage, leicht geneigte Kruppe, gut angesetzter Schweif, trockenes, kräftiges Fundament, gut markierte Sehnen und Gelenke, gut geformte, harte Hufe. Feines seidiges Langhaar, alle soliden Farben. Stockmaß: Show-Reitpony bis 148 cm, Hunter-Pony bis 152 cm.
Verbreitung: Großbritannien, Europa, Australien.
Leistung: Ein Pony von außerordentlichem Adel mit Reitpferdemerkmalen und den guten Eigenschaften des Ponys: freundliches, ausgeglichenes Temperament, stabile, robuste Konstitution, elegante, energische, trittsichere Bewegungen, springfreudig.

Zuchtgeschichte: Als zu Anfang dieses Jahrhunderts Reitsport und Pferdezucht populärer wurden, wurde auch die Nachfrage nach einem eleganten Pony mit besserer Rittigkeit als die Vertreter der bekannten einheimischen Ponyrassen größer. Dies führte zur Entwicklung und gezielten Zucht des Riding Ponys. reinblütige inländische Ponys der Rassegruppe „Mountain & Moorland Ponies" (Berg- und Heideponys), vor allem Welsh-, Exmoor- und Dartmoor Ponys wurden mit Vollblütern und Arabern gekreuzt. Das Resultat ist ein Pony von außergewöhnlicher Qualität, das aber nicht ein kleines Pferd geworden, sondern ein Pony geblieben ist. Das British Riding Pony ist keine Rasse, sondern eine Gebrauchskreuzung. Die British Pony Society unterscheidet zwei Typen: das elegante, hochqualifizierte Turnierpony und das ein wenig kräftigere Hunter-Pony. Die „Rasse" ist offiziell anerkannt, eröffnete 1983 ein eigenes Stutbuch.

Brumby

Kennzeichen: Das Erscheinungsbild des australischen „Wildpferdes" ist zu uneinheitlich. Das Stockmaß schwankt zwischen 130 und 150 cm. Überwiegend im Quadratformat, meist derber Kopf, kurzer Hals, kräftiger Rücken. Stabiles Fundament, harte Hufe. Alle Farben. Zwei Typen: Savannah- und Snowy Mountain Brumbies.

Verbreitung: In den Snowy Mountains im Mount Kosciusko National-Park und in den Buschsteppen im Inneren und im Norden Australiens.

Leistung: Mißtrauischer, scheuer Charakter, ausdauernd, genügsam und zäh, trittsicher, schnell und wendig in jedem Gelände. Lange Zeit wurden sie als Nahrungskonkurrenten der Schafe und Rinder gnadenlos dezimiert. Inzwischen hat man ihnen Schutzzonen in den Nationalparks zugestanden und ist bemüht, die harten, trittsicheren Pferde als Reitpferde zu nutzen.

Zuchtgeschichte: Ein verwildertes Pferd, keine Rasse, kein einheitliches Format oder Typ. Der Brumby verdankt sein Dasein der Kolonialisierung Australiens im 18. Jh. und dem englischen Marineoffizier Philipp, der 1788, zusammen mit Kolonisten und Deportierten, einen Hengst und drei Stuten in das bis dahin pferdelose Australien brachte. Bei diesen und später während des Goldrauschs Mitte des 19. Jh. eingeführten Pferden soll es sich um Highland-, Welsh-, Batak-, Manipur- und Timorponys sowie Araber, Vollblüter, Perser, Berber und Kap-Pferde gehandelt haben. Nachdem der Goldrausch abgeflaut war, wurden die nicht mehr benötigten Pferde in die „Freiheit" entlassen und verwilderten. Entlaufene Farmpferde und nach 1945 „freigelassene" Waler sorgten gelegentlich für Blutauffrischung. Die sich wild vermehrenden Pferde wurden zur Plage und erbarmungslos gejagt. Proteste führten zum Einstellen des Abschlachtens und zur Einrichtung eines Reservates.

Buckskin

Kennzeichen: Obwohl das unterschiedlich getönte, falbfarbene Deckhaar sein augenfälligstes Kennzeichen ist, möchte er nicht als reine Farbzucht angesehen werden. Denn schon im alten Westen wurde das Buckskin Pony wegen seiner kräftigen Gliedmaßen und eisenharten Hufe sowie der Fähigkeit, „Gewicht zu tragen", bewundert.

Exterieur und Stockmaß sind sehr unterschiedlich und reichen vom Pony und leichten Reitpferd bis zum Quarter-Horse-Typ. Buckskins sind nicht nur schlicht falbfarbig, sondern die Falbfarbe weist unterschiedliche Schattierungen und auch Abzeichen auf. Die Schattierungen reichen von gelb oder gold mit schwarzen Abzeichen und vielleicht auch Aalstrich sowie Zebrastreifen bis zu Rot- und Mausfalben unterschiedlicher Schattierung mit Aalstrich. Weiße Abzeichen werden bei Buckskins ungern gesehen und sind nur

unterhalb vom Karpal-Sprunggelenk erlaubt.

Verbreitung: USA.

Leistung: Außerordentlich ausdauerndes, hartes, leistungsfähiges und zähes Reitpferd.

Zuchtgeschichte: Die Abstammung führt, wenn auch nicht in gerader Linie, weit zurück. Man findet darin das Blut des spanischen Sorraia, des Mustang und Quarter Horse sowie europäischer Ponyrassen, des Norfolk Trotter und des aus Norwegen stammenden Fjordpferdes, alles Rassen, die ihre Abstammung bis zum Tarpan zurückführen können. Das Zuchtbuch wird von der International Buckskin Horse Association in Shelby, Indiana/USA geführt.

Budjonny-Pferd

Kennzeichen: Sportpferd im mittleren Rahmen mit harmonischer Oberlinie. Trockener, edler Kopf mit großen, wachen Augen und Ohren, geradem oder leicht konkavem Profil. Gut geformter Hals, gut markierter Widerrist, mittellange, schräge, gut bemuskelte Schulter, viel Gurtentiefe. Gerader Rücken mit guter Sattellage, muskulöser Lende und schräge Kruppe. Trockenes Fundament mit gut markierten Sehnen und Gelenken, gut geformte, harte Hufe, feines, kräftiges Langhaar. Stockmaß um 161 cm. Vorwiegend goldschimmernde Füchse, keine Schimmel, aber Braune und Rappen.

Verbreitung: Rußland, mit dem Hauptzuchtgebiet in der „Kosakensteppe" zwischen Don und Kaukasus, dem Schwarzen und dem Kaspischen Meer, mit Rostow als Zuchtmittelpunkt.

Leistung: Dank der harten Aufzucht außergewöhnlich robust, ausdauernd und zäh.

Schnell und rittig in allen Gangarten. Gutes Temperament. Ein leistungsstarkes Pferd für alle klassischen Disziplinen des Reitsports, bis zur Military mit olympischen Erfolgen, und auch für Hindernisrennen.

Zuchtgeschichte: Das Budjonny-Pferd entstand durch die Kreuzung von Stuten der Don-Rasse und der Don-Schwarzmeerrasse mit kräftigen Vollbluthengsten, von denen die Hengste *Simpatjag, Swetz, Inferno* und *Kogat* größeren Einfluß erlangten. Budjonny wollte ein leistungsfähiges, hartes Kavalleriepferd züchten. Er begann damit Anfang der 20er Jahre. Durch robuste Aufzucht und strenge Selektion konsolidierte sich die neue Rasse sehr bald, wurde 1948 offiziell anerkannt und erhielt den Namen Budjonny-Pferd. Die Rasse zählte zu den wichtigsten der ehemaligen Sowjetunion und war der Stolz der Russen. 1951 wurde der erste Band des Stutbuches eröffnet. Zentrum der Zucht sind die Staatsgestüte im Süden Rußlands und das Gestüt Ochkin bei Moskau.

Burma Pony
(Shan Pony, Pegu Pony)

Kennzeichen: Kleines, gedrungenes, drahtiges Pony. Regelmäßiger Kopf mit meist geradem Profil. Mittellanger, gut getragener und angesetzter Hals, normaler Widerrist, schräge Schulter, mittellanger Rücken mit kräftiger Lende und starker Kruppe, tief angesetzter Schweif. Kräftige, kurze, trockene Gliedmaßen mit sehr harten Hufen. Schönes Langhaar. Alle Farben, darunter auch Schecken, Braune und Falben, häufig mit Aalstrich. Stockmaß um 134 cm.

Verbreitung: Republik Birma (Myanmar) in Hinterindien. Hauptzuchtgebiet sind das gebirgige Plateau in Ober-Birma.

Leistung: Genügsam, gesund, guter Futterverwerter, widerstandsfähig gegen Hitze und Nässe. Schneller, ausdauernder Gewichtsträger, gut einsetzbar unter dem Sattel und im Geschirr. War als Polo Pony beliebt.

Zuchtgeschichte: Die Zucht des eng mit dem Mongolenpferd und den anderen indischen Rassen, vor allem mit dem Manipur Pony verwandten Burma Pony, das auch Shan oder Pegu Pony genannt wird, liegt in der Hand der Shan, eines Bergvolkes in Ober-Birma.

Die Ponys erhalten kein Körnerfutter, sondern ernähren sich von dem sehr nahrhaften Gras und „Burma-Heu". Jeweils am Ende des Monsuns werden überzählige Ponys von den Shans, die auch gute Pferdehändler sind, verkauft, viele davon auch exportiert. Um 1900 wurde mit Erfolg arabisches Blut eingekreuzt, um die Ponys edler und 1 bis 2 Zoll größer zu machen.

Camargue-Pferd

Kennzeichen: Eine Rasse mit ursprünglicher Schönheit, mit kompaktem Körper und großer Lebenskraft. Großer, aber nicht derber Kopf mit breiter Stirn, ausdrucksvollen Augen, kleinen, aufmerksamen Ohren, kräftigen Ganaschen. Kurzer, kräftiger Hals, kurze, steile Schulter, viel Gurtentiefe. Mittellanger Rücken, muskulöse, mäßig abschüssige Kruppe, tief angesetzter Schweif. Kräftige, trockene Gliedmaßen mit großen, runden, dem Lebensraum angepaßten Hufen. Volles, kräftiges Langhaar, charakteristisch der Unterlippenbart und die Behaarung am Unterbauch zwischen Nabel und Schlauch. Nur Schimmel. Stockmaß 135 bis 148 cm.

Verbreitung: Frankreich, in dem im Rhone-Delta liegenden 750 km² großen Inselgebiet der Camargue, südlich der Stadt Arles, wo sie halbwild in Herden, den „Manaden" leben. Daneben Deutschland, Belgien, Großbritannien, Italien.

Leistung: Das „Camarguais" ist das robuste, genügsame, gesunde und langlebige Arbeitspferd der südfranzösischen Stierhirten, der „Guardians". Mut, Kraft, Ausdauer, Wendigkeit und ein ausgezeichnetes Regenerationsvermögen machen es zu einem hervorragenden Distanz- und Wanderreitpferd, aber auch Fahrpferd.

Zuchtgeschichte: Die Ursprünge des auch „Crin blanc" genannten Camarguais lassen sich bis zum Solutre-Pferd (50.000 v. Chr.) zurückführen. Schon früh ergab sich die Zuführung des Blutes arabischer Rassen, die im 19. Jh. gezielt, auch mit Vollblütern, vorgenommen wurde, um ihm mehr Größe und Rittigkeit zur Verwendung als Kavallerie-Remonte zu geben. Inzwischen ist man, dank der Züchtervereinigung des Camargue-Pferdes, zur Reinzucht zurückgekehrt. 1972 wurde das Nationalgestüt Uzés errichtet. 1978 wurde offiziell das Stud-Book du Camargue eröffnet und der Rasse der Name Race du Cheval Camargue gegeben.

Campolina

Kennzeichen: Mittelgroßer Tölter mit guter Oberlinie. Langer, trockener Kopf, hoch aufgesetzter, gut geschwungener Hals, markanter, langer Widerrist, schräge Schulter. Kräftiger Rumpf mit guter Gurtentiefe, mittellangem Rücken, langer, breiter Kruppe und tief angesetztem Schweif. Stabiles Fundament mit klaren Sehnen. Braune, Füchse, Schimmel, häufig wildfarben, kaum Rappen. Schönes Langhaar. Stockmaß um 158 cm.
Verbreitung: Brasilien, Zuchtzentrum ist der Bundesstaat Minas Geraes.
Leistung: Geländegängiger, ausdauernder Tölter, trittsicher und von großer Härte und Widerstandskraft. Ein ausgezeichnetes Pferd für lange Distanzen. Charakteristisch sind die Gangarten „Batida", ein Trabtölt, und „a picada", ein Paßtölt. Der Campolina geht aber weder Trab noch Paß.
Zuchtgeschichte: Der Vetter des Mangalarga Marchador stammt, wie dieser von den Pferden der portugiesischen und spanischen Eroberer ab. Durch natürliche Auslese entwickelte sich später daraus der Crioulo.

Der Wunsch, die Vorzüge des Crioulo mit etwas mehr Größe und Kaliber zu verbinden, führte nach der Entwicklung des Mangalarga Marchador zu dem noch etwas größeren Campolina. Mit Hilfe von Fremdblut (Englisches Vollblut, Orlow Traber, Percheron, Holsteiner, American Saddlebred) züchtete Senor Cassiano Campolina Mitte des 19. Jh. auf Crioulo-Basis die nach ihm benannte Rasse. Nach seinem Tode führten Joaquim Pacheco auf der Tanque Farm und Colonel de Andrade auf der Campo Grande Farm die Zucht fort.

Heute zählt die Rasse zu den besten Pferderassen Südamerikas. Bei der Campolina Breeders Association, die 1951 mit Sitz in Bela Horizonte, Brasilien gegründet wurde, sind mittlerweile ca. 6.000 Pferde registriert.

Canadian Cutting Horse

Kennzeichen: Athletisches „Cow Horse" im harmonischen Langrechteckformat. Ausdrucksvoller, mittelschwerer, trockener Kopf, mittelhoch aufgesetzter und genügend ausgeschnittener Hals. Markanter Widerrist, muskulöse, breite Brust, schräge, breite Schulter, tragstarker, kurzer Rücken, gut geformter, gurtentiefer Rumpf, kompakte Hinterhand mit leicht schräger Kruppe. Stabile, gut bemuskelte Gliedmaßen mit gut markierten Sehnen und Gelenken sowie korrekten, harten Hufen. Alle Grundfarben sind erlaubt, aber keine Schecken. Vor allem Rappen, Braune, Dunkelbraune. Stockmaß 158 bis 165 cm.

Verbreitung: Kanada.

Leistung: Ausgezeichnetes „Cutting Horse" mit großer Spurtkraft, dabei ebenso wendig wie schnell. Guter Charakter, gutes Temperament.

Zuchtgeschichte: Das Canadian Cutting Horse ist ein naher Verwandter des amerikanischen Quarter Horse, dem es im Exterieur, Charakter und Temperament gleicht. Als reine Gebrauchszucht verdankt es seine Existenz den großen Rinderherden und seinem sicheren Instinkt, ein Rind selbständig aus einer Herde auszusondern. Nachdem die große Zeit des „Rindertreibens" vorüber ist, wurde aus ihm ein außerordentlich beliebtes Western-Pferd für die in Kanada beliebten Westerndisziplinen Cutting, Calf Roping, Barrel Racing usw.

Canadian Horse

Kennzeichen: Kleines, gut proportioniertes Gebrauchspferd. Der ausdrucksvolle Kopf zeigt Intelligenz, Temperament und Vertrauen. Kräftiger Hals, muskulöse Vorhand, kompakter Rumpf und kraftvolle Hinterhand. Gut angesetzte, starke Gliedmaßen mit guten Hufen. Dickes, langes, schweres Langhaar, vor allem Rappen, aber auch Braune und Füchse. Stockmaß 142 bis 162 cm.
Verbreitung: Kanada, USA.
Leistung: Ideales Turnier-, Arbeits- und Familienpferd, hart, willig, leichtfuttrig, fruchtbar und langlebig.
Zuchtgeschichte: Die ersten Pferde betraten am 25. Juni 1647 kanadischen Boden. Sie kamen im Namen König Louis XIV aus der Normandie und der Bretagne und führten arabisches und anglo-normannisches Blut. Ohne Blutauffrischung überstanden sie 150 Jahre natürlicher Auslese im harten Klima Kanadas. Sie wurden kleiner, aber auch härter und als „kleine Eisenpferde" berühmt.

Obwohl es 1859 über 150.000 Canadian Horses gab, stagnierte die Zucht Ende des 19. Jahrhunderts durch den Import anderer Pferderassen. Der Tierarzt Dr. J. A. Couture bemühte sich, die Rasse zu retten und legte 1886 ein erstes Stutbuch an, ein neues wurde 1907 von dem Regierungskommissar Dr. J. G. Rutherford angelegt. Und 1913 begann das Landwirtschaftsministeriuim in Cap Rouge ein Zuchtprogramm, dem bis 1981 weitere in St. Joachim und La Gorgendiere folgten, da die Population 1976 unter 400 gesunken war, inzwischen aber wieder 2.000 Tiere zählt.

Die Canadian Horse Breeders Association wurde 1895 gegründet. Einer der Gründerhengste der Rasse ist *Albert De Cap Rouge*. Die Population steht noch immer auf der Liste der American Livestock Breeds Conservancy für bedrohte Tierrassen.

Cape Boerperd (Kap Burenpferd)

Kennzeichen: Mittelgroßer Warmblüter. Trockener Kopf mit geradem Profil (Ramskopf oder konkaves Profil sind nicht erlaubt). Breite Stirn, große, intelligent blickende Augen, mittellanger, gut angesetzter Hals. Breite Brust, muskulöser, gut gewölbter Rumpf, gute Gurtentiefe, kurzer, gerader Rücken, gut bemuskelte Hinterhand, hoch angesetzter Schweif, üppiges, feines Langhaar. Trockene Gliedmaßen mit markanten Gelenken und gut geformten, gesunden Hufen. Alle Grundfarben, ausgenommen Albinos, Schecken und Falben. Das Stockmaß darf 142 cm nicht unter- und 158 cm nicht überschreiten.

Verbreitung: Republik Südafrika.

Leistung: Guter Charakter, gutes Temperament, umgänglich, lernwillig, leistungsbereit, ausdauernd, hart, schwungvolle Bewegungen, extrem hoch rollende Bewegungen im charakteristischen „Trippel"

(Tölt), gleich gut als Farmpferd wie als bequemes Reitpferd.

Zuchtgeschichte: Das allgemein nur „Burenpferd" genannte Pferd stammt von dem auf Orientalen, Spanier und Vollblüter zurückgehenden Kap-Pferd ab, einem ausgezeichneten Kavalleriepferd. Durch Exporte in alle Welt und die Motorisierung war es nach 1945 nahezu ausgestorben. Ab 1948 bemühte man sich, die stark vom Saddle Horse geprägte Rasse, die auch einige Jahre unter diesem Namen geführt wurde, zu erneuern. Der Zuchtstandard wurde verbindlich festgelegt, und zwischen 1964 bis 1981 das Zuchtbuch wiederholt geschlossen. 1981 wurde dann die Boerperd Breeders Association gegründet. Da die Rasse 1993 noch immer zu stark vom „Saddler" geprägt war, wurden ab 1994 acht sorgfältig ausgewählte Hengste zur Veredlung und Typprägung eingesetzt, nur deren Nachzucht anerkannt und gleichzeitig der Zuchtstandard neu festgelegt.

Cayuse Pony (Indianer Pony)

Kennzeichen: Edles, drahtiges Pony. Kleiner, trockener Kopf, gerades oder konvexes Profil. Schmaler, kräftiger Körper, abfallende Kruppe, tief angesetzter Schweif. Stabile, trockene Gliedmaßen, stahlharte Hufe. Alle Farben, vor allem alle Braun- und Falbtöne. Auch Wildpferdemerkmale, vor allem Aalstrich, treten auf. Stockmaß um 140 bis 148 cm.
Verbreitung: USA.
Leistung: Schnell, hart, ausdauernd. Das Pferd der „Prärie-Indianer", der Cowboys und der US Kavallerie.
Zuchtgeschichte: Verwilderte Pferde Amerikas wurden in Kalifornien, Texas und New Mexico „Mustangs", im Norden „Broncos", „Cayuse" oder „Indianer Pony" genannt. Es sind Pferde spanischer und orientalischer Abstammung (Andalusier, Araber, Berber), die mit den Spaniern im 16. Jh. in den Süden Amerikas gekommen waren. Die Indianer, die nur den Hund als Haus- und Zugtier kannten, erkannten schnell den Vorteil des Pferdes. Und schon im 17. Jh. waren die Sioux, Apachen, Cheyenne, Kiowas, Navajos und viele andere berittene Büffeljäger. Die Zahl der Ponys war bald gültige Währung und Gradmesser für Ansehen und Reichtum. Da die berittenen Indianer den ins Land drängenden Siedlern überlegen waren, wurden im 19. Jh. mit den Indianern auch die Ponys und die Büffel bekämpft. Die Ponys wurden abgeschlachtet, die besiegten Stämme mußten ihre Pferde abgeben. Dies war die sicherste Methode, die Indianer zu unterwerfen.

Auch im 20. Jh. gab es Abschlachtaktionen der widerlichsten Art, aber auch erfolgreiche Bemühungen, das ursprüngliche und alte Kulturgut zu retten und zu erhalten, so durch Robert Brislawn mit der Wild Horse Research Farm, Porterville, Kalifornien, die Spanische Barb Mustang Registry und die American Mustang Association.

Cheju Pony (Chedzudo Pony)

Kennzeichen: Hübscher Kopf mit großen Augen, kleinen Ohren und geradem Profil. Kurzer, muskulöser Hals, oft steile Schulter, kurzer, kräftiger Rücken, leicht geneigte Kruppe, hoch angesetzter Schweif. Stabile Gliedmaßen mit markanten Gelenken und klaren Sehnen. Vor allem Füchse, Braune, Rappen, gelegentlich auch Schimmel, Albinos und Pintos. Stockmaß um 120 cm.

Verbreitung: Südkorea, auf der Insel Cheju im Südosten.

Leistung: Genügsam, langlebig, widerstandsfähig, zugkräftig. Trägt trotz seiner geringen Größe Lasten bis über 100 kg. Die freilebenden Ponys sind auch in den sehr strengen Wintern ohne Schutzhütten. Stuten fohlen bis zum 20. Lebensjahr.

Zuchtgeschichte: Nach Professor D. C. Choung von der Cheju National Universität wird angenommen, daß die ersten Pferde von China nach Korea in vorchristlicher Zeit unter der Chosun Dynastie (2333–194 v. Chr.) nach Korea gekommen sind. Er geht aber davon aus, daß das bodenständige Cheju Pony schon in vorgeschichtlicher Zeit existiert hat, obwohl es keine eindeutigen Beweise dafür gibt.

Zur Zeit der Korya Dynastie (1276–1370 n. Chr.) beherrschten Mongolen Korea und brachten ihre Pferde auf die Insel. Einem Bericht zufolge kamen 160 Zuchtpferde aus der Mongolei auf die Insel zur Verbesserung der bodenständigen Zucht. Seit dieser Zeit wurden Ponys von Cheju auf das koreanische Festland und nach China exportiert und mit anderen fremden Rassen, auch orientalischen, gekreuzt.

Zur Zeit der Chosun und Korya Dynastie war Cheju Hauptzuchtgebiet der Pferdezucht mit mehr als 20.000 Pferden. 1989 waren es nur noch 2.500. Die Rasse droht auszusterben. Die Regierung Südkoreas erklärte deshalb 1987 das Cheju Pony zum nationalen Kulturerbe.

Chincoteague – Assateague Pony

Kennzeichen: Kleines, leichtes, halbwild lebendes Pony. Langer Pferdekopf mit geradem Profil, mittellanger Hals, gerader Rücken, muskulöse Hinterhand mit runder Kruppe, leichtes Fundament. Alle Farben, vor allem aber Schecken. Stockmaß 122 bis 142 cm.

Verbreitung: USA, auf den Inseln Chincoteague und Assateague vor der Küste der Staaten Virginia und Maryland.

Leistung: Hartes, zähes Pony mit oft eigensinnigem, halsstarrigem Charakter. Viele sehen in ihm ein gutes „Kinderpony".

Zuchtgeschichte: Es ist die einzige bodenständige Ponyrasse, die sich unbeeinflußt entwickelt hat. Als Stammväter gelten Pferde spanischer und afrikanischer Rassen, die im 17. Jh. den Siedlern entliefen, darunter „Berber" und „Spanier", die sich von gesunkenen spanischen Schiffen an Land retteten. Auf den beiden unbewohnten Inseln mit ihren salzigen Marschwiesen degenerierten die meisten Pferde infolge der Inzucht, und nur die besten überlebten. Offiziell wurde ihre Existenz erst in den 20er Jahren dieses Jahrhunderts bekannt und wurde Anlaß, der Herde Welsh- und Shetland Pony-Blut zuzuführen. Die Verwendung von Pintos ist dagegen nicht nachweisbar, doch soll der typische „Pferdekopf" auf Pintoeinfluß zurückgehen. Seit 1966 der Vollblutaraber *Skowreym* von *Skowronek* mit durchschlagendem Erfolg verwendet wurde, verloren sie ihren ursprünglichen Ponycharakter und wurden edler und größer. Die etwa 200 Ponys leben inzwischen nur noch auf der größeren der beiden Inseln: Assateague. Diese ist seit 1933 Nationalpark und von Chincoteague nur durch einen schmalen Wasserstreifen getrennt. Im Juli jeden Jahres findet der Pony Penning Day statt, eine Jährlings-Auktion, zu der die Ponys den trennenden Wasserstreifen durchschwimmen müssen, um von Assateague nach Chincoteague zu gelangen.

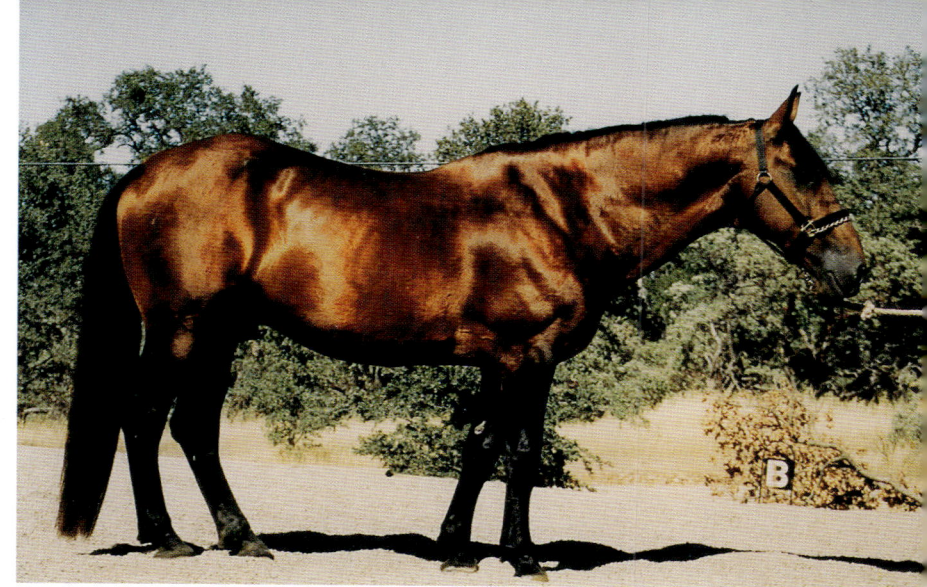

Cleveland Bay

Kennzeichen: Großrahmiger, harmonischer Warmblüter. Großer hübscher, trockener Kopf mit großen Ohren, leicht konvexem Profil und ausdrucksvollen Augen. Mittellanger, gut aufgesetzter, schön getragener Hals, gut formierte Schulter, flacher Widerrist. Kräftiger Rumpf mit viel Gurtentiefe, langer, gerader Rücken mit langer, muskulöser Kruppe und Hinterhand, hoch angesetzter Schweif. Kräftiges, trockenes Fundament mit gesunden, dunklen Hufen, schwarzes Langhaar. Typisch bei den schönen Braunen mit den dunklen Schattierungen, denen von einem kleinen Stern abgesehen keinerlei Abzeichen erlaubt sind, ist die Schwarzfärbung der Beine, die „schwarzen Strümpfe". Stockmaß um 165 cm.

Verbreitung: England, USA, Australien, Neuseeland, Südafrika.

Leistung: Intelligent, kraftvoll, ausdauernd, zuverlässig, langlebig. Ausgezeichnetes Jagd-, Reit- und Fahrpferd mit raumgreifenden Gängen, ausgezeichneter Springer.

Zuchtgeschichte: Die älteste bodenständige Pferderasse Englands, deren Zuchtgeschichte im 17. Jh. in der Grafschaft Cleveland im Nordosten Englands begann. Seine Zuchtbasis bildeten Mutterstuten des Landschlages, mit dem reisende Kaufleute und Händler unterwegs waren, das Chapman Horse sowie orientalisches und englisches Vollblut. Die Grafschaft Cleveland und die Farbe bay (braun) gaben der Rasse den Namen. Sie war als elegantes, schnelles Wagenpferd in der ganzen Welt gefragt. 1884 wurde das Stutbuch Cleveland Bay Horse Society eröffnet, dem später auch ein Register für Part-Bred Cleveland Bays folgte. Die weltweit um sich greifende Mechanisierung führte zum Rückgang der Population. Die Rasse ist jedoch wieder im Kommen, denn sie ist für das Reiten und Fahren unverzichtbar wie auch für die Hunterzucht.

Clydesdale

Kennzeichen: Ein klassischer, großrahmiger Kaltblüter. Nicht zu großer Kopf mit freundlichem Gesicht, geradem Profil und breitem Maul, großen Ohren und wachen Augen. Langer, gut gebogener und gut aufgesetzter Hals, schräge Schulter, hoher Widerrist. Starker, kurzer Rücken mit guter Rippung, stark bemuskelte Hinterhand mit langer, breiter, muskulöser Kruppe und hoch angesetztem Schweif. Kräftiges Fundament mit breiten, großen Hufen. Feiner, üppiger Bein- und Fesselbehang und das viele Weiß an Kopf und Beinen. Üppiges, feines Langhaar. Der Schweif wird nicht mehr kupiert, aber geschoren. Hell-, Dunkelbraune und Rappen sind am beliebtesten, auch Schimmelfarben erlaubt. Stockmaß um 170 cm.

Verbreitung: England, Irland, Europa, USA, Kanada, Neuseeland, Australien, Japan.

Leistung: Die Rasse vereint freundliches Temperament und einen ausgezeichneten Charakter mit Kraft, Intelligenz und Lernbereitschaft. Sie ist als nobles, schweres Zugpferd mit kraftvollem, raumgreifendem Schritt beliebt.

Zuchtgeschichte: Seine Heimat ist das Clyde-Tal in der Grafschaft Lanarkshire in Schottland. Seine Zuchtgeschichte begann, als man Mitte des 18. Jh. schottische Landstuten mit flämischen Hengsten kreuzte. Auch Shire- und Cleveland Bay-Blut wurde benutzt. Mit der Eröffnung eines Stutbuches im Jahre 1878 durch die Clydesdale Horse Society, gegründet 1877, begann die Reinzucht und, begünstigt durch die industrielle Revolution, wurde das Clydesdale zu einem begehrten Pferd für den schweren und schwersten Zug. Heute ist es Show-Horse vor dem Wagen oder dem Pflug. Seine Verwendung zur Zucht schwerer Reit- und Jagdpferde durch Einkreuzung von Vollblut bietet der Rasse und der Clydesdale Horse Society of Great Britain, Edinburgh/Scotland eine Zukunft.

Cob Normand

Kennzeichen: Mittelgroßes bis großes Kalt-
blut im Reckteckformat mit deutlichem
Warmbluteinschlag. Ausdrucksvoller, mit-
tellanger Kopf mit lebendigen Ohren und
Augen, geradem Nasenprofil. Gut gewölb-
ter Hals, hoch aufgesetzt mit niedrigem
Widerrist, markante, schräge Schulter,
kompakter Rumpf mit viel Gurtentiefe.
Kurzer Rücken, breite, lange, schräge
Kruppe mit kupiertem Schweif, üppiger
Schopf und Mähne, kaum Fesselbehang.
Kraftvolles, kurzbeiniges Fundament mit
gesunden Hufen. Stockmaß zwischen 160
und 170 cm, Gewicht zwischen 550 und
800 kg, meistens Braune, Füchse, selten
Schimmel oder Falben.
Verbreitung: Frankreich: Hauptzuchtgebiet
Departement La Manche.
Leistung: Guter, gefügiger Charakter, mit
gutem Schritt und flottem Trab. Leistungsstarkes Gespannpferd für Landwirtschaft,
Gewerbe, Freizeit und Fahrsport. Wegen
seiner guten „Fleischqualität" auch als
Schlachtpferd geschätzt.
Zuchtgeschichte: Den Nachfahren des
schweren normannischen Pferdes, eines
geschätzten Karossiers, hat es in der Normandie schon immer gegeben. Lange Zeit
trugen sie den Vermerk „Halbblut". Anfang dieses Jahrhunderts gab es zwei
Typen: 1. das leichte, hoch im Blut stehende Modell über viel Boden, mit langem Schweif, das im Selle Francais, dem
heutigen Reitpferd aufgegangen ist, 2. das
schwere Modell, der Cob Cultural, ein
Pferd für die Landwirtschaft mit kupiertem Schweif, der heutige Cob. Ursache
dafür waren die Züchter, die zwischen den
für das Militär und für die Landwirtschaft
gezüchteten Pferde unterscheiden wollten.
Erstere behielten ihren Schweif, letzteren
wurde er kupiert und sie erhielten den
Namen Cob. Es gibt kein Zuchtbuch. Ist
der Vater Cob, wird auch das Fohlen als
Cob angesehen. Die Hengste sind im
Haras National de Saint Lo aufgestellt.

Comtois

Kennzeichen: Ein mittelschwerer, prakti-
scher Kaltblüter von kompakter Eleganz.
Quadratischer Kopf mit lebhaften Augen
und kleinen, beweglichen Ohren. Gerader,
gut aufgesetzter bemuskelter Hals; betonter Widerrist, schräge Schulter, breite
Brust mit viel Gurtentiefe. Kompakter,
rundgerippter Rumpf, kurzer, kräftiger
Rücken mit kurzer geschlossener Lende;
muskulöse, abfallende Kruppe mit tief
angesetztem Schweif, der immer seltener
kupiert wird. Trockenes, kurzbeiniges,
kräftiges Fundament mit klaren Sehnen
und breiten, prägnanten Gelenken, mittelgroßen, gut geformten festen Hufen und
hellem Behang. Typisch das üppige helle
Langhaar der meist Füchse und Braunen.
Stockmaß 150 bis 160 cm, Gewicht 600
bis 800 kg.
Verbreitung: Frankreich, die Franche Comté.
Leistung: Lebhaft, arbeitsfreudig, gehorsam, genügsam, widerstandsfähig, frühreif. Der kraftvolle, wendige und trittsichere, zugwillige Comtois ist ein in
schwierigen Hanglagen der Forsten und
des Weinbaus geschätzter Arbeitskamerad.
Zuchtgeschichte: Die Freigrafschaft Burgund (Franche Comté) gab der Rasse den
Namen. Ihre Wurzeln reichen bis in die
Zeit der Völkerwanderung, die im 6. Jahrhundert n. Chr. die Burgunder und ihre
Pferde nach Westen führte. Spätere Herr-
scher und Zeiten, ob für die Ritterheere
im Mittelalter oder die Heere des 19. und
20. Jhs., verwendeten das harte, bewegliche Pferd. Mit unterschiedlichem Erfolg
wurden im 19. Jh. Percherons, Anglo-Normannen und Bretonen eingekreuzt. Erst
die Verwendung von Ardenner-Hengsten
zu Beginn dieses Jahrhunderts führte zu
der gewünschten Verstärkung und Konsolidierung der Rasse. Seit 1925 wird der
Comtois als Rasse reingezüchtet, ein Stutbuch wurde bereits 1919 angelegt. Zuchtmittelpunkt ist das Haras National de
Besancon in Besancon/Frankreich.

Connemara Pony

Kennzeichen: Elegantes, mittelgroßes Pony im Langrechteckformat mit guter Oberlinie. Ausdrucksvoller Kopf mit geradem oder leicht konvexem Profil. Genügend langer Hals, lange, schräge Schulter. Gute Sattellage, mittellange, leicht abfallende Kruppe, mittelhoch angesetzter Schweif. Kräftiges, korrektes Fundament mit kurzen Röhrbeinen, markanten Gelenken und harten, gut geformten Hufen. Schönes Langhaar. Schimmel, Falben, Braune, Rappen, Füchse und Palominos, keine Schecken. Stockmaß 135 bis 148 cm.
Verbreitung: Weltweit, mit Schwerpunkt Irland, Großbritannien, Europa.
Leistung: Guter Charakter, ruhiges Temperament, robust, leichtfuttrig, gesund. Ausgezeichnete Grundgangarten und enormes Springvermögen. Ein rittiges Geländepferd für die ganze Familie.
Zuchtgeschichte: Das Ursprungsgebiet des einzigen einheimischen irischen Pferdes ist die Landschaft Connemara in der Grafschaft Connaught. Die Nachfahren keltischer Ponys des 5. Jh. v. Chr. wurden als Paßgänger unter dem Namen „hobby" schon im 14. Jh. geschätzt. Bereits im Mittelalter wurde iberisches und orientalisches Blut zugeführt. Darunter auch das Blut des Andalusiers und Arabers, worauf noch heute die Schimmelfarbe, das Langhaar und die leichte Neigung zur Knieaktion und zum Bügeln hinweisen.

Seit den 40er Jahren dieses Jahrhunderts wurde Vollblut eingekreuzt, darunter so bedeutende Hengste wie *Winter, Little Heaven, Buckna* u. a. Daran erinnern nicht nur dunkle Fellfarben und trockene Kopfformen der Connemaras, sondern auch so berühmte Springpferde wie *Dundrum* und *Stroller*. Für kurze Zeit wurde in den 40er Jahren auch Irish Draught-Blut eingekreuzt, um das Vollblut durch Kaliber und Rumpfigkeit zu ergänzen. Das Zuchtziel wurde 1924 festgelegt. Das erste Stutbuch erschien 1926.

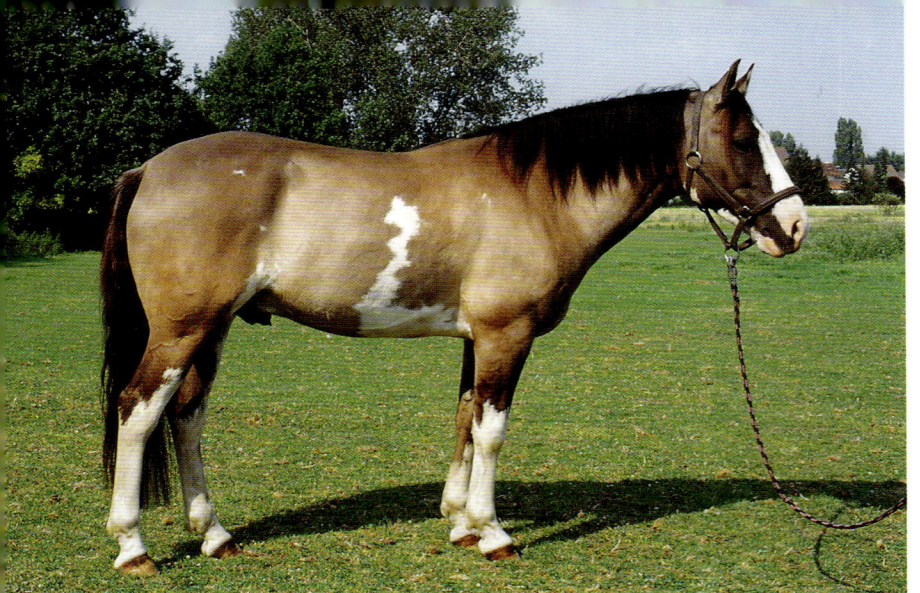

Criollo

Kennzeichen: Kurzer Kopf mit breiter Stirn, gerades oder konvexes Profil, kleine Ohren, große, ausdrucksvolle Augen. Kräftiger, mittellanger Hals, schräge Schultern. Muskulöser Körper, breite Brust, viel Rumpftiefe, kurzer Rücken, schräge Kruppe mit tiefem Schweifansatz. Stark bemuskeltes, kurzes Fundament, mittellange, starke Fessel, kleine, harte, meist schwarze Hufe, kräftiges Langhaar. Alle Farben, vorwiegend dunkle Falbfarben. Tobianos nur in Brasilien und Uruguay erlaubt. Stockmaß 138 bis 150 cm.

Verbreitung: Südamerika, Hauptzuchtgebiete Argentinien, Brasilien, Chile und Uruguay.

Leistung: Ausdauernd, genügsam, leistungsbereit, gehorsam, wendig und zäh. In allen Gangarten leichtfüßig, trittsicher und bequem zu sitzen. Ausgezeichnetes Freizeitpferd.

Zuchtgeschichte: Der Criollo (Kreole), d. h. der von Europäern Abstammende, ist ein Nachkomme der mit den spanischen Eroberern im 16. und 17. Jh. in das bis dahin pferdelose Land gekommenen Pferde. Sie stammten von der iberischen Halbinsel und führten viel Araber- und Berberblut. Entlaufene, nicht mehr benötigte Pferde verwilderten rasch, und die rauhe argentinische Pampa formte daraus den Criollo, das typische Gauchopferd. Millionen von ihnen leben in halbwilden Herden, die sich voneinander in den einzelnen Staaten nur durch ihre Namen unterscheiden. Zum gemeinsamen Ursprung kommt bei allen Rassen noch die starke Paß- und Töltveranlagung. Für die Reinzucht des Criollos hat sich vor allem Dr. Emilio Solanat verdient gemacht. Ein Stutbuch wurde 1918 eröffnet, der Zuchtverband am 16. Juni 1923 in Argentinien gegründet. Ein Zusammenschluß aller Zuchtländer im Zuchtbuch der Criollorasse erfolgte 1959, um Mischprodukte, sogenannte Mestizios bzw. Cruzados von der Zucht auszuschließen.

Dales Pony

Kennzeichen: Eine kraftvolle Erscheinung. Hübscher Ponykopf mit breiter Stirn und langem Schopf. Kräftiger, genügend langer Hals, gut bemuskelte Schulter, sehr breite Brust. Kräftiger Rücken, viel Gurtentiefe, gute Rippenwölbung. Muskulöse Hinterhand mit breiter, langer Kruppe, tief angesetzter Schweif mit langem, vollem Haar. Korrektes, starkes Fundament mit trockenen Gliedmaßen, markanten Gelenken, viel Behang, harte, wohlgeformte Hufe. Vorwiegend Rappen, seltener Braune, Schimmel, Schwarzbraune. Weiße Abzeichen am Kopf und weiße Hinterfesseln erlaubt. Stockmaß 142 bis 148 cm.

Verbreitung: Nordengland, in den Dales.

Leistung: Ehrlich, intelligent, freundlich, mutig. Energische Bewegungen mit viel Schub, trittsicher, eleganter Trab, gute Springanlagen. Ideales Pony zum Reiten und Fahren.

Zuchtgeschichte: Die Dales, die Täler an der Ostseite der Penninen in Nordengland, wo es seit Jahrhunderten lebt, gaben ihm den Namen. Von seinem an der Westseite der Penninen lebenden Cousin, dem Fell Pony, unterscheidet es sich äußerlich nur durch mehr Größe und Schwere. Viele Rassen, darunter das schottische Galloway (heute ausgestorben), das Hackney Pony, der Norfolk- und Yorkshire-Traber waren an der Rassebildung beteiligt. Jahrhundertelang wurde es als unverwüstliches Pack- und Tragpferd verwendet. Um die Zugeigenschaften für die Verwendung in der Landwirtschaft und Armee zu verbessern, wurde Anfang dieses Jahrhunderts mit Erfolg Clydesdale-Blut eingekreuzt. Auf beiden Arbeitsfeldern hat sich dies außerordentlich gut bewährt. Die nach 1945 drohende Gefahr des Aussterbens wurde durch die Dales Pony Society verhindert. Inzwischen haben sich Kreuzungen von Dales-Stuten und Vollbluthengsten als Vielseitigkeitspferde bewährt.

Dänisches Warmblut

Kennzeichen: Moderner, gefälliger Warmblüter im Rechteckformat. Mittelgroßer, edler, trockener Kopf mit geradem Profil, große, ausdrucksvolle Augen, waches Ohrenspiel. Gut aufgesetzter, schön gewölbter Hals, markanter Widerrist, muskulöse, schräge Schulter, Rumpf mit Breite, Tiefe und guter Rippenwölbung, gerader Rücken, gute Sattellage. Muskulöse, gut formierte Kruppe. Kräftige, trockene Gliedmaßen, korrekte, gesunde Hufe. Schönes Langhaar. Alle Grundfarben, vor allem Braune, Füchse, Dunkelbraune. Stockmaß um 165 cm.
Verbreitung: Dänemark. Größtes Privatgestüt „Blue Horse Dressage" in Billund.
Leistung: Guter Charakter, ausgeglichenes Temperament. Vorzügliche Grundgangarten, dressur- und springbegabt. Ausgezeichnetes Pferd für Sport und Freizeit.
Zuchtgeschichte: Zuchtbasis der jungen Rasse ist vor allem der durch andalusisches und italienisches Blut geprägte Fred-

riksborger, wie er in der zweiten Hälfte des vorigen Jahrhunderts entwickelt wurde. Da er als starker Warmblüter nach 1945 nicht mehr benötigt wurde, wohl aber ein modernes Sportpferd gebraucht wurde, begannen die dänischen Pferdezüchter bald mit dem Umzüchtungsprozeß zum modernen Sportpferd. Als Veredler wurden vor allem Holsteiner, Hannoveraner, Trakehner, Englische Vollblüter, Oldenburger und Pferde aus Schweden und Polen mit ostpreußisch-hannoverscher Grundlage verwendet. Der Dänische Warmblutzuchtverband wurde 1962 gegründet. Von den Hengsten, die das Dänische Warmblutpferd prägten, sind v. a. *Allegro* v. *Absatz-Ozean, Avanti* v. *Ascari-Duenkel* und *Raimondo* v. *Ramiro xx* zu nennen. Erfolgreich mit dänischem Brand in der Zucht und im Sport ist z. B. *Lucky Light* v. *Lagano* a. d. *Majbrit*, der 1995 das World Breeding Championat in Zangersheide gewinnen konnte und 1993 Dänemarks erfolgreichstes Turnierpferd war.

Dartmoor Pony

Kennzeichen: Gut aussehendes, kräftiges Reitpony. Kleiner, edler Kopf mit ausdrucksvollen Augen, kräftiger, gut angesetzter Hals, schräge Schulter. Kompakter Rücken mit guter Sattellage, trockenes, starkes Fundament mit gut markierten Gelenken, gesunden Hufen. Vorwiegend dunkle Farben, möglichst ohne Abzeichen. Stockmaß 116 bis 127 cm.

Verbreitung: Vor allem im Südwesten Englands, in der Landschaft Dartmoor, nahe der Stadt Exeter. Das gefällige Pony hat Freunde in aller Welt gefunden.

Leistung: Freundliches, gutartiges Temperament, ein erstes Kinderpony mit natürlichem Springvermögen. Flinke, taktreine Gänge.

Zuchtgeschichte: Bereits 1012 wurde die Existenz des Dartmoors erwähnt. Die freilebenden Ponys wurden vor allem für Farmarbeiten verwendet. Später auch als Trag- und Packpferde, um Zinn, Wolle und Granit aus dem Moor zu transportieren. Auch die Wachleute des Zuchthauses Dartmoor benutzten es für Kontrollritte und züchteten selbst. Die Zucht wurde sich selbst überlassen, die Ponys nach getaner Arbeit wieder in das Moor entlassen. 1899 wurde das Zuchtziel festgelegt und für die Dartmoors als Sektion der National Pony Society ein Register angelegt. Um die Jahrhundertwende gab es im Dartmoor drei unterschiedliche Herden. Den züchterisch bedeutendsten größten Einfluß auf die Zucht hatte der von dem Araber *Dwarka* stammende 1918 geborene Hengst *The Leat*. Heute werden die wenigsten Dartmoors im Moor gezüchtet. Inzwischen haben sich zwei Typen entwickelt: Der stämmige Moorland Typ und der leichtere, schlankere Typ. Beide sind für ihr ruhiges und ausgeglichenes Temperament und die gute Knochenstärke bekannt. 1957 wurde das Stutbuch, obwohl es auch Zuchtversuche für ein Partbred-Dartmoor gibt, durch die Dartmoor Society (DPS) geschlossen.

Deliboz

Kennzeichen: Reitpferd orientalischen Typs
mit guter Oberlinie. Kurzer, trockener
Kopf mit breiter Stirn und schmaler Nase.
Gut angesetzter, mittellanger Hals, tiefer
Rumpf mit etwa 172 cm Brustumfang, guter Rippenwölbung, geradem Rücken und
schräger Kruppe. Stabiles, gut geformtes,
trockenes Fundament, mit ca. 19,4 cm
Röhrbeinumfang. Schönes Langhaar, alle
Grundfarben, häufig Schimmel. Stockmaß
um 152 cm. Das besondere Merkmal ist
die Zunge mit einer Längsfalte, die aus-
sieht, wie wenn sie gespalten wäre.
Verbreitung: In Aserbeidschan und in den
angrenzenden Regionen.
Leistung: Gutes Gebrauchspferd, guter
Schritt, ausdauernder Trab mit Tagesleis-
tungen unter dem Reiter von 70 km. Als
Packpferd im Gebirge mit 115–130 kg
Gepäck 45–55 km am Tag. Der Rekord
liegt bei 1 Min. 56 Sek. für die Meile
(1600 m) und 2 Min. 55 Sek. für 2400 m.

Zuchtgeschichte: Die Rasse hat sich im
Verlauf der Jahrhunderte im Kaukasus
und in Transkaukasien entwickelt und war
lange Zeit unter dem Namen Aserbeid-
schanisches Pferd bekannt. Erst in den
ersten 3 bis 4 Jahrzehnten dieses Jahrhunderts wurde damit begonnen, die unterschiedlichen Typen des Aserbeidschaners
zu selektieren. Speziell der Deliboz wurde
herausgestellt, der durch arabische und
karabakhische Hengste geprägt worden
war. 1943 wurde ein staatlicher Zuchtverband gegründet, um die Pferderassen der
Republik zu verbessern. Nachdem aber ab
1950 nur noch der Karabakher gezüchtet
und neben Arabern und Terskern auch
Deliboz-Hengste zur Zucht verwendet
wurden, stagnierte die Zucht, und die
Zahl der rassetypischen Deliboz-Pferde
ging zurück. Seit einiger Zeit wird im
Gestüt Dashyus/Aserbeidschan mit einem
Stamm von 140 typtreuen Deliboz-Stuten
und Hengsten die Rückzüchtung mit dem
Ziel der Reinzucht durchgeführt.

Deutsches Reitpferd

Kennzeichen: Großliniges, edles, harmonisches Warmblutpferd. Ausdrucksvoller, trockener Kopf, großes Auge, wohlgeformter, mittellanger Hals mit guter Ganaschenfreiheit. Große, schräg gelagerte Schulter, markanter Widerrist, kräftiger, mittellanger Rücken, ausreichende Gurtentiefe, lange, kräftige bemuskelte Kruppe. Trockenes Fundament, kräftige Gelenke, gesunde, wohlgeformte Hufe, volles Langhaar. Vorwiegend Braune, Füchse, Rappen, Schimmel. Stockmaß 160 bis 170 cm.
Verbreitung: Hauptzuchtgebiet Deutschland. Beliebtes Sportpferd in Europa, Nord- und Südamerika.
Leistung: Schwungvolle, raumgreifende, elastische Bewegungen in allen Gangarten. Guter Charakter, handliches Temperament. Für den Hochleistungssport wie den Freizeitsport hoch veranlagt.
Zuchtgeschichte: Das Deutsche Reitpferd ist das Ergebnis der durch den letzten Krieg ausgelösten Veränderungen in den deutschen Pferdezuchtgebieten, in deren Folge sich die bis dahin gegeneinander abgegrenzten Zuchtgebiete öffneten. Nur der Sport benötigte noch Pferde. So stellte sich den Züchtern die Notwendigkeit, ein Leistungspferd für den Sport in einem möglichst einheitlichen Typ zu züchten. Als modernes Sportpferd ist das Deutsche Reitpferd die Verbindung bewährter bodenständiger Stämme mit veredelndem Fremdblut, d. h. Araber, Vollblut, Trakehner, und das Produkt einer systematischen Selektion innerhalb der eigenen Zucht. Dieser Entwicklung entsprach die Deutsche Reiterliche Vereinigung mit der offiziellen Einführung „Deutsches Reitpferd" am 1. 1. 73 und der Formulierung eines gemeinsamen Rahmenzuchtziels im April 1975. Doch bleibt es allen Zuchtverbänden freigestellt, innerhalb des Rahmenzuchtziels ein eigenes Zuchtprogramm und Zuchtziel festzulegen und die Brandzeichen beizubehalten.

Deutsches Reitpony

Kennzeichen: Edles, großliniges Pony mit Reitpoints. Trockener kleiner Kopf mit genügend Ganaschenfreiheit, großes lebhaftes Auge, kleine Ohren, große, weite Nüstern. Mittellanger, wohlgeformter Hals, lange, schräge Schulter, markanter Widerrist. Kräftiger Rumpf mit viel Brusttiefe, mittellangem Rücken, leicht abfallender Kruppe und gut angesetztem Schweif. Korrektes, trockenes Fundament mit kräftigen Gelenken. Alle Farben und Abzeichen werden anerkannt, ausgenommen Glasaugen. Stockmaß 138 bis 148 cm.

Verbreitung: Deutschland, mit dem Hauptzuchtgebiet Westfalen.

Leistung: Ausdauernd, einsatzwillig, gesund, langlebig und mutig. Raumgreifende Bewegungen in allen Grundgangarten, Springvermögen. Ein Pony für den Turniersport und anspruchsvolles Reiten von Kindern und Jugendlichen, macht auch im Geschirr eine elegante Figur.

Zuchtgeschichte: Der zunehmende Bedarf an größeren Ponys mit besserer Reiteignung führte Anfang der 60er Jahre zur Zucht eines „kleinen Reitpferdes" mit harmonischem Gebäude, guter Oberlinie und allen Points, die für ein Reitpferd erwünscht sind. Mit besonderem Anspruch an eine gute Sattellage, eine lange, gut formierte Kruppe, ein trockenes, korrektes Fundament und Rittigkeit, um schon dem jungen Reiter ein gutes Reitgefühl zu vermitteln. Vorbild war das Riding Pony in Großbritannien. Als Zuchtgrundlage dienten die in Deutschland heimischen und heimisch gewordenen Ponyrassen. Als Veredler wurden vor allem Araber, Anglo-Araber, Vollblüter und Riding Ponys verwendet. Das Zuchtgebiet Westfalen setzte durch den 1956 in England geborenen Hengst *Nazim* v. *Salih* a. d. *Tyland Lass* v. *The Pelican*, der 1963 in Münster gekört wurde, bedeutende züchterische Akzente. Die Zuchtverbände führen die Zuchtregister.

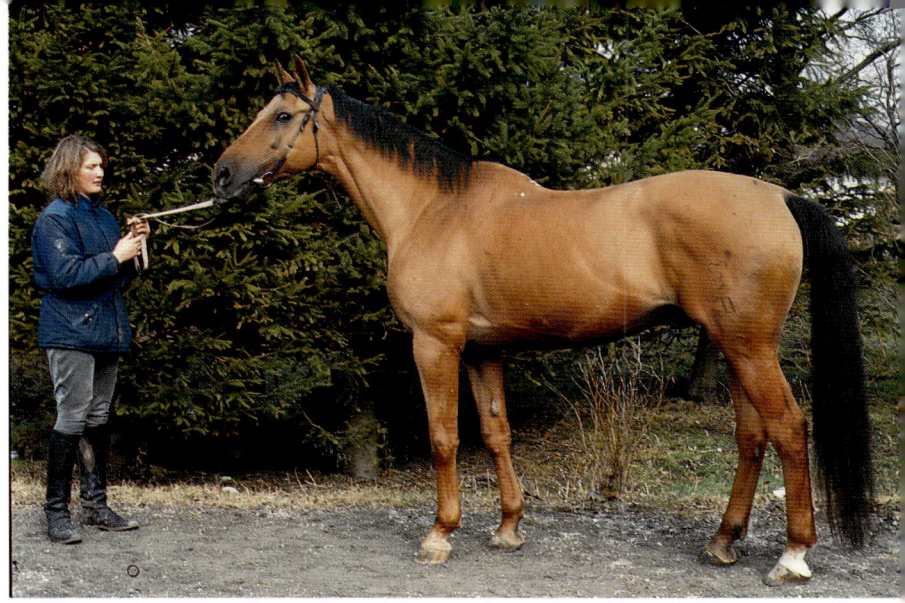

Donpferd

Kennzeichen: Eleganter, schlanker Warmblüter. Trockener, mittellanger Kopf mit breiter Stirn und geradem Profil, lebhaften Ohren, wachem, weit gesetztem Auge, große Nüstern. Mittellanger, gerader Hals, markanter Widerrist, gute Schulter, kräftiger, tiefer, gut geripptem Rumpf, muskulöse, mäßig abfallende Kruppe. Stabiles Fundament mit langen, trockenen, kräftigen Gliedmaßen mit festen Hufen. Überwiegend Goldfüchse. Stockmaß um 160 cm.
Verbreitung: GUS, mit Gestüten in den Bezirken Rostow, Simowniki, Wolgograd, Stawropol, Issyk-Kulsk (Kirgisen) u. a.
Leistung: Fruchtbar, langlebig, gesund, anspruchslos, ausdauernd, ruhiges Temperament, guter Charakter. Ausgezeichnetes Reit-, Fahr- und Distanzpferd.
Zuchtgeschichte: Das Donpferd gilt als eine der „Zugreitpferderassen" und ist aus dem ursprünglichen Kosakenpferd des 18. und 19. Jh. hervorgegangen, dessen Heimat die fruchtbare Steppe beiderseits des Don war. Es wurde zu allen landwirtschaftlichen Arbeiten verwendet, war über ganz Rußland verbreitet und als leistungsfähiges Kavalleriepferd der Stolz der russischen Pferdezucht. Zu seiner Rassebildung haben vor allem Orientalen, Orlow-Rostoptschiner, Streletzen und Vollblüter beigetragen. Auch der Karabakher, von dem es auch den goldenen Glanz des Fells geerbt hat. Die Erneuerung der Rasse, die Krieg und Revolution dezimiert hatte, wurde durch Marschall Budjonny veranlaßt, der 1921 im Kaukasus Gestüte mit besten Donpferden einrichten ließ, um die bewährte Rasse für die Zwecke der Armee zu erhalten. Weil in dieser Zuchtperiode verstärkt Englische Vollblüter verwendet wurden, nannte man das Produkt auch Anglo-Donpferd. Besondere Bedeutung hat die Rasse als Veredler regionaler Rassen. Die Population in der GUS beträgt ca. 400.000 Pferde, etwa 16,5% der Zuchtpferderassen. Zuchtbücher werden geführt.

Dülmener

Kennzeichen: Das falbfarbene kalibrige
Pony ist ein Wildbahnpferd mit den
Merkmalen eines Wildpferdes, mausgrau
mit Aalstrich, Schulterkreuz, Wildstreifen
an den Vorderbeinen oder dunkelbraun
mit hellem „Mehlmaul" und hellem
Bauch. Ausdrucksvoll der mittelgroße
Kopf, der mittellange Hals leicht gewölbt,
gut bemuskelter Rücken, viel Gurtentiefe.
Trockenes Fundament mit stabilen Röhren
und harten Hufen. 125 bis 135 cm Stockmaß.
Verbreitung: Deutschland, freilebend im
Merfelder Bruch bei Dülmen in Westfalen.
Leistung: Früher beliebtes Zugpferd in
landwirtschaftlichen Kleinbetrieben. Heute
als gutmütiges, lernfreudiges, robustes,
langlebiges und ehrliches Familienpferd
zum Reiten und Fahren, Wander- und
Distanzreiten geschätzt.
Zuchtgeschichte: Seit gut 600 Jahren lebt
es in der freien Wildbahn. Bereits 1316

werden Dülmener urkundlich erwähnt. Das
durch die mit der Markenteilung drohende
Ende der Dülmener im 19. Jh. verhinderten
die Herzöge von Croy, die ihnen um 1850
ein „Wildbahngehege" einrichteten und so
das Überleben der Dülmener sicherten. Der
freilebenden bodenständigen Herde wurde
wiederholt Fremdblut zugeführt, um ihr
mehr Größe zu geben. Seit 1956 werden
überwiegend Konikhengste aus dem Tar-
pan-Rückzüchtungsprogramm in Popielno/
Polen zur Blutauffrischung verwendet. In
den vergangenen Jahren haben sich zwei
Haupttypen herausgebildet, der mausgraue
Tarpan-Typ und der gelbbraune Przewals-
ki-Typ. Daneben gibt es in geringer Zahl
auch noch dunkelfalbene und schwarz-
braunfalbene Dülmener, die charakteristische Wildzeichnung aufweisen. Es ist das
Verdienst der IG Dülmener Wildpferd
Deutschland e. V., daß die vom Aussterben
bedrohten Dülmener als Kulturgut anerkannt und Maßnahmen getroffen werden,
den Bestand zu erhalten.

Einsiedler

Kennzeichen: Das kräftige Vielzweckpferd in harmonischem Rahmen hat einen ausdrucksvollen Kopf, gut aufgesetzten Hals und eine starke Schulter, die über den gut ausgebildeten Widerrist den kräftigen Rücken mit der muskulösen Hinterhand verbindet. Korrektes Fundament mit gut markierten Sehnen und Gelenken sowie gesunden harten Hufen. Alle Farben, vor allem Braune. Stockmaß 155 bis 165 cm.

Verbreitung: Schweiz, Klostergestüt Einsiedeln.

Leistung: Gute Grundgangarten mit viel Schwung, bei lebhaftem und doch frommem Temperament. Das vielseitige Sportpferd verfügt auch über gute Anlagen für das Springen und ist ein sehr geschätztes Fahrpferd.

Zuchtgeschichte: Das Gestüt des Klosters Einsiedeln, von dem der Einsiedler seinen Namen hat, betreibt die Pferdezucht seit über 1.000 Jahren. Die älteste urkundliche Erwähnung wird aus dem Jahr 1064 nachgewiesen. Die Blütezeit des Gestütes dauerte von 1500–1800. Einsiedler wurden über die Schweiz hinaus sehr geschätzt. In Italien waren sie als „Cavallo della Madonna" berühmt und begehrt. 1798 raubten die französischen Revolutionsheere den Bestand „bis auf den letzten Fohlenschwanz". Der Wiederaufbau der Zucht mit den noch im Lande vorhandenen Stuten und Hengsten vom alten Schlag war mühevoll. Doch bereits 1811 standen wieder 53 Pferde in den Klosterstallungen. 1840 wurde ein neues Zuchtbuch angelegt. Von großer Bedeutung für die Zucht wurden der 1866 aufgestellte englische Halbblüter *Bracken* und 1882 und 1885 die Anglo-Normänner *Corail* und *Egalite*, mit denen große züchterische Erfolge errungen wurden. Das starke Interesse der Schweizer an einheimischen Sportpferden führte um 1960 zur vermehrten Verwendung von Hengsten aus der Pferdezucht Frankreichs, Deutschlands und Schweden.

Englisches Vollblut

Kennzeichen: Adel, Härte, Energie und harmonische Proportionen sind für den mittelgroßen Vollblüter vor allem typisch. Nicht zu vergessen die inneren Eigenschaften, das Interieur. Darum gilt nach dem ersten gewonnenen Gesamteindruck der nächste Blick dem edlen ausdrucksvollen Kopf mit großen Augen und Nüstern, der sehr viel über den Leistungswillen eines Pferdes aussagen kann, – ob es vorne gehen und siegen will oder nur im Rudel mitzulaufen gedenkt. Erwünscht ist ein gut angesetzter, gut geformter Hals, oft mit „Axthieb", ein prägnanter Widerrist, eine schräge, lange Schulter, ein mittellanger, elastischer Rücken mit kräftiger Nierenpartie, langer muskulöser, schräger Kruppe, über viel Boden stehend und trockenen Gliedmaßen mit ausgeprägten Gelenken sowie nicht zu großen, korrekten, harten Hufen. Auffallend die trockene Textur, das feine seidige Haar und Langhaar. Stockmaß 160 bis 170 cm. Alle Farben, vorwiegend Braune, Dunkelbraune. Flache, raumgreifende, elastische Bewegungen in allen Gangarten.

Die äußeren Merkmale dürfen aber nicht überschätzt werden. Denn im General Stud Book im 19. Band von 1901 wird durch die Brüder Weatherby der Begriff „Vollblut", d. h. thoroughbred = durchgezüchtet, nicht vom Exterieur bestimmt. Es heißt dort: *„Jedes Pferd, das in das General Stud Book eingetragen werden soll, muß 8 oder 9 Generationen reinen Blutes über einen Zeitraum von mindestens 100 Jahren nachweisen, und außerdem müssen sich in seiner nahen Verwandtschaft ausreichende Leistungen auf der Rennbahn feststellen lassen, durch die das Vertrauen in die Reinblütigkeit des Pferdes bestätigt wird".* Die äußeren Formen können nach von Oettingen nur Hilfe und Anhalt zur Beurteilung des Inhalts, d. h. der inneren Organe geben. Denn *„das Vollblutpferd galoppiert mit seiner Lunge, hält durch mit seinem Herzen und gewinnt mit seinem Charakter"* (Federico Tesio).

Verbreitung: Vor allem Großbritannien, dem Mutterland der Vollblutzucht, Frankreich, Italien, USA, Japan und weltweit.

Leistung: Durch die seit 200 Jahren durchgeführte konsequente Selektion sind Vollblüter die reinste auf Leistung gezüchtete Pferderasse. Es werden innerhalb der Vollblutzucht nur Pferde zur Zucht verwendet, deren Härte, Adel, Ausdauer, Schnelligkeit, Energie, Nerv, Charakter und robuste Gesundheit nachgewiesen werden können. Deshalb werden in den Landespferdezuchten der ganzen Welt zur Blutauffrischung der bodenständigen Zucht Vollbluthengste verwendet. Der Vollblüter besticht aber nicht nur durch seine Rennleistungen, sondern auch durch Erfolge in allen reitsportlichen Disziplinen.

Zuchtgeschichte: Bereits im 12. Jh. gab es in England orientalische Stuten und Rennen wurden veranstaltet. Die erste überlieferte zuverlässige Beschreibung eines Rennens – es fand zwischen dem Prinzen von Wales und dem Earl of Arundel in Newmarket statt – stammt aus dem Jahr 1377. Und bereits Anfang des 17. Jh. wurden regelmäßig Rennen veranstaltet. Denn James I. (1603–1625) liebte Pferde und Rennen und war bemüht, die Pferdezucht durch Zufuhr orientalischen Blutes, dessen Wert er kannte, zu verbessern, weshalb er 1616 von dem Händler Markham einen Araber-Hengst, den späteren *Markham Arabian,* kaufte. Es gilt aber als erwiesen, daß Kreuzfahrer früher schon orientalische Pferde nach Europa und damit auch nach England gebracht hatten.

Lomitas xx

Unter seinem Nachfolger Charles I. (1625–1649) fanden bereits ab 1627 in Newmarket regelmäßig Rennen statt. Aber erst unter Charles II. (1660–1685) kam die durch ihre Zuchterfolge berühmte Stutenherde der Royal Barb Mares auf die grünen Weiden Englands. Und 59 von ihnen wurden die Stammütter der 59 Familien, denen alle heute lebenden Vollblüter angehören. Diese Familien verdanken aber ihre Bedeutung und Berühmtheit drei Hengsten. Alle drei Hengste gelangten mehr oder weniger zufällig nach England und zu ihrer Geschichte machenden Bedeutung als Gründer- und Stempelhengste des Englischen Vollbluts.

Byerley Turk, der Begründer der *Herod*-Linie, wurde 1683 von einem Holländer während der Belagerung Wiens erbeutet und kam 1689 mit Captain Byerley, der den Hengst gekauft hatte, nach England.

Darley Arabian, ein rotbrauner Hengst aus der arabischen Familie der *Managhi* wurde von dem Kaufmann Mr. Darlays of Buthercramb aus der Grafschaft Yorkshire auf einer Levantefahrt erworben und 1705 nach England gebracht. Er wird von diesen Dreien als Urgroßvater des berühmtesten Pferdes aller Zeiten, des Wunderpferdes *Eclipse*, der nie ein Rennen verlor, zum Begründer der *Eclipse*-Linie.

Godolphin, nach Newcastle ein Berber (ursprünglich *Sham*), soll 1730 als Geschenk des Beys von Tunis an König Ludwig XV. mit anderen Pferden nach Frankreich gekommen sein. Der Wert des von der langen Reise erschöpften Pferdes wurde trotz des mitgegebenen Stammbaums, den das Pferd in einem prächtig gestickten Beutel um den Hals trug, nicht erkannt. Der Hengst wurde an einen Fuhrmann in Paris verkauft. Der sich seiner Reiter regelmäßig entledigende *Sham* wurde dann durch Hunger und Prügel wenigstens zum Zug tauglich gemacht. Als er eines Tages vor dem Karren stürzte, erwirkte er das Mitleid eines englischen Quäkers. Dieser, ein Mr. Cooke, nahm ihn mit nach England. Nach dessen Tod gelangte er in den Besitz des Earl of Godolphin, der den Wert des leidgeprüften Hengstes auch nicht erkannte und ihn als Probierhengst für den Beschäler *Hobglobin* verwendete. Als dieser eines Tages der Stute *Roxana* seine Dienste verweigerte, mußte *Sham* für diesen einspringen. Die programmwidrige Paarung brachte *Lath*, eines der berühmtesten Rennpferde dieser Zeit hervor und machte *Sham* zu *Godolphin Barb* und zu einem der gesuchtesten und erfolgreichsten Beschäler. Er wurde zum Begründer der *Matchem*-Linie und starb 1753 mit 29 Jahren. Auf diese drei orientalischen Hengste lassen sich alle männlichen Linien sämtlicher Vollblutpferde zurückführen. Und die Pedigrees aller Vollblüter lassen sich mütterlicher- und väterlicherseits auf Pferde zurückführen, die im General Stud Book eingetragen sind.

Der Siegeslauf des Vollblüters von England über Europa in alle Erdteile war ohne Gleichen. In Deutschland faßten Vollblutzucht und Rennen Anfang des 19. Jh. Fuß, als die Herren von Plessen, von Biel, von Hahn und andere Vollbluthengste nach Mecklenburg einführten und 1822 der Doberaner Rennverein gegründet wurde. Es folgten der Rennplatz Berlin (1829) und andere. Das erste „Allgemeine Deutsche Gestütsbuch" wurde 1842 angelegt.

Die Blütezeit des Rennsports begann mit der Gründung des Union-Klubs 1867. Das 19. Jh. war die Gründerzeit weiterer namhafter Vollblutgestüte außerhalb Mecklenburgs wie Bad Harzburg 1831, Graditz 1866, Schlenderhan 1865, Waldfried 1896, Groß Strehlitz 1825 und Siemianowitz 1832. In den folgenden Jahrzehnten wurden allerorten Rennbahnen angelegt und Flach- und Hindernisrennen veranstaltet. Letztere waren vor allem eine Domäne des „Herrensports" und Publikumsmagneten, die Reiter bekannt und beliebt. Unterbrochen durch den 1. Weltkrieg ging mit dem Ende des 2. Weltkrieges die Blütezeit der Vollblutzucht- und -rennen in Deutschland zu Ende.

Strahlender Stern am Turfhimmel war im 18. Jh. der in allen seinen Rennen siegreiche 1764 geborene *Eclipse*, dessen Blut 80% aller Vollblüter führen. Er mußte in den von ihm gewonnenen Kings Plates die schwere Last von 12 stones (76,25 kg) tragen. Sein Herz soll 14 englische Pfund gewogen haben und er soll ein Roarer gewesen sein. In allen seinen Rennen ging er mit tiefer Nase seinen Strich und liebte es nicht, vom Reiter gestört zu werden. Dann ging er durch, aber ohne die Bahn zu verlassen. Großen Ruhm errang *Eclipse* auch in der Vollblutzucht. Er machte etwa 400 Fohlen, darunter drei Derbysieger, insgesamt 1.344 Sieger. Bis heute gehen 85% aller Sieger in männlicher Linie auf *Eclipse* zurück. *Eclipse* verbrachte seine letzten Tage auf dem Gut Canons in der Grafschaft Middleessex und starb dort, fast 25jährig, am 26. Februar 1789.

Große Bedeutung gewannen im 19. Jh. die 1874 in Ungarn geborene Wunderstute *Kinscem*, die in allen ihren Rennen unbesiegt geblieben war, und für das 20. Jh. der unbesiegte italienische Hengst *Ribot* (geb. 1952). In Deutschlands Gestüten waren es Pferde wie *Dark Ronald* (1905), *Herold* (1917), *Alchimist* (1930), *Oleander* (1924), *Nereide* (1933), *Schwarzgold* (1937), *Ticino* (1939), *Athenagoras* (1970), *Star Appeal* (1970) und *Mondrian* (1986). Von den großen klassischen Prüfungen der deutschen Vollblutzucht sind die fünf bedeutendsten zu nennen:

• ARAG-Preis, seit 1919, früher Schwarzgold-Rennen, für 3 j. Stuten, Düsseldorf, Anfang Mai, 1600 m

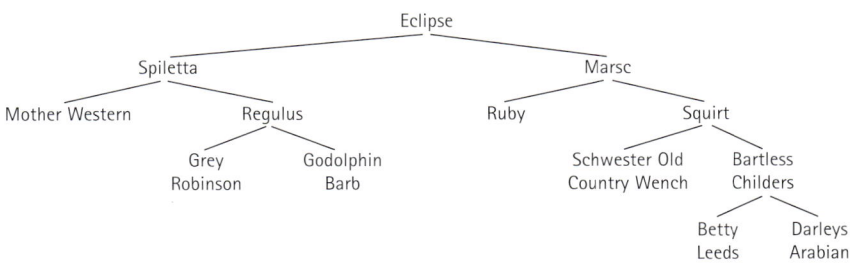

- Seit 1857 Preis der Diana, für 3 j. Stuten, Mülheim/Ruhr, Anfang Juni, 2200 m
- Mehl-Mülhens-Rennen, seit 1871, früher Henckel-Rennen, für 3 j. Hengste und Stuten, Gelsenkirchen-Horst, Mitte Mai, 1600 m
- Seit 1881 Deutsches St. Leger, für 3 j. Hengste und Stuten, Dortmund, Ende September, 2800 m
- Seit 1869 Deutsches Derby, für 3 j. Hengste und Stuten, Hamburg, Anfang Juli, 2400 m

Das Vollblutpferd ist für die gesamte Pferdezucht unverzichtbar, wie ein Blick in die Zuchtregister aller deutschen Pferdezuchten beweist. *„Ohne Rennen kein Vollblut, ohne Vollblut kein Warmblut, ohne Warmblut keine praktischen Pferde zum täglichen Gebrauc"* (Wrangel). Das Direktorium für Vollblutzucht und -Rennen e. V. Köln hat es sich zur Aufgabe gemacht, Vollblutzucht und -rennen auch für die kommenden Generationen zu erhalten.

Pedigree von Eclipse (nach Schwarzeckers Pferdezucht, Berlin).

Estnisches Pferd (Estnischer Klepper, Estnisches Kleinpferd)

Kennzeichen: Gut geformter Kopf mit ausdrucksvollen Augen, häufig Hechtkopf. Kurzer bis mittellanger, starker, mittelhoch angesetzter Hals, gute Schulter, mittellanger Rumpf mit viel Gurtentiefe (165 bis 180 cm) und guter Kruppe. Kräftiges Fundament mit kurzen Röhren (17 bis 19 cm) und meist stark ausgeprägten Gelenken und harten Hufen. Feines Fell, schönes Langhaar. Häufig Braune mit Aalstrich, Falben, Isabellen und Füchse mit hellem Langhaar. Stockmaß 138 bis 150 cm.
Verbreitung: Republik Estland, vor allem auf den dem Festland vorgelagerten Inseln Ösel, Dagö und Mohn (heute Huima, Muhu und Saarema) und im Osten Estlands am Peipussee.
Leistung: Guter Charakter, ruhiges Temperament, anspruchslos, guter Futterverwerter, gesund, hart, langlebig. Gute Bewegungen, geräumiger Schritt, ausdauernder Trab und fleißiger Galopp machen es zu einem ausgezeichneten Reit- und Fahrpony.
Zuchtgeschichte: Aus dem Urpferd des Ostens entwickelte es sich zum estnischen Landpferd schlechthin. Zu seiner Rassebildung haben von domestizierten Wildpferden abstammende einheimische Landstuten und orientalische Hengste beigetragen, die im Mittelalter mit dem Deutschen Ritterorden in das Land gekommen waren. Die im 19. Jh. als Beschäler verwendeten Finnischen Klepper trugen dazu bei, daß sich neben dem kleinen, leichten, schnellen Schlag, dem sogenannten Inselpferd, ein größerer und gröberer Schlag entwickelte. Zuchtmittelpunkt war das Gestüt in Torgel. Anfang des 20. Jh. förderte die Vereinigung der Züchter des estnischen Pferdes in Hapsal die Zucht, führte die Zuchtbücher und stellte die Hengste auf. Die wertvollen Eigenschaften des „Inselpferdes" konnten erhalten bleiben und sind ein wertvoller Blutquell für das Torische Pferd.

Exmoor Pony

Kennzeichen: Typisch das kleiefarbene „Mehlmaul", die hell umrandeten Augen (Krötenaugen), die „mehligen" Innenseiten der Schenkel und des Bauches. Typisch auch das Fell, das im Winter rauh und elastisch ist und im Sommer dicht, hart und wie Messing glänzend. Alle Braun- und Falbschattierungen, weiße Abzeichen sind nicht erlaubt. Gut geformter Kopf mit breiter Stirn, dicken, kurzen, gespitzten Ohren und großen Nüstern. Kurzer, kräftiger Hals, die Brust breit und tief. Gute Schulter, mittellanger, breiter Rücken, kräftige, abfallende Kruppe, tief angesetzter Schweif. Trockenes Fundament mit gut geformten, kräftigen Gelenken und harten Hufen. Volles Langhaar. Das Stockmaß darf 130 cm nicht überschreiten. Das Pony ist robust und ausdauernd, hat einen guten Charakter und gute Bewegungen.
Verbreitung: Im Südwesten Englands, im hochgelegenen Exmoor, nahe Sommerset und Devon im halbwilden Herdenverband lebend.

Leistung: Seine harmonischen Proportionen und Bewegungen machen es zu einem ausgezeichneten Reit- und Fahrpony für Kinder und Erwachsene, mit guter Veranlagung zum Springen.

Zuchtgeschichte: Die Rasse war ursprünglich ein reines Wildpony. Schon im 12. Jh. wurde es als beliebtes Arbeitspferd gehandelt. Die harten Lebensbedingungen des öden Hochmoores prägten die Rasse. Versuche, dem Pony durch Einkreuzung anderer Rassen mehr Größe zu geben, wurden zum Glück aufgegeben. Es wird nicht nur als Arbeits-, Reit- und Fahrpferd, sondern auch als Jagdpferd, das seinen Reiter mit Ausdauer über alles und überallhin trägt, sehr geschätzt und wird deshalb gerne mit Vollblut gekreuzt. Jeden Herbst werden die Ponys registriert und gebrannt: ein Stern und die Herdennummer auf der linken Schulter und die Individualnummer auf der linken Hinterhand.

Falabella
(Argentinisches Zwergpony)

Kennzeichen: Mit einem durchschnittlichen Stockmaß von 65 cm (die kleinsten haben ein Stockmaß von 38 cm), gelten die Falabellas als die kleinste Pferderasse der Welt. Maximal sind 75 cm Stockmaß erlaubt. Sie haben alle charakteristischen Merkmale eines Ponys, auch die Proportionen des Körpers zueinander stimmen, wenn auch einzelne Körperteile nicht immer korrekt sind. Allerdings sollen sie nach J. Kidd zwei Rippen und zwei Rückenwirbel weniger als andere Pferde haben. Auch die Trächtigkeit soll statt elf 12 bis 13 Monate dauern. Alle Farben.
Verbreitung: Hauptzuchtgebiet ist Argentinien. Beliebt in den USA und Kanada; in Europa noch wenig verbreitet.
Leistung: Die Zwergpferde haben ein ruhiges Temperament, einen freundlichen Charakter und sind langlebig. Sie sind gelehrig, können auch kleine Sprünge

bewältigen und lassen sich auch einspannen. Das macht sie zu Spielgefährten und „Schmusetieren" für Kinder.
Zuchtgeschichte: Die Zuchtgeschichte ist nicht eindeutig. Nach der einen Quelle sollen durch ein Naturereignis versprengte und in völliger Isolation lebende Shetland Ponys die Zuchtgrundlage gebildet haben. Der Haziendoro Julio Falabella auf der Recro de Roca Hazienda fand die durch natürliche Selektion – Isolierung und Futtermangel – zurückgebliebenen Tiere und begann 1869 nahe Buenos Aires mit der Zucht der kleinen Pferde auf der Grundlage konsequenter Inzucht. Auch „degenerierte" Vollblüter sollen zur Zucht verwendet worden sein. Nach einer anderen Quelle soll der aus England stammende Enrique Falabella um 1880 begonnen haben, kleine Pferde zu züchten, indem er immer nur die kleinsten Tiere kreuzte. Inzwischen ist die Zucht konsolidiert. Nach J. Kidd ist der kleine Wuchs inzwischen genetisch fixiert.

Fell Pony

Kennzeichen: Durch das lange, volle Langhaar und den seidigen Kötenbehang könnte man es auf den ersten Blick für einen zu klein geratenen Friesen halten. Das kompakte, rundrippige Bergpony zeichnet sich durch viel Gurtentiefe, eine gute, schräge Schulter, einen kräftigen Rücken und eine muskulöse Hinterhand aus. Sehr kräftiges Fundament mit runden, harten und charakteristisch „blauen" Hufen. Ausdrucksvoller Kopf mit kleinen Ohren, breiter Stirn, intelligentem Auge und großen weiten Nüstern, wohlgeformter, mittellanger Hals. Vorwiegend Rappen, Schwarzbraune, Braune, selten Schimmel. Keine Abzeichen, ausgenommen Stern und Kronenfleck. Stockmaß max. 142 cm.

Verbreitung: Im Nordwesten Englands, den Bergen von Cumberland und Westmorland.

Leistung: Energischer, raumgreifender Schritt, gleichmäßiger ausbalancierter Trab. Als vielseitiges Reit- und Fahrpony ein ausgesprochenes Familienpferd.

Zuchtgeschichte: Es ist Nachfahre keltischer Ponys und der von den Römern um 100 n. Chr. ins Land geholten Friesen sowie des ausgestorbenen, harten und trittsicheren Galloway Ponys. Die abgelegene und harte Fells Cumbrias begünstigte die Konsolidierung der in halbwilden Herden lebenden Rasse, deren Langhaar und Behang sie auch noch heute vor kalter Witterung schützt. Über die Jahrhunderte nur von den Farmern und Schafhirten geschätzt, erlangte es Anfang des 19. Jh. mit der einsetzenden Industrialisierung als Pack- und Grubenpony große Bedeutung. Auch die Eignung als ausdauernder Traber zum Fahren wurde erkannt. Es wurde als Postpferd eingespannt und auch für Trabrennen verwendet. Dampfkraft, Elektrizität und der Benzinmotor verdrängten es aus seinen Arbeitsfeldern und ließen es beinahe aussterben. 1918 führte Züchterinitiative zur Gründung der Fell Pony Soc.

Finnisches Pferd (Suomenhevos)

Kennzeichen: Leichter, gefälliger Kaltblüter im Typ des Warmblüters. Typisch ist die oft relativ große Rumpflänge des muskulösen und harmonisch proportionierten Pferdes. Großer Kopf mit breiter Stirn, kleine Ohren, freundliche Augen, gerades Profil. Typisch die „Auftreibung" der beiden Stirnbeine an der Mittellinie. Kurzer, kräftiger Hals, mäßig steile Schulter, kräftiger, langer Rumpf mit viel Gurtentiefe. Ausgezeichnetes Fundament mit trockenen Gliedmaßen und guten Hufen. Meist Hell- und Dunkelfüchse mit hellem Langhaar und wenig Behang, oft Abzeichen an Kopf und Gliedmaßen. Stockmaß um 148 bis 162 cm.
Verbreitung: Finnland.
Leistung: Leistungsfähig, langlebig, zugsicher, schnell, guter Schritt und ausgezeichneter Trab.
Zuchtgeschichte: Zweifellos von nordeuropäischen und mongolischen Rassen abstammend. Unverkennbarer Tarpan- und Equus przewalskii-Einfluß. Seit Jahrhunderten mit anderen Rassen gemischt. Im 19. Jh. wurden Orlow Traber- und Norfolk-Hengste und sogar einige belgische zur Veredlung eingesetzt. Durch seine auf Warm- und Kaltblut hinweisenden Merkmale wurde es das „Finnische Universalpferd".

Inzwischen wird es in vier Schlägen (Pony, Arbeits-, Trabrenn- und Sportpferd) rein gezüchtet und eine Veredlung durch warmblütige Hengste abgelehnt. Das Stutbuch für die vier unterschiedlichen Zuchtrichtungen wird seit 1907 geführt. Voraussetzung für die Eintragung ist auch die seit 1929 vorgeschriebene Leistungsprüfung mit besonderer Berücksichtigung der Zugleistung und Zugsicherheit sowie der Schritt- und Trabbeurteilung. Zentrum für Züchter und Zucht des Finnischen Pferdes ist die Staatliche Pferdezuchtanstalt Valtion Hevosjalostuslaitos in Ypäjä im Südwesten Finnlands.

Fjordpferd (Norweger)

Kennzeichen: Der typische Norweger ist ein Falbe mit Aalstrich vom Kopf bis zum Schweif, häufig auch mit Beinstreifen, Schulterkreuz oder Mehlmaul. Die zweifarbige Stehmähne ist ein modisches Attribut. Ausdrucksvoll der trockene Kopf mit der flachen Stirn, den weitgestellten kleinen Ohren, großem, freiliegendem Auge und weiten Nüstern. Der Hals ist gut aufgesetzt, die große Schulter über den elastischen Rücken mit der kräftigen Hinterhand verbunden. Das Fundament ist korrekt, mit trockenen, markanten Gelenken und harten Hufen. Das robuste, aber nicht massige Pferd ist von großer Ausdauer und Widerstandsfähigkeit, gutem Charakter und Temperament. Falbfarben aller Schattierungen, weiße Abzeichen unerwünscht. Stockmaß 138 bis 148 cm.
Verbreitung: Norwegen, Europa, USA.
Leistung: Ein Freizeitpferd zum Reiten und Fahren mit raumgreifenden Bewegungen, hoher Trittsicherheit, Leistungsbereitschaft und Umgänglichkeit.
Zuchtgeschichte: Schon die Wikinger züchteten Pferde dieses Typs. Das Fjord-, auch Vestlandpferd genannt, ist eine der ältesten Pferderassen Europas. Es wurde das Pferd der norwegischen Bergbauern. Die Mitte des 19. Jh. begonnenen Versuche, ihm durch Einkreuzung größerer Rassen mehr Größe und Kaliber zu geben, wurden bald als Irrweg erkannt und aufgegeben. Ab 1864 wurde die Reinzucht durchgesetzt und beibehalten.

Die gesamte heutige Fjord-Zucht beruht auf drei Nachkommen des Hengstes *Njal 166: Bergfast 635, Hakon Jarl 645* und *Øjarblakken 819*. Die Motorisierung der Landwirtschaft drängte auch in Norwegen das Fjordpferd zurück. In Deutschland eröffneten sich ab 1950 neue Märkte. Nachdem jedoch auch hier der Motor das Pferd verdrängte, begann die systematische Umzüchtung vom Arbeitspferd zum Reitpferd durch Selektion.

Fleuve Pferd (Strompferd)

Kennzeichen: Im berberischen Typ stehendes, kleines Pferd (small horse). Mittelgroßer Kopf mit gerader Profillinie, oft mit Ramsnase. Kräftiger, gerader Hals, deutlicher Widerrist, gut gelagerte Schulter, kräftiger, kurzer Rücken, schräge Kruppe, stabiles Fundament mit harten Hufen. Vor allem Braune, Füchse, Dunkelbraune. Stockmaß nicht unter 144 cm erwünscht.

Verbreitung: Republik Senegal in Westafrika, vor allem in der Region beiderseits des Senegal-Stroms und dessen Delta.

Leistung: Wird als Rennpferd und als Veredler für die im Senegal einheimischen Rassen verwendet. Die Republik Senegal hat nach Angaben der Zuchtdirektion einen Bestand von ca. 450.000 Fleuve Pferden.

Zuchtgeschichte: Nordafrika, d. h. weite Teile von Marokko, Algerien, Tunesien und Libyen, waren vor langer Zeit sehr fruchtbare Länder und durch ihre Pferdezucht berühmt. Im Altertum galt Nordafrika als **das** Pferdeland. Mit den Mauren und Numidiern waren diese Pferde etwa im 6. Jh. v. Chr. nach Senegal, Mali, Niger, Tschad, Kamerun und Burkine vorgedrungen.

Die schwierigen klimatischen und ökologischen Bedingungen haben nicht nur eine geordnete Pferdezucht eingeschränkt, sondern sich auch auf Typ und Exterieur ausgewirkt. Aber die Pferde der sich bildenden Rassen und Schläge haben sich alles in allem besser angepaßt als die später durch die Kolonialmächte eingeführter Berber. Die Zucht des Fleuve Pferdes ist nicht ohne Einfluß auf die Pferdezucht in ganz Afrika. So wurde in Gabun, einem Land mit extrem geringem Pferdebestand, der aus dem Senegal stammende Hengst *Tom Jones* zum Gründerhengst für die einheimische Pferdezucht.

Foutanké Pferd (Narougor Pferd)

Kennzeichen: Ausdrucksvoller Kopf mit geradem Profil, mittellanger, gerader Hals, deutlicher Widerrist, Schulter oft steil. Gute Gurtentiefe, gerader, mittellanger Rücken, gut ausgebildete schräge Kruppe, stabiles, trockenes Fundament. Hintergliedmaßen häufig steil oder säbelbeinig. Das Langhaar ist spärlich entwickelt. Vor allem Braune, Dunkelbraune, Füchse und Rappen. Stockmaß nicht unter 144 cm.

Verbreitung: In den Waldgegenden im Westen der Republik Senegal in Westafrika.

Leistung: Es zeichnet sich durch große Ausdauer, eiserne Härte und unermüdlichen Einsatzwillen aus und ist ein beliebtes Reit-, Turnier- und Rennpferd mit guten Grundgangarten, Galoppier- und Springvermögen.

Zuchtgeschichte: Dies ist das Kreuzungsprodukt zwischen einer Mbayar-Stute und einem Fleuve-Hengst zur Verwendung als Renn-, Reit- und Turnierpferd.

Auch das Foutanké oder Narougor Pferd ist eine einheimische Pferderasse und führt Berber-Blut. Es hat sich den klimatischen Bedingungen im Senegal hervorragend angepaßt. Als Nutztier ist es, wie alle anderen Pferderassen auch, von großer Bedeutung für die wirtschaftliche und soziale Entwicklung des Landes.

Fredriksborger

Kennzeichen: Mittelschwerer Warmblüter von kräftiger Eleganz. Kopf mit geradem Profil, häufig Ramsnase als iberisches Erbe. Kräftiger, gerader Hals, breite Brust, gute Gurtentiefe, muskulöser Rücken mit breiter Kruppe und gut angesetztem Schweif. Korrektes Fundament mit kleinen, regelmäßigen Hufen. Vor allem Füchse. Stockmaß 160 bis 169 cm.
Verbreitung: Dänemark, vor allem auf Seeland und Bornholm.
Leistung: Intelligent, willig, gutes Temperament, energische, raumgreifende Grundgangarten. Elegantes Reit- und Fahrpferd.
Zuchtgeschichte: Der Name stammt von dem 1563 gegründeten königlichen Gestüt Fredriksborg nahe Kopenhagen. Es wurde 1871 aufgelöst und von einer Aktiengesellschaft als Vollblutgestüt weitergeführt. In Fredriksborg wurde zunächst mit Pferden iberischer-neapolitanischer Abstammung

gezüchtet. Auch Arabisches und Engl. Vollblut wurde zur Zucht verwendet. Die bis Ende des 18. Jh. hoch geschätzten Fredriksborger hatten großen Anteil am Aufbau der Zucht des Orlow Trabers, Lipizzaners und später des Knabstruppers. Nach der Auflösung des Gestütes wurde die Zucht auf bäuerlicher Basis mit den im Land verstreuten Hengsten weitergeführt. Der Wunsch nach mehr Kaliber führte zur Einkreuzung von Jütländer-, Yorkshire- und Oldenburger-Blut, auch Hannoveraner, Ostpreußen und Vollblüter wurden verwendet. Darunter litt die Einheitlichkeit des Typs. Erst seit Anfang dieses Jahrhunderts hat man auf der Basis des noch vorhandenen kleinen Bestandes mit der Zucht eines typreinen Fredriksborgers begonnen. Der gegenwärtige gute Standard der Zucht wurde auch durch den dosierten Einsatz Arabischer und Englischer Vollblüter erreicht. Die Fredriksborger werden seit 1897 im Stammbuch für Pferde der leichteren Rasse (lettere race) geführt.

Freiberger

Kennzeichen: Der leichte, bewegliche Freiberger ist nicht ohne Eleganz und mit seinem korrekten Exterieur vom Typ her
mehr ein schweres Warmblut. Gefälliger,
mittelgroßer Kopf und Hals. Gute Oberlinie mit viel Gurtentiefe, einem kräftigen,
soliden und nicht zu kurzen Rücken mit
guter Sattellage. Trockene Gliedmaßen mit
gesunden Hufen. Überwiegend Braune.
Stockmaß 150 bis 160 cm.
Verbreitung: Schweiz, Italien, Frankreich,
Deutschland.
Leistung: Gesund, leichtfuttrig, ruhiges
Temperament, guter Charakter, vielseitig
verwendbar, mit korrekten, schwungvollen
Gängen und guten Springanlagen. Ein
ideales Familien- und Freizeitpferd zum
Reiten und Fahren.
Zuchtgeschichte: Das Schweizer Original-
produkt wird nach seiner Zuchtheimat,
der Hochebene der Freiberge im Jura be-
nannt. 1315 werden sie erstmals erwähnt

und 1619 zum ersten Mal beschrieben.
Nachdem die Zucht um 1850 durch wahl-
lose Einkreuzung unterschiedlicher Rassen
ihren Tiefstand erreicht hatte, wurde um
1880 durch die Verwendung kompakter
„Warmblüter" englischer und französischer Herkunft das leichte, zu den Kaltblütern zählende, auch Jurapferd genannte Zugpferd für die Bedürfnisse der Landwirtschaft und der Armee geschaffen und
rein gezüchtet. Die aufkommende Motorisierung und das zunehmende Interesse an
umgänglichen Reit- und Fahrpferden
führte ab 1950 zu einem Typwandel
durch vorsichtiges Zuführen edlen Warmbluts.

Als Zuchtziel des neuen Typs wird ein
frühreifes, genügsames, ausdrucksvolles
und williges Pferd, das seinen Dienst
sowohl in der Freizeitreiterei als auch in
der Landwirtschaft und Armee erfüllen
kann, angestrebt. Es muß seine Eignung
im Geschirr und unter dem Sattel beim
Stationstest in Avenches beweisen.

Friese

Kennzeichen: Beeindruckend seine majestätische Erscheinung, das üppige, schwarzglänzende Langhaar und der starke Kötenbehang. Ausnahmslos Rappen im Stockmaß um 160 cm, denen keine Abzeichen erlaubt sind, ausgenommen kleiner Stern/Flocke am Kopf. Edler, nicht zu langer Kopf, hoch aufgesetzter, gebogener Hals, breite Brust, muskulöse, leicht gespaltete Kruppe, kräftiges Fundament.
Verbreitung: Niederlande, Europa und Übersee.
Leistung: Dank seines Charakters, Temperaments, seiner Zutraulichkeit und den schwungvollen Bewegungen mit hoher Knieaktion und starker Hankenbiegung ist er ein im Reit- und Fahrsport geschätzter Partner.
Zuchtgeschichte: Die Geschichte des Warmblüters läßt sich aufgrund prähistorischer Funde bis in die Zeit 3000 v. Chr. zurückverfolgen. Bereits Julius Caesar benutzte die in Friesland angetroffenen Urahnen des nördlichen Typs (Equus robustus) im Stockmaß um 150 cm. Mit den Römern gelangten sie auch nach England und beeinflußten dort die Entwicklung der nördlichen Rassen, insbesondere des Fell Ponys. Der Typwandel zum „Barockpferd" begann unter den spanischen Herren der Niederlande im 16. und 17. Jh., die der Zucht orientalisch/andalusisches Blut zuführten. Der starke Einfluß des Andalusiers ist heute noch an der majestätischen Erscheinung und der eindrucksvollen Knieaktion des Friesen zu erkennen. Als imposantes Reitpferd geschätzt und als schneller Traber beliebt nahmen Friesen über *Bars I.* (geb. 1784) Einfluß auf die Zucht des Orlow-Trabers. Gegen Ende des 19. Jh., als leichtere und schnellere Galopper und Traber aufkamen, war die Rasse vom Aussterben bedroht. Engagierte Züchter, die 1878 das Friesch Paarden Stambock (F. P. S.) gründeten, retteten die Rasse und führten sie zu neuer Blüte.

Furioso-North-Star

Kennzeichen: Großrahmig, mit langen Linien und Adel. Hübscher, trockener Kopf mit geradem Profil, schöner, nicht zu langer, kräftiger Hals, gut ausgebildeter Widerrist, schräge, muskulöse Schulter. Kräftiger Rücken, viel Gurtentiefe, gut bemuskelte Kruppe mit gut angesetztem Schweif. Fundament mit kräftigen, korrekten Gliedmaßen, kurzen, starken Röhren, markanten, trockenen Gelenken und Sehnen, regelmäßigen, harten Hufen. Schönes, volles Langhaar, vor allem Braune und Dunkelbraune. Stockmaß um 162 cm.

Verbreitung: Hauptzuchtgebiet Ungarn, Ost- und Mitteleuropa.

Leistung: Kräftig, ausdauernd, hart und nervenstark, guter Charakter. Zuverlässig in allen Reit- und Fahrdisziplinen.

Zuchtgeschichte: Bis zu ihrer Verschmelzung wurden die beiden Stämme „Furioso" und „North-Star" als englisches Halbblut geführt. Ursprünglich sollte mit ihnen im 1784 gegründeten Staatsgestüt Mezöhegyes Kavallerieremonten gezüchtet werden. *Furioso xx* v. *Privateer* a. d. *Min Furey*, 1836 in Ungarn geboren, wurde 1841 in Mezöhegyes aufgestellt. Er war ein Hengst mit viel Adel, vorzüglicher Aktion und Knochenstärke. *The North-Star* von *Jacques* a. d. *Ringlet*, ein Glanzrappe mit starken Knochen, kräftigem Rücken, großer Tiefe und gutem Temperament (1844 in England geboren) kam 1853 nach Ungarn. Die von ihnen entwickelten Stämme wurden miteinander gekreuzt und schließlich zur Furioso-North-Star Rasse verschmolzen. In den 30er Jahren wurde eine neue Linie mit *Przedswit Junior* aus der aufgelösten österreichischen Przedswit-Zucht begründet. Seine Nachkommen hatten sich sehr bewährt. Der 1. und 2. Weltkrieg brachte große Verluste für die Zucht und große Zerstörungen in Mezöhegyes. Zum Wiederaufbau der Zucht wurden englische Vollbluthengste eingesetzt.

Garrano Pony (Minho)

Kennzeichen: Kleines, leichtes Bergpony im orientalischen Typ. Kleiner, hübscher Kopf mit meist konkavem Profil, kleinen Ohren, ausdrucksvollen, großen Augen. Starker Hals mit üppiger Mähne, langer, flacher Widerrist, gute Schulter, kräftiger, tiefer, gut gerippter Rumpf, mittellanger Rücken mit schräger Kruppe und üppigem, tief angesetztem Schweif. Stabiles, kurzes Fundament mit guten Röhrbeinen und harten Hufen. Vor allem Braune, aber auch alle anderen Grundfarben. Im Stockmaß um 100 bis 140 cm, im Durchschnitt um 125 bis 130 cm. Durch unterschiedliche Standorte große Typenvariation.

Verbreitung: Portugal, in den Provinzen Minho, Douro und Tras-os-Montes sowie im Nordwesten Spaniens.

Leistung: Guter Charakter und Temperament. Die zähen, kräftigen, trittsicheren Ponys werden in der Landwirtschaft im leichten Zug und als Lasttiere eingesetzt; auch die Armee verwendet sie als Packpferde. In neuerer Zeit auch als Reitpony geschätzt.

Zuchtgeschichte: Die Wurzeln der Garranos, auch Minhos genannt, reichen bis in die Altsteinzeit (Paläolithikum) zurück, wie Höhlenbilder als erste Zeugnisse über Wildpferdevorkommen im Kantabrischen Gebirge im Norden der Iberischen Halbinsel beweisen. Auch für spätere Epochen werden Wildpferde nachgewiesen, die die Iberische Halbinsel zu vielen Tausenden bevölkerten und sich bis in das vorchristliche Jahrtausend mit den nomadisierenden Menschen über ganz Europa verbreiteten. In späteren Zeitaltern beeinflußten die von den Eroberern mitgeführten Pferde auch die Garranos und Sorraias. Von den eingeführten Pferderassen ging der stärkste Einfluß von denen der Berber und der Araber aus. Das Blut der Garranos fließt nicht nur in den Andalusiern, sondern auch in den meisten Pferderassen der Alten und der Neuen Welt.

Gelderländer Pferd

Kennzeichen: Mittelschwerer Warmblüter mit kräftigem, harmonischem Gebäude. Gerader Kopf, genügend langer, gut getragener Hals, schräge Schulter. Wenig Widerrist, tiefer Rumpf mit breiter Brust, mittellangem Rücken, mäßig abfallender Kruppe, stabiles, korrektes Fundament mit knochenstarken Gliedmaßen. Schönes Langhaar, kein Behang. Meist Füchse mit weißen Abzeichen, selten Braune und Schimmel. Stockmaß um 163 cm.
Verbreitung: Niederlande, Hauptzuchtgebiet Provinz Gelderland.
Leistung: Guter Charakter, energisches, ruhiges Temperament, ausdauernd und gelehrig. Raumgreifende Bewegungen, bewährtes Fahr- und Reitpferd.
Zuchtgeschichte: Als das schwere mittelalterliche Ritterpferd nicht mehr benötigt wurde, wurden zunächst auf der Grundlage spanischer Pferde Kutschpferde gezüchtet. Später wurde im 1823 gegründeten und 1842 aufgelösten Reichsgestüt Berculo auch mit arabischem und englischem Vollblut sowie Pferden aus Polen und Ungarn gekreuzt. Die wenig zielgerichtete Zucht produzierte zu häufig Pferde mit Charakter- und Temperamentsfehlern. Da ruhigere Pferde verlangt wurden, kreuzte man in der 2. Hälfte des 19. Jh. Oldenburger und Ostfriesen ein. Gezüchtet wurden zwei Typen: ein Gebrauchspferd im Typ des Oldenburgers und Ostfriesen, und ein „Luxuskutschpferd" mit Hackney-, Holsteiner- und Normänner-Blut. Heute ist das Gelderse Basispferd zur Zucht des Niederländischen Warmblutpferdes, z. B. des Tuigpaards. Das Geldersch Paarden Stamboek (GPS) bestand von 1890–1919, ging dann im Nederlandsch Stamboek Tuigpaard (NSTg) auf, und wurde um 1925 wieder als GPS selbständiger Verband, um 1939 mit dem Tuigpaarden Verband (VLN) und 1970 mit dem heutigen Koninklijk Warmbloed Paardenstambook Nederland (KWPN) zu fusionieren.

Gidran

Kennzeichen: Elegante Erscheinung im anglo-arabischen Typ mit schöner Oberlinie. Ausdrucksvoller Kopf mit geradem Profil, mittellanger Hals. Markanter Widerrist, lange, schräge Schulter, elastische Rückenlinie, lange kräftige Kruppe. Korrektes Fundament, regelmäßige, feste Hufe. Ausschließlich Fuchsfarbe. Stockmaß um 162 cm.

Verbreitung: Hauptzuchtgebiet Ungarn mit dem Gestüt Marócpuszta.

Leistung: Hart, ausdauernd, zuverlässig, nervenstark; vorzügliche Grundgangarten und Springanlagen. Einst gewandtes Husarenpferd, nach 1918 zuverlässiges Polizeipferd, heute beliebtes Freizeitreit- und Fahrpferd.

Zuchtgeschichte: Der Zuchtzweck des Staatsgestütes Mezehögyes bestand im 19. Jh. darin, gute Landbeschäler zu züchten. Zu diesem Zweck wurde der Fuchshengst *Gidran (senior)*, geb. 1817, aus dem Vollblutaraber *Siglavy Gidran* und einer Kopcschamer Stute aufgestellt. Er war 155 cm (Bandmaß) groß, typrein arabisch und mit gutem Fundament. *Gidran (sen.)* wurde zum Begründer der nach ihm benannten Rasse, die sich über seine vielen Söhne konsolidierte. Das zugeführte Englische Vollblut gab der Rasse mehr Größe und das Anglo-Arabische Erscheinungsbild. Die Fuchsfarbe des Gründerhengstes blieb in Mezehögyes erhalten und wurde inzwischen auch im heute zu Rumänien gehörenden Radautz, wo es auch Braune und Schimmel gab, ausselektiert. Die beiden Weltkriege führten zu großen Bestandsverlusten und zur Vernachlässigung der Zucht, allein Mezehögyes verlor 186 Gidrans. Die aufgestellten Hengste, alles Gidrans, werden fortlaufend mit römischen Zahlen benannt, und nach einer gewissen Zeit wird wieder mit I begonnen. Die arabischen Zahlen vor dem Stutennamen entsprechen der Nummer im Zuchtbuch.

Golden American Saddlebred

Kennzeichen: Es ist ein auf Farbe selektiertes Saddlebred, dessen typische Merkmale der seidige Goldschimmer und das schneeweiße Langhaar sind. Schöner, gut proportionierter Kopf mit kleinen, regen Ohren und klaren, intelligenten Augen, deren Farbe braun oder dunkel sein muß. Gute Ganaschenfreiheit, langer, schön gebogener Hals, schräge Schulter, hoher Widerrist, kurzer, kräftiger Rücken, muskulöse Hinterhand mit langer Kruppe mit hoch angesetztem Schweif. Stabiles Fundament mit langer, schräger Fessel als Voraussetzung für den bequemen, weichen Gang. Das Langhaar muß weiß sein, wünschenswert ist schneeweiß. Die Farbe kann von creme- bis kupferfarben in allen Schattierungen variieren. Ideal ist die Farbe einer nicht angelaufenen Goldmünze. Abzeichen an Kopf und Beinen sind erlaubt, aber nicht am Körper. Stockmaß 152 bis 172 cm.

Verbreitung: USA.

Leistung: Show-, Turnier- und Westernpferd mit unerschöpflichen Verwendungsmöglichkeiten, mit Gangarten, die Tölt und Paß einschließen. Anpassungsfähiger Charakter und angenehmes Temperament.

Zuchtgeschichte: Vom „Goldschimmer" der Isabellen und Palominos fasziniert, haben die Züchter versucht, ein goldfarbenes Pferd zu züchten. Gold als Pferdefarbe wurde vom amerikanischen Saddlebred Verband 1864 durch die Eintragung des Pferdes *Pat Cleburne* anerkannt. Im Palomino-Züchter Verband wurde das erste goldfarbene Saddlebred 1939 registriert: *Pot O'Gold*, geb. 1939, später als *Richardson's Pot O'Gold* bekannt. Sein Züchter war S. A. Clift aus Waxahachie/TX. Der Saddlebred Verband registrierte es unter dem Namen *Clift's Pride*. Das Golden American Saddlebred wird von der American Saddlebred Horse Ass. (ASHA) registriert und von der Golden American Saddlebred Horse Association.

Gotlandpony

Kennzeichen: Gefälliges Pony. Ausdrucksvoller Kopf mit breiter Stirn und geradem Profil, kleinen Ohren, großen, freundlichen, wachen Augen. Kurzer, kräftiger Hals, muskulöse, schräge Schulter, ausgeprägter Widerrist, relativ langer, gerader Rücken, Rumpf ausreichend tief, schräge Kruppe mit tief angesetztem Schweif. Kräftige, trockene Gliedmaßen mit gut geformten, harten Hufen. Kräftiges Langhaar. Vor allem Braune, Rappen, Falben oder Palomino, oft mit Aalstrich. Stockmaß 110 bis 130 cm.

Verbreitung: Insel Gotland/Schweden.

Leistung: Agiles, leicht zu handhabendes Pony. Geduldig, anspruchslos, intelligent mit eiserner Konstitution. Energisch in allen Gangarten, gutes Springvermögen. Ausgezeichnetes Fahrpony mit enormen Leistungen in Trabrennen.

Zuchtgeschichte: Das auch Skogruss (Waldroß) oder auch Gotlandruss (Gotlandroß) genannte Pferd ist Nachkomme einer seit Jahrhunderten im Waldgebiet der Lojsta Heide der Ostseeinsel Gotland lebenden Rasse, deren urgeschichtliche Wurzeln bis in die Zeit der Wildformen unserer Pferde zurückreichen. Lange Zeit wurden sie für leichte Arbeiten in der Landwirtschaft und Transportwegen eingesetzt, bis die Mechanisierung dem auch auf Gotland ein Ende machte. Im 20. Jh. wurde, um die Qualität zu verbessern, arabisches und orientalisches Blut eingekreuzt, nachdem man schon Ende des 19. Jh. mit dem Hengst *Olle*, geb. 1880, dem Produkt einer Gotlandstute und eines syrischen Ponyhengstes, gute Erfahrungen gemacht hatte. Die Rasse wurde dadurch bewahrt. Um die durch Exporte schrumpfende Population zu erhalten, bildete sich 1954 die Vereinigung der Freunde des Waldrosses auf Gotland. Mit Unterstützung der Provinz Gotland gelang es, den Lebensraum im Wald von Gotland für die frei lebenden Herden zu erhalten.

Groninger Pferd

Kennzeichen: Kompakter, schwerer Warmblüter. Ausdrucksvoller, gerader Kopf,
muskulöser, gut getragener Hals, gut ausgebildeter Widerrist, nicht zu steile, kräftige Schulter. Breite, tiefe Brust, kräftiger,
gut bemuskelter Rumpf mit guter Rippenwölbung. Kräftiges Fundament mit starken Gliedmaßen, kurzen Röhrbeinen,
großen, harten Hufen. Charakteristisch ist
die gerade Kruppe mit dem hoch angesetzten Schweif. Braune, Dunkelbraune,
Rappen, mitunter auch Sabino-Stichelhaar-Schecken. Stockmaß um 160 cm.
Verbreitung: Niederlande, Provinz Gronin-
gen.
Leistung: Ruhiges Temperament, guter
Charakter, frühreif, genügsam, umgänglich, raumgreifender Schritt, flotter Trab.
Ein Pferd mit Masse, Kraft und Ausstrahlung. Basispferd für das Niederländische
Warmblutpferd und populäres Reit- und
Fahrpferd.

Zuchtgeschichte: Zum Blutaufbau des Groninger Pferdes haben in früheren Jahren
auch französische Hengste, „Normandiers"
und Hackneys beigetragen, später dann
Hengste aus Oldenburg, wie *Gambo 325,
Godehard 357* u. a. sowie aus Ostfriesland
(Lord und *Tallo).* Seit 1960 haben auch
Holsteiner, Trakehner und Vollblüter einen
starken Einfluß ausgeübt.
   Als nach dem 2. Weltkrieg die Zucht
zurückging, entstand das 1896 gegründete
Stutbuch im Noord Nederlands Warm-
bloedpaardenstamboek und später im
Warmbloed Paardenstamboek in Nederland (W. P. N.), und der alte Groninger Typ
verschwand nahezu.
   Um das Groninger Pferd zu bewahren,
wurde 1982 die Vereniging Het Groninger
Paard gegründet, um das rassetypische
Groninger Pferd für die Zukunft zu bewahren. Das Stamboek (Zuchtbuch) wurde
1985 anerkannt. 1996 waren bereits 300
Groninger, darunter 15 gekörte Hengste,
registriert.

Hackney

Kennzeichen: Elegantes, leichtes Fahrpferd mit Adel, Temperament, auffälligen, kadenzierten Trabaktionen. Der kleine, edle Kopf trägt den schön gewölbten Hals mit viel Aufsatz. Die muskulöse Schulter und Hinterhand sind über den kräftigen Rücken und die gerade Kruppe mit dem hoch angesetzten Schweif verbunden. Das Fundament bilden schlanke, trockene Gliedmaßen mit gesunden Hufen. Vor allem Dunkelbraune, Braune, Füchse und Rappen mit feinem, seidigen Haar. Stockmaß 150 bis 160 cm.

Verbreitung: Vorwiegend England, Holland, USA.

Leistung: Schnelles, ausdauerndes Fahrpferd mit brillanten Bewegungen, aber geringem Raumgriff. Beliebtes Show-Pferd, gute Springanlagen.

Zuchtgeschichte: Bereits im frühen Mittelalter verstand man unter einem Hackney ein Reit- und Kriegspferd, das vor allem in der Grafschaft Norfolk gezüchtet wurde und deshalb auch Norfolk Trotter genannt wurde. Das aus dem französischen haquenée abgeleitete Hackney war mit den Normannen um 1100 nach England gekommen. Stammvater des heutigen Hackney ist der Hengst *Shales* v. *Scot Shales* v. *Origin Shales* und dessen berühmter Nachkomme *Marshland Shales*, geb. 1802, über *Blaze*, geb. 1733, einem Enkel von *Darley Arabian* und Vorfahre von *Messenger*, dem Stammvater der Traber und Mehrgänger. Hackneys wurden aber auch als Reit- und Jagdpferde geschätzt. Von *Shales* hieß es: „Er macht Gewichtsträger, schnelle Traber und gute Hunter." Der durch das Aufkommen der Eisenbahn um 1832 vernachlässigten Zucht nahm sich die 1883 gegründete Hackney Horse Society an, die auch das Stutbuch einrichtete. In Deutschland besaßen Hackneys auch einen guten Ruf als Springpferdeerzeuger. Die berühmte *Tora* stammt von einem Hackney-Hengst.

Hackney Pony

Kennzeichen: Der wache, feurige kleine Bruder des Hackneys wird wegen seiner geringen Größe – das Stockmaß liegt zwischen 122 bis 142 cm – auch Zwerghackney genannt. Auffällig der hochaufgerichtete, lange Hals, der ungenügende Widerrist und die gerade Kruppe mit dem hoch angesetzten Schweif, die gute Schulter, der kompakte, kräftige Körper und die trockenen Gliedmaßen mit den klaren Sehnen und gut markierten Gelenken. Typisch auch die hohe Vorhandaktion und die seidige Eleganz des Kleinen, der seinen Ponycharakter behalten hat. Vor allem Braune, sowie Schwarzbraune und Rappen.

Verbreitung: Großbritannien, USA.

Leistung: Ein elegantes, schönes, gesuchtes Pony zum Fahren für Turnier und Show, vor allem in den USA. Das Hackney Pony ist handlich in Haltung und Umgang.

Zuchtgeschichte: Das Hackney Pony hat den gleichen Ursprung wie der Hackney. Allerdings ist die Rasse mehr zufällig entstanden. Stammvater soll der 1866 geborene Hengst *Sir Georg* v. *Sportsman* und aus einer unbekannten Stute sein. *Sir Georg* war ausgesprochen klein, denn er erreichte auch ausgewachsen nicht mehr als 135 cm Stockmaß.

Ursprünglich wurden die Zwerghackneys auch nach ihrem Züchter Hack Christoph Wilson, einem Hackneyzüchter der ersten Stunde, benannt, der zusätzlich Fell- und Welsh-Blut einkreuzte. Die so entstandene „Kuriosität", eigentlich mehr als Parkwagen- oder Kinderpony gedacht, machte vor allem in den USA Furore, da sie dem Showbedürfnis weiter Kreise entgegenkam und in Umgang und Haltung nicht die Ansprüche eines Großpferdes, sondern nur die eines Ponys stellte.

Haflinger

Kennzeichen: Der Fuchs mit dem hellen Langhaar fasziniert durch seine Leistungsfähigkeit und Leistungsbereitschaft, sein ausgeglichenes Wesen und Temperament. Der Kopf ist trocken, mit breiter Stirn und klarem Auge, der Hals genügend lang, der Rumpf gut proportioniert, mit ausgeprägtem Widerrist und gut bemuskelter, leicht abgezogener Kruppenpartie. Trockenes, korrektes Fundament mit harten Hufen. Abzeichen an den Beinen und Stichelhaar unerwünscht. Stockmaß 138 bis 148 cm.
Verbreitung: Weltweite Verbreitung und Schwerpunkt Österreich, Deutschland, Italien, Schweiz.
Leistung: Beliebtes, genügsames Wirtschafts-, Freizeit- und Familienpferd zum Reiten und Fahren mit korrekten, raumgreifenden Gängen, ausdauernd und trittsicher.
Zuchtgeschichte: Seinen Namen verdankt er dem Dorf Hafling bei Meran, in seiner Südtiroler Urheimat, wo er als Zug- und Tragpferd verwendet wurde. Norische und orientalische Blutanteile soll schon der „kleine, leichtfüßige" Pferdeschlag geführt haben, der als Vorläufer gilt. Nach Dr. Feuersänger wurde der Hengst *249 Folie*, geb. 1874, zum Gründerhengst, ein Sohn des Halborientalen *133 El Bedavi XXII* und „einer arabisch veredelten" Südtiroler Landstute, über deren Abstammung nichts bekannt ist. *Folie* deckte 1877 zum ersten Mal und mit großer Durchschlagskraft, weshalb das Jahr 1877 als die Geburtsstunde des Haflingers angesehen wird. Das geschlossene Zuchtgebiet wurde als Ergebnis des 1. Weltkrieges geteilt. Südtirol fiel an Italien, und im zu Österreich gehörenden Nordtirol wurde eine neue Zucht aufgebaut. Die Anfänge der deutschen Zucht liegen in den dreißiger Jahren. Die erforderliche Typumwandlung vom Trag- und Zugpferd zum Freizeitpferd ist dem Haflinger ausgezeichnet bekommen.

Hannoveraner

Kennzeichen: Edles, leistungsbereites Sportpferd mit harmonischer Oberlinie und korrektem Fundament. Alle Farben. Stockmaß um 165 cm. Gute Gangarten mit Schwung, Elastizität und Raumgriff.
Verbreitung: Deutschland, Europa, Nord- und Südamerika.
Leistung: Aufgrund seines Charakters, Temperaments und seiner Rittigkeit ein ausgezeichneter Partner für den Hochleistungs- und Breitensport aller Reit- und Fahrdisziplinen.
Zuchtgeschichte: In Niedersachsen wurden bereits im 15. Jh. „tüchtige Pferde" gezüchtet. Das 1735 durch Georg II. errichtete Landgestüt in Celle, das den bäuerlichen Züchtern beste Beschäler zur Verfügung stellte, hat bis heute größten Einfluß auf die Zucht. Unter den Landstallmeistern v. Spörcken (1816–1866) erholte sich die Zucht von den Hengstverlusten der Napoleonischen Kriege. Sie führten Hengste aus England und Mecklenburg und 1844 die erste Körordnung für hannoversche Hengste ein. 1870 führte v. Unger (1869–1891) die erste Hengstparade durch und legte 1888 das erste Stutbuch an. Unter Landstallmeister Dr. Grabensee (1892–1913) wurde mit den Beschälern *Norfolk* und *Zerneborg* der Typ des edlen, gängigen Wirtschafts- und Truppenpferdes geschaffen. Trotz der Pferdeverluste im 1. Weltkrieg blieb die Zuchtbasis erhalten, aber die Landwirtschaft mußte und wollte die Zucht auf die Nachfrage nach Reitpferden umstellen. Dabei halfen die Erfolge deutscher Reiter, die den Ruf des Hannoveraners als Springpferd in alle Welt trugen. Der nach dem letzten Krieg abnehmende Bedarf an Pferdekraft in der Landwirtschaft führte zum endgültigen Typwandel. Dieser wurde auf der Basis bewährter Hengstlinien und Stutenfamilien sowie sorgfältiger Verwendung von Veredlern durchgeführt und verlieh der alten, bodenständigen Rasse neuen Glanz und Ruhm.

Hessisches Warmblut

Kennzeichen: Das moderne, leistungsfähige, mittelgroße Sportpferd entspricht dem Zuchtziel des Deutschen Reitpferdes. Edel, großlinig und korrekt, mit schwungvollen, raumgreifenden Bewegungen und gutem Temperament und Charakter. Alle Farben, Abzeichen erlaubt, vorwiegend Braune, Dunkelbraune, Füchse, Rappen. Stockmaß 160 bis 170 cm.
Verbreitung: Deutschland.
Leistung: Leistungsbereites, rittiges Pferd, mit viel Gang und Springvermögen zum Reiten und Fahren für Sport und Freizeit.
Zuchtgeschichte: Die Pferdezucht in Hessen kann auf viele Jahrhunderte zurückblicken und ist mit Namen so klangvoller Gestüte wie Sababurg, Beberbeck, Kassel, Darmstadt und Dillenburg verbunden. Dies waren von den verschiedenen Herrscherhäusern unterhaltene Gestüte, die die Aufgabe hatten, die Marställe mit Reit- und Kutschpferden zu versorgen und die Landespfer-

dezucht zu verbessern. Vom Araber und Andalusier über Mecklenburger, Oldenburger, Holsteiner, Brandenburger, Pommer und Hannoveraner bis zum Vollblüter wurden, den unterschiedlichen Bedürfnissen entsprechend, Hengste edlen und besten Blutes zur Zucht aufgestellt. Schwerpunkt der Zucht aber war durch die bäuerliche Struktur Hessens das schwere Warmblut und das Kaltblut. Wie in allen deutschen Landespferdezuchten setzte der Umzüchtungsprozeß nach dem letzten Krieg ein. Als Veredler wurden vor allem Vollblüter, Trakehner, Oldenburger und Hannoveraner verwendet. Dabei stellte sich das Problem, den bis dahin uneinheitlichen Pferdetyp zu vereinheitlichen. Prägend für den Typ des modernen Hessenpferdes waren Hengste wie *Lotse*, Hann., *Thor*, Trak., *Adonis x.x*, *Furioso's Sohn*, Old. Die Säulen der Zucht sind neben engagierten Züchtern und dem Landgestüt Dillenburg der Verband Hessischer Pferdezüchter e. V. mit dem Pferdezentrum Alsfeld.

Highland Pony

Kennzeichen: Ein Reitpony mit robuster Konstitution und viel Charme. Charaktervoller Kopf mit freundlichem Auge, mittellanger, gut gebogener Hals, kompakter Körper mit langer, schräger Schulter. Starker Rücken, ausgeprägter Widerrist, kräftige Kruppe mit hoch angesetztem Schweif. Das Fundament ist das eines Gewichtsträgers, mit starkem Unterarm, kurzem Röhrbein, guter Fessel, festen, dunklen Hufen. Üppiges, seidiges Langhaar und Behang. Häufig Aalstrich und Zebrastreifen. Vor allem Falben, Füchse, Schimmel, Schwarzbraune, gelegentlich silbriges Langhaar. Weiße Abzeichen unerwünscht. Stockmaß 132 bis 147 cm.
Verbreitung: Vor allem in Schottland, dem Ursprungsland der Rasse, in England, Europa, Australien und weltweit.
Leistung: Anspruchslos, robust, mit gutem Charakter, ein Familienpony zum Reiten und Fahren für jedes Alter und Gewicht.

Trittsicher mit guten Bewegungen und angeborenem Springvermögen.
Zuchtgeschichte: Das auch Scottish Highland Pony genannte, ist das größte und stärkste der „Berg- und Moorland-Ponys" in Großbritannien. Seine Heimat sind die Highlands und die Inseln der Westküste Schottlands. Die Abstammung ist nicht ganz klar und verliert sich im Dunkel der Geschichte. Aber zweifelsfrei existiert es seit Jahrhunderten. Es gilt als Nachfahre des „Keltenpferdes", dem Fremdblut zur Veredlung zugeführt wurde, von dem das arabische den prägendsten Einfluß hatte. Aus dem vorwiegend von Jägern und Landwirten als Reit- und Tragtier benutzten Pony entwickelte sich der größere, kräftige, „Garron" genannte Festlandstyp und der kleine feingliedrige „Inseltyp". Das vielseitig einsetzbare Pony wird auch mit Erfolg zur Zucht von Huntern verwendet. Seit 1889 führt die Higland Pony Society mit Sitz in Elie die Zuchtbücher, Stutbuch und auch ein Partbredregister.

Hokkaido Pony

Kennzeichen: Kleines, kräftiges Pony im Robusttyp. Gerader Kopf mit üppigem Schopf, weit gesetzten Ohren, kleinen Augen, weiten Nüstern und breiter Maulpartie. Kurzer, starker, breiter Hals mit dichter Mähne, wenig ausgeprägter Widerrist und steile Schulter, ausreichend tiefer Rumpf mit starkem Rücken, runder Kruppe und tief angesetztem Schweif. Leichte, schlanke Gliedmaßen mit gut geformten Hufen. Alle Grundfarben, sehr häufig Rotschimmel. Pferde mit weißen Abzeichen werden nicht registriert. Stockmaß um 132 cm.

Verbreitung: Japan, auf der Insel Hokkaido, der nördlichsten der vier großen Hauptinseln.

Leistung: Genügsam, williges Temperament, guter Charakter, robust, sehr widerstandsfähig. Wurde früher im Bergbau und in der Landwirtschaft als Arbeitspferd eingesetzt. Noch heute ist es in den für Fahrzeuge unzugänglichen Bergen als Packpferd unverzichtbar, wird aber zunehmend als Reitpony verwendet.

Zuchtgeschichte: Wie alle Primitivrassen ist auch das Hokkaido Pony, das der „mongolisch-japanischen" Rasse zugerechnet wird, ein Abkömmling des Mongolen Pferdes. Seinen Weg nach Japan fand es über China und vor allem Korea. Dabei war es den Einflüssen anderer sich entwickelnder Rassen und Schläge ausgesetzt, was in Japan zur Bildung von drei unterschiedlichen Mischrassen führte. Die Rassen des Tohoku-Distriktes übten dabei den größten Einfluß aus. Vom japanischen Kernland kam es im 15. Jh. mit Siedlern nach Hokkaido, wo es nur überleben konnte, weil es sich den harten klimatischen Bedingungen vor allem im Winter hervorragend angepaßt hatte. Mit 2.000 Ponys ist es heute die größte Population der alten japanischen Ponyrassen. Der Kosename „Do-san-ko" (liebenswert), deutet darauf hin, daß es auch die beliebteste Ponyrasse Japans ist.

Holsteiner

Kennzeichen: Auch als „Deutsches Reit-pferd" sind dem Holsteiner die bewährten Eigenschaften eines edlen, gängigen, mus-kulösen, vielseitigen Warmblüters mit gut-artigem Temperament nicht verlorenge-gangen. Mit ausdrucksvollem Gesicht, guter harmonischer Oberlinie; muskulös, korrektes Fundament und schwungvolle, raumgreifende Bewegungen. Vor allem Braune und alle Grundfarben, seltener Schimmel. Stockmaß 160 bis 170 cm.
Verbreitung: Deutschland, Europa, Übersee.
Leistung: Leistungspferd der Spitzenklasse zum Reiten und Fahren in allen Diszipli-nen, mit ehrlichem Temperament, guten Grundgangarten und Springveranlagung.
Zuchtgeschichte: Bereits im Mittelalter stand die Pferdezucht in Schleswig-Hol-stein in großer Blüte und war von großem Einfluß auf die Pferdezucht in Deutsch-land und Europa, wo die Holsteiner als Kavallerieremonten geschätzt waren. Die

Anfang des 19. Jh. zur Umzüchtung in einen Karossier verwendeten Yorkshire Coach-Horses beeinflußten die Zucht gün-stig, da die Nachfrage nach den stolzen Pferden mit ihrer mächtigen Trabaktion wuchs, weshalb 1874 das Landgestüt Tra-venthal gegründet wurde. Als der Holstei-ner durch Einstellung von Beschälern anderer Zuchtgebiete in Gefahr geriet, den Typ zu verlieren, gründete Georg Ahsbahs 1883 den Pferdezuchtverein Kremper Marsch und konnte 1886 den ersten Band des Gestütbuches herausgeben. Die durch den 2. Weltkrieg veränderten Bedingungen für die Zucht sowie die Auflösung Tra-venthals (1960) führten zur Übernahme des gesamten Hengstbestandes durch den Verband und zur Hengsthaltung in der schon 1894 gegründeten Reit- und Fahr-schule in Elmshorn. Die damit auch ver-bundene Umzüchtung über *Ramzes AA* und ausgewählte Vollblüter machte den Holsteiner wieder zu einem weltweit aner-kannten und gesuchten Leistungspferd.

Huzule

Kennzeichen: Bewährtes, rumpfiges Gebirgspferd mit ausdrucksvollem Kopf, kräftigem Hals, tragstarkem Rücken und muskulöser Kruppe. Trockenes, knochenstarkes Fundament mit harten Hufen. Dichtes, volles Langhaar. Vor allem Braune und Rappen sowie Falbfarben, alle Schattierungen, häufig mit den Wildpferdemerkmalen. Ganz selten als Überbleibsel der Arabereinkreuzung auch Schimmel. Häufiger Schecken, die in der „Huzulei" beliebt sind. Stockmaß 136 bis 142 cm.

Verbreitung: Kernzuchtgebiet sind die Waldkarpaten, wo Polen, Rumänien, die Ukraine, Ungarn, die Slowakei und Tschechien zusammenstoßen. In geringer Zahl auch in Österreich, der Schweiz und Deutschland.

Leistung: Trittsicheres, leistungsfähiges Pferd mit der für ein Saumtier wichtigen Eigenschaft, auch auf steilen, schmalen Pfaden mit gleichmäßigen, sicheren Tritten vorwärts zu gehen. Hart, genügsam, anspruchslos, ausdauernd, widerstandsfähig, gesund, langlebig und auch zugfest.

Zuchtgeschichte: Über die Jahrhunderte war die Zucht in den Waldkarpaten mit dem Hauptzuchtgebiet im Tal von Zabie, gefördert durch die geographischen und politischen Gegebenheiten, sich selbst überlassen. Drei Typen entwickelten sich: der **Tarpan-**, der **Bystrzec-** und der **Przewalski**-Huzule. Die systematische Zucht begann Mitte des 19. Jh. und wurde durch die Nachfrage der k. u. k. Armee nach Reit- und Tragtieren für die Verwendung im Gebirge gefördert. Das zum Staatsgestüt Radautz gehörende Vorwerk Luczyna wurde 1877 Huzulen-Gestüt. Die beiden Weltkriege waren einer kontinuierlichen und einheitlichen Zucht nicht förderlich. Versuche, durch Araber- und anderes Blut dem Huzulen mehr Masse und Größe zu geben, wurden aufgegeben. Zuchtschwerpunkte sind heute die Gestüte Topolcianky (Slowakei) und Luczyna (Rumänien).

Iranisches Pferd
(Native Iranian Horse)

Kennzeichen: Einheimische Landrasse von großer Variationsbreite des Typs. Je nach Zuchtgebiet variiert das Exterieur, vor allem in Größe und Körperbau. Die Pferde sind meist nicht sehr groß, jedoch kräftig, robust und stark. Daneben gibt es auch den gefälligen, eleganten Typ mit deutlich sichtbar orientalischem Einschlag. Alle Grundfarben vertreten. Stockmaß um 150 cm.

Verbreitung: Iran.

Leistung: Trittsicheres Reit-, Pack- und Zugpferd, das vorwiegend in der Landwirtschaft eingesetzt wird. Ausdauernd, genügsam, widerstandsfähig, leistungsbereit und zäh.

Zuchtgeschichte: Eine sehr alte „Gebrauchsrasse", die seit vielen Jahrhunderten existiert und in sich das Blut der unterschiedlichsten Rassen vereint. Angefangen vom Kaspischen Pony, dem Kur-den und Turkmenen bis zum Araber. Das Iranische Pferd wird sowohl im Gebirge als auch in den für die Landwirtschaft genutzten Tälern und Ebenen gezüchtet und für alle vorkommenden Zwecke verwendet. Als Packpferd muß es schwere Traglasten durch unwegsame Gebirgsregionen tragen und im Flachland schwer beladene Karren ziehen. Aber auch als Reittier wird es benutzt.

Der Gebrauch allein bestimmt bis in die Gegenwart den Wert und das Erscheinungsbild des Iranischen Pferdes. Die National Horse Society of Iran bemüht sich, die Rasse zu erhalten und zu verbessern.

Iranisches Vollblut
(Iranian Thoroughbred)

Kennzeichen: Drahtige Erscheinung im mittleren Rahmen mit gefälliger Oberlinie. Ausdrucksvoller, trockener Kopf mit geradem Profil, großen, lebhaften Augen, mittelgroßen Ohren, weiten Nüstern. Gut angesetzter, gerader Hals, lange, schräge, gut bemuskelte Schulter, markanter, trockener Widerrist. Tiefer, gut geripter Rumpf, mittellanger, muskulöser Rücken, leicht abgeschrägte Kruppe, trockenes, stabiles Fundament, gut entwickelte Gelenke und gesunde, harte Hufe. Feines, weiches Langhaar. Braune, Schwarzbraune herrschen vor. Stockmaß um 160 cm.
Verbreitung: Iran.

Leistung: Raumgreifende Bewegung und vorzügliches Galoppiervermögen. Auf Schnelligkeit und Härte gezüchtetes Rennpferd, gefragter Veredler für die Warmblutzucht.
Zuchtgeschichte: Die Zucht des Englischen Vollblutes ist im Iran noch jung, da in der Vergangenheit für Rennen vor allem die auf Schnelligkeit und Härte gezüchteten Araber und Turkmenen, d. h. Achal-Tekkiner und Jomuds verwendet wurden. Die von der Royal Horse Society begonnene Vollblutzucht wird von der 1972 gegründeten National Society of Iran erfolgreich mit qualitätsvollen Hengsten und Stuten fortgesetzt, unterstützt durch eine sorgfältig planende Gestütsverwaltung und ausgezeichnete Haltungsbedingungen.

Irish Draught Horse

Kennzeichen: Im Irish Draught, d. h. dem irisch gezogenen, vereinen sich die nützlichen Eigenschaften eines Wagen-, Reit- und Jagdpferdes. Der mittelgroße Kopf mit gut gesetzten, intelligenten Augen und großen Ohren ist nicht ohne Adel, der mittellange Hals ist gut angesetzt. Breite Brust mit viel Gurtentiefe, gute Schulter, kräftiger, gerader Rücken mit geschlossener Lende und schräge Kruppe. Stabiles, korrektes, gut bemuskeltes Fundament. Schönes Langhaar, kurzes glattes Fell in allen Grundfarben, weiße Abzeichen und weiß gestiefelt sind erlaubt. Stockmaß 160 bis 170 cm.

Verbreitung: Neben dem Hauptzuchtgebiet Irland ist es inzwischen weltweit zu finden.

Leistung: Anstellig, mutig, besitzt große Ausdauer und gute Kondition, freundliches Temperament. Gute Grundgangarten und ausgeprägtes Springvermögen. Durch Einkreuzung von Vollblütern entstehen exzellente Huntertypen.

Zuchtgeschichte: Feuchtigkeit, mildes Klima und Muschelkalkböden haben die Pferdehaltung Irlands schon vor vielen Jahrhunderten begünstigt. Die Grundlage für das Irish Draught wird in den alten irischen Pack-Horses, den „Irish Hobbies", Verwandten des Connemaras, gesehen, denen später auch europäische Rassen eingekreuzt wurden. Die bodenständige Zucht konsolidierte sich im 17. und 18. Jh., als man aus vorhandenen und für ihre Schnelligkeit und Wendigkeit berühmten leichten Pferden die schweren zur Zucht des Draught selektierte.

Das vielseitige Pferd, das Pflug und Wagen zog und mit seinem Besitzer den Hunden folgte, fand als Irish Draught weite Verbreitung. Auch in der Armee war es wegen seiner Kraft, Schnelligkeit und Genügsamkeit beliebt. Das Zuchtbuch wurde 1917 von der Irish Draught Horse Society angelegt.

Irish Hunter

Kennzeichen: Elegant und großrahmig steht er auf einem stabilen Fundament. Mit viel Gurtentiefe für Herz und Lunge besitzt er eine ausgezeichnete ausdauernde und robuste Konstitution, gepaart mit außerordentlichem Springvermögen. Der Kopf wohlproportioniert, mit einem Gesicht, dessen Ausdruck wache Intelligenz mit gelassenem Selbstvertrauen vereint. Der gut geformte Hals hat die richtige Länge und harmoniert mit der noblen Erscheinung des Gewichtsträgers im Stockmaß um 165 cm.

Verbreitung: Irland und überall, wo vielseitige, zuverlässige Sportpferde geschätzt werden.

Leistung: Mutig, fleißig, zuverlässig mit natürlichem Springtalent und vorzüglicher Springtechnik – ein hervorragender Hunter.

Zuchtgeschichte: Es ist das Zuchtprodukt einer Irish-Draught-Stute und eines Vollbluthengstes. Die Hunter-Zucht entspricht der sportlichen Vorliebe der Iren für die Jagd zu Pferde. Für dieses Zuchtziel, den Reiter durch jedes Gelände und über alle Hindernisse zu tragen, werden Irish Draught und Vollblüter gekreuzt. Dem ungeschriebenen Hunter-Zuchtgesetz folgend entwickelten sich vier Klassen, die sich nach ihrer Fähigkeit, Reitergewicht zu tragen, unterscheiden: der schwere Hunter (ab 89 kg), der mittelschwere Hunter (82,5–89 kg), der leichte Hunter (bis 82,5 kg) und der kleine Hunter mit höchstens 157 cm Stockmaß für weibliche oder junge Reiter. Die Leistungen der Hunter werden ständig im Jagdfeld und Military in den Working Hunter Classes und auf Turnieren in Zusammenarbeit mit dem Irish Horse Board geprüft, der auch das Zuchtbuch führt. Der Irish Hunter ist ein Pferd, kräftig genug, um das schwerste Familienmitglied über die Hindernisse zu tragen, aber auch freundlich genug, um von einem Kind geritten zu werden.

Irish Sport Horse

Kennzeichen: Kräftiges, harmonisches Gleichgewichtspferd mit gutem Fundament. Schöner, ausdrucksvoller Kopf mit breiter Stirn, gut gesetzten Ohren, klaren, kühnen Augen. Gut geformter Hals, tiefe, geräumige Brust, schräge Schulter, kurzer Rücken mit langer, muskulöser Kruppe. Trockene stabile Gliedmaßen mit breiten, flachen Gelenken und gesunden, gut geformten Hufen. Alle Grundfarben. Stockmaß um 165 cm.

Verbreitung: Irland, Nachzuchten weltweit.

Leistung: Hervorragendes, leistungsstarkes Spring-, Vielseitigkeits- und Dressurpferd mit anständigem Charakter und gutem Temperament, ausdauernd und intelligent. Gute Grundgangarten, viel Gang und ausgezeichnetes Springvermögen.

Zuchtgeschichte: Das Irish Sport Horse (ISH) ist das gelungene Produkt einer „Gebrauchskreuzung" auf der Basis des eleganten, schnellen Vollblüters mit dem vielseitigen Irish Draught Horse. Im Laufe der Jahre wurden nach 1945 vor allem aus den bewährten Hunter-Linien die Pferde mit besonders hervorragenden - Anlagen und Fähigkeiten für den Spitzensport, vor allem für das Springreiten und die Military, sorgfältig und unter Beachtung strenger Leistungskriterien für diesen neuen Typ des Irländers selektiert und 1970 im Irish Sport Horse Studbook erfaßt. Die Hauptlinien gehen auf in der Hunterzucht bewährte Draughts und Vollblüter zurück, doch auch das Blut im Leistungssport bewährter europäischer Rassen ist zu finden. Alle in der Zucht verwendeten Hengste werden in allgemeinen und in zentralen Leistungsprüfungen, zuerst als 3jährige und dann nochmals als 4jährige 12 Wochen lang sorgfältig geprüft, – mit dem Erfolg, daß das Irish Sport Horse nach der Wertung der World Breeding Federation for Sport Horses (WBCSH) für die Jahre 1994–1997 an führender Stelle steht.

Islandpferd

Kennzeichen: Charakteristisch für das robuste Gangpferd im deutlichen Rechteckformat sind sein lausbübischer Charme und der Tölt. Rassetypisch auch der Kopf mit dem wachen, ausdrucksvollen Auge, dem gut aufgesetzten Hals mit seiner natürlichen Aufrichtung. Gute Brusttiefe und Rippenwölbung, muskulöser, langer Rücken mit kräftiger, leicht abfallender Kruppe. Das trockene Fundament mit starken Gelenken und gutem Huf. Unverwechselbar auch das üppige Langhaar. Alle Farben und Abzeichen, keine Tigerschecken. Stockmaß 125 bis 145 cm.

Verbreitung: Island, Nachzuchten in Europa und Amerika. In der Weltföderation FEIF, Internationale Föderation der Islandpferde-Vereine, sind über 15 Nationen vertreten.

Leistung: Langlebig, robust, hart, ausdauernd, gutmütig und leistungsbereit ist es ein vielseitiges Freizeit- und Familienpferd zum Reiten und Fahren. Außer den drei Grundgangarten sind Tölt und Paß natürliches Rassemerkmal.

Zuchtgeschichte: Vor ca. 1.000 Jahren kamen mit den Wikingern bei der Besiedlung Islands keltische und skandinavische Ponys auf die Insel. Die isolierte Lage und das rauhe Klima der Insel begünstigten die Rassebildung und Reinzucht. Dazu kommt, daß für Fuhrwerke befahrbare Straßen fehlten und nur das Inselpferd für Reise und Transport zur Verfügung stand. So entwickelten sich aus den natürlichen Gegebenheiten die bequemen und schnellen Gangarten Tölt und Paß. Außerdem wurden die frei in Herdenverbänden lebenden Tiere zur Fleischerzeugung genutzt. Da nach Island keine Pferde eingeführt werden dürfen, hat sich die Reinzucht bis heute erhalten. Wenn auch in Westeuropa schon lange vertreten, hat es den Kontinent erst in den 60er Jahren für sich eingenommen und wird in Deutschland durch den Islandpferde-Reiter- und Zuchtverband e. V. (IPZV) vertreten.

Israelisches Pferd
(Israeli Local Horse)

Kennzeichen: Eine junge Rasse mit deutlich erkennbarem arabisch-orientalischen Blutanteil und großen Typvariationen. Typisch ein verhältnismäßig langer, trockener Kopf, mittellanger Hals, kurzer Rumpf, korrektes, stabiles Fundament. Vorherrschend Schimmel, Braune und Füchse. Stockmaß 145 bis 155 cm.

Verbreitung: Israel.

Leistung: Guter Charakter, energisch, umgänglich. Gute Grundgangarten und Springanlagen.

Zuchtgeschichte: Zucht und Haltung von Pferden reichen weit in die Geschichte Israels zurück. Schon König Salomo (972-932 v.Chr.) legte für seine 12.000 Reiter und zur Bespannung der 1.400 Wagen „Wagenstädte" an. Pferde wurden in Ägypten gekauft oder waren als „Strandgut" kriegerischer Nachbarvölker im Lande geblieben. Mit dem Untergang des alten Israel endete die Glanzzeit der Pferdezucht. Danach gab es in Palästina keine geordnete Pferdezucht mehr. Die im Lande vorhandenen Pferde waren überwiegend arabisch-orientalisch beeinflußte „small horses". Durch den 1. Weltkrieg kamen mit den australischen Truppen Waler und in der britischen Mandatszeit Vollblüter, Hunter und andere Rassen aus England nach Palästina und beeinflußten die lokalen Schläge. Nach der Unabhängigkeit wurden aus Europa und den USA etwa 2.000 Pferde eingeführt, darunter Shagyas, Norweger, Quarter Horses, Morgans und viele andere, die sich mit den im Land vorhandenen vermischten. Der nachhaltigste Einfluß ist aber über viele Jahrzehnte vom arabischen Pferd ausgegangen. Das Local Horse Stud Book, in das auch Pferde ohne Pedigree aufgenommen werden, wurde 1972 eröffnet. Die Registrierung war der erste Schritt zur Konsolidierung der jungen Rasse als Basis für eine moderne Sportpferdezucht.

Italienisches Kalblut
(Tiro Pesante Rapido, T. P. R.)

Kennzeichen: Kompakter Kaltblüter für den schnellen und schweren Zug mit robustem Knochengerüst und guter Röhrbeinstärke (Mindestmaß 23 cm), Brustumfang mindestens 188 cm. Hübscher Kopf, kräftiger, gut geformter Hals, starke, schräge Schulter, muskulöser Rumpf mit guter Gurtentiefe. Gerader, kurzer Rücken, kraftvolle Hinterhand mit runder Kruppe, stabiles Fundament. Vorwiegend Füchse, häufig Rotschimmel, selten Braune. Gewicht 600 bis 700 kg. Stockmaß zwischen 150 und 160 cm.

Verbreitung: Italien, mit den Hauptzuchtgebieten Venetien, Ferrara, Ravenna, Cremona und um Brescia.

Leistung: Beweglich, kraftvoll und zugfest, lebhaftes Temperament, guter Charakter, guter, langer Schritt, kraftvoller Trab. Ein vielseitiges Wirtschaftspferd für den schweren Zug.

Zuchtgeschichte: Die eigentliche Geburtsstunde der Rasse sind die Jahre nach dem Ersten Weltkrieg, als man neben dem schweren Belgier ein mittelschweres, gängiges und lebhaftes Arbeitspferd mit gutem Charakter verlangte. Nachdem Versuche mit Kaltbluthengsten der Rassen Boulonnais und Percheron nicht das erwünschte Ergebnis gebracht hatten, setzte man auf Bretonen. Mit Erfolg, da sie bei dem vorhandenen Stutenmaterial den meisten Blutanschluß fanden. Nach Festsetzung des Zuchtzieles konsolidierte sich die Rasse zunehmend, so daß sehr bald auf den Import von Mutterstuten verzichtet werden konnte. Großen Anteil an dem Erfolg hatten die staatlichen Prämierungen und Leistungsprüfungen sowie die konsequente Selektion. Der letzte Krieg hat die Population stark dezimiert. Doch gelang es den Züchtern und dem Institut für Pferdezucht in Ferrara, die Rasse unter Beibehaltung des Zuchtzieles als selbständige Rasse zu erhalten.

Italienisches Reitpferd (Sella Italiano)

Kennzeichen: Solides, harmonisches Reitpferd im Rechteckformat und mit gefälliger Oberlinie. Mittelgroßer, trockener Kopf, gut angesetzter Hals und muskulöse, schräge Schulter. Langer, markanter Widerrist, elastischer Rücken mit guter Sattellage, breiter, tiefer Rumpf mit guter Rippenwölbung, schräge Kruppe und stabiles, trockenes Fundament. Alle Grundfarben vertreten. Stockmaß 160 bis 168 cm.

Verbreitung: Italien.

Leistung: Hart, zuverlässig, intelligent, unerschrocken, guter Charakter, mit guten Bewegungen in allen Gangarten und Springvermögen. Ein vielseitiges Sportpferd.

Zuchtgeschichte: Ähnlich dem des Deutschen Reitpferdes steht die Rassebezeichnung Sella Italiano für das unter dem Zwang der Verhältnisse geänderte Zucht-programm der italienischen Warmblutzucht. Wie überall in Europa, ging der Bedarf an warmblütigen Reit- und Zugpferden zurück und der Bedarf an Sportpferden nahm zu.

Es ist den italienischen Züchtern weitgehend gelungen, das Blut der bewährten italienischen Rassen für den Typ des modernen italienischen Sportpferdes zu verschmelzen. Ob Salerner, Sanfratellanos, Maremmanos, Murgeser oder Anglo-Araber von Silizien und Sardinien, alle haben das Blut ihrer bewährten Stämme eingebracht. Als Veredler wurden u. a. Pferde aus Frankreich, Irland, Deutschland, Niederlanden sowie Vollblüter verwendet.

Mit Hilfe des bereits 1960 entwickelten Zuchtprogramms der Landesstelle für die Zucht des italienischen Pferdes ist es trotz anfänglicher Typvariation gelungen, ein im Typ einheitliches, edles Pferd zu züchten.

Jakute (Yakute)

Kennzeichen: Kräftiges Wald- und Tundrapferd mit dicker Haut und dichtem Fell, dessen Haare im Winter bis zu 15 cm lang werden können und zusammen mit dem sehr langen, kräftigen Langhaar vor Insekten und Frost schützen. Großer, derber Kopf, gerader, breiter Hals, kompakter, tiefer Rumpf, langer Rücken, abfallende Kruppe, stabile Gliedmaßen mit kurzen Röhrbeinen. Große Hufe, die das Einsinken in Moor, Matsch und Schnee verhindern. Braune, Braunschimmel, Falben, oft mit Aalstrich, Schulterkreuz und Zebrastreifen. Stockmaß 135 bis 140 cm. Das Gewicht liegt bei 430 bis 470 kg.

Verbreitung: In der Yakutischen ASSR. Zuchtzentrum ist Jakutsk.

Leistung: Geduldig, genügsam, äußerst gesund, widerstandsfähig und zäh, – dem extremen, rauhen Klima, dessen Minusgrade im Winter bis auf −60° absinken können, sehr gut angepaßt. Als Fleisch- und Stutenmilchlieferant für die Jakuten unentbehrlich. Ausgewachsene Pferde liefern um 228 kg Frischfleisch, Stuten in der sechsmonatigen Laktationszeit 1.200 bis 1.700 kg Milch. Unverzichtbar als Reit- und Packpferd.

Zuchtgeschichte: Das Jakutenpferd soll von Pferden abstammen, die im 13. und 14. Jh. vom Jenissej in die Jakutsker Region kamen und feiner und größer waren als die heutigen Jakuten. Durch das extreme Klima in der sibirischen Tundra und das karge Leben in halbwilden Herden mutierte es zu der kompakten, robusten Rasse. Es stammt vom Mongolen Pferd ab, ist aber länger und massiver. Drei Typen haben sich gebildet: im Norden der größere und gleichmäßigere Original-Typ, das Kolyma oder Werchojansk Pferd, der kleine Süd-Typ ohne Einkreuzung anderer Rassen, und der große Süd-Typ, der in Zentral-Jakutien sehr verbreitet ist und den man durch Traber und Kaltblüter, jedoch mit geringem Erfolg, verbessern wollte.

Java Pony

Kennzeichen: Kräftig gebautes, wenig ansehnliches Pony. Mittelgroßer, mitunter derber, gerader Kopf, kurzer, breiter Hals. Flacher Widerrist, mäßige Schulter, schmaler Rumpf mit flachen Rippen, gerader Rücken, oft Karpfenrücken und Eselkruppe. Schwache, oft verstellte Gliedmaßen mit undeutlichen Gelenken und harten Hufen. Volles Langhaar. Alle Farben, braune Töne überwiegen. Stockmaß bis etwa 125 cm.

Verbreitung: Auf der Insel Java mit der vorgelagerten kleinen Insel Madura. Java, mit Indonesiens Hauptstadt Djakarta, gehört noch immer zu den am dichtesten bevölkerten Agrarländern der Erde.

Leistung: Ausdauernd, sehr widerstandsfähig gegen tropische Hitze. Zieht unermüdlich und willig den zweirädrigen Karren (den Sados), das Personen- und Lasten-Taxi der Insel. Geritten wird es seines Karpfenrückens wegen selten, und dann nur mit Sattel. Geht auch Tölt und Paß (Tandakkan).

Zuchtgeschichte: Die portugiesischen und holländischen Kolonisatoren unterstützten die Pferdezucht seit Anbeginn (16./17. Jh.) und bemühten sich, die mongolisch-orientalisch beeinflußte Mischrasse zu verbessern durch verstärkte Einfuhr arabisch-berberischer Pferde. Die besten Ponys wurden unter dem Namen „Kuda gunung" oder auch „Gunnunger" (Bergpferd) in der Gebirgsregion der Insel gezüchtet. Für die Bedürfnisse der Europäer und für die Verwendung als Kavalleriepferd wurde um die Jahrhundertwende im Westen Javas mit Hilfe von Araber- und Vollblut das 130 bis 160 cm große **Preanger** Pferd gezüchtet. Auch auf der kleinen, Java vorgelagerten Insel Madura entwickelte sich ein gleichnamiger, dem Java Pony eng verwandter Schlag. Durchgesetzt und geblieben ist jedoch nur das kleine, unansehnliche, aber unerhört leistungsbereite und zähe Java Pony.

Jomud (Jamud)

Kennzeichen: Trockener Kopf mit langem Gesicht, mitunter Ramsnase. Mittellanger Hals, ausreichender Widerrist, schräge Schulter, stabiler Rumpf mit guter Gurtentiefe (168 cm), solider Rücken, schräge Kruppe. Solides, trockenes Fundament (Röhrbeinumfang 19 cm) mit harten Hufen. Feines, seidiges Fell, aber im Winter dicht und lang, schütteres Langhaar, kein Behang. Vor allem Braune, Schimmel, Füchse, selten Goldfüchse und Rappen. Stockmaß 148 bis 158 cm.

Verbreitung: Im nördlichen Iran in halbwild lebenden Herden, und im transkaspischen Raum der Republik Turkmenistan.

Leistung: Ausgeglichener Charakter und gutes Temperament, gesund, genügsam, langlebig, widerstandsfähig und ausdauernd. Gute, schwungvolle Grundgangarten, Springvermögen. Ein Pferd zum Reiten und Fahren, bewährt in langen Distanzen und im Gebirge.

Zuchtgeschichte: Die vom Stamm der Jomud im südlichen Turkmenistan gezüchtete Rasse ist aus dem turkmenischen Pferd hervorgegangen. Der Jomud geht auf das mongolische Steppenpferd zurück. In ihm fließt auch das Blut der berühmten Nissäischen Rosse, der Medischen Rosse und von Orientalen. Als vor über 100 Jahren Hengste der Rassen Plateau Perser und Araber in Turkmenistan als Beschäler verwendet wurden, haben sich zwei unterschiedliche Linien entwickelt, der Jomud im Iran und der Achal-Tekkiner in Turkmenistan. Der Jomud ist kleiner, hat stärkere Knochen und Hufe und ist insgesamt etwas kräftiger, er hat auch etwas mehr Langhaar. Und obwohl er auf kurzen Distanzen langsamer als der Achal-Tekkiner ist, hat er mehr Ausdauer und Stehvermögen über sehr lange Distanzen. Die Rasse wird von der 1972 zur Vervollkommnung und Erhaltung der einheimischen Pferderassen des Iran gegründeten National Horse Society betreut.

Jütländer

Kennzeichen: Kräftiger, mittelgroßer, meist fuchsfarbener Kaltblüter mit heller Mähne. Mittelgroßer, gefälliger Kopf, kleine, freundliche Augen, lange Ohren, mittellanger, starker, gut geformter Hals. Kräftiger Rumpf mit guter Gurtentiefe, breiter Brust, muskulöser, schräger Schulter. Breiter, langer, gut bemuskelter Rücken, breite, kraftvolle, gut geformte Kruppe. Stabiles Fundament mit kurzen, korrekten, stämmigen Gliedmaßen, Behang und großen Hufen. Schönes, welliges Langhaar. Vorherrschend Füchse mit hellem Langhaar, selten Braune oder Schimmel. Stockmaß 155 bis 160 cm und zwischen 600 bis 800 kg schwer.

Verbreitung: Dänemark mit dem Hauptzuchtgebiet auf der Halbinsel Jütland, Skandinavien, Norddeutschland.

Leistung: Guter Charakter, ausgeglichenes Temperament, leichtfuttrig, frühreif. Ausdauernd, leistungsfähig, fleißiger, energischer, raumgreifender Schritt und Trab. Zuverlässiges, leichtfüßiges Arbeitspferd für Land-, Forstwirtschaft und Gewerbe; beliebtes Brauereipferd.

Zuchtgeschichte: Er ist der bodenständige Kaltblüter Dänemarks, war bereits im 8. Jh. den Wikingern bekannt und wurde schon im 12. Jh. anerkennend erwähnt. Er war im Mittelalter das Streitroß der Ritter in Mitteleuropa und in der Neuzeit das „Brauereipferd". Darüber hinaus war und ist er ein sehr geschätztes, zuverlässiges Arbeitspferd. An der Rassebildung waren Fredriksborger- und Yorkshire-Hengste beteiligt.

Bedeutenden Einfluß auf die Entwicklung der Zucht hat der 1862 aus England kommende Fuchshengst *Oppenheim LXLL* genommen, der Suffolk oder Shire gewesen sein soll. Als eigentlicher Rasse-

begründer aber wird der Hengst *Aldrup Munkedal* bezeichnet, der auf *Oppenheim* zurückgeht. 1887 wurde auf der Halbinsel Jütland, dem Zuchtzentrum, der bäuerliche Zuchtverband gegründet und damit der Rasse, der wir den Schlesiger verdanken, eine breite Zuchtgrundlage gegeben.

Die Zucht des Jütländers ist heute stark eingeschränkt, da in der Land- und Forstwirtschaft Dänemarks nur noch wenige Pferde benötigt werden. Nur die Carlsberg Brauerei in Kopenhagen, in der seit 1928 Jütländer eingespannt werden, verwendet ihn zur Freude der Dänen noch immer.

Kabardiner

Kennzeichen: Gebirgspferd im mittleren Rahmen. Mittelgroßer, manchmal ramsnasiger Kopf. Muskulöser Hals, relativ niedriger Widerrist, schräge Schulter, kräftiger Rumpf mit breiter Brust und viel Tiefe. Kurzer, gerader Rücken, muskulöse, leicht abfallende Kruppe, stabiles, trockenes Fundament mit markanten Sehnen und Gelenken, sehr harte Hufe. Schönes Langhaar. Vor allem Braune und Dunkelbraune, seltener Rappen, kaum Abzeichen. Stockmaß um 155 cm.

Verbreitung: In den Republiken des Kaukasus, vor allem im Raum Kabardino-Balkarien im Nordkaukasus, der „Karbada". Zuchtschwerpunkte sind die Gestüte Karadjai, Malkinsk, Malo Prochladnoje, Malo Karatschajew.

Leistung: Genügsam, widerstandsfähig, fruchtbar, langlebig. Menschenbezogener Charakter, trittsicher, guter Bergsteiger, leichttritig mit elastischen, taktreinen Bewegungen. Ein Pferd mit besonderer Eignung für das Distanz- und Wanderreiten im Gebirge.

Zuchtgeschichte: Unter den vielen Gebirgspferderassen Rußlands sind die Kabardiner die besten und schnellsten. Die Donkosakenkavellerie ritt früher nur Kabardiner. Aus einer Kreuzung von Kalmyker- und Nogayerstuten mit Hengsten türkischen, persischen, karabachischen und arabischen Blutes wurde durch den Ausleseprozeß der natürlichen Haltung ein schon im 16. Jh. beliebtes und begehrtes Pferd. Es wurde im Kaukasus und anderen Regionen als „Verbesserer der Bergpferderasse" verwendet. Der Rassetyp des Kabardiner wurde nicht zuletzt auch durch ganzjährige Herdenhaltung (Frühjahr bis Herbst auf den Gebirgsweiden, im Winter auf den Talweiden) geprägt. Ein Stutbuch wird geführt. Den Anglo-Kabardiner, ein elegantes, schnelles Sportpferd, das Kreuzungsprodukt Kabardiner–Englisches Vollblut, gibt es seit einigen Jahrzehnten.

Karabaier

Kennzeichen: Im mittleren Rahmen stehendes, drahtiges Gebirgspferd arabischen Typs. Mittelgroßer, hübscher Kopf mit gerader oder leicht gewölbter Nasenlinie, weit gesetzten Ohren und ausdrucksvollen Augen. Gute Ganaschenfreiheit. Hoch aufgesetzter, zuweilen auch kurzer, gerader Hals, markierter Widerrist, mäßig steile Schulter. Kräftiger Rumpf mit breiter, tiefer Brust, kurzem, geraden Rücken, breiter, muskulöser, runder Kruppe. Stabiles Fundament mit starken, trockenen Gliedmaßen und sehr festen kleinen Hufen. Feine Haut, schwach ausgebildetes Haar und Langhaar. Vor allem Schimmel, Braune, Füchse, Rappen. Stockmaß um 154 cm.
Verbreitung: Hauptzuchtgebiet ist die Republik Usbekistan mit den Gestüten Dshisak und Avangard bei Samarskand.
Leistung: Durch das extreme mittelasiatische Klima geprägt. Sehr leistungsfähig, ausdauernd und anspruchslos, williger guter Charakter, trittsichere, harmonische, geschmeidige Bewegungen. Sowohl im Geschirr als auch unter dem Sattel bewährt. Hervorragendes Wander- und Distanzpferd.
Zuchtgeschichte: Seine Urheimat, die Halbwüsten, Täler und Berge Usbekistans und Tadschikistans, haben die über 2.000 Jahre alte Rasse geprägt, in der das Blut mongolischer, persischer und türkischer Steppenpferderassen und des echten Arabers fließt. Genau datieren läßt sich die Zucht nicht, da man mehr Wert auf gute Eigenschaften und Verwendung als auf Abstammung legte. Das hat auch zur Bildung der drei Typen Reit-, Zug- und Tragpferd geführt. Bereits im 18. Jh. waren Karabaier über die Grenzen ihres Zuchtgebietes hinaus bekannt.

Der in den letzten Jahrzehnten eingeleitete Typwandel zum vielseitigen Sportpferd durch Zufuhr von Englischem und Arabischem Vollblut ist der Population von z. Zt. ca. 28.000 Karabaiern, davon 25.000 rein gezogen, gut bekommen.

Karabakh (Karabacher)

Kennzeichen: Typisches „Bergreitpferd" mit trockenem, festen Körperbau. Schöner Kopf mit großen, wachen Augen. Hoch getragener, mittellanger Hals, mittelstark ausgeprägter Widerrist. Breite, tiefe Brust, gut bemuskelter Rücken und abgerundete, muskulöse Kruppe. Trockene Beine mit gut entwickelten Sprunggelenken, kleine Hufe mit hartem Horn. Vor allem Fuchs- und Brauntöne mit metallischem Schimmer. Stockmaß 145 bis 150 cm.

Verbreitung: Hauptzuchtgebiet ist die Republik Aserbeidschan in Transkaukasien mit dem Gestüt Agdan, der Hochburg der Zucht.

Leistung: Energisches, gutmütiges Temperament, sensibel, aber ehrlich, reagiert in Schrecksituationen nicht mit Flucht. Ausdauernd, hart, schnell, trittsicher, wendig. Raumgreifende, taktklare Bewegungen in den Grundgangarten. Veranlagung zum Tölt vorhanden.

Zuchtgeschichte: Die Region Nagorny-Karabakh (Berg-Karabach), Teil der Provinz Baku, ist die Heimat der Karabakher. Die Rasse ist bereits im 4. Jh. aus einer Kreuzung arabisch-persischer Pferde mit turkmenischen Pferden entstanden. Das „reine karabachische" Pferd wurde durch sein „goldiges Haar" bald berühmt und hat auch auf die Zucht des Don-Pferdes Einfluß genommen. Anfang der 70er Jahre gab es nur noch 600 Pferde. Die Rasse ist heute in ihrer Existenz so stark bedroht wie zuletzt seit dem Einfall der Perser 1826. Ölquellen bieten immer Anlaß zu Krisen und Kriegen, wie der Konflikt mit Armenien um Nagorny-Karabach, dem Ursprungsgebiet der Rasse zeigt. Um das Überleben der Rasse zu sichern, wird vorsichtig das Blut von Achal-Tekkinern und Vollblutarabern eingekreuzt. Die Haltung der frei lebenden Herden ist ursprünglich und natürlich: Frühjahr bis Herbst auf den Hochweiden, im Winter auf den Talweiden. Ein Zuchtbuch wird geführt.

Karacabey (Karacabeyer)

Kennzeichen: Gefälliges, gut proportioniertes Reitpferd. Ausdrucksvoller, trockener, mittelgroßer Kopf mit beweglichen Ohren, offenem, klarem Auge und geradem, oft leicht konkavem Profil. Mittelhoch aufgesetzter, gerader Hals, oft leicht vorgewölbte Unterlinie, langer, trockener Widerrist, lange, kräftige, mitunter steile Schulter. Harmonischer, breiter, tiefer Rumpf, tragkräftiger, gerader Rücken und kräftige, mäßig schräge Kruppe. Stabiles, trockenes Fundament mit gut markierten Gelenken und regelmäßigen Hufen. Alle Grundfarben, vor allem Braune. Stockmaß um 162 cm.

Verbreitung: Türkei, vor allem auf der Anatolischen Hochebene mit dem Staatsgestüt Karacabey als Zuchtmittelpunkt und Namensgeber der Rasse.

Leistung: Ursprünglich leistungsfähiges Kavalleriepferd für die türkische Armee. Heute wird es noch in der Landwirtschaft als Reit-, Zug- und Tragpferd verwendet, häufiger jedoch als vielseitig einsetzbares Reitpferd.

Zuchtgeschichte: Es ist die bodenständige Rasse der Türkei, deren Wurzeln bis in die Zeit der Hethiter und der Osmanen zurückreichen. Türkische Pferde vertraten Macht und Ruhm der Osmanen und ihrer Vollblutaraberzucht, deren Glanz durch Byerley Turk noch heute strahlt. Das Gestüt Karacabey, südlich des Marmarameeres in Anatolien gelegen und ursprünglich eine Gründung der Osmanen, bekam seinen Namen 1927 unter Kemal Atatürk, der die Pferdezucht förderte. Die Rasse wurde durch die Kreuzung einheimischer Stuten mit Hengsten der Rassen Araber und Englisches Vollblut entwickelt. Zur Zucht eines für die Landwirtschaft geeigneten Schlages wurde auch Nonius- und Haflinger-Blut eingekreuzt. Stempelhengst ist der Vollblutaraber *Kurus XVIII*, ein Nachkomme des 1921 geborenen legendären Linienbegründers *Baba Kurus* v. *Kuheyletuz Kurus* und *Siklewi Siayfi*.

Kasachen Pferd

Kennzeichen: Steppenpferd, im Typ des
Mongolen Ponys stehend. Derber Kopf
mit gewölbtem Profil, breiten, kräftigen
Ganaschen. Fleischiger Hals, aber trockener als beim Mongolenpferd. Breiter,
rumpfiger Körper mit guter Tiefe, kräftiger,
kurzer Rücken. Stabiles Fundament mit
kurzen, trockenen, kräftigen Gliedmaßen
und harten Hufen. Mähne und Schweif
dicht und lang. Vor allem Braune, Füchse,
Schimmel und Rappen, seltener Falben
und Schecken. Stockmaß um 142 cm.
Verbreitung: Republik Kasachstan.
Leistung: Anspruchslos, widerstandsfähig
gegenüber Hitze und Kälte, nicht schnell,
aber erstaunlich ausdauernd. Wird ganzjährig in nomadisierenden Herden gehalten. Reitpferd der Viehhirten, Kuhmys-
und Fleischlieferant. Neben den Grundgangarten ist auch die Veranlagung zum
Paß oder Tölt (russische Bezeichnung
dafür „Perestrup") vorhanden.

Zuchtgeschichte: Das auf das Mongolen
Pony zurückgehende Steppenpferd ist, wie
durch Ausgrabungen nachgewiesen werden konnte, dort schon im 2. Jahrtausend
v. Chr. heimisch gewesen. Im 5. Jh. v. Chr.,
als es in großen Herden die Steppen bevölkerte, wurde es auch durch den Karabaier, Araber und Achal Tekkiner beeinflußt und hat sich seitdem den extremen
Bedingungen des Steppenklimas hervorragend angepaßt.

Mitte dieses Jahrhunderts wurden zur
Verbesserung der Rasse auch Vollblüter,
Orlow Traber und Donpferde zur Zucht
verwendet. Im Verlauf seiner Rassebildung
haben sich zwei Typen herausgebildet.
Der robuste, kleinere **Dzbabye** als der ursprüngliche Typ und der orientalisch beeinflußte, etwas größere **Adajewsky-Typ**.
Beide Typen wurden für die Zucht des
„Kustanaier" verwendet. Die Population ist
noch ca. 300.000 Pferde stark. Wichtigstes
Gestüt ist Mugojar in der Region Aktju-
binsk.

Kaspisches Pony

Kennzeichen: Elegantes, edles Pony im arabischen Typ. Feiner, trockener Kopf mit breiter Stirn und auffallenden Backenknochen, klare, lebendige Augen, kurze, wache Ohren, weite Nüstern und kleines Maul. Leicht gebogener Hals, schräge Schulter, prägnanter Widerrist. Schlanker, muskulöser Rumpf, kurzer, gerader Rücken, kräftige Kruppe, hoch angesetzter und schön getragener Schweif. Schlankes, trockenes, stabiles Fundament mit harten, ovalen Hufen. Feines, seidiges Langhaar. Vor allem Braune, Schimmel, auch Füchse, selten Rappen oder Isabellen. Abzeichen am Kopf und den Gliedmaßen erlaubt. Stockmaß 100 bis 120 cm.

Verbreitung: Ursprünglich nur im Iran, an den Nordhängen des Elbrus Gebirges, am Kaspischen Meer und im Grenzgebiet Rußlands. Inzwischen auch in England und Deutschland vertreten sowie in Australien, Neuseeland und auf den Bermudas.

Leistung: Intelligent, freundliches Temperament, guter Charakter. Ausdauernd und gehorsam, raumgreifende Bewegungen, trittsicher, gutes Springvermögen. Ideales kleines Pferd für Kinder und Jugendliche.

Zuchtgeschichte: Die sehr alte Rasse, deren Vergangenheit sich im Dunkel der Geschichte verliert, hat sich ihren ursprünglichen Rassetyp ohne großen Fremdbluteinfluß erhalten können. Durch Ausgrabungen haben iranische Archäologen nachgewiesen, daß das Kaspische Pony im Mittleren Osten mit großer Sicherheit als erstes Pferd verwendet wurde und schon 3000 v. Chr. existierte. Lange Zeit galt die Rasse als ausgestorben, bis sie durch die Zoologin Louise Firouz 1965 zufällig wiederentdeckt wurde. Hippologen und Wissenschaftler nahmen sich der Rasse an und spürten die überlebende kleine Herde in ihrem Rückzugsgebiet am Elbrus und Kaspischen Meer auf, die inzwischen unter dem Schutz der National Horse Society of Iran steht.

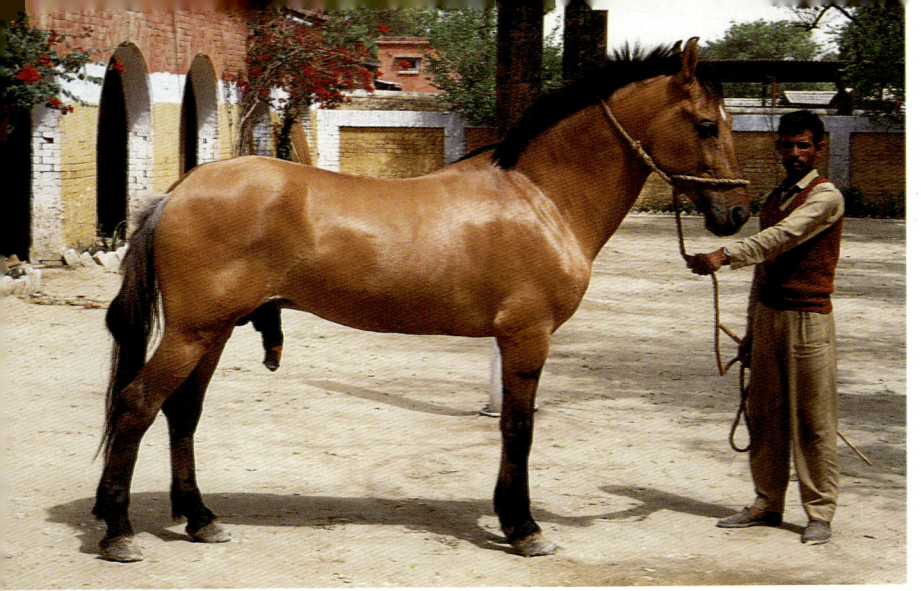

Kathiawari Pony

Kennzeichen: Arabisch geprägtes, schmales, hochbeiniges Kleinpferd. Charakteristisch die auffällig gebogenen Ohren am geraden, trockenen Kopf, deren Ohrspitzen sich berühren und sich um 360° wenden können. Gut angesetzter Hals, gut geformter Widerrist, starke, schräge Schulter, langer, gerader Rücken, schräge Kruppe, tief angesetzter Schweif. Die schwachen Gliedmaßen mit den gut geformten Hufen sind trotz geringer Knochenstärke sehr widerstandsfähig, aber häufig schlecht gestellt. Alle Farben, auch Falben mit Aalstrich und Zebrastreifen, ausgenommen Rappen. Stockmaß bis 152 cm.

Verbreitung: Republik Indien, vor allem auf der Halbinsel Kathiawar an Indiens Westküste.

Leistung: Robust, sehr zäh und genügsam. Äußerst widerstandsfähig gegen Hitze, kommt mit wenig Futter und Wasser aus. Intelligent mit Neigung zu Temperaments-schwierigkeiten. Ausdauernd, ein trittsicherer, schneller Galoppierer. Bewährtes Reit- und Sportpony. Charakteristisch ist der „Revaal", der angeborene schnelle und komfortable Paß.

Zuchtgeschichte: Die seit Jahrhunderten für ihre Pferde berühmte trockene, dürre Halbinsel Kathiawar hat diesen weit über den indischen Subkontinent verbreiteten „Wüstentyp" hervorgebracht. Die genaue Herkunft ist ungewiß. Doch schon vor der Islamisierung (um 1000) gab es eine einheimische Mischrasse, der in der Mogul-Zeit und unter der britischen Herrschaft Araber und Pferde vom Kap (Südafrika) eingekreuzt wurden. In der von den Maharadschas stark geförderten Zucht bildeten sich 28 nach den Stammüttern benannte Linien. Ihren Höhepunkt hatten die Kathiawari im 19. Jh. als von den indischen Fürsten und der britischen Armee geschätztes Kavalleriepferd. Das Zuchtbuch wird von der Kathiawari Horse Breeders' Association geführt.

Kinsky Pferd

Kennzeichen: Augenfällig die Farbe der wie Gold glänzenden Isabellen und Falben mit ihrem wie Silber oder schwarzer Lack glänzendem Langhaar. Ihr Exterieur ist das eines guten Hunters: Großrahmig mit eleganter Oberlinie, kräftiges Gebäude mit guter Gurtentiefe, tadelloser Schulter, gut bemuskelter Hinterhand und stabilem, trockenem Fundament. Um 165 cm Stockmaß.

Verbreitung: Tschechische Republik.

Leistung: Vielseitiges Reit- und Fahrpferd mit gutem Charakter, leichttrittig, mit Gang- und Springvermögen.

Zuchtgeschichte: Namensgeber dieser Rasse sind die zum böhmischen Uradel gehörenden Grafen Kinsky, die auf ihrer Herrschaft Chlumec – nahe Pardubitz und Kladrub – seit 1574 Pferde mit einer Vorliebe für auffallend gefärbte Tiere züchteten. Weißmähnige Falben waren in der Chlumecer Zucht auf der Grundlage von spanisch-andalusischem und neapolitani-

schem Blut bereits im 18. Jh. vorhanden. Ein Bild des englischen Malers Hamilton aus dieser Zeit zeigt die Gräfin Teresina Kinsky auf einem Falbschecken. Angenommen wird, daß der Stammvater des Lipizzaner-Favory-Stammes, ein Falbhengst, in Chlumec gedeckt und seine Falbfarbe vererbt hat. Anlaß für den Beginn einer ausgesprochenen Falbzucht war die Weigerung des General-Studbook, die weißmähnige Falbstute *Themby II* a. d. *Themby* v. *Whisker* einzutragen. Aus der Verbindung von *Themby II* mit dem Vollblut-Fuchshengst *Prince Djalma* fiel der weißmähnige *Caesar*, der Stammvater der Chlumecer Falben, deren erstes Zuchtbuch 1838 eröffnet wurde. Alle Pferde der Chlumecer Zucht bewährten sich im Geschirr und unter dem Sattel, vor dem V- erzug, bei Parforce-Jagden und -Rennen bis zum Polo. Dank der großen Passion wirklicher Pferdeleute hat die Zucht alle Zeitwirren überstanden und lebt heute als Kinsky Pferd anerkannt im Gestüt Ostrov.

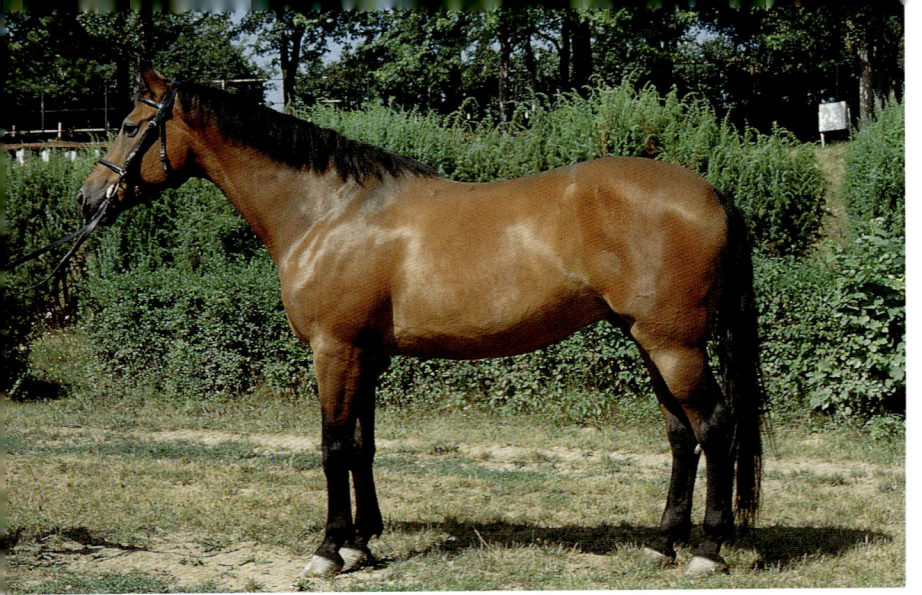

Kisberer

Kennzeichen: Eleganter, mittelstarker, im Vollbluttyp stehender Warmblüter. Ausdrucksvoller Kopf, gut angesetzter Hals, kräftige, schräge Schulter, mittellanger Rücken, lange, schräge, gut bemuskelte Kruppe, mittelstarkes, trockenes Fundament mit gut markierten Gelenken, regelmäßige, gesunde Hufe. Alle Grundfarben, vorwiegend Braune, Füchse, Rappen. Stockmaß um 160 bis 165 cm.
Verbreitung: Ungarn.
Leistung: Leistungsbetontes Pferd für alle Reit- und Fahrdisziplinen. Weite, flache elastische Gänge, Springvermögen, guter Charakter und angenehmes Temperament.
Zuchtgeschichte: Bei der Begründung der Zucht in Kisber 1853 wurden englische und arabische Pferde aufgestellt. Zuchtziel waren Vollblüter und edle Halbblüter. 1867 standen in Kisber 10 Vollblutbeschäler, darunter *Buccanneer*, geb. 1857, der zum Begründer der ungarischen Vollblutzucht wurde, und *Cambuscan*, geb. 1872, Vater der ungeschlagenen Wunderstute *Kinscem*. Außerdem standen der Halbblutzucht 475 Halbblüter zur Verfügung. Aber erst ab 1869 unter der Leitung des Ministerrates von Kozma, der nur Vollblüter als Beschäler verwendete, machte die Halbblutzucht Fortschritte. Er schuf ein sehr gesuchtes Gleichgewichtspferd mit Reitpferderücken, muskulöser Hinterhand und einem sehr harten und trockenen Fundament. Nach dem 1. Weltkrieg wurde auch etwas arabisches Blut beigemischt, daneben Furioso, North Star und Trakehner Blut. Bedeutende Vollblutbeschäler zwischen den Weltkriegen waren *Major, Ganelon, Fortis* und *Nepomuk*, von den Halbbluthengsten sind *Maxim II, Maxim III, Slieve Gallion I* und *Kozma III* und für die Gegenwart der Hauptbeschäler *Szikrázó I* zu nennen. Der 2. Weltkrieg führte zum Verlust der angestammten Zuchtheimat. Die Zucht wird im Gestüt Dalmand und Sárvár weitergeführt.

Kiso Pferd

Kennzeichen: Schwerer Kopf mit kräftiger Maulpartie und breiter Stirn, kurzer, dicker Hals, langer Rumpf, kurze, kräftige Gliedmaßen mit guter Röhrbeinstärke und gut geformten, sehr harten Hufen, mitunter knieeng. Mähne und Schweif sind dick und kräftig. Alle Grundfarben, vor allem Braune, Dunkelbraune und Rappen. Stockmaß maximal 138 cm.
Verbreitung: Japan, am Berg Ontake, dem Quellgebiet des Kiso.
Leistung: Wurde vorwiegend in der Landwirtschaft, im Transportwesen und für militärische Zwecke verwendet.
Zuchtgeschichte: Das Kiso Pferd lebt seit über 1.000 Jahren in Japan. Seine genaue Herkunft und die der anderen alten japanischen Rassen ist unsicher. Es wird angenommen, daß sie entweder von den Plateaupferden Persiens oder vom Mongolen Pferd abstammen. Pferde waren für die Landwirtschaft, das Transportwesen sowie

Macht und Ansehen Japans unverzichtbar. Im 12. Jh. hatte der Samurai Yashinaka Kiso 10.000 berittene Krieger. Und auch in der Edo Ära (1600–1867) wurde das Kiso Pferd für militärische Zwecke benutzt. Die Regierung der Kiso-Region erkannte die strategische Bedeutung des Kiso Pferdes und förderte die Zucht, so daß bald mehr als 10.000 Tiere zur Verfügung standen. In der Meiji Periode (1868–1903) führte Japan mit verschiedenen ausländischen Staaten Krieg, und dabei stellten die Japaner fest, daß die japanischen Pferde denen der westlichen Festlandsmächte an Größe und Kraft unterlegen waren. Daraufhin verfügte die Militärverwaltung ein Zuchtprogramm zur Kreuzung des Kiso Pferdes mit verschiedenen ausländischen Rassen. Der Vormarsch der Maschinen nach dem Zweiten Weltkrieg drängte die Pferde zurück. Einige reingezogene Kiso Pferde existieren noch und leben geschützt in dem Dorf Kaida am Fuße des Berges Ontake.

Kladruber

Kennzeichen: Imponierender Karossier, der seit Jahrhunderten in zwei getrennten Farblinien gezüchtet wird (Schimmel in Kladrub, Rappen in Slatina). Typisch für die spätreifen und langlebigen Kladruber ist der kräftige, große Ramskopf und der breitgeschwungene Hals mit der fülligen Mähne. Elastischer Rücken, leicht gerade Kruppe, hoch angesetzter Schweif, breite Brust, schön geschlossener, tiefer Rumpf, kräftiges, trockenes Fundament mit gesunden Hufen. Stockmaß um 170 cm, nicht unter 163 cm.

Verbreitung: Tschechische Republik, Österreich, Deutschland.

Leistung: Typisch für den Kladruber ist der kadenzierte, energische Trab mit hoher Aktion, der aber raumgreifender geworden ist. Die ausgezeichneten Fahrpferde werden auch unter dem Sattel ausgebildet und überzeugen dabei durch Charakter und Rittigkeit.

Zuchtgeschichte: Das 1579 von Rudolf II. v. Habsburg zum Hofgestüt erhobene Kladrub zählte 1729 18 Beschäler und 170 Stuten im altspanisch-italienischen Typ, als 1756 eine Feuersbrunst das Gestüt samt Archiv vernichtete und die Zucht eine empfindliche Unterbrechung erfuhr. Aber Josef II. ließ das Gestüt wieder aufbauen, und die Pferde konnten aus ihrem ungarischen Asyl zurückkehren. Ahnherr der neuen Kladruber wurde der aus dem italienischen Fürstenhaus Ferrara stammende Rapphengst *Pepoli*, geb. 1764. Er ist der Großvater des 1787 geborenen Schimmelhengstes *Generale* und hat den gleichnamigen Schimmelstamm begründet. Begründer des Rappstammes wurde der Hengst *Sacramoso*, ein Abkömmling der norditalienischen Polesina-Rasse aus dem erzbischöflichen Salzburgischen Gestüt in Ries. Nach dem Zerfall der k. u. k. Monarchie wurde durch den Tschechischen Staat alles getan, um das wertvolle Kulturerbe zu erhalten.

Kleines Deutsches Reitpferd

Kennzeichen: Edles, großliniges und korrektes Reitpferd. Trockener, ausdrucksvoller Kopf, gut geformte Halsung, gute Ganaschenfreiheit. Schräg gelagerte Schulter, markanter Widerrist, ausreichende Brusttiefe, gut proportionierter und bemuskelter Körper, leicht geneigte, kräftig bemuskelte Kruppe, trockenes Fundament mit korrekten Gelenken und Hufen. Alle Farben erlaubt, ohne Diskriminierung der Scheck- oder Tigerscheckfärbung. Stockmaß zwischen 149 und 158 cm, geringe Unter- und Übergrößen können toleriert werden. Hengste auch bis 162 cm Stockmaß.

Verbreitung: Deutschland.

Leistung: Für Kinder, Jugendliche und Erwachsene geeignetes Freizeit- und Sportpferd zum Reiten und Fahren. Gesund, robust und mit guter physischer und psychischer Belastbarkeit. Genügsam, unkompliziert, umgänglich, einsatzfreudig, nervenstark, verläßlich, guter Charakter, gelassenes, ausgeglichenes Temperament. Fleißige, taktmäßige, raumgreifende Grundgangarten mit gutem Schub aus der Hinterhand.

Zuchtgeschichte: Ausgangspopulationen sind alle Reitpferde- und Reitponyrassen sowie die Veredlerrassen Arabisches Vollblut, Araber, Shagya-Araber, Anglo-Araber, Vollblut und Traber. Leistungsprüfungen entsprechen denen der Ausgangsrassen. Allerdings können Kleine Deutsche Reitpferde bis zum Stockmaß von 158 cm statt des 100-Tage-Tests den 30-Tage-Test absolvieren. Als Kleines Deutsches Reitpferd gezogene Hengste müssen mindestens den 30-Tage-Test bis zum fünften Lebensjahr mit Erfolg auf Station ablegen. Das Zuchtbuch wird vom Zuchtverband für Deutsche Pferde e. V. (ZfDP) geführt.

Knabstrupper

Kennzeichen: Bei den in fünf Farbvarianten auftretenden Tigerschecken werden die drei Zuchtrichtungen **Barocker Typ, Moderner Typ** und **Pony Typ** unterschieden. Beim Barocken Typ fallen der kräftige, leichte ramsnasige Kopf, der starke, hoch aufgerichtete Hals, die barocke Form des Rumpfes mit der breiten Brust, der nicht zu lange Rücken und die abgerundete Kruppe ins Auge. Das Fundament ist stark und trocken und mit festen Hufen. Der Moderne Typ aber entspricht mit seinem Zuchtziel dem des Deutschen Reitpferdes. Stockmaß ab 148 cm, Ponys darunter.
Verbreitung: Dänemark, Deutschland.
Leistung: Dank seiner Gelehrigkeit, seines ausgeglichenen Temperaments, guten Charakters und seiner Leistungsbereitschaft sind die Knabstrupper für alle Reit- und Fahrzwecke geeignet.
Zuchtgeschichte: Eine der ältesten Rassen Dänemarks. Die Seitenlinie des Fredriks-borger Pferdes ist eng mit der Geschichte des 1536 gegründeten Gestütes Fredriks-borg verbunden. Dort hatte man viele Jahrzehnte auf der Grundlage spanisch-orientalischen Blutes die an allen Reitaka-demien und Fürstenhöfen geschätzten ba-rocken Tigerschecken gezüchtet. Aber mit dem zu Ende gehenden 18. Jh. nahm die Entwicklung der Reiterei einen anderen Gang, und Pferde dieses barocken, ge-scheckten Typs wurden nicht mehr ver-langt. Die Zucht wurde, dank privater Ini-tiative, vor allem durch Major Lunn auf dessen Gut in Knabstrup weitergeführt. Dieser hatte 1812 eine aus Spanien stam-mende stichelhaarige Stute, die „Flaebestu-te" von einem Händler dieses Namens ge-kauft und mit dem Fredriksborger Hengst *Baeveren* gepaart. Der 1813 aus dieser Ver-bindung geborene Hengst *Flaebehingst* wurde Stammvater der Kladruber. Der 1972 gegründete dänische Zuchtverband, der eng mit den deutschen zusammenar-beitet, ordnete Zucht und Zuchtziel neu.

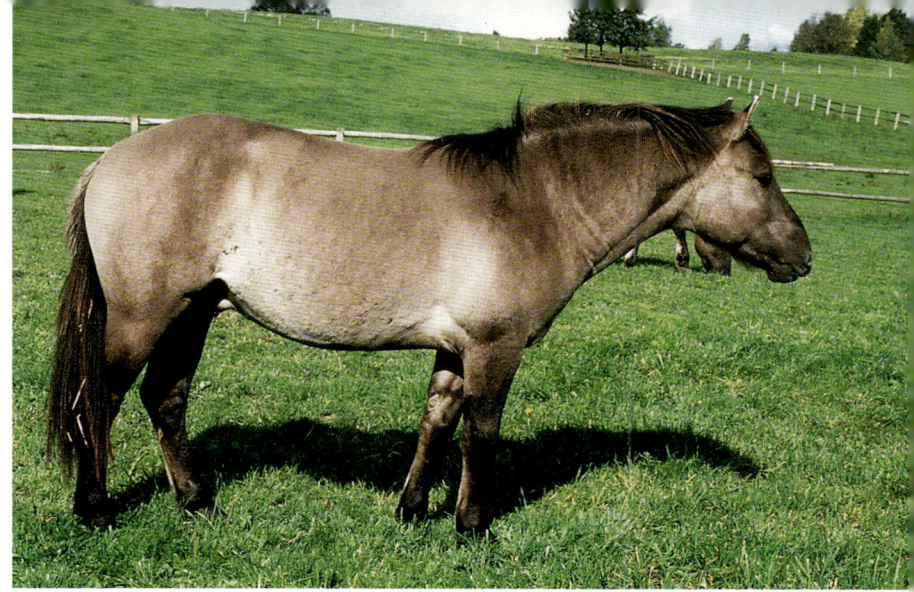

Konik Polski

Kennzeichen: Robustes, kleines Pferd im
deutlichen Tarpantyp in dunkler oder heller mausgrauer Decke mit graufalbenem
Einschlag. Alle mit der dazu gehörigen
Wildzeichnung (Aalstrich, Schulterkreuz
und Querstreifen an den meist dunklen
Gliedmaßen). Ausdrucksvoller Kopf mit
wachem Gesicht, leicht konkaves Profil,
harmonisches Gebäude. Tief, breit, rump-
fig, muskulös, kräftiges Fundament mit
harten Hufen. Volles Langhaar. Abzeichen
unerwünscht, um 140 cm Stockmaß.
Verbreitung: Polen, Osteuropa, Deutschland.
Leistung: Robust, gesund, gutartig, hart,
leichtfuttrig. Von unermüdlicher Lei-
stungsfreude im Geschirr und unter dem
Sattel.
Zuchtgeschichte: Seit einigen Jahrzehnten
schon ist die polnische Gestütsverwaltung
bemüht, den Konik rein zu bewahren und
weiter zu züchten, um ihn auch dadurch

vom Panjepferd zu unterscheiden. Als
Nachkomme des Tarpan und mongolischer
Pferde tritt er als wildlebend erst zur Zeit
der Völkerwanderung (4.–6. Jh.) in Erscheinung und diente noch bis in das 18. Jh. in
den Sümpfen und Waldungen Osteuropas
als Wildbret. Gefangen, gezähmt und
durch arabisches und orientalisches Blut
veredelt, lieferten Koniks schon im Mittelalter zähe, genügsame und schnelle Gebrauchspferde. Um die in den großen Wild-
parks und den großen Waldgebieten in
Ostpolen sich selbst überlassene Rasse vor
dem Aussterben zu bewahren, bemühten
sich polnische Zoologen, Reservate zu
schaffen. Im 1936 eingerichteten Reservat
von Bialowieźa fanden die Koniks eine
ihrer Rasse gemäße Umwelt, um sich wildlebend zu regenerieren. Heute werden Koniks unter wissenschaftlicher Kontrolle in
Popielno am Spirdingsee im ostpreußischen Masuren rein gezüchtet. In Ostfriesland werden Koniks für die Rückzüchtung
des Tarpan eingesetzt.

Kurdisches Pferd (Kurd)

Kennzeichen: Ein kompaktes, gefälliges, kleines Gebirgspferd arabischen Typs. Mittelgroßer Kopf mit geradem Profil, lebhaften Ohren, sowie großen, ausdrucksvollen Augen. Gut aufgesetzter, leicht gewölbter, mittellanger Hals, kräftiger Rumpf mit guter Gurtentiefe, elastischer Rücken, gute Sattellage, leicht abfallende Kruppe. Stabiles Fundament mit langen, feingliedrigen, muskulösen Gliedmaßen und harten Hufen. Schönes Langhaar. Alle Grundfarben erlaubt, häufig Schimmel. Stockmaß um 145 cm.

Verbreitung: Iran, Türkei.

Leistung: Das Kurdische Pferd gilt als trittsicherer, leistungsstarker, auch fähiger Gewichtsträger. Es ist ein exzellentes Pferd für lange Distanzen und das Gebirgsterrain, dabei ausdauernd, hart, zäh und genügsam.

Zuchtgeschichte: In seiner iranischen Heimat ist er unter verschiedenen Namen bekannt. Je nach seinem Zuchtgebiet, Abstammung und äußerem Erscheinungsbild heißt er z. B. **Jaff, Afshar** oder **Sanjabi.** Der Jaff ist beispielsweise das Modell für die Darstellung des persischen Pferdes in der Kunst und führt Asil-Blut, das reine Blut des persischen Arabers. In allen anderen Kurd-Zweigen, alles kompakte und kräftige Pferdeschläge, sind Zeichen für den möglichen Einfluß des berühmten, in der Geschichte Griechenlands erwähnten Nissäischen Pferdes zu erkennen.

Die Rasse wird von der 1972 gegründeten National Horse Society of Iran, die alle einheimischen Pferderassen bewahren und verbessern möchte, betreut.

Kushum (Kushumskaya)

Kennzeichen: Charakteristisch für den Kushum ist sein solides Gebäude: Stockmaß 159 cm, Rumpflänge 161 cm, Brustumfang 187 cm, Röhrbeinstärke 20,5 cm. Großer, aber nicht fleischiger Kopf, mittellanger, kräftiger Hals, markanter Widerrist, langer, gerader Rücken, muskulöse, aber etwas kurze Kruppe. Tiefer Rumpf mit breiter Brust, korrekte Gliedmaßen. Nur Braune und Füchse. Gewicht 520 bis 550 kg.
Verbreitung: GUS, Republik Kasachstan. Gestützucht der Gestüte Pyatimarsk und Krasnodon.
Leistung: Reit- und Zugpferd mit großer Gewandtheit und Ausdauer, gesund und fruchtbar. Wichtiger Fleisch- und Milchlieferant; Stuten liefern während der Laktationsperiode 13 bis 14 l täglich.
Zuchtgeschichte: Die Rasse wurde in den Jahren 1931–1976 auf der Basis des bewährten Kasachenpferdes in den kasa-chischen Gestüten Pyatimarsk und Furman im Gebiet um den Fluß Ural entwickelt. Man wollte dem Kasachenpferd mehr Größe und Gang geben. Kasachenstuten wurden deshalb zunächst mit Vollblütern, Warmblütern und Trabern gekreuzt. Dann, um die Robustheit des Kasachenpferdes zu erhalten sowie die Größe und die Aktionen zu verbessern, wurden die Kreuzungsprodukte von Don-Hengsten gedeckt und deren Nachzucht dann untereinander gekreuzt.

Das Ergebnis war ein sehr anpassungsfähiges, großes, vielseitig verwendbares Pferd. Die Rasse unterscheidet noch drei Typen: den Grundtyp, den schweren Fahrtyp und den Reittyp. Ziel der in den Gestüten Krasnodon und Pyatimarsk mit sechs Linien betriebenen Zucht ist die Reinzucht.

Kustanaier

Kennzeichen: Der Kustanaier ist ein massives, quadratisches Steppenferd im Reitpferdetyp. Mittelgroßer Kopf, in der Regel mit breiter Stirn, geradem Profil, in seltenen Fällen konvex. Wache Augen, bewegliche Ohren und große Nüstern. Langer, gerader, gut bemuskelter Hals, markanter Widerrist, lange, schräge Schulter, breiter, tiefer Rumpf, gerader, kräftiger Rücken mit guter Sattellage und muskulöser, leicht abfallender Kruppe. Stabiles Fundament mit knochenstarken, trockenen Gliedmaßen, gesunden, festen Hufen. Volles Langhaar. Vor allem Füchse, Braune, Dunkelbraune. Stockmaß um 155 cm.

Verbreitung: Hauptzuchtgebiet ist die Republik Kasachstan mit den Gestüten Kustanaj, Majkulsk, Trorzk, Krasnodonsbij, Saryturgaskij; GUS.

Leistung: Bewährt als Reit- und Zugpferd. Genügsam, hart, widerstandsfähig, leistungsfähig, mit guten Grundgangarten und Springanlagen. Sehr schnell (1.600 m in 1:40,8 min) und sehr ausdauernd (286 km in 24 Stunden).

Zuchtgeschichte: Schon im 19. Jh. wurde in den Gestüten Orenburg, Turgay und Kustanaj versucht, das kleine Kasachenpferd durch Anpaarung mit Donpferden, Streletzen, Orlow-Rostoptschinern und anderen Warmblütern zu verbessern. Darauf aufbauend wurden Ende der 30er Jahre kasachische Stuten mit Vollblut- und russischen Halbbluthengsten gepaart. Deren Nachzucht wurde mit dem Ziel der Reinzucht einer neuen Rasse – der Kustanaier – reproduktiv gekreuzt und die Nachzucht streng selektiert, um den erwünschten Zuchterfolg durchzusetzen.

Die Zuchtprodukte erfüllten die in sie gesetzten Erwartungen und nahmen an Beliebtheit und Zahl rasch zu. In den 50er Jahren wurde die Rasse anerkannt und ein Zuchtbuch für die ca. 40.000 Kustanaier eröffnet.

Lettisches Kaltblut/
Lettischer Ardenner

Kennzeichen: Mittelschweres Kaltblutpferd im Typ des Schwedischen Ardenners stehend: mittelgroßer Kopf, kurzer, starker Hals, kompakter Rumpf, mittellanger, gerader Rücken und runde, abfallende Kruppe. Kurze, stabile Gliedmaßen mit trockenen Gelenken und festen Hufen. Schönes Langhaar, jedoch wenig Behang. Vor allem Füchse, Braune und Schimmel. Stockmaß um 160 cm, 650 bis 800 kg schwer.

Verbreitung: Republik Lettland, daneben in Litauen, Estland sowie der GUS.

Leistung: Arbeitswillig und zugfest. Leistungsfähiger Schritt, energischer Trab, gutmütiger Charakter und gutes Temperament.

Zuchtgeschichte: Die Zuchtgeschichte des Lettischen Kaltblutes ist mit der des Litauischen Kaltblutes eng verbunden, ähnlich der Geschichte der Staaten des Baltikums.

Die Vorgeschichte der Rasse reicht bis in die Zeit des Deutschen Ritterordens im 12.–15. Jh. zurück. Die in dieser Zeit entstandenen genügsamen, arbeitswilligen Pferdeschläge wurden im 18. und 19. Jh zunächst durch Oldenburger verstärkt. In den 30er Jahren des 20. Jh. wurden, ähnlich wie im benachbarten Litauen, Schwedische Ardenner zur Veredlung und Verstärkung eingekreuzt.

Die Zucht des Lettischen Kaltblutes, dessen wirtschaftliche Bedeutung wegen seiner kleinen Population unbedeutend ist, hat sich in den Jahren der sowjetischen Verwaltung nicht entwickeln können. Auch die Fragen der Pferdezuchtzentren wurden in Moskau entschieden, was die Zucht des Lettischen Kaltblutes nicht förderte.

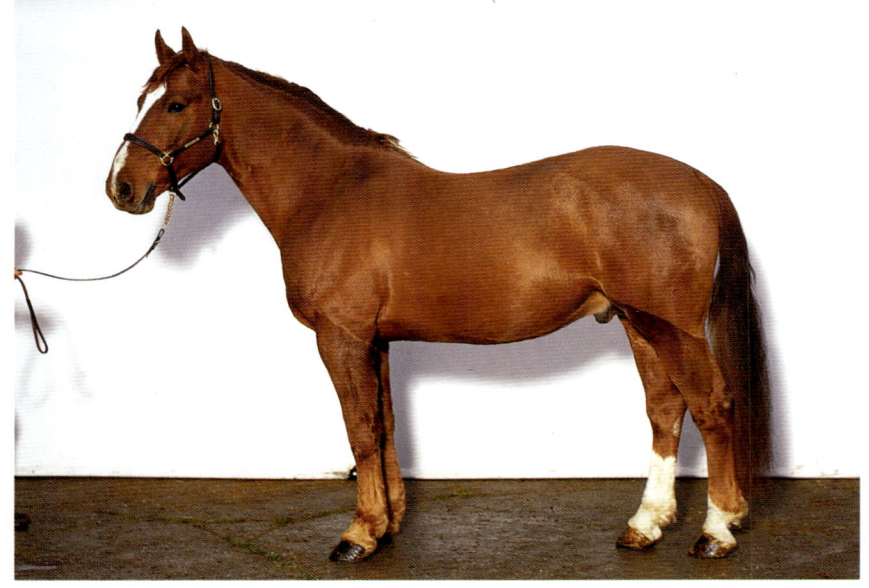

Lettisches Warmblut – Reitpferdetyp

Kennzeichen: Trockener, mittelschwerer Warmblüter im Reitpferdetyp. Gefälliger, großer Kopf mit geradem Profil, mittellanger, kräftiger Hals, gut ausgebildeter Widerrist und lange, schräge Schulter. Kräftiger Rumpf mit breiter Brust, guter Gurtentiefe, mittellangem Rücken und muskulöser, langer, breiter, leicht abfallender Kruppe. Trockene Gliedmaßen mit markanten Gelenken und mittelgroßen, harten Hufen. Kräftiges Langhaar. Alle Grundfarben, überwiegend aber Braune, Füchse und Falben. Stockmaß zwischen 160 und 168 cm.

Verbreitung: Republik Lettland. Zuchtschwerpunkte sind die Bezirke Dobele und Valmiere mit den Gestüten Terrete und Burtnieki.

Leistung: Gesund, leichtfuttrig, guter Charakter, ausgeglichenes Temperament, willig und mit guten Grundgangarten und Springvermögen. Ein vielseitig verwendbares Sportpferd.

Zuchtgeschichte: Auf der Basis der alten osteuropäischen Landschläge wurde bereits im zu Ende gehenden 19. Jh. ein Warmblüter für die Verwendung vor allem in der Landwirtschaft gezüchtet. Die eigentliche Geburtsstunde der Lettischen Rasse waren aber die Jahre 1920–1939, in denen Martin Laze zum Erneuerer des Lettischen Warmblutes wurde. Stark durch Oldenburger (75%) und Hannoveraner (25%) geprägt, entwickelte sich ein schwerer und ein leichter Typ. Der leichte Typ wurde im allgemeinen so gut, daß er oft auch als „Ostpreuße" bezeichnet wurde. Infolge der Mechanisierung nahm der Bedarf an Pferden im Reitpferdetyp zu. Deshalb wurde ab 1976 die Population auf das Zuchtziel Sportpferd ausgerichtet. Durch die Einkreuzung von Arabern, Englischem Vollblut, Trakehnern und Hannoveranern sowie durch Leistungsprüfungen und Selektion gelang die Umstellung.

Lettisches Warmblut
– Wagenpferdetyp

Kennzeichen: Großer Kopf mit geradem Profil, kurzer, gerader Hals, markanter Widerrist, kräftige, schräge Schulter. Kräftiger Rumpf mit breiter Brust und guter Gurtentiefe, mittellangem, mitunter weichem Rücken und langer Kruppe, gut angesetztem Schweif. Stabiles Fundament mit starken Gliedmaßen, breiten Gelenken und mittelgroßen, harten Hufen. Kräftiges Langhaar. Alle Grundfarben, vorwiegend Braune, Dunkelbraune und Füchse. Stockmaß um 164 cm.
Verbreitung: Republik Lettland.
Leistung: Mittelschweres, vielseitig verwendbares Warmblutpferd, das in der Landwirtschaft weit verbreitet ist. Gesund und zäh, leichtfuttrig und zugfest, mit guten Gangarten und ausdauerndem Trabvermögen.
Zuchtgeschichte: Es ist die für Lettland typische Pferderasse, gleichsam ein natio-nales Symbol. Auf der Zuchtbasis der bodenständigen Rassen des Baltikums, Finnlands und Rußlands wurde in der zweiten Hälfte des 19. Jh. mit der Verbesserung der Rasse durch sehr unterschiedliche Veredler begonnen. Aber erst nach dem 1. Weltkrieg wurde durch Martin Laze die Konsolidierung der Lettischen Rasse zielstrebig durch die Einkreuzung der Rassen Oldenburger (75%) und Hannoveraner (25%) eingeleitet.

Es entwickelte sich ein schwerer und ein leichter Schlag. Daraus wurde in den Jahren 1945–1976 ein sehr leistungsfähiges Arbeitspferd selektiert, das damals in der Landwirtschaft sehr geschätzt, gesucht und unentbehrlich war. Als jedoch Mitte der 70er Jahre auch in Lettland die Mechanisierung zunahm, wurde dieser Wagenpferdetyp mehr und mehr durch den Reitpferdetyp verdrängt. Obwohl heute das Sportpferd im Vordergrund stehen mag, möchten die lettischen Züchter die bewährte Rasse erhalten.

Lewitzer

Kennzeichen: Kleiner, trockener, ausdrucksvoller Kopf, leicht in einen gut gebogenen
Reithals übergehend. Langer Widerrist, gut
bemuskelte Schulter, geschlossene Mittelhand und lange, mäßig geneigte Kruppe.
Trockenes, dem Rumpf angepaßtes kräftiges Fundament mit guten Gelenken und
korrekter Stellung. Meist Schwarz- und
Braunschecken im Stockmaß von 139 bis
148 cm.
Verbreitung: Deutschland.
Leistung: Anspruchslos, gelehrig, gesund,
ausgeglichenes Temperament, guter Charakter und hohes Regenerationsvermögen.
Mit seinen elastischen Bewegungen in allen Grundgangarten sowie guten Anlagen
zum Springen ein Pony zum Reiten und
Fahren.
Zuchtgeschichte: Mit den „Lewitzer
Schecken" ist ein Zuchtprodukt in den
Kreis der Ponys getreten, dessen planmäßi-
ge Zucht erst 1971 im mecklenburgischen

Lewitz, südlich Schwerin, begonnen hat.
Ulrich Scharfenorth und Hans Joachim
Schwark hatten die Zucht angeregt und
begonnen, um die Nachfrage nach einem
kleinen Sport- und Wirtschaftspferd zu be-
friedigen. Zuchtziel war ein stämmiges
Quadratpferd mit Kaliber und markantem
Geschlechtstyp. Dazu wurden nach
Schwark Großpferdehengste (Araber, Voll-
blut, Trakehner) mit unterschiedlichen
Ponystuten, darunter auch einige Schecken
aus der Gegend um Teterow, verwendet.
Inzucht, Verwandtschaftspaarung und Selektion führten zum angestrebten Zuchtziel: dem Lewitzer oder auch „Lewitz-
Pony" oder „Lewitzer-Schecken", die seit
1976 im Zuchtbuch geführt werden. In das
Rampenlicht der Ponyzucht traten die Lewitzer so richtig erst 1988, als einige nach
Bayern kamen und der Hengst *Graveur* v.
Sharib ben Lancer gekört wurde. Inzwischen hat sich die Rasse mit einer Population von etwa 300 Tieren behaupten können und ihren Platz gefunden.

Lipizzaner

Kennzeichen: Beeindruckend seine noble Eleganz und geschmeidige Kraft. Typisch der trockene, nicht zu schwere Kopf mit geradem bis konvexem Profil. Große ausdrucksvolle Augen, mittellanger, starker Hals, breite Brust, muskulöser, genügend langer Rücken, runde Kruppe. Kurzes, trockenes Fundament mit markanten Sehnen und Gelenken, kleine, korrekte Hufe. Überwiegend Schimmel, seltener Braune oder Rappen. Stockmaß 150 bis 160 cm.
Verbreitung: Österreich, Slowenien, Ungarn, Slowakische Republik, Rumänien, Italien, Kroatien, Deutschland und weltweit.
Leistung: Sie brillieren durch den Adel ihrer Erscheinung, die Anmut ihrer Bewegungen, ihren vornehmen Charakter beim Reiten und Fahren und Veranlagung zu Schulen auf und über der Erde.
Zuchtgeschichte: Die älteste Kulturpferderasse Europas wurde durch die EU zum Weltkulturerbe erklärt. Ihre Blütezeit hatten die Lipizzaner im 16. und 17. Jh. Erzherzog Karl von Habsburg richtete 1580 im Karstgebirge das Gestüt Lipizza zur systematischen Zucht schneller, harter, ausdauernder Pferde mit 3 Hengsten und 24 Stuten aus Spanien ein, dem später noch Pferde arabisch-orientalischen und italienischen Blutes folgten. Bereits im 17. Jh. bildete sich der Typ des Lipizzaners heraus. Die Begründer waren die Hengste Neapolitano, Conversano und Pluto, Maestoso, Favory und Siglavy. Ihren letzten Höhepunkt hatten sie unter Kaiser Franz Josef I. mit seinen „Kaiserschimmeln", den „Spanischen Juckern". Der 1. Weltkrieg trennte die Zucht in das jugoslawische Lipizza und das österreichische Piber. Der 2. Weltkrieg und die Ereignisse in Jugoslawien führten zu neuen Staatszuchten mit unterschiedlichen züchterischen Schwerpunkten. Aber ein Lipizzaner ist nur, dessen Abstammung sich auf die sechs klassischen Hengststämme lückenlos zurückführen läßt.

Lokaier

Kennzeichen: Gefälliges Gebirgspferd unterschiedlichen Typs im mittleren Rahmen. Nicht zu großer Kopf mit meist geradem Profil, breiter Stirn, lebendigen Ohren, wachem, freundlichem Auge. Gerader, mittellanger Hals, hoher, breiter Widerrist, schräge Schulter, Rumpf mit breiter Brust und guter Gurtentiefe, gerader, breiter, kurzer Rücken, lange, abfallende und muskulöse Kruppe. Kräftige, drahtige Gliedmaßen mit gut sichtbaren Sehnen und Gelenken, gesunde, sehr harte Hufe. Feines, kurzes Haar, oft gewellt. Vor allem Schimmel und Braune, die Füchse oft mit schönem Goldschimmer. Stockmaß um 145 cm.

Verbreitung: Hauptsächlich im Süden der Republik Tadschikistan in Höhen um 3.000 m (Pamirgebirge).

Leistung: Kräftiges, trittsicheres Reit- und Tragpferd. Ausdauernd, vorsichtig, widerstandsfähig, genügsam, guter Charakter und forsches Temperament. Behält auch in extremen Situationen Übersicht und Ruhe. Leichtfüßig und bequem in allen Gangarten. Gutes Sport- und Freizeitpferd. Gut ausgebildet kennt es nur seinen Reiter.

Zuchtgeschichte: Zur bewährten, zentralasiatischen Bergpferderasse haben seit mehreren Jahrhunderten die unterschiedlichsten Rassen beigetragen. Das Blut des Mongolenpferdes und der von ihm beeinflußten Steppenpferderassen haben den Lokaier geprägt. Im 16. Jh. wurden erfolgreich Achal-Tekkiner, Karabaier und auch Araber eingekreuzt. Der Name stammt vom Stamm der Lokai vom Volk der nomadisierenden Usbeken. Diese halten noch heute die Pferde in großen Wanderherden, eine Population von über 20.000 reingezüchteten Lokaiern. Zur Verbesserung der Reitpferdeeigenschaften werden mehr und mehr Arabische und Englische Vollbluthengste zur Zucht benutzt. Ein Stutbuch wird geführt.

Lusitano

Kennzeichen: Er ist edel und zugleich robust, von großer Anpassungsfähigkeit. Trockener, fein modellierter Kopf mit geradem bis konvexem Profil und großem, freundlichem Auge. Mittellanger und gut angesetzter Hals. Gedrungener, kräftiger Körper mit fast geradem Rücken, langer, schräger Schulter und kräftiger Kruppe. Trockenes Fundament, auffallend kurze Röhren und gut formierte Hinterhand. Mähne und Schweif füllig. Schimmel, Braune, Rappen, selten Füchse, Stockmaß 150 bis 165 cm.
Verbreitung: Portugal, Deutschland.
Leistung: Das ausdauernde, robuste Hirten- und Stierkampfpferd ist äußerst flink und wendig, hat raumgreifende, elastische Bewegungen und ist arbeitswillig. Ein Pferd mit Dressurbegabung, angenehm für den Freizeitreiter und willig im Geschirr.
Zuchtgeschichte: Die Pferdezucht in Portugal hat eine lange und ruhmreiche Vergangenheit. Vom andalusischen Vetter trennten sich die Wege des „Lusitaners" im Mittelalter. Größten Einfluß auf die Entwicklung der Rasse hatte zweifellos arabisch-berberisches Blut, wobei die geographische Randlage Portugals den Einfluß von Fremdblut gering hielt. Der Hippologe Pasqual Caracciolo hat in seiner „Gloria del Cavallo" (Venedig 1556) auch die Gestüte Portugals, die Barbari und Ginetti züchteten, gerühmt. Deren Nachkommenschaft verbreitete sich durch die seefahrenden Portugiesen schon in der ersten Hälfte des 16. Jh. in der neuentdeckten Welt. Von Bedeutung für die Zucht waren das Gestüt Fonte Boa bei Santerem und das frühere königliche Privatgestüt Alter do Chao, auch die Kavallerieschule in Torres Novas ist hier zu nennen. Von noch größerer Bedeutung für die Rasse aber ist Dr. Ruy d'Andrade gewesen, der auf Größe, Knochenstärke und Gang mehr Wert legte als auf Adel und Ausstrahlung.

Malopolska

Kennzeichen: Gefälliger Warmblüter im
Typ des Anglo-Arabers im mittleren Rahmen mit schönen langen Linien und ausgezeichneten Reitpferdepoints. Die noch
junge Rasse unterscheidet drei Typen. Alle
Grundfarben. Stockmaß um 160 cm.
Verbreitung: Polen, mit den Hauptgestüten
Janow Podlawski, Chyszów und anderen.
Leistung: Anspruchslos, hart, widerstandsfähig, leichtfuttrig, fruchtbar. Elastische,
raumgreifende Grundgangarten, gute
Springanlagen; bewährtes, vielseitig einsetzbares Sportpferd.
Zuchtgeschichte: Der Zuchtstamm wurde
auf der Grundlage der durch Orientalen
veredelten polnischen Landpferderassen
gebildet. Diese Entwicklung wurde nach
1945 verstärkt fortgeführt. Beeinflußt
durch den Zuchtzweck der Hauptgestüte
entwickelten sich drei unterschiedliche
Zuchtrichtungen: in Janow Podlawski der
Radautzer-Typ des edlen Reitpferdes im

mittleren Rahmen. Auf Shagya-Grundlage
wurde die 1919 mit den Vollblutaraber-
Stuten *Siglavi Bagdady, Hebda, Hermit-
ka,Koalija* und *Amielka* begonnene Arbeit
fortgesetzt. Der **Ungarische Typ** mit langen
Linien baut auf Furioso, Gidran und
Przldwit-Grundlage in den Gestüten Chys-
zow, Stubno und Walewice. Der **Französische Typ** ist ein kalibriges Modell auf der
Grundlage französischer Anglo-Araber
(Gestüte Pruchna, Klikowa und Ochaby).
Inzwischen sind die regionalen Typunter-
schiede weitgehend verschwunden, und
man kann von einer anglo-arabisch konsolidierten Rasse sprechen. Deren hervorragender Vertreter *Ramzes AA* v. *Ritter-
sporn* u. d. *Jordi* v. *532 Shagya X-3* und
der *139 Demeter* v. *Bakszysz o.r,* geb.
1937, wurde 1945 von der polnischen
Gestütsverwaltung Clemens Frhr. v. Nagel,
Gestüt Vornholz, zum Dank für die gute
Leitung des Gestütes Razot übereignet.
Der Hengst entwickelte sich zu einem
Ausnahmevererber.

Mangalarga Marchador

Kennzeichen: Wohlproportioniert und mit einem Stockmaß von 146 bis 155 cm von mittlerer Größe. Der Kopf mittelgroß, mit großen, ausdrucksvollen Augen, die Ohren gut aufgesetzt, mit den Spitzen leicht nach innen zeigend. Gut angesetzter Hals, ausgeprägter Widerrist, kräftiger, tiefer Rumpf. Schulter lang und schräg, Kruppe lang und leicht geneigt. Trockenes, stark bemuskeltes Fundament mit ausgeprägten Gelenken. Die mittellange Hinterfessel ist weicher als die Vorderfessel und eine der Voraussetzungen für die Gangart Marcha. Hufe fest und mittelgroß. Alle Farben, außer Albino.
Verbreitung: Brasilien, Südamerika, Deutschland, Europa.
Leistung: Genügsames, hartes Pferd mit guter Eignung zum Distanzreiten. Ruhiger, gutmütiger Charakter. Außer den Grundgangarten ist ihm noch der Marcha, ein Naturtölt, angeboren, eine Gangart mit seitlichen und diagonalen Bewegungen der Gliedmaßen, wobei das Pferd mindestens mit einem Fuß Bodenkontakt hat.
Zuchtgeschichte: Der Ursprung der Rasse reicht weit in die portugiesische Kolonialzeit Brasiliens zurück. Pferde berberischer und spanisch-portugiesischer Abstammung, die sich mit einheimischen Landstuten kreuzten, waren die Begründer der Rasse. Vor allem aber waren das portugiesische Königshaus und das Gestüt Alter do Chao daran beteiligt. Denn es war João VI., der 1808 Alter do Chao-Pferde zur Zucht nach Brasilien mitnahm. Auf der Campo Alegre Farm von Gabriel Francisco Junqeira in Minas Gerais, auch heute noch ein Zuchtzentrum, entwickelte und konsolidierte sich im 19. Jh. die Rasse. Der Name Mangalarga soll auf einen Berg gleichen Namens zurückzuführen sein. Der 1949 gegründete Brasilianische Mangalarga-Marchador-Züchterverband betreut 11.000 Marcha-Züchter.

Maremmano (Maremmenpferd)

Kennzeichen: Robuster, kräftiger Warmblüter. Ausdrucksvoller, langer, kräftiger Kopf mit breiter Stirn, lebhaften Ohren und großem Auge. Muskulöser Hals, kräftiger, tiefer Rumpf mit breiter Brust, geradem Rücken und abfallender Kruppe. Stabiles Fundament mit korrekten, trockenen Gliedmaßen und harten Hufen. Schönes, volles Langhaar. Nur Braune und Rappen erlaubt. Die Fuchsfarbe ist nur bei Stuten zugelassen, Schimmel werden dagegen überhaupt nicht eingetragen. Stockmaß um 158 cm.

Verbreitung: Hauptzuchtgebiet sind die Provinzen Grosseto und Viterbo in der Toskana (Italien).

Leistung: Es ist das Pferd der italienischen Hirten, der „Butteri", und wird auch als Reitpferd, Zugpferd und zum Wanderreiten benutzt. Es verfügt über raumgreifende, schwungvolle Bewegungen, ist abgehärtet, genügsam und sehr ausdauernd

mit einem ausgeglichenen Temperament und Charakter.

Zuchtgeschichte: Die schwierige Umwelt der Maremma mit Hitze, Sumpf, Mücken, kaltem Wind und Regen haben das Pferd über die Jahrtausende geformt und seine natürliche Auslese bewirkt. Unverkennbar, trotz mancher Gebäudemängel, ist das in ihm fließende orientalische Blut, das ihm Mut, Schwung, Ausdauer und Menschenbezogenheit gegeben hat. Der nationale Züchterverband bemüht sich, die heute kleine Population von etwa 3.000 eingetragenen Pferden zu erneuern. Mit Hilfe von Veredlern unterschiedlicher Rassen, einschließlich des Englischen Vollbluts, will man den Typ mit dem Ziel des vielseitigen, leistungsfähigen Sportpferdes verändern. Ein Zuchtbuch wurde 1979 eröffnet und vom nationalen Züchterverband der maremmanischen Pferde, der Associazione Nazionale Allevatori Cavallo di Razza Maremma (A.N.A.M.) in Grosseto geführt.

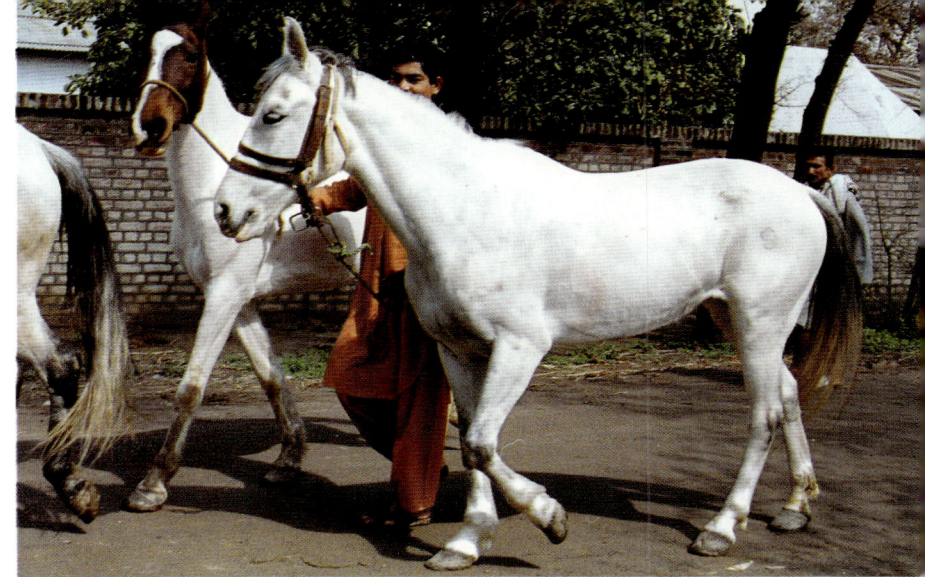

Marwari

Kennzeichen: Dies ist der gut gebaute, elegante Zwilling des Kathiawari. Mittelgroßer, trockener Kopf mit geradem Profil und den charakteristischen, sichelförmigen Mausohren. Genügend langer Hals, markanter Widerrist, kräftiger, drahtiger Rumpf mit guter Gurtentiefe. Kräftige Schulter, langer Rücken mit muskulöser Lende und schräger Kruppe. Widerstandsfähige, klare Gliedmaßen mit harten, festen Hufen. Haar und Langhaar sind seidig fein. Alle Farben, auch Palominos und Schecken. Stockmaß um 150 cm.

Verbreitung: Republik Indien, vor allem in dem Gebiet Rajasthan-Marwar im Nordwesten Indiens.

Leistung: Mutig und treu, sehr ausdauernd, genügsam und zäh. Trittsicher in allen Gangarten, charakteristisch der angeborene Paß, der „Revaal", ein Merkmal vieler asiatischer Rassen. Die Population des einst als Kavallerie- und Polopferdes beliebten Marwari, das heute als Reit- und „Taxipferd" (Tongapferd) verwendet wird, ist rückläufig.

Zuchtgeschichte: Die extremen Lebensbedingungen der Wüsten- und Bergregionen von Kasachstan, Usbekistan, Turkmenistan, der Mongolei und Arabiens, aus denen das Marwari stammt, haben das im „Wüstentyp" stehende Marwari geformt. Bereits im Mittelalter war es im Nordwesten Indiens in der Region Marwari (Jodhpur) als Rasse bekannt und geschätzt. Im 16. Jh. machte der Mogul Akbar sein Heer mit 50.000 Marwaris beritten. Allenbys Kavallerie war 1917 auf ihrem berühmten raid durch die Wüste nach Haifa auch mit Marwaris unterwegs. Doch schon Anfang dieses Jahrhunderts verblaßte der Ruhm, und es ist Verdienst des Maharadschas Umaid Singhji's und seines Enkels Gaj Singh II., daß die Rasse erhalten geblieben ist, für deren Erhaltung sich die Marwari Horse Breeders' Association einsetzt.

Mazedonisches Gebirgspferd

Kennzeichen: Ein gefälliges Kleinpferd im orientalischen Typ stehend. Hübscher, trockener Kopf, schlanker Rumpf und feines, trockenes Fundament. Es werden zwei Typen des Mazedonischen Gebirgspferdes unterschieden: Typ A mit bis zu 132 cm Stockmaß, und Typ B mit bis zu 145 cm Stockmaß.
Verbreitung: Republik Mazedonien, Südosteuropa, Jugoslawien und Griechenland.
Leistung: Anspruchslos, gutartig, intelligent, mutig, robust, ausdauernd, trittsicher, zäh. Das Gebirgsreitpferd und Tragpferd ist auch ein ausgezeichnetes Freizeitpony.
Zuchtgeschichte: Das historische Makedonien auf der südlichen Balkaninsel, dessen Ausdehnung etwa der heutigen Republik Mazedonien und der griechischen Provinz Makedonien entspricht, ist das Ursprungsland der alten Rasse. Sie soll von den berühmten thessalischen Pferden der Antike abstammen, was aber nicht nachgewiesen werden kann. Unübersehbar ist aber, daß im Mazedonischen Gebirgspferd orientalisches Blut fließt.

Über viele Jahrhunderte war es der unentbehrliche Helfer der kleinen Gebirgsbauern und wurde von der sehr kargen Landschaft und gelegentlich von zufälliger orientalischer Blutzufuhr geprägt. Doch seit Ende des Zweiten Weltkrieges wird es durch größere und stärkere Pferde, durch die Maschinen und die Landflucht verdrängt.

Die alte Rasse droht auszusterben, da es keine geordnete Zucht gibt. Der Schweizerische Verein Mazedonischer Pferde ist bemüht, die Rasse zu erhalten, züchtet sie in der Schweiz weiter und führt ein Zuchtbuch.

Mbayar Pony

Kennzeichen: Mittelgroßes, kräftig gebautes Pony im Quadratformat. Großer Kopf mit breiter, gewölbter Stirn. Kräftiger, kurzer, zum Pferd passender Hals, breite, tiefe Brust, kurzer, gerader Rücken (oft Senkrücken), runde, muskulöse Kruppe. Kräftige Gliedmaßen mit breiten Gelenken. Vor allem Braune, aber auch Füchse, Schimmel und Schecken. Stockmaß 133 bis 144 cm.

Verbreitung: Republik Senegal in Westafrika im Arachidier-Becken und der Gegend Niayes.

Leistung: Robust, ausdauernd und genügsam, leichtfüßig und leistungsstark. Das Mbayar Pony wird heute in seiner Heimat vor allem als Zugpferd für leichte Transporte und landwirtschaftliche Arbeiten verwendet.

Zuchtgeschichte: Der Ursprung des Mbayar Ponys geht, wie bei fast allen afrikanischen Pferderassen südlich der Sahara, auf den Berber zurück. Der Berber war an Hitze und Trockenheit gewöhnt und so durchaus in der Lage, sich den schwierigen klimatischen Bedingungen anzupassen, nicht zuletzt auch gegen die durch die Tsetsefliegen übertragenen Infektionen, die jedoch seine weitere Verbreitung im südlichen Afrika erschwerten. Aufgrund seines rein afrikanischen Ursprungs gilt das Mbayar Pony als einheitliche Pferderasse. Allerdings hat die 1948 begonnene Verwendung von englischen Vollblütern und Anglo-Arabern als Veredler zu Veränderungen des „rein afrikanisch gezüchteten" Typs geführt. Zur Veredlung des Mbayar Ponys wird heute das im Typ des Berber stehende Fleuve Pferd verwendet.

Mecklenburger Kaltblut

Kennzeichen: Harmonischer, gut proportionierter Kaltblüter im Stockmaß von 156 bis 165 cm. Kräftiger, trockener Kopf mit freundlichem Auge, der kraftvolle Hals gut aufgesetzt. Mittelschwerer Rumpf mit muskulöser Schulter und gut bemuskelter Kruppe. Das Fundament ist trocken und korrekt, die Hufe wohlgeformt und hart. Vor allem Rappen, Braune, Füchse und Schimmel.
Verbreitung: Deutschland, Hauptzuchtgebiet Mecklenburg.
Leistung: Gutes Temperament und guter Charakter. Leichtfuttrig und arbeitswillig mit raumgreifenden Gängen. Ein Pferd für Arbeit und Repräsentation.
Zuchtgeschichte: Bereits Mitte des 19. Jh. kam der Wunsch nach einem starken Wirtschaftspferd für die Rübenanbaugebiete auf. Darauf wurden Clydesdale- und Suffolk-Hengste von der Gestütsverwaltung angekauft. Der erste Hengst war

Young Hercules, ein Clydesdale. Er wurde 1845 eingestellt, weitere folgten, und 1872 betrug der Bestand 19 Suffolks und 8 Clydesdales. Die wahllos eingekauften Hengste wurden in den achtziger Jahren wieder ausgemustert. Dennoch waren 1898 nach einer Erhebung der DLG 20% aller Pferde Kaltblüter, vor allem Dänen und Schleswiger, der Anteil anderer (Ardenner, Belgier) war gering. Nachdem sich aber alle Kaltblutzüchter 1910 zu einem Verband zusammengeschlossen hatten, machte die Zucht auf der Grundlage des Rheinisch-Deutschen Kaltbluts rasche Fortschritte. Die Kaltblutzucht Mecklenburgs, mit Zuchtschwerpunkten um Güstrow und Rostock, war aber mehr Nachzuchtgebiet als Zuchtgebiet des Rheinisch-Deutschen Kaltbluts, – doch das mit gutem Erfolg, vor allem mit Hengsten der *Albion d'Hor*-Linie. 1937 waren von den 391 aufgestellten Hengsten in Mecklenburg 160 Hengste Kaltblüter.

Mecklenburger Warmblut

Kennzeichen: Edles, großliniges, korrektes, leistungsstarkes Sportpferd. Trockener, ausdrucksvoller Kopf, gut geformter Hals, schräge Schulter, markanter Widerrist, mittellanger Rücken, tiefe Brust, lange, geneigte muskulöse Kruppe. Trockenes Fundament mit kräftigen Gelenken. Alle Farben. Stockmaß um 165 cm.
Verbreitung: Deutschland. Hauptzuchtgebiet Mecklenburg (Landgestüt Redefin).
Leistung: Gutes Temperament und Charakter. Rittig, schwungvolle, raumgreifende Bewegungen, Springvermögen. Für alle Disziplinen geeignet.
Zuchtgeschichte: Die Pferdezucht in Mecklenburg läßt sich urkundlich schon für das 14. Jh. nachweisen. Orientalische, friesische und dänische Pferde wurden zur Zucht verwendet, denen im 16. Jh. unter Herzog Johann Albrecht I. neben türkischen und ungarischen auch italienische und spanische Stuten und Hengste folg-

ten. Aber als Begründer der mecklenburgischen Rasse ist Herzog Gustav Adolph (1654–1695) anzusehen, der Gestüte gründete und Landstuten mit orientalischen, englischen, iberischen und friesischen Hengsten kreuzte. Redefin war schon im 18. Jh. als Stuterei mit Pferdezucht verbunden gewesen, als 1812 unter Oberstallmeister von Bülow mit der Einrichtung des Haupt- und Landgestütes begonnen wurde. Sehr zum Schaden der Pferdezucht wurde es ab 1847 nur noch als Landgestüt weitergeführt. In der Folgezeit wurde das alte Mecklenburger Pferd ein Opfer des übertriebenen Einsatzes von Englischen Vollblütern. Eine Besserung trat erst durch die 1895 erlassene Verordnung zur Führung eines Gestütsbuches, eines klar umrissenen Zuchtziels, des Körzwanges und zur Verwendung guter hannoverscher Hengste ein. Diese prägten, wie auch nach 1945, die Zucht der alten Rasse, u. a. mit Hengsten wie *Duell, Feierabend*, oder aus der *Kingdom xx*-Linie wie *Körling*.

Mérens Pony (Poney de Mérens)

Kennzeichen: Intelligentes, harmonisches, kräftiges Pony von tiefschwarzer Farbe, bei dem Abzeichen nicht erwünscht sind. Feines seidiges Fell, kräftiges, üppiges Langhaar und Behang. Ausdrucksvoller Kopf, mittellanger, kräftiger Hals, kompakter Rumpf, schräge Schulter, langer, tragstarker Rücken, solides Fundament mit gesunden harten Hufen. Stockmaß 135 bis 147 cm.

Verbreitung: Im Süden Frankreichs, den Pyrenäen im Departement Ariège. Deutschland, Mitteleuropa, Afrika.

Leistung: Das ursprüngliche Arbeitspferd der Gebirgsbauern hat sich seine robuste Gesundheit, Ausdauer, Zuverlässigkeit und Gutmütigkeit erhalten. Seine außerordentlich trittsicheren, energischen und raumgreifenden Gänge, sein guter Charakter und seine Geschicklichkeit erlauben eine vielseitige Verwendung unter dem Sattel und im Geschirr. Die Stuten werden auch als ausgezeichnete Milchproduzenten geschätzt.

Zuchtgeschichte: Höhlenzeichnungen im Ariège erinnern an die lange Geschichte dieser kleinen Pferde, denen das Dorf Mérens den Namen gab. Schon Julius Caesar kannte und schätzte sie, die mit vollem Namen „Poney Ariègois de Mérens" heißen. Die über viele Jahrhunderte während Abgeschlossenheit in den Pyrenäen begünstigte die Bildung eines einheitlichen Rassebildes. Noch heute leben sie frei von Mai bis Oktober auf den Hochgebirgsweiden, bis sie im Oktober in die Täler getrieben werden. Dann werden die Junghengste abgesetzt und mit den zum Verkauf vorgesehenen Mérens auf ihre spätere Verwendung vorbereitet. Die seit 1933 bestehende Association Française d'Elevage de la Race Pyrénéenne Ariègoise dite de Mérens (SHERPA) im Centre National du Cheval de Mérens in La Bastide de Sérou eröffnete 1947 ein Stutbuch und betreut die Züchter und Pferde.

Misaki Pony
(Miysaki Pony)

Kennzeichen: Eine der ursprünglichen Rassen Japans, im mongolisch-chinesischen Typ stehend. Schwerer Kopf, breiter, kurzer Hals, kurzer gedrungener Rumpf und kräftige Gliedmaßen mit trockenen Sehnen und Gelenken. Kräftiges Langhaar. Meist Braune und Rappen, selten Füchse. Weiße Abzeichen an Kopf und Gliedmaßen sind ungewöhnlich. Stockmaß um 135 cm.

Verbreitung: Japan, wildlebend südlich vor Misaki (Miysaki) im Gebiet von Kap Toi auf der Insel Kiushu.

Leistung: „Primitivrasse" ohne große wirtschaftliche Bedeutung.

Zuchtgeschichte: Sehr alte japanische „Primitivrasse", deren Abstammung auf chinesische Pferde zurückgeht, die vor ca. 2.000 Jahren von China nach Japan kamen, und aus der sich inzwischen acht verschiedene Rassen gebildet haben.

Das Wort Misaki bedeutet Kap, und der Rassename ist zugleich Hinweis auf das japanische Zuchtgebiet. Von einer richtigen Zucht kann man jedoch nicht sprechen, da die Pferde sich selbst überlassen waren. Nur einmal im Jahr wurden die überzähligen Hengste aus der Herde gefangen und nur einige als Zuchthengste in der Herde gelassen.

Nach dem Zweiten Weltkrieg ging der Bestand drastisch zurück. Zur Zeit zählt die Herde höchstens noch 100 Tiere.

Missouri Foxtrotter

Kennzeichen: Ein trittsicheres Gangpferd, dessen besonderes Kennzeichen der weiche und eigenartig gebrochene Gang, der Foxtrott ist. Kompaktes, mittelgroßes, gut proportioniertes Pferd, intelligent und mit gutem, angenehmen Temperament und Charakter. Alle Farben, am häufigsten Füchse, Stockmaß um 140 bis 160 cm.
Verbreitung: Vor allem in Missouri und Arkansas in den USA, in Kanada, inzwischen auch in Deutschland und Mitteleuropa.
Leistung: Trittsicheres, ausdauerndes, leistungswilliges Pferd für rauhes Gelände und lange Distanzen. Durch den angeborenen charakteristischen Foxtrott, eine Art Trabtölt, angenehm zu reiten. Das Pferd scheint dabei vorn Schritt und hinten Trab zu gehen. Typisch ist hier das Kopfnicken und der wippende Schweif.
Zuchtgeschichte: Die „Gebrauchszucht" ist zu Beginn des 19. Jh. aus dem Bedürfnis nach einem in jedem Gelände und auf langen Ritten bequem zu reitenden Pferd entstanden.

Züchterische Grundlage lieferten Pferde spanisch-orientalischer Abstammung, die mit den Kolonisatoren im 18. Jh. in die Staaten gekommen waren, sowie Saddle-Horses, Tennessee Walker, Morgans und Standardbreds. Durch strenge Selektion allein auf die Gangart Foxtrott entwickelte sich die Rasse. Um 1821 waren die Ozarks Zuchtzentrum, ein rauhes Bergland in Missouri und Arkansas. Die Foxtrotter waren bis zum Aufkommen der Motorfahrzeuge ein sehr beliebtes Verkehrsmittel, das sein Überleben danach jedoch den Rinderzüchtern und -Rangern verdankt.

1948 wurde die Missouri Fox Trotting Horse Breed Association in Ava, Missouri, gegründet, die ein Zuchtbuch anlegte und die Reinzucht begann. Heute sind nahezu 40.000 Missouri Foxtrotter registriert.

Mongolen Pony

Kennzeichen: Direkter Nachkomme des
Przewalski Pferdes, um 135 cm Stockmaß.
Grober, derber Kopf mit großem, wachem
Auge. Kurzer, starker Hals, tiefe Brust, breiter, gedrungener Rumpf. Kräftiges Fundament, kleine, harte Hufe. Alle Farben.
Verbreitung: Republik Mongolei.
Leistung: Hirten-, Jagd- und Lastenpferd
sowie Fleisch-, Leder- und Stutenmilchlieferant. Widerstandsfähig gegenüber extremen Temperaturen, ausdauernd, schnell,
außerordentlich regenerationsfähig. Außer
den Grundgangarten beherrscht es oft
auch Paß und Tölt.
Zuchtgeschichte: Seine Geschichte ist ein
Stück Entwicklungsgeschichte durch natürliche Selektion zurück über das noch in
geringer Zahl in der Mongolei existierende
mongolische Wildpferd bis zu seinem Urahn, dem Przewalski Pferd. Heute lebt es in
Herdenverbänden von 250–500 Pferden,
die sich ihr Futter suchen und sich gegen

Raubwild wehren müssen. Im Pferdeland
Mongolei wird die Zahl der 2,4 Mio. Ein-
wohner von der der Pferde weit übertrof-
fen, und beim Besitz steht das Pferd an
erster Stelle. Auf ihren Eroberungszügen
haben die Mongolen $4/5$ des asiatisch-
europäischen Kontinents unterworfen und
bis zum 15. Jh. behaupten können. Dabei
trug das Mongolen Pony ungewollt zur
Bildung eigenständiger Rassen bei. Kreuzungsversuche mit den Donpferden und
Russischen Trabern sollen ihm mehr Größe
und ein gefälligeres Aussehen geben. Mongolische Stuten werden auch mit Bud-
jonnys und Vollblütern gekreuzt, um ein
Pferd für die klassischen Pferdesportarten
zu züchten. Der Urtyp soll aber erhalten,
weiter rein gezüchtet und für die beliebten
Distanzrennen und Pferderennen erhalten
werden. Und wer immer die Verwandlung
des plumpen Urtyps zum eleganten, leichtfüßigen Pferdes in der Bewegung erlebt
hat, erkennt in ihm die Brücke zum Edel-
pferd unserer Tage.

Morgan Horse

Kennzeichen: Wohlproportioniert verbindet es Adel und Schönheit mit Handlichkeit. Ausdrucksvoller, stolz getragener mittelgroßer Kopf mit weit gesetzten spitzen, kleinen wachen Ohren und großen strahlenden Augen. Kräftige, schräge Schulter, Rumpf mit viel Gurtentiefe und kurzem Rücken, kräftiger, runder Kruppe mit dem getragenen Schweif des Arabers. Mittellanges, korrektes, festes und trockenes Fundament, schöne gesunde Hufe. Volles Langhaar. Alle Farben, auch Palomino, aber keine Schimmel und Schecken. Stockmaß um 155 cm.

Verbreitung: USA, Kanada, Europa.

Leistung: Ideales, vielseitiges Familien-, Freizeit- und Turnierpferd für alle Disziplinen. Temperamentvoll und gefügig, robust und leicht zu halten, mit hoher Lebenserwartung. Elastische, lebhafte, taktreine Gangarten. Die extreme Vorhandaktion „Park" wird nur für Showzwecke trainiert.

Zuchtgeschichte: „The Horse that made America" kann als Reinzucht auf eine über 200jährige Geschichte zurückblicken. Stammvater ist der als „Figure" 1789 geborene dunkelbraune Hengst *Justin Morgan* v. *True Briton* xx a. e. Diamond-Stute, die viel Araber- und Berber-Blut führte. Er hatte sich in Galopp- und Trabrennen sowie Zugleistungswettbewerben einen außergewöhnlichen Namen gemacht. Seine hervorragenden Leistungen und sein Aussehen vererbte er genauso wie auch seine Söhne *Bulbrush, Sherman* und *Woodbury*, auf die sich alle Morgans zurückführen lassen.

Das Morgan war im 18. und 19. Jh. das Pferd der Siedler, der Südstaatler, der US-Kavallerie, und auch als Traber gefragt. Die Geschichte Amerikas ist auch die Geschichte des Morgan. Morgan-Blut fließt auch in den Adern des American Saddlebred, American Standardbred, Tennessee Walking Horse, Quarter Horse, Hackneys und bedeutenden Traberfamilien.

Mpar Pony

Kennzeichen: Kleines stabiles Pony im Rechteckformat, mit kurzem Hals, Axthieb, tiefer Brust, geradem Rücken, abschüssiger Kruppe. Stabiles Fundament, Hinterhand oft unterständig. Vor allem Braune und Füchse. Stockmaß maximal 133 cm.

Verbreitung: Republik Senegal in Westafrika, im Arachidier-Becken und in der Gegend um Niayes.

Leistung: Das Mpar Pony wird heute in der Landwirtschaft als leichtes Zugpferd und zum Wassertransport verwendet.

Zuchtgeschichte: Wie fast alle einheimischen Rassen geht auch diese Rasse auf den Berber zurück. Sowohl durch die klimatischen, topographischen und wirtschaftlichen Bedingungen wie auch durch schlechtes Futter und schlechte Pflege degenerierte die Rasse im Laufe der Zeit und hat dadurch auch an Größe und Körpermasse verloren. Das Mpar Pony wird in seiner Heimat zunehmend von dem größeren Mbayar Pony verdrängt und ist mittlerweile schon im Begriff auszusterben.

Muraközer (Murinsulaner)

Kennzeichen: Mittelschwerer, trockener Kaltblüter, dem man das Warmblut in seinen Adern noch ansieht. Häufig gibt auch die Kopfform den auffälligen Hinweis auf orientalische Vorfahren; der mächtige Hals ist kurz und leicht gebogen. Tiefer, breiter Rumpf mit guter Rippenwölbung und abfallender Kruppe, stabiles Fundament, kurze, muskulöse Gliedmaßen mit wenig Behang. Vorherrschend Füchse, oft mit flachsfarbener Mähne, auch Braune, Fuchs- und Braunschimmel, selten Schimmel. Stockmaß um 162 cm.

Verbreitung: Ungarn, Südosteuropa.

Leistung: Zuverlässiges, genügsames, einsatzwilliges, energisches und gängiges Arbeitspferd mit gutem Temperament.

Zuchtgeschichte: Vor der Jahrhundertwende wurde das Kaltblut als schweres Arbeitspferd vor allem im Grenzgebiet zu Österreich gezogen. Denn da die Hengste der ungarischen Hengstdepots zu leicht waren, aber der Weg zu den Norischen Hengsten kurz, führte man Warmblutstuten zu den Noriker Hengsten in Österreich. Lange Zeit gab es keine sachgemäße Zucht, und es entstanden zwei Schläge: in den Bergregionen der leichtere, gängigere **Pinkaföer/Pinkafelder**, und der sich längs der Mur entwickelnde, schwerere **Muraközer**. Um beide Schläge schwerer zu machen, wurden bereits zu Anfang dieses Jh. Ardenner Hengste eingeführt. 1911 standen in Ungarn nur 142 Kaltbluthengste, aber 3.021 Voll- und Warmblut-Landbeschäler. Der zunehmende Bedarf an schweren Arbeitspferden führte in den 20er Jahren zur Einrichtung der einzigen staatlichen Kaltblutzucht Ungarns auf der zum Staatsgestüt Babolna gehörenden Domäne. Die staatliche Förderung führte zu einer starken Zunahme an Kaltblütern. Die Verluste des 2. Weltkrieges machten einen Neuaufbau der Zucht notwendig, der vor allem durch den Import Ardenner Hengste eingeleitet wurde.

Murgese

Kennzeichen: Kräftiges Allzweckpferd im
Quadratformat, das sich durch seine harmonische Proportionen, sein gutes Knochengerüst und seine gut entwickelte
Muskulatur auszeichnet. Der Rumpf mit
guter Gurtentiefe, das stabile Fundament
mit gutem Röhrbein, kräftigen Gelenken
und ausgezeichneten Hufen. Schönes volles Langhaar. Vor allem Rappen ohne
Abzeichen, ausgenommen weißer Stern,
gelegentlich auch Dunkelbraune und Dunkelfüchse. Stockmaß 158 bis 163 cm.
Verbreitung: Italien mit der Provinz Apulien und dem Distrikt Murge als Hauptzuchtgebiet, sowie in den Bezirken Abrus-
si, Calabria, Basilicala.
Leistung: Guter Charakter, ausgeglichenes
Temperament, genügsam, ausdauernd,
mit eifrigen, trittsicheren Bewegungen.
Geschätztes Reit- und Wagenpferd mit
guten Anlagen für die Disziplinen Springen und Military.

Zuchtgeschichte: Die italienische Provinz
Apulien ist die Heimat dieser Rasse. Unverkennbar haben Araber, Berber und Lusitanos sie beeinflußt. Der ursprüngliche
kleinere Typ wurde im 15. und 16. Jahrhundert als Kavalleriepferd verwendet,
war aber bereits 200 Jahre später nahezu
ausgestorben. Graf Conversano, der in den
20er Jahren dieses Jahrhunderts zur Blutauffrischung orientalische Hengste aus
Afrika einführte, förderte die Zucht des
heutigen Typs. Durch verbesserte Fütte-
rung erreichte man auch die erwünschte
Zunahme der Körpergröße. Die Herein-
nahme Englischer Vollbluthengste in den
50er Jahren förderte Adel und Trockenheit
sowie Galoppier- und Springvermögen.
Noch immer aber werden Stuten zur
Maultierproduktion verwendet. Mit der
inzwischen abgeschlossenen Arbeit an
einem Stutbuch wurde um 1960 durch das
Zusammenwirken des staatlichen Instituts
in Foggia und der Züchtervereinigung
von Martina Franca begonnen.

Mustang

Kennzeichen: Kleines, hartes Pferd mit
sehr unterschiedlichem Exterieur. Das
Stockmaß reicht von 145 bis 165 cm.
Meist schwerer Kopf, starker Hals, kräfti-
ger Rumpf mit breiter Brust und kurzem
Rücken. Stabiles, gesundes Fundament mit
eisenharten Hufen. Alle Farben.
Verbreitung: USA, vor allem in New
Mexico, Texas, Wyoming, Kalifornien, mit
Schutzgebieten in Arizona und Utah.
Leistung: Außerordentlich ausdauernd,
hart, widerstandsfähig, genügsam, leben-
diges, mißtrauisches Temperament. Beliebt
für Rodeorennen, als Cowhorse und zur
Kreuzung mit anderen Rassen.
Zuchtgeschichte: Anfang dieses Jahrhunderts gab es ca. 2 Millionen dieser auch
Bronco (d. h. wild oder ungezähmt) genannten Mustangs. Der Name kommt aus
dem spanischen „mesteno" und beschreibt
ein Tier, das der „Mesta" gehört, der Ge-
samtheit. Seine Ahnen waren im 16. Jh.

mit den Spaniern in das Land gekommen,
und das andalusische, arabische und berberische Blut ist noch unverkennbar. Entlaufene Pferde hatten vom Süden des
Kontinents nach Norden gefunden und
sich in freier Wildbahn vermehrt. Als
Pferd der Prärie, der Indianer, Rancher,
Goldsucher und der US-Kavallerie ist es
das eigentliche Pferd der USA. Und als
„genuine mustang" (unverfälschter Mustang) unterscheidet es sich von verwilderten Mischlingen unserer Zeit. Verdrängt wurde es durch die Zivilisation,
d. h. durch weniger „wilde Räume", die
Eisenbahn, die Maschinen und das Aufkommen anderer Rassen. Das Maß der in
unserem Jahrhundert einsetzenden Verfol-
gung ist unvorstellbar. Sie wurden aus
Zeitvertreib gejagt, als Pferdefleisch und
als Hundefutter. Um 1930 soll es nur ca.
6.000 Mustangs gegeben haben, als Ame-
rikaner sich schützend vor ihren Mythos
stellten und Maßnahmen zu deren Erhalt
einleiteten wurden.

Namib Wildpferd

Kennzeichen: Verwildertes, muskulösees „Hauspferd" im Rechteckformat mit guten Reitpferdepoints, nicht ohne Adel. Ausdrucksvoller Kopf, oft mit konkaver Nasenlinie, gute Schulter, mittellanger Rücken, schräge Kruppe. Kräftiges Fundament, korrekte, harte Hufe. Vor allem Braune, aber auch Füchse und Rappen. Keine Schimmel oder Schecken. Stockmaß von 140 bis 160 cm.

Verbreitung: In der Namib Wüste der Republik Namibia, östlich der Lüderitzbucht, im Namib-Naukluftnationalpark.

Leistung: Ausdauernd, hart und zäh, den extremen Bedingungen der Wüstenregion hervorragend angepaßt.

Zuchtgeschichte: Es handelt sich um entlaufene und zurückgelassene Tiere der ehemaligen deutschen Schutztruppe und deutscher Farmer in der 1883 durch den Bremer Kaufmann Lüderitz durch Kauf erworbenen Kolonie Deutsch Südwestafrika.

Darunter waren auch einheimische Pferde aus der Landesmitte und dem Süden stammend, deren ungewöhnliche Ausdauer, Härte, Genügsamkeit und „stahlharte Hufe und Sehnen" von den Zeitgenossen gerühmt wurden (sehr wahrscheinlich Basuto Ponys und Kap Pferde). Die importierten Pferde waren für die Schutztruppe und zum Aufbau der Pferdezucht bestimmt, da Pferde als Reit- oder Wagenpferd wichtigstes Verkehrsmittel waren. Die deutsche Regierung unterstützte die Pferdezucht durch Abgabe von Hengsten aus dem Regierungsgestüt Nauchas an die Farmer. In Nauchas wurden sowohl Englisches Vollblut, edelstes Halbblut, Trakehner und Beberbecker verwendet, um gutes Hengstmaterial heranzuziehen. Die vor allem in und nach dem 1. Weltkrieg entlaufenen und verwilderten Pferde paßten sich den extremen Lebensbedingungen der Wüste an. Seit 10 Jahren stehen die Pferde unter dem Schutz der namibischen Naturschutzbehörde.

Neufundland Pony

Kennzeichen: Ein für das rauhe Neufundland hervorragend ausgestattetes Pony. Kleiner Kopf mit breiten Ganaschen, kurzen, behaarten Ohren, muskulöser Hals mit dicker, dunkler Mähne, kompakter Rumpf mit guter Gurtentiefe, tief angesetzter voller Schweif, stabiles Fundament mit kleinen, steinharten Hufen. Brauntöne herrschen vor, aber auch andere Farben sind nicht ungewöhnlich. In einigen Fällen wurde eine radikale Veränderung der Farbe von einem Haarwechsel zum anderen festgestellt. Stockmaß 120 bis 148 cm, das Gewicht liegt zwischen 180 und 360 kg.
Verbreitung: Neufundland/Kanada.
Leistung: Seine wichtigsten Eigenschaften sind ein gutes Temperament und die Fähigkeit, auch mit spärlichem Gras oder anderem Futter zu überleben, und mit seinem dicken Winterfell kann es den härtesten Wintern trotzen. In der Vergangenheit wurde es vor allem zum Transport von Feuerholz und Nutzholz, Seetang, Steinen und anderem Material benutzt.
Zuchtgeschichte: Das Pony war lange ein stolzer Teil der Kultur und Geschichte Neufundlands. Die ersten Siedler hatten von den britischen Inseln ihre Exmoor-, Dartmoor-, New Forest-, Galloway-, Welsh- und Highland Ponys nach Kanada mitgenommen. Untereinander gekreuzt entwickelte sich seither in den nahezu 300 Jahren das „Newfoundland Pony". Von 1935 bis Mitte der 80er Jahre gab es noch eine gesunde Population von 9.025 Ponys, die dann aber aus unterschiedlichen Gründen radikal abnahmen. Nicht nur durch die Motorisierung, sondern auch, weil die Ponys von Quebec aus als Pferdefleisch nach Belgien und Frankreich exportiert wurden. 1997 gab es nur noch 144 Neufundland Ponys, darunter Wallache und alte Stuten – eine sehr schmale Zuchtbasis. Die Newfoundland Pony Society und andere Gruppen bemühen sich, den Bestand zu erhalten und zu vermehren.

New Forest Pony

Kennzeichen: Respektables, kleines Sport-pferd mit sagenhafter Leistungskraft und gutem Ponycharakter. Ausdrucksvoller Kopf mit großem, klaren Auge. Gut auf-gesetzter Hals, markanter Widerrist, schrä-ge Schulter, kräftiger Rücken, gute Gur-tentiefe, muskulöse Kruppe, korrektes, kräftiges Fundament. Alle Farben, außer Schecken und Albinos, 138 bis 148 cm Stockmaß.

Verbreitung: Seine Urheimat ist der New Forest in der Grafschaft Hampshire im Südwesten Englands, heute in ganz Euro-pa verbreitet.

Leistung: Gutartig, robust, leichtfuttrig, unkompliziert, gelehrig und zuverlässig. Raumgreifende, elastische, energische Be-wegungen, trittsicher und springfreudig, vielseitig in allen Disziplinen verwendbar.

Zuchtgeschichte: Der New Forest in Hamp-shire ist seit dem Royal Forest Gesetz von 1016 die Heimat der „Forester" und gab ih-nen den Namen. Ihr Ursprung verliert sich in grauer Vorzeit. Es kann auch von einer engen Verwandtschaft mit dem Exmoor- und Dartmoor Pony ausgegangen werden, da sich Typengleichheiten bei allen drei Rassen finden. Zur Rassebildung haben ne-ben den einheimischen Ponyrassen auch Orientalen und Vollblüter beigetragen. So wurde der Vollblüter *Marske*, Vater von *Eclipse*, von 1765–1769 im Forest zum Decken verwendet. Von 1852–1860 stellte Königin Victoria ihren Araberhengst *Zorah* zur Verfügung. Diese etwas planlose Zucht führte zum Verlust von Substanz und Här-te. 1891 wurde eine Züchtervereinigung zur Verbesserung der Rasse gegründet, und Lord Cecil trat für frisches Blut durch die Verwendung von Fell-, Highland-, Dart-moor- und Welsh-Hengsten ein. Trotz die-ser unterschiedlichen Grundtypen wurde daraus der einheitliche Typ des New Forest Ponys. 1906 begann die New Forest So-ciety mit der Registrierung, 1910 wurde das erste Stutbuch herausgegeben.

Niederländisches Kaltblut

Kennzeichen: Ein wuchtiger Kaltblüter. Verhältnismäßig kleiner Kopf mit geradem Profil, kurzen Ohren und kleinen Augen. Mächtiger, kurzer Hals, muskulöse Schulter, tonniger, breiter, tiefer Rumpf, kräftiger, gerader Rücken, abgeschlagene, kraftvolle Kruppe und tief angesetzter Schweif. Stämmiges Fundament, die stark bemuskelten Gliedmaßen mit robusten Gelenken, gesunden Hufen und Behang. Braune, Füchse, Fuchs- und Braunschimmel, selten Rappen. Stockmaß um 165 cm.
Verbreitung: Niederlande, die Zuchtzentren liegen in Hertogenbosch und Hoogeveen.
Leistung: Guter Charakter, ausgeglichenes Temperament, ausdauernd, eifrig und zugfest. Guter Schritt, flotter Trab. Bewährt in der Land- und Forstwirtschaft und als Show-Pferd, aber mehr und mehr auch als Fleischlieferant.

Zuchtgeschichte: Das Niederländische Zugpferd geht auf das belgische Kaltblutpferd zurück. Vor 1900 wurde es vor allem in der Provinz Zeeland gezüchtet, wobei sich die Zucht auf aus Belgien importierte Fohlen und tragende Stuten stützte.

Eine gezielte Zucht entwickelte sich aber erst um 1910 in Zeeland, Noord Brabant und Limburg. Diese Entwicklung wurde durch den großen Bedarf an Pferden im 1. Weltkrieg begünstigt. Bereits 1914 schlossen sich die Züchter zur -einheitlichen Zuchtbuchführung im Koninklijke Vereniging Het Nederlandsche Trekpaard (KNVT) zusammen. Der Zuchtstandard erreichte bald eine solche Höhe, daß auf weitere Einfuhren verzichtet und ein Kaltblutpferd von eigener Art und Charakter gezüchtet werden konnte.

Stammväter waren *Certain van Lamswaarde, Clairon de la Lys, Nico van Melo* und *Nico van Beek*. Nach 1950 verringerte sich der Bedarf an Kaltblütern. Noch immer gibt es einen Stamm von etwa 30 Hengsten und über 1.000 Zuchtstuten, groß genug, um Inzuchtprobleme zu vermeiden. Wichtigste Zuchtveranstaltung ist das alle zwei Jahre stattfindende Championat in Hertogenbosch.

Niederländisches Reitpony

Kennzeichen: Der arabische Blutanteil zeigt sich auch im Exterieur. Edler, trockener Kopf mit arabischem Profil, breiter Stirn, kleinen Ohren, großen, ausdrucksvollen Augen, feiner Maulpartie mit weiten Nüstern. Schöner, gut aufgesetzter Hals, breite Brust, schräge Schulter, gut geformter Rumpf mit markantem Widerrist, gut angesetzter Schweif, feine, trockene Gliedmaßen mit kleinen, festen Hufen. Schönes, seidiges Langhaar. Vor allem Schimmel, aber auch alle anderen Grundfarben. Stockmaß bis 148 cm.
Verbreitung: Niederlande.
Leistung: Guter Charakter, ausgeglichenes Temperament, leistungsbereit, zuverlässig, hart. Leichtfüßige, elegante Bewegungen, ein vorzügliches Reit- und Fahrpony.
Zuchtgeschichte: Das Niederländische Reitpony mit arabischem Blut (so die genaue Bezeichnung) ist ein Pony mit mindestens 25% arabischem Blutanteil.

Als sich die Mitglieder des Nederlands Rijpaarden en Pony Stamboek (NRPS) 1981 zur Zucht eines Reitponys entschlossen, war ein Ziel, den hohen Anforderungen des Reitsports zu genügen und dabei Adel, Ausdruck und Leistungsvermögen zu vereinen. Das realisierte man, indem man Ponys mit guten Reiteigenschaften mit arabischem Vollblut kreuzte. Der 25%ige arabische Blutanteil ist deshalb auch in der Zuchtordnung festgelegt. Die zur Zucht benutzten Hengste werden nach den folgenden Kriterien ausgewählt: Exterieur, Bewegungen auf hartem und weichem Boden, Freispringen, Bewegungen unter dem Sattel sowie veterinärmedizinischen Gesichtspunkten. Nur hochwertiges genetisches Material soll selektiert werden, das sich durch Leistungsveranlagung und Reitqualitäten auszeichnet. Das NRPS führt drei Register: Niederländisches Reitpony, Niederländisches Reitpferd mit mindestens 12,5% Araberblut (NRA) und Angloaraber (AA).

Niederländisches Warmblut

Kennzeichen: Ein athletisches Sportpferd im Langrechteckformat. Trockener Kopf mit breiter Stirn, meist geradem Profil, ausdrucksvollen Augen, weiten Nüstern und ehrlichem Gesicht. Mittellanger, gut angesetzter Hals, starke, schräge Schulter, klar markierter Widerrist. Kräftiger, tiefer Rumpf mit guter Rippenwölbung, mittellanger bis langer Rücken, stark bemuskelte Kruppe und gut angesetzter Schweif. Stabile Gliedmaßen mit markanten Gelenken und ausgezeichneten, gut geformten Hufen. Alle Farben. Stockmaß um 163 cm.

Verbreitung: Niederlande, Europa und weltweit.

Leistung: Ausgezeichnetes Hochleistungspferd mit großen Erfolgen in allen Disziplinen, vor allem in der Dressur und Springen. Taktreine, gute Grundgangarten, unerschütterlicher Charakter und Temperament.

Zuchtgeschichte: Die Holländer sind ausgezeichnete Pferdezüchter. Es ist ihnen gelungen, innerhalb weniger Jahrzehnte auf der Basis des Gelderländers und Groningers durch die Zufuhr von Sportpferdeblut der Rassen Selle Francais, Holsteiner, Trakehner, Hannoveraner, Englisches Vollblut sowie durch konsequente Selektion eine moderne Sportpferderasse zu schaffen. Die niederländische Warmblutzucht kennt drei Typen: 1. das **Reitpferd**, 2. das **Tuigpaard** (Luxuswagenpferd), 3. das **Basispferd**. Im Koninklijk Warmbloed Paardenstamboek Nederland werden Hengste in fünf Stufen selektiert und nicht auf Lebenszeit gekört. Stuten werden im Alter von drei Jahren in das Stutbuch aufgenommen und erhalten nach einer Feld- oder Stationsprüfung das Prädikat Stern- oder Elitestute. Besonders erfolgreiche Zuchtstuten erhalten das Prädikat Präferenzstute. Die niederländische Zuchtorganisation betreut ungefähr 10.000 Züchter mit ca. 13.500 Stuten.

Nonius

Kennzeichen: Großrahmiger, muskulöser, mittelschwerer bis schwerer Warmblüter im Karossiertyp. Ansprechender Kopf mit ruhigem, freundlichem Auge und konkavem Profil. Mittellanger, hoch angesetzter Hals, markierter Widerrist, lange, schräge Schulter, Rumpf mit breiter Brust und guter Gurtentiefe, muskulöse Kruppe. Kräftiges, trockenes Fundament mit guten Hufen. Vor allem Braune, Dunkelbraune und Rappen. Stockmaß um 165 cm.
Verbreitung: Ungarn, Südosteuropa.
Leistung: Vielzweckpferd mit ausgezeichneten Fahreigenschaften. Ruhig, arbeitswillig, leistungsfähig, guter Charakter.
Zuchtgeschichte: Stammvater ist der 1810 in Rosiers aux Salinex geborene Anglonormänner *Nonius* v. *Orion*, später *Nonius senior* genannt, der von den Franzosen in Zweibrücken aufgestellt worden war und 1815 im Freiheitskrieg als Kriegsbeute in österreichische Hände kam. Er wurde im k. u. k. Gestüt Mezehögyes aufgestellt. Dort wirkte er von 1815–1832 als Hauptbeschäler und wurde mit spanisch-neapolitanischen Pferden angepaart, um ein schweres Warmblutpferd zu züchten. Zur Konsolidierung der Rasse wurde später auch Arabisches und dosiert Englisches Vollblut verwendet. Obwohl das Exterieur von *Nonius* nicht ohne Mängel war, machte er viele sehr gute Fohlen. Er hinterließ dem Gestüt über 100 Stuten und fast ebenso viele Hengste. 1869 wurde die Rasse in den kleinen und den großen Nonius-Stamm geteilt, eine Trennung, die nicht aufgrund des Pedigrees, sondern nach dem Stockmaß erfolgte, d. h. unter oder über 158 cm. Eine Unterscheidung, die für den heutigen modernen Nonius nicht mehr angewandt wird. Es gibt nur noch den modernen Nonius im Typ des Sportpferdes mit besonderer Veranlagung für das Fahren. Stammgestüt ist auch heute noch Mezehögyes, außerdem das privatisierte ehemalige Staatsgestüt Hortobagy.

Nooitgedachter

Kennzeichen: Kräftiges, kompaktes Pferd mit kurzem Rücken und gut gelagerter, schräger Schulter. Stabiles, korrektes Fundament mit trockenen Gliedmaßen, markanten Gelenken und Hufen von hervorragender Festigkeit. Überwiegend Braune, Schwarzbraune, Füchse und Schimmel. Schecken nicht erlaubt. Stockmaß nicht unter 138 cm, ideal sind 153 cm.
Verbreitung: Republik Südafrika.
Leistung: Menschenbezogener, freundlicher Charakter, gutes Temperament, intelligent, ausdauernd, trittsicher, zuverlässig, rittig und bequem in allen Gangarten. Springvermögen und leistungsfähig in allen Reit- und Fahrdisziplinen.
Zuchtgeschichte: Die Abstammung des Nooitgedachter geht auf das stark durch Berber und Andalusier, Vollblüter und Utrechter beeinflußte Basutopony zurück, das sich in Lesotho (Basutoland) im 18./19. Jh. isoliert von anderen Rassen

entwickelte. Denn alle anderen Rassen kamen erst später zum Kap. Das extreme Klima des unwirtlichen Hochlandes prägte den Rassetyp, dessen auffallendstes Merkmal die Zuneigung zu Menschen ist. Die weiteren hervorragenden Eigenschaften sind Erbteil seiner orientalischen Vorfahren, die bewußt für die Entwicklung der neuen Rasse verwendet wurden, als das Basutopony in den 40er Jahren vom Aussterben bedroht war. Bereits 1931 war die Nooitgedachter-Forschungsstation nahe Ermelo mit einer kleinen Herde Basutopferde eingerichtet worden. Unter strengen wissenschaftlichen Auflagen und durch konsequente Selektion – nur jedes vierte Fohlen wurde anerkannt – gewann die Rasse bald Profil. 1967 gab es bereits acht Gestüte, und der Zuchtverband konnte gegründet werden. 1976 wurde das Nooitgedachter schließlich als erste einheimische Rasse von der South African Stud Book Association anerkannt.

Nordkirchener Pony
(Arenberg-Nordkirchener Pony)

Kennzeichen: Zuchtziel ist ein kräftiges, harmonisches, trockenes und gefälliges Reitpony mit korrektem Fundament und taktreinen, raumgreifenden Gängen. Vorwiegend Braune, Schwarzbraune und Rappen, oft noch mit typischer Wildpferdezeichnung, vor allem Aalstrich und Mehlmaul. Stockmaß um 140 cm.
Verbreitung: Deutschland. Hauptzuchtgebiet war Westfalen mit dem vom Herzog von Arenberg eingerichteten Wildpferdegestüt in Nordkirchen bei Münster. Die Population beträgt nur noch wenige Ponys und ist vom Aussterben bedroht.
Leistung: Widerstandsfähiges, gesundes, genügsames Reitpony für Kinder, Jugendliche und leichte Erwachsene. Freundlicher, verträglicher Charakter, ausdauernd und zäh. Elastische, raumgreifende Grundgangarten und ausreichendes Springvermögen sowie Eignung als Fahrpony.

Zuchtgeschichte: Ausgangspunkt dieser ursprünglichen Wildpferdezucht war das Wildponygestüt in Nordkirchen bei Münster, Westfalen. Es war Ende der 20er Jahre vom Erbprinzen von Arenberg, einem Vetter des Herzogs von Croy, in seinem 1.500 Morgen großen Hirschpark angelegt worden. Zur Zucht wurden Stuten des „litauischen Landschlages" (Panjestuten) mit Dülmener Hengsten gepaart. Die sich durch die günstigen Boden- und Futterverhältnisse gut entwickelnde Zucht erhielt den Namen Arenberger Pony.

Die Herde wurde 1968 an Herrn Orthmann, Nordkirchen verkauft. Er setzte in der etwa 100 Köpfe zählenden Herde, nun Arenberg-Nordkirchener genannt, zum Erreichen des angestrebten Zuchtzieles Welsh-Pony Hengste der Sektion B ein. Damit wurde das ursprüngliche Wildbahnpony zum Reitpony veredelt und ging in der westfälischen Reitponyzucht auf.

Nordschwedisches Pferd

Kennzeichen: Mittelgroßer, leichter Kaltblüter im Kleinpferdetyp. Großer, keilförmiger Kopf mit geradem Profil und üppigem Schopf, kurzer, kräftiger Hals, gut formierte Schulter, kompakter, langer, breiter, tiefer Rumpf mit schräger, muskulöser Kruppe. Stabiles Fundament mit kurzen, starken Gliedmaßen, harte Hufe. Kräftiges, volles Langhaar und Behang. Überwiegend Braune und Rappen. Stockmaß um 156 cm. Zwei Typen werden unterschieden: der **Gebrauchstyp** und der **Trabertyp**.

Verbreitung: Schweden, vor allem in Jämtland, Dalekarlien, Värmland und am Bottnischen Meerbusen. Zuchtmittelpunkt ist Wangen im Norden Schwedens, ein Aufzuchtgestüt, das streng selektiert und die Leistungen prüft.

Leistung: Gesund, langlebig, robust, anspruchslos, guter Charakter mit energischem Temperament. Wendig, zugkräftig, gute Gangarten, raumgreifender Trab. Bewährtes Zugpferd in der Forst- und Landwirtschaft. Als ausdauernder, schneller Traber auch in Trabrennen gefragt.

Zuchtgeschichte: Die alte schwedische Rasse hat sich aus den geographisch und klimatisch bedingten unterschiedlichen einheimischen Landschlägen entwickelt. Auch das Dølepferd aus dem benachbarten Norwegen hat die Rasse stark beeinflußt. Im 19. Jh. versuchte man ihr durch Belgier und Clydesdales mehr Größe und Masse zu geben, was sich negativ auswirkte. Erst um die Jahrhundertwende ging man wieder zur konsequenten Reinzucht über. Ab 1900 wurde das Nordschwedische Pferd wieder rein gezüchtet und in den Stutbüchern geführt. Der Staat förderte die Zucht und stellte die ehemalige militärische Einrichtung Wangen in Jämtland als Aufzuchtstätte zur Verfügung. Auch das Nordschwedische Pferd im Trabertyp hat hier seinen Zuchtmittelpunkt.

Nordschwedischer Traber

Kennzeichen: Ein kaltblütiger, mittelgroßer Naturtraber. Nicht zu großer, keilförmiger Kopf mit kräftigem Schopf, weit gesetzten Ohren und lebendigen Augen. Kurzer, kräftiger, leicht gebogener Hals und kräftige, schräge Schulter. Rumpf mit guter Gurtentiefe, langer Rücken, schräge, muskulöse Kruppe, kräftiges Fundament, gesunde Hufe, volles Langhaar und Behang. Alle Grundfarben vertreten, vor allem aber Braune und Rappen. Stockmaß um 160 cm.

Verbreitung: Schweden. Hauptzuchtgebiete sind die Provinzen Jämtland mit dem Gestüt Wangen und mit ²/₃ des Gesamtbestandes sowie die Provinzen Dalekarlien und Värmland.

Leistung: Harter, energischer, ausdauernder Naturtraber. Ein williges, gutes Pferd mit Charakter, lebhaftem Temperament sowie ausgezeichnetem Gangvermögen, besonders im Trab.

Zuchtgeschichte: Die Zuchtgeschichte des Nordschwedischen Trabers ist in ihrem Ursprung die des Nordschwedischen Pferdes. Auch wurde es stark durch das norwegische Dølepferd, den früheren Gudbrandsdaler beeinflußt.

Der offizielle Name Nordschwedisches Pferd wurde ab 1900 mit der Eröffnung eines Zuchtbuches für beide Zuchttypen verwendet. Erst 1924, als die Traber ein eigenes Stutbuch bekamen, wurde die Bezeichnung Nordschwedischer Traber anerkannt. Blutlinienbegründer sind die Hengste *Valde 643* und *Benus 652*. Zuchtzentrum ist auch für den Traber die Hauptzuchtanstalt Wangen, wo jährlich etwa 50 Nordschwedische Traber aufgezogen werden.

Noriker

Kennzeichen: Typisch für den Kaltblüter ist die gespaltene Kruppe und die Färbung, die auch Tigerschecken und „Mohrenköpfe" kennt. Es gibt daneben Braune, Rappen, Füchse und Blauschimmel. Zuchtziel ist ein gesundes, mittelschweres, adeliges Gebirgskaltblutpferd mit harmonischen Breiten- und Tiefenmaßen, genügend starken Knochen und Gelenken, mit korrekten Gängen, Wendigkeit und Trittsicherheit, Fleiß und Ausdauer, ruhigem Temperament und sicherer Geländegängigkeit. Stockmaß 150 bis 165 cm.
Verbreitung: Österreich, Deutschland.
Leistung: Der moderne Noriker ist ein vielseitig verwendbares Wirtschafts- und Freizeitpferd zum Fahren und Reiten.
Zuchtgeschichte: Vor rund 2.000 Jahren wurde das Legionärspferd der Römer in den Provinzen Noricum, Rätien und Pannonien heimisch und fand eine neue Zuchtstätte, hielt sich aber nur im Alpenraum der Provinz Noricum. Aus dem einstigen schweren Warmblutpferd der Thessalischen Ebene wurde der Noriker. In der Renaissance bekam die Zucht durch den Erzbischof von Salzburg und durch die Errichtung von Gestüten neue Impulse. 1703 wurde die erste Körordnung für Privathengste erlassen, und bereits 1688 war das Decken inländischer Stuten durch ausländische Hengste verboten worden. Seit über 400 Jahren wird bei strenger Selektion in einem geschlossenen Zuchtgebiet rein gezüchtet. Wertvoll sind die *Vulkan-, Schaumitz-, Elmar-* und die *Diamant*-Linie, die ihren Namen ihren feurigen Augen verdankt. Die Tigerscheckung der *Tiger*-Linie aber ist auf ihren andalusischen Blutanteil zurückzuführen. Der Noriker ist ein Vetter des Süddeutschen Kaltbluts. 1897 gründete sich der Pinzgauer Pferdezuchtverein. 1903 erfolgte die Herausgabe des ersten Gestütsbuches. Der Pinzgau war im 19. Jh. ein Landesteil des Herzogtums Salzburg.

North American Single-Footing Horse

Kennzeichen: Das Zuchtziel dieser Gebrauchspferderasse ist ein leichtes, gut gebautes, schön aussehendes und daneben auch weich zu sitzendes, vielseitig verwendbares Pferd in allen Farben und Größen.

Verbreitung: USA.

Leistung: Der Zuchtverband legt großen Wert auf Ausdauer, Arbeitswillen, Gelassenheit und ein fügsames, williges Temperament. Bei dem Mehrgänger wird bei allen Gangarten besonderes Augenmerk auf weiche, bequem zu sitzende Bewegungen gelegt. Seine ideale Gangart ist der rack, auch „amble rompu" oder „broken amble" genannt, d. h. der Tölt, die Gangart mit dem taktklaren, ausdrucksvollen, akzentuierten Viertakt.

Zuchtgeschichte: „Single-Foot" ist ein Begriff, der in Amerika auch für den rack, d. h. den Tölt verwendet wird. Ziel der Single-Footing Horse Association ist es, alle Besitzer und Züchter von „Mehrgängern" für ein breit gefächertes Zucht- und Wettkampfprogramm zusammenzuschließen. In den fünf Abteilungen des Wettkampfprogramms können in 50 Kategorien Auszeichnungen gewonnen werden. Der Verband lehnt in der Pferdeausbildung Gewalt und unnatürliche Hilfsmittel ab. Die Leistung des Pferdes soll durch respektvolle Partnerschaft gefördert werden. Das Pferd soll „gefragt werden", was es kann, und nicht unter Zwang zu einem unnatürlichen Verhalten gezwungen werden. Gewaltanwendung führt zum sofortigen Ausschluß aus dem Verband.

Nowokirgise

Kennzeichen: Elegantes, mittelgroßes Pferd im Reitpferdetyp. Nicht sehr großer, trockener Kopf mit geradem Profil, mittelgroße, gut gesetzte, bewegliche Ohren, aufmerksames Auge. Mittellanger, kräftiger, gut aufgesetzter und geformter Hals, markanter Widerrist, gut formierte Schulter, schlanker, muskulöser Rumpf mit guter Gurtentiefe, geradem Rücken und starker, abfallender Kruppe. Stabiles Fundament mit kurzen, trockenen Gliedmaßen und korrekten, festen Hufen. Feines Langhaar, kein Behang. Alle Grundfarben vertreten, vor allem aber Braune und Füchse. Das Stockmaß liegt bei 151 bis 156 cm.

Verbreitung: Republik Kirgisien, aber auch in Kasachstan und Tadschikistan.

Leistung: Ausdauernd, anspruchslos, sehr robust. Gutes Temperament, trittsicher, zuverlässiges Reit- und Tragpferd mit Eignung für den leichten Zug. Sehr gutes Distanzpferd. Wird auch zur Stutenmilchgewinnung (Kumys) genutzt.

Zuchtgeschichte: Dies ist das Kirgisenpony im Reitpferdtyp, denn es hat sich die robuste Kraft und Widerstandsfähigkeit der ursprünglichen Bergpferderasse bewahren können. Nur edler und schlanker ist es durch die nach dem Ersten Weltkrieg einsetzende Einkreuzung von Donpferden und Englischem Vollblut geworden. Seit etwa 1954 wird, um der neuen Rasse mehr Kaliber und Rahmen zu geben, auch das Blut von Orlow- und Russischen Trabern eingekreuzt.

Es haben sich drei unterschiedliche Typen entwickelt: der Standard-, der Sportpferd- und der massive Fleischtyp zur Fleisch- und Milchproduktion. Die Rasse zählte 1996 56.650 Pferde, davon sind 10.700 reinrassig.

Oldenburger

Kennzeichen: Modernes, rahmiges Sport-pferd mit guter Oberlinie, harmonischem Gebäude und deutlichem Vollbluteinfluß. Ausdrucksvoller, trockener Kopf, gut auf-gesetzter Hals. Markanter Widerrist, star-ke, schräge Schulter, tiefer Rumpf mit breiter Brust, guter Sattellage, muskulöser, runder Kruppe und korrektem, starkem Fundament. Vor allem Braune und Rap-pen. Stockmaß um 165 bis 168 cm.
Verbreitung: Deutschland, mit dem Haupt-zuchtgebiet Oldenburg, inzwischen welt-weit vertreten.
Leistung: Ausdauerndes, robustes und um-gängliches Reit- und Fahrpferd mit gutem Charakter und Temperament. Solide Grundgangarten mit schwungvollen, raumgreifenden Bewegungen.
Zuchtgeschichte: Schon im 17. Jh. züchte-te man im Großherzogtum Oldenburg auf der Grundlage des Marschpferdes noble Karossiers, die an den Fürstenhöfen Euro-

pas sehr geschätzt wurden. Der seit dem 16. Jh. bestehende starke Einfluß spani-scher und neapolitanischer Hengste wurde 1819 durch ein Körgesetz beendet und 1861 durch die Einrichtung eines Stamm-registers sowie durch das 1897 erlassene Pferdezuchtgesetz in die richtigen züchte-rischen Bahnen gelenkt. Dank einer kon-sequent betriebenen Reinzucht entwickelte sich der Oldenburger zum Typ des elegan-ten, schweren Warmblüters, der vor allem als Kutschpferd sehr geschätzt war. Die nach 1945 eingetretenen Umwälzungen erforderten eine Umzüchtung des Olden-burgers zum modernen, edlen Sportpferd. Der mit dem Vollblüter *Lupus xx* bereits vor 1945 eingeschlagene Weg der dosier-ten Veredlung wurde weitergegangen. Ihm folgten 1950 der Anglo-Normanne *Condor*, 1959 der Vollblüter *Adonis xx* und 1968 der Anglo-Normanne *Furioso II*, wodurch sich beste Blutströme der deut-schen und französischen Pferdezucht ver-einten.

Orlow Traber

Kennzeichen: Der moderne Orlow Traber ist ein großes, gut proportioniertes Pferd im Stockmaß um 160 cm. Trockener Kopf mit großen, ausdrucksvollen Augen, hoch aufgesetzter, langer Hals. Breite, tiefe Brust, gut gewölbter Rumpf, langer, manchmal weicher Rücken, breite gut bemuskelte Kruppe. Kräftige, korrekte Gliedmaßen mit trockenen Sehnen und ausgeprägten Gelenken. Vorwiegend Rappen und Schimmel. Volles Langhaar, oft deutlicher Behang.

Verbreitung: Ukraine, GUS, Deutschland.

Leistung: Ausdauernd, hart, gutes Temperament mit vorzüglichen Trabeigenschaften. Ein ausgezeichnetes Trabrenn-, Fahr- und Wirtschaftspferd.

Zuchtgeschichte: Die älteste Traberrasse der Welt entsprang dem Wunsch des Grafen Orlow, gute, schnelle Wagenpferde zu züchten. In seinem Gestüt Chrenowoje stellte er den von ihm importierten Vollblutaraber *Smetanka* auf und paarte ihn mit einer Stute aus dem Dänischen Gestüt Fredriksborg. Der aus dieser Paarung stammende Hengst *Polkan* zeugte mit einer holländischen Hardtraber-Stute *Bars I.*, den Stammvater der Orlowtraber und Begründer der Rasse. *Bars I.* gab sein Feuer, Temperament und seine Kraft an seine Söhne weiter, den Schimmel *Lebed*, geb. 1804, und den Rappen *Lubesny I.*, geb. 1794. Diese waren für die Konsolidierung der Rasse wichtig und durch die anfangs betriebene Inzucht und konsequente Selektion von großer Bedeutung. Nach der Übernahme des Gestüts durch die kaiserlich russische Gestütsverwaltung im Jahre 1845 wurde ein Gestütbuch angelegt. Die Pferde wurden als Renntraber, schnelle Karossiers und Veredler nicht nur in Rußland, sondern auch in aller Welt geschätzt und begehrt. Bedeutende Hengstlinien sind die Hengste *Ulow, Pilot, Quadrat, Pion, Bartschuk* u. a. Wichtige Gestüte sind in Chrenowoje, Moskau, Tula, Gorki, Perm im Ural und Dubrowka/Ukraine.

Österreichischer Foxtrotter

Kennzeichen: Mittelgroßes, gut proportioniertes Gangpferd. Hübscher, trockener Kopf mit kleinen spitzen Ohren, großen, klaren Augen. Mittellanger, gut angesetzter Hals, schräge, gut bemuskelte Schulter, tiefe, breite Brust, kurzer, starker Rücken, gute Rippenwölbung und Gurtentiefe, schöne Kruppe mit gut angesetztem Schweif. Kräftiges Fundament, stabile Gliedmaßen und regelmäßige, gesunde, harte Hufe. Weiches, seidiges Langhaar, alle Grundfarben, vorwiegend Braune, Füchse und Rappen. Stockmaß 147 bis 155 cm.

Verbreitung: Österreich.

Leistung: Gutmütiger Charakter, menschenbezogen, ausdauernd, lebhaft, leistungsbereit. Trittsicheres, bequemes Freizeitpferd. Typisch die Gangarten Foxtrott und Walk. Der Trab als natürliche, vorhandene Gangart ist unter dem Sattel nicht erwünscht.

Zuchtgeschichte: Der Wunsch des Züchterpaares Raaz nach einem bequemen Freizeitpferd war die Geburtsstunde des Österreichischen Foxtrotters. Er ist das Ergebnis der Kreuzung von Missouri Fox Trotting Horses und Österreichischen Trabern mit überwiegend amerikanischem Standardbred-Blut.

Die Rasse ist seit 1991 in Österreich offiziell anerkannt. Das Sonderregister des Zuchtbuches für Österreichische Foxtrotter ist offen für Österreichische Traber auf Standardbred-Basis, Tennessee Walker, American Fox Trotting Horses und Missouri Fox Trotting Horses und deren Nachkommen. Eine Zuchtwertschätzung entscheidet über die Aufnahme in das Zuchtbuch. Seit 1995 steht der aus den USA stammende Rapphengst *Cloud's Brigadoon* als Beschäler für die Zucht zur Verfügung. Eine der Stammstuten ist *Pepper Daisy*, sie stellt die Verbindung zu den alten Stutenfamilien der Missouri Foxtrotter her.

Ostfriese

Kennzeichen: Mittelgroßes, schweres Warmblutpferd, breit und tief, mit harmonischem
Körperbau, ausdrucksvollem Kopf, gut aufgesetztem, schönem Hals. Gute Schulter,
kurzbeinig mit kräftigen, trockenen Gliedmaßen und räumenden Gängen mit viel
Schub aus der Hinterhand. Vor allem
Braune, Rappen, Füchse. Stockmaß um
165 cm.
Verbreitung: Ostfriesland, wo sich seit
1988 der Zuchtverband für das Ostfriesische und Alt-Oldenburger Pferd e. V. des
klassischen Bestandes von etwa 100
Zuchttieren annimmt.
Leistung: Nervenstark mit gutem Temperament. Das vielseitige Pferd ist robust und
unkompliziert im Umgang. Bis zum 2.
Weltkrieg war es nicht nur in Fahrwettbe-
werben, sondern auch in Springprüfungen
und als Jagdpferd erfolgreich.
Zuchtgeschichte: Für die stark an den
Oldenburger angelehnte Zucht gibt es seit

1755 eine Körordnung. 1714 hatte sich
bereits das züchterisch am weitesten fort-
geschrittene Harlingerland eine Körordnung gegeben. Ein Stutbuch wurde 1869
angelegt und 1937 geschlosen. Seitdem
wurde mit großem Erfolg rein gezüchtet
und Ostfriesen in alle Welt ausgeführt.
Der abnehmende Bedarf an Wirtschaftspferden und Karossiers stellte die Züchter
vor die schwierige Entscheidung, die
Zucht dem neuen Bedarf anzugleichen
und den Typ zu verändern. Die eingeleitete Veredlung mit Arabern, darunter die
Vollblutaraber *Wind* und *Jason*, brachte
aber nicht den gewünschten Erfolg, sie
führte in eine Sackgasse. Ab 1967 wurden
hannoversche Pachthengste eingesetzt,
und 1975 erfolgte der Anschluß an Hannover. Die alte Rasse hatte aufgehört zu
bestehen. Der Neubeginn erfolgte in den
80er Jahren mit der Gründung des Zucht-
verbandes für das Ostfriesische und Alt-
Oldenburger Pferd e. V., acht reinrassigen
Stuten und den Hengsten *Thake* und *Lord*.

Paint Horse

Kennzeichen: Nach Herkunft, Typ und
Eigenschaften ein ganz naher Verwandter
des Quarter Horse. Kurzer, keilförmiger
Kopf mit breiter Stirn, gerader Nasenlinie,
großem, intelligentem, freundlichem Auge,
kleinen, feingeformten Ohren. Der genügend lange Hals leicht im Genick; Körper
im Rechteckformat mit langer Schulter,
kurzer Rücken, lange, schräge Kruppe,
stark bemuskelte Hinterhand. Korrektes,
trockenes Fundament mit nicht zu kleinen
Gelenken, kurze Röhrbeine, kleine, harte
Hufe. Stockmaß 148 bis 160 cm, Platten-
schecken mit Tobiano- oder Overozeich-
nung.
Verbreitung: USA, Kanada, Europa.
Leistung: Angenehmes Western- und
Familienpferd mit korrekten, taktreinen
Gängen. Robust, nervenstark, intelligent
mit „cow-sense".
Zuchtgeschichte: Die Anfang des 20. Jh.
entstandene Rasse hat Ähnlichkeit mit

dem Pinto. Mit dem bemerkenswerten
Unterschied, daß der Pinto eine Farbzucht unterschiedlicher Rassen ist, das
Paint aber nur Quarter-Horse-Blut führen darf und führt. Die Rasse verdankt
ihr Dasein den „crop-outs", gescheckten
Fohlen, die aufgrund ihrer Färbung
von der Quarter Horse Association nicht
registriert wurden. Zur Erfassung dieser
individuell und farbenfroh gezeichneten
Pferde im Stock-Type wurde 1962 die
American Paint Horse Association
(APHA) in Fort Worth, Texas gegründet
und ein Zuchtregister angelegt. Vor-
bedingung für die Eintragung sind viel
„chrom", d. h. weiße Abzeichen mit rosa
Haut darunter, und außerdem eingetragene Paint-, Quarter- oder Vollbluteltern-
teile.

Zuchtziel ist ein geschecktes Quarter
Horse. Die Zeichnungsmuster (Pattern)
Tobiano (dunkler Kopf, weiße Beine)
und Overo (Laterne oder weißer Kopf und
dunkle Gliedmaßen) herrschen vor.

Palomino

Kennzeichen: Farbzucht eines goldfarbenen Pferdes mit silbrig-weißem bis weißem Behang. Im Behang darf bis zu 15% Fremdfarbe enthalten sein. Abzeichen sind am Kopf und den Beinen erlaubt. Die Bestimmungen in den USA erlauben keinen Aalstrich, Querstreifen an den Beinen und schwarze oder weiße Flecke, ausgenommen solche, die durch Verletzungen entstanden sind. Es werden die Typen **Hunter** (ab 158 cm Stockmaß), **Pleasure** (154 bis 160 cm Stockmaß), **Stock** (148 bis 158 cm Stockmaß) und **Pony** (bis 148 cm Stockmaß) unterschieden, die auch im Exterieur ihrem Typ entsprechen sollen.
Verbreitung: USA, Kanada und weltweit.
Leistung: Vor allem geeignet für Western-, Reit- und Fahr- sowie Showdisziplinen.
Zuchtgeschichte: Isabellfarbene Pferde gab es schon im Altertum: nachweislich in China im 3. Jh. v. Chr. Rembrandt malte 1632 eines der in dieser Zeit sehr beliebten Palominos. Aus dem Gestüt der Königin Isabella von Spanien kamen einige davon 1519 mit Cortez nach Mexiko und wurden zu Ehren der Königin Isabellen genannt. Von Mexiko aus verbreiteten sie sich über Kalifornien in den USA. Dort erhielten sie den Namen Palomino, – abgeleitet von Don Juan Palomino, einem Mitglied des spanischen Königshauses. Wildlebende Palominos, allgemein Mustangs genannt, waren zur Inzucht gezwungen, die zu Albinos, weiß-, creme- und falbfarbenen Pferden führte. Als den Herden fehlende Hengste durch Vollblüter ersetzt wurden, war die Nachzucht palominofarben, auch das Exterieur war besser geworden. Unter den modernen Veredlerhengsten sind Vollblut, Gangpferde, Standardbred und Quarter Horse vertreten. 1932 wurde das erste Zuchtregister angelegt. 1941 vereinigten sich alle Züchter in der Palomino Horse Breeder of America Incorperation (PHBA), Mineral Wells/Texas, die das Zuchtbuch führt.

Panje Pferd

Kennzeichen: Einen einheitlichen Rassetyp gibt es beim Panje nicht. Die Tiere sind sehr robust und von einer ungewöhnlichen Härte und Leistungsbereitschaft. Die Stammform des meist aus planlosen Kreuzungen entstammenden Pferdes ist der Konik. Von diesem hat er das Aussehen und die Größe. Die typischen Farben sind dunkelgrau und mausgrau sowie Falbtöne, nicht selten Aalstrich, Schulterkreuz und Wildstreifen an den Gliedmaßen. Das Stockmaß liegt zwischen 130 und 148 cm.

Verbreitung: Polen, Osteuropa, Rußland, Ukraine.

Leistung: Unübertroffen an robuster Härte und Leistungsfähigkeit, dazu gesund, fruchtbar, genügsam und anspruchslos in Haltung und Pflege.

Zuchtgeschichte: Hinter dem Namen Panje, der von Pan = Herr abgeleitet, Herrchen bedeutet, steht kein einheitlicher Rassebegriff. Im Gegensatz zum Huzulen und Konik ist das Panje Pferd ein primitives Landpferd.

Es ist ein wildes Rassegemisch, angefangen vom Wildpferd mit Aalstrich, Schulterkreuz und Zebrastreifen über Vollblüter, Araber, Warmblüter und sogar Kaltblüter bis zu seiner Stammform, dem Konik. Es hat sich aber die robuste Härte des Wildpferdes und die edle Leistungstreue des Arabers bewahrt. Wegen seiner uneinheitlichen Anlagen hat es über Osteuropa hinaus keine Verbreitung gefunden. In kleinen osteuropäischen landwirtschaftlichen Betrieben wird es seinen Platz noch einige Zeit behaupten können, aber auf Dauer seiner Stammform, dem Konik, weichen müssen.

Paso Fino

Kennzeichen: Eleganter Naturtölter mit
Temperament. Edler Kopf mit geradem
Profil, lebhaftem Auge, großen Nüstern.
Kräftiger, muskulöser Hals, gut ausge-
prägter Widerrist, harmonische Rücken-
linie, runde Kruppe. Breiter, tiefer Rumpf,
gut gelagerte Schulter, trockene Gliedmaßen, kurze Röhren, gut entwickelte Ge-
lenke, feste Hufe. Volles Langhaar, alle
Farben, kleine weiße Abzeichen erlaubt.
Stockmaß 140 bis 150 cm.
Verbreitung: In Kolumbien und Puerto
Rico beheimatet, in Süd-, Nordamerika,
der Dominikanischen Republik, Kuba und
Europa verbreitet.
Leistung: Gehfreudig, rittig, sensibel, zuverlässig, trittsicher auch im schwierigen
Gelände, vielseitig zu verwenden, men-
schenbezogenes Familien- und Freizeitpferd. Es beherrscht den „genetisch-fixier-
ten" Tölt in den Tempi Corto (langsamer
Tölt), Largo (mittelschnell mit Raumge-

winn) und Fino (versammelter, schneller
Tölt). Je nach Typ und Ausbildung kommen noch die Gangart Trocha (ein Trabtölt) und der Trote (Trab) dazu, Schritt
und Galopp sowieso.
Zuchtgeschichte: Christoph Kolumbus
nahm 1493 Pferde in die Karibik mit. Neben spanischen Edelpferden auch „Asturcones", kleine robuste Gebirgsponys, die
auch den Tölt beherrschten. Aus diesen
Pferden, die sich von der Karibik aus über
Südamerika verbreiteten, entwickelte sich
im Lauf der Jahrhunderte durch natürliche
und züchterische Selektion der elegante
und ausdauernde Naturtölter. Eigenständige Typen und Linien entwickelten sich,
die gelegentlich auch gekreuzt wurden.
Diese durften in ihren jeweiligen „nationalen" Zuchtgebieten ihre Besonderheiten
entwickeln, was zu der heutigen Vielzahl
nationaler Pasotypen geführt hat. In
Deutschland werden die Pasos als „Spezialrasse" durch die Fino Horse Association
Europe e. V. betreut.

Paso Peruano

Kennzeichen: Deutlich iberisch geprägte Erscheinung. Trockener Kopf mit geradem oder leicht konvexem Profil, breiter Stirn, wachem Auge. Hoch aufgesetzter, eher stark entwickelter Hals, lange, schräge Schulter, ausgeprägter Widerrist, viel Gurtentiefe. Rücken elastisch, gut bemuskelt, Kruppe leicht abfallend, tiefer Schweifansatz. Kräftiges, trockenes Fundament, harte, kleine Hufe. Langes, volles Langhaar. Alle Farben, meist Füchse und Braune, kleine Abzeichen erlaubt, aber keine Schecken. Stockmaß 145 bis 155 cm.
Verbreitung: Peru, USA, Kanada und Europa.
Leistung: Als Arbeitspferd beim Viehtreiben und als bequemes Reitpferd noch heute von großer wirtschaftlicher Bedeutung. Rassetypisch für die Dreigangspferde – Schritt, Tölt und Galopp – der genetisch fixierte, erschütterungsfreie Tölt im Viertakt, der Paso Llano. Durch den Termino, ein aus der Schulter kommendes, lockeres Ausschwingen der Vorderbeine, wird er noch ruhiger und gleichmäßiger. Auch der „Brio", der angeborene Eifer, dem Reiter zu gefallen, seine robuste Eleganz, Leichttrittigkeit, Ausdauer und Härte, gehören zu den Eigenschaften, die ihn als Freizeitpartner empfehlen.
Zuchtgeschichte: Die spanischen Eroberer brachten Pferde iberischer und berberischer Abstammung zur Zucht in das Land. Als billiges, bequemes Fortbewegungsmittel geschätzt, wurde daraus das Caballo Peruano de Paso. Die Typen **Costenio**, **Cholo** und **Murichuco** werden unterschieden. Nach anfangs regionaler Registrierung gibt es in Peru seit 1946 ein zentrales Stutbuch der Association Nacional de Criadores y Propietarios de Caballos Peruanos de Paso (ANCPCPP). In Deutschland führt die dem ANCPCPP angeschlossene Paso Peruano Vereinigung Deutschland e. V. (PPV) seit 1982 ein zentrales Zuchtverzeichnis.

Peneia Pony (Eleia)

Kennzeichen: Kräftiges, kleines, orientalisch beeinflußtes Bergpferd. Ausdrucksvoller Kopf mit kleinen Ohren, intelligenten Augen und geradem Profil und kräftigem Schopf. Gerader, starker Hals mit üppiger Mähne. Stabiler Rumpf mit abfallender Kruppe und tief angesetztem Schweif. Unverwüstliche, trockene, lange Gliedmaßen mit kleinen, harten Hufen. Hinterhand mitunter kuhhessig oder faßbeinig. Vor allem Füchse, Rappen, Rot- und Braunschimmel, seltener Braune und Schwarzbraune. Stockmaß 125 bis 143 cm

Verbreitung: Im Süden Griechenlands, in der bergigen Provinz Eleia (Elis) auf dem Peloponnes nahe dem Fluß Peneia.

Leistung: Williges Pack- und Reitpony. Außerordentlich anspruchslos, hart und arbeitswillig. Vorzüglicher Kletterer, beachtliches Springvermögen. Im „aravani", einer Art Paß, angenehm zu reiten.

Zuchtgeschichte: Das Peneia Pony gehört zu den anerkannten vier rein griechischen Rassen. Die schon im Altertum geschätzten Peneia Ponys sind bis in das 19. Jh. durch orientalisches Blut beeinflußt worden und wurden überwiegend in der bergigen Region des Peloponnes als Pack-, Zug- und Reittier verwendet. Die Rasse ist vom Aussterben bedroht, da auch in Griechenland die Landwirtschaft durch die fortschreitende Mechanisierung mehr und mehr auf die Arbeitskraft der Ponys verzichten kann. Nur wenige Hengste werden zur Mauleselzucht verwendet. Die Kreuzung mit Englischem Vollblut soll ein robustes, brauchbares Pferd ergeben.

Percheron

Kennzeichen: Feiner, mittelgroßer Kopf mit breiter Stirn, lange, schmale Ohren, lebhafte Augen, gerades Profil, weite Nüstern. Langer, kräftiger, gewölbter Hals mit üppiger Mähne, gut hervortretender Widerrist, schräge Schulter. Breite, tiefe Brust, kurzer, gerader Rücken, gute Rippenwölbung, muskulöse, schräge, leicht gespaltene Kruppe, hoch angesetzter Schweif. Trockenes, gut bemuskeltes Fundament mit breiten, kräftigen Gelenken, gut eingeschiente, breite Sprunggelenke, kurze, breite Röhren, gesunde, harte Hufe, leichter Behang. Schimmel und Rappen. Stockmaß 158 bis 172 cm.
Verbreitung: Hauptzuchtgebiet ist die Perche im Süden der Normandie/Frankreich. Verbreitet auf allen fünf Erdteilen.
Leistung: Zugkräftig, arbeitswillig, gehorsam und lebhaft, frühreif. Nicht nur Zugpferd und Veredler für andere Rassen, sondern auch Fahrpferd und Fleischlieferant.

Zuchtgeschichte: Er kommt aus der „Perche der guten Pferde", dessen Mittelpunkt die „Hauptstadt des Percheron", Nogent sur Rotrou im Tal der Huisne ist. Seine Herkunft reicht bis in das 8. Jh. und den Sieg Karl Martells über die Mauren bei Poitiers zurück. Die erbeuteten Pferde – hauptsächlich Hengste – und die im 11.–13. Jh. von den Kreuzzügen mitgebrachten Araber wurden mit den einheimischen Landstuten gekreuzt, später auch mit Berbern, Spaniern, Bretagnern und Boulounais. Dies prägte die Zucht derart, daß man den Percheron einen „durch Klima und Arbeit vergrößerten Araber" nannte. Stempelhengste zu Beginn des 19. Jh. waren der Araber *Gallipoli* und der Berber *Godolphin*, die im Gestüt le Pin aufgestellt waren. Percherons wurden sehr geschätzt und in die USA, Australien, Japan und weltweit ausgeführt. Ein Zuchtbuch wurde 1833 eröffnet und 1966 für alle Zuchtzweige des Percheron geöffnet.

Persischer Araber
(Asil, Iranian Arab)

Kennzeichen: Schönes Gleichgewichtspferd. Markanter Kopf mit breiter Stirn, intelligentem Auge, hoch angesetzten, mittellangen Ohren, weiten Nüstern und mitunter auch konkavem Profil. Mittellanger, hoch aufgesetzter, natürlich gewölbter Hals, markanter Widerrist und lange, schräge Schulter. Kräftiger, gurtentiefer Rumpf mit geräumiger Kruppe und hoch angesetztem, getragenem Schweif. Stabiles, trockenes Fundament, schönes Langhaar. Stockmaß liegt etwa um 155 cm.

Verbreitung: Iran.

Leistung: Intelligent, mutig, ausdauernd, widerstandsfähig. Der Persische Araber besitzt einen freundlichen Charakter, ist spätreif, langlebig und schnell. Leichtfüßige, geschmeidige Bewegungen.

Zuchtgeschichte: Der Asil, wie er allgemein im Iran genannt wird, ist der Araber des Iran und geht auf die berühmten Stämme *Kuhaylan, Hamdani, Obayan, Saqlawi, Habdan* und andere zurück. Er gehört zu den ältesten und als ersten domestizierten Pferderassen. Schon um 2000 v. Chr. war er in Persien bekannt; somit ist er älter als der Araber der arabischen Halbinsel.

Der Asil hat sich nicht nur den ursprünglichen Charakter bewahren können, der den Araber weltberühmt gemacht hat, sondern auch sein großes Leistungsvermögen. Im Iran wird auf die Fähigkeit zur Leistung bewußt mehr Wert gelegt als auf äußere Erscheinung, weshalb westliche Interessenten gerne Pferde dieser Abstammung kaufen. Es werden zwei Stutbücher durch die National Horse Society geführt: Das von der World Arabian Horse Organization (WAHO) anerkannte International Asil Stud Book und das National Asil Stud Book.

Peruano Argentino de Paso

Kennzeichen: Eleganter Kopf mit mäßig
konkavem Profil, breiter Stirn, feinen
Ohren, großen, lebhaften Augen und
kleinem Maul. Harmonisch proportionierter, breiter, kräftiger Hals, markanter
Widerrist, tiefer Rumpf mit breiter Brust
und guter Rippenwölbung. Mittellanger
Rücken mit guter Sattellage und muskulöser, leicht geneigter, runder Kruppe.
Stabiles Fundament mit kräftigen,
trockenen Gliedmaßen, relativ lang
gefesselt, harte Hufe. Schönes, fein gewelltes Langhaar. Alle Farben. Stockmaß 140 bis 155 cm. Hengste nicht unter
145 cm
Verbreitung: Argentinien. Zuchtzentrum
ist die Region Salta im nordwestlichen
Argentinien.
Leistung: Genügsames, ausdauerndes, hartes Gaucho-Pferd mit genetisch fixiertem
Paßgang. Ausgezeichnetes Freizeit- und
Distanz-Pferd.

Zuchtgeschichte: Auch die Vorfahren des
Peruano Argentino de Paso kamen mit
den spanischen Konquistadoren im 16. Jh.
nach Peru/Südamerika. Von dort aus verbreiteten sie sich sehr schnell über den
Kontinent und gelangten so auch nach
Argentinien. Wie alle Pasopferde stammt
somit auch der Peruano Argentino von
spanischen, portugiesischen und berberischen Pferden ab.

Wenn auch in neuerer Zeit das Blut
europäischer und nordamerikanischer
Rassen eingekreuzt wurde, blieb der ur-
sprüngliche Genotyp der Rasse erhalten.
Das ist vor allem Verdienst des Dr. F. Diez
Barrantes und der von ihm gegründeten
Züchtervereinigung Peruano Argentino de
Paso mit Sitz in Salta, Argentinien.

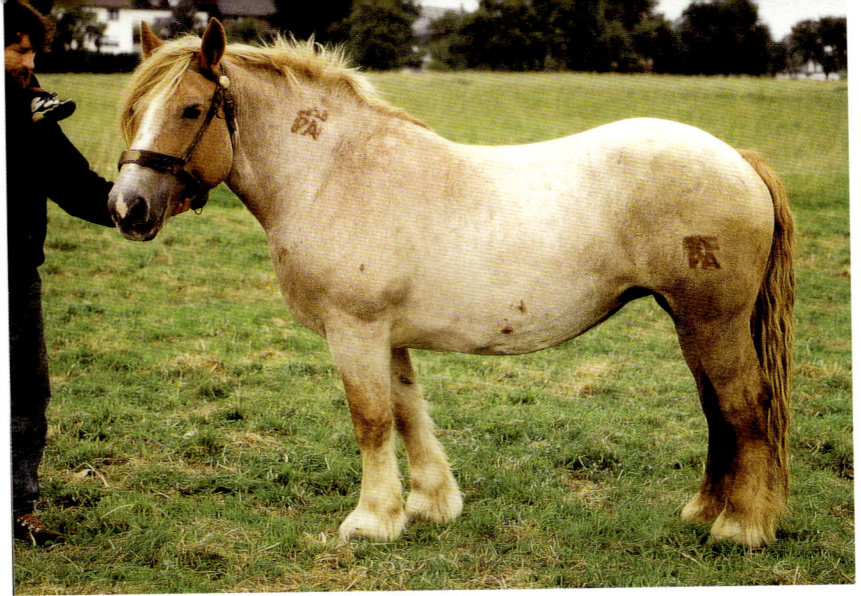

Pfalz–Ardenner Kaltblut

Kennzeichen: Kaltblutpferd im mittleren
Rahmen. Ausdrucksvoller, kleiner, trocke-
ner Kopf mit kleinen Ohren und wachen
Augen. Gut angesetzter Hals. Körper mit
breiter, tiefer Brust, großer, schräger
Schulter, gut bemuskelter, langer Kruppe
und stark bemuskelter Hinterhand. Star-
kes Fundament mit trockenen, klaren
Gliedmaßen und korrekten, harten Hufen.
Schönes Langhaar, wenig Behang. Alle
Farben. Stockmaß um 157 bis 160 cm.
Verbreitung: Hauptzuchtgebiete sind die
Pfalz und das Saarland mit den Zuchtzentren Landgestüt Zweibrücken und dem
Pferdezentrum in Standenbühl, sowie die
französischen Ardennen.
Leistung: Unkompliziert, guter Charakter,
ruhiges Temperament. Vielseitig verwendbar, Arbeitspferd für Land- und Forstwirtschaft und Freizeit mit korrekten Bewegungen, raumgreifendem Schritt, energischem, schwungvollem Trab.

Zuchtgeschichte: Die Wurzeln des bodenständigen „Pfälzer Ardenners" reichen bis
in das 17. Jh. und zu dem durch Normän-
ner und Ardenner verstärkten Landschlag
der Pfälzer Bauern zurück. Schon früh
traten die 1896 gegründete Kaltblutgenos-
senschaft Südpfalz und der 1906 gegründete Pferdezuchtverein Pfalz, der 1906
auch das Stutbuch für den rhein.-deutsch.
Kalblüter eröffnete, für die Reinzucht ein,
um mit dem vorhandenen unterschiedlichem Stuten- und Hengstmaterial Kaltblüter von absoluter Homogenität und Kon-
formität zu züchten. Dies gelang erst so
recht, als im Zweiten Weltkrieg im Landgestüt Zweibrücken auch Ardennerhengste
aufgestellt wurden, die den Rassetyp des
Pfalz-Ardenner-Kaltblutpferdes entscheidend prägten. Bekannte Vererber in den
50er und 60er Jahren waren die Hengste
Helder I v. *Successeur d'Horse, Gabardin*
v. *Gallus, Artist* v. *Gambin de Forest* u. a.
Die Motorisierung führte zum starken
Rückgang des Zuchtbestandes.

Pintabian

Kennzeichen: Außergewöhnlich ist das äußere Erscheinungsbild des Pintabian. Die Farbzeichnung kann vom nahezu ganz weißen Pferd mit kleinen Pattern (Muster) bis zu einem Exemplar mit nur sehr wenig weißem Fell reichen. In der Regel „bunter" Mehlkopf mit weißen Abzeichen und großen, weit gesetzten Augen. Schön gebogener Hals, kurzer, kräftiger Rücken, relativ gerade Kruppe und hoch getragener Schweif. Stabiles, trockenes Fundament.

Die Farbe der Gliedmaßen ist meistens weiß, aber für den Rumpf ist nur die Tobiano-Scheckung erlaubt. Dabei ist erwünscht, daß der Anteil der Grundfarbe weiß und der Scheckung 50 zu 50 betragen soll. Das Langhaar ist häufig zweifarbig: weiße Mähne, dunkles Schweifhaar. Stockmaß 148 bis 158 cm.

Verbreitung: USA.

Leistung: Beliebtes Freizeit-, Show- und Westernpferd.

Zuchtgeschichte: Der Pintabian ist keine Farbzucht, sondern ein Pferd mit über 99% Araberblut. Er wurde systematisch gezüchtet. In der Pintozucht muß z. B. wenigstens ein Elternteil Tobiano sein, um die Scheckung zu vererben – das ist beim Pintabian nicht notwendig.

Die Universität von Kalifornien hatte durch Tests festgestellt, daß Träger mit zwei Tobiano-Genen ausschließlich Tobiano-Nachkommen haben. Zuchtziel der Pintabian-Züchter war es nun, durch konsequente Selektion mit Hilfe der Genanalyse ausschließlich gescheckte Pferde mit nahezu 100% Araberblut rein zu züchten. Das Zuchtregister führt die Pintabian Horse Registry.

Pinto – Sektion A: Warmbluttyp

Kennzeichen: Gehört zur Typvariation der Farbzucht Pinto. Großrahmiges Reitpferd im Rechteckformat. Trockener, edler Kopf, möglichst gerade Nasenlinie, breite Stirn, aufmerksame Augen, mittelgroße Ohren, gute Ganaschenfreiheit. Schön geschwungener und nicht zu tief angesetzter Hals, breite, tiefe Brust. Rücken mit schöner Oberlinie und guter Sattellage, schräge, gut bemuskelte Schulter. Kräftiges Fundament mit korrekten Gliedmaßen. Gut markierte Gelenke, regelmäßige, harte Hufe. Stockmaß ab 158 cm. Overo- oder Tobiano-Scheckung.
Verbreitung: USA, Deutschland und weltweit.
Leistung: Temperamentvoller, gutmütiger, ehrlicher Charakter, leistungsbereit, gutes Regenerationsvermögen. Schwungvolle, raumgreifende Bewegungen und Springvermögen, für alle Reit- und Fahrzwecke geeignet.

Zuchtgeschichte: Ein Pinto (abgeleitet vom spanischen Wort Pintado d. h. bemalt) ist ein geschecktes Pferd, das, wie Funde beweisen, schon in vorchristlicher Zeit in Europa verbreitet war. Auch im Orient gab es bereits im 7. Jh. gescheckte Pferde, die in Statuen und Bildern festgehalten wurden. Die spanischen Eroberer unter Cortez brachten im 16. Jh. Pferde nach Amerika, darunter auch zwei im Overo-Typ stehende Hengste. Sie waren klein und mit typisch arabischen Rassemerkmalen. Freigelassen kreuzten sie sich mit indianischen Stuten. Bei den Indianern waren Pintos beliebt, weil die Scheckung als natürliche Tarnfarbe vor Feinden schützte. Da die Indianer nur auf die Farbe Wert legten, verloren diese ersten Pintos bald ihre natürliche Schönheit und wurden von da an als Mustangs oder Indianerpferde bekannt.

Erst in unserem Jahrhundert wurde mit der eigentlichen Pintozucht begonnen, in den USA vor allem auf Saddlebred, Araber, Welsh, Morgan, Vollblut und Quarter Horse Basis.

Pinto – Sektion B: Pleasuretyp

Kennzeichen: Mittelgroßes Reitpferd im Quadratformat mit deutlich sichtbarem Vollblutarabereinfluß. Kleiner, trockener Kopf mit gerader bis konkaver Nasenlinie, kleinen, weit gesetzten Ohren, breiter Stirn, weit auseinanderstehenden Augen und großen Nüstern. Leichtes Genick, sehr gute Ganaschenfreiheit. Typischer Hechtkopf erwünscht. Hoch angesetzter, langer, geschwungener, bemuskelter Hals; breite, tiefe Brust, schräge, gut bemuskelte Schulter, ausgeprägter Widerrist. Kurzer Rücken, mittellange, muskulöse Kruppe mit hohem Schweifansatz. Mittelstarkes, korrektes Fundament. Trockene Gliedmaßen mit ausgeprägten Gelenken, regelmäßige, extrem harte Hufe. Overo- oder Tobiano-Scheckung. Stockmaß 145 bis 162 cm.
Verbreitung: USA, Deutschland und weltweit.
Leistung: Ehrlicher, menschenbezogener Charakter, ausdauernd, intelligent, harte Konstitution. Gerade, korrekte, raumgreifende und taktreine Bewegungen mit energischem Schritt, schwungvollem Trab und kraftvollem Bergauf-Galopp. Ausgezeichnete Eignung für alle Sparten des Reitsports, insbesondere für den Distanzsport.
Zuchtgeschichte: Der Pleasuretyp entspricht der in Amerika aufgekommenen und weltweit geltenden Klassifizierung und Regelung für das Westernreiten in den Western-Klassen. Beim Pleasure Pferd sollen Gang und Exterieur harmonieren, es soll rittig sein und angenehmes Reiten ermöglichen, bei entspannter, natürlicher Selbsthaltung des Pferdes. Diese Prüfung ist aus dem Langstrecken-Reiten hervorgegangen. Pleasurearbeit ist die Grundlage der Westernausbildung. Pferde aus einer Araber-Warmblut-Anpaarung entsprechen den Anforderungen am besten. Voraussetzung für die Registrierung als Pinto ist ein Arabervollblutanteil von mindestens 50%.

Pinto – Sektion C: Stocktyp

Kennzeichen: Muskulöses, mittelgroßes Pferd im Quadratformat. Kleiner, keilförmiger Kopf mit breiter Stirn, weit auseinanderstehenden, großen Augen, möglichst gerader Nasenlinie und kleinen Ohren. Gute Ganaschenfreiheit, leichtes Genick und gut angesetzter Hals. Breite, tiefe Brust, schräge, muskulöse Schulter, markanter Widerrist, kurzer, elastischer Rücken und lange, schräge, extrem bemuskelte Kruppe. Kräftiges Fundament, trockene Gliedmaßen, prägnante Gelenke, ausgeprägte Gaskins (Hosen) und kleine, regelmäßige, harte Hufe. Overo- oder Tobiano-Scheckung. Stockmaß 145 bis 160 cm.

Verbreitung: USA, Deutschland und weltweit.

Leistung: Ehrlicher, freundlicher Charakter, leistungsbereit, nervenstark, temperamentvoll, dabei aber durchaus ein sehr handliches Pferd. Korrekte, flache Bewegungen in allen Gangarten, fleißig und schwungvoll mit viel Schub.

Zuchtgeschichte: Der Stockhorse-Typ entspricht dem Quarter Horse und allen Westernrassen im „stock-type", die in den Working und Cutting Klassen eingesetzt werden. Dies sind Pferde, die für die Rinderarbeit verwendet, aber auch in speziellen Show Horse Classes, Stock Horse Division, vorgestellt werden.

Voraussetzung für die Eintragung in das Hauptstutbuch bzw. in das Hengstbuch I ist ein Quarter- oder Paint Horse-Blutanteil von mindestens 50%. Auch Pintos im Stocktyp sind keine Rasse, sondern eine Farbzucht.

Pinto – Sektion D: Pinto Pony

Kennzeichen: Exterieur und Interieur entsprechen dem des Deutschen Reitponys. Relativ kleiner, fein modellierter Kopf, breite, flache Stirn, große, lebhafte Augen, gerade oder leicht konkave Nasenlinie, mittelgroße Nüstern, gute Ganaschenfreiheit. Nicht zu tief angesetzte, harmonische Halsung, Brust mit guter Breite und Tiefe, schräge Schulter, ausgeprägter Widerrist, elastischer Rücken, schräge Kruppe. Gutes, korrektes Fundament, trockene Gliedmaßen mit markanten Gelenken, regelmäßige, harte Hufe. Stockmaß 118 bis 148 cm.

Verbreitung: USA, Deutschland und weltweit.

Leistung: Ehrlicher Charakter, temperamentvoll, arbeitswillig, intelligent, mit guter Konstitution und gutem Regenerationsvermögen. Harmonische, korrekte Bewegungen mit viel Raumgriff; langer Schritt, schwungvoller Trab, kraftvoller, raumgreifender Galopp. Für alle Reit- und Fahrzwecke einsetzbar.

Zuchtgeschichte: Das Pinto Pony entspricht dem Zuchtziel des Deutschen Reitponys oder einer der zur Reitponyzucht eingesetzten Ponyrassen. Pintoponys werden bei der Eintragung in das Zuchtbuch, d. h. wenn sie dreijährig sind, zum letzten Mal gemessen. Das dann gemessene Stockmaß ist ausschlaggebend. Shetland Ponys und Islandpferde sind von der Eintragung ausgeschlossen, selbst dann, wenn ihre Scheckung den Bedingungen zur Eintragung als „Farbzucht" in das Zuchtbuch entsprechen würde. Denn beide Rassen gehören keiner der in der Reitponyzucht verwendeten Rassen an. Wohl aber werden Lewitzer akzeptiert, da sie die Voraussetzungen für den Einsatz in der Reitponyzucht erfüllen. Für sie gibt es die Sektion G: Pinto Lewitzer. Außer den Sektionen A–D und G gibt es noch die Sektion E für die Gangpferderassen und die Sektion H für den Tinker.

Poitevin
(Le Cheval Mulassier Poitevin)

Kennzeichen: Kräftig gebauter Kaltblüter. Langer, schwerer, leicht ramsnasiger Kopf mit großen Ohren und kleinen Augen. Gerader, kurzer, muskulöser Hals, steile, starke Schulter, hoher, kurzer Widerrist, kräftiger, langer Körper mit breiter Brust, guter Gurtentiefe und breiter, abfallender Kruppe, tief angesetzter Schweif. Stabiles, knochenstarkes Fundament mit langen, gut bemuskelten und proportionierten Gliedmaßen, starken Gelenken und sehr großen Hufen mit bis zu 20 cm Durchmesser. Üppiges, kräftiges, lockiges Langhaar und Behang. Vor allem Schimmel und Rappen, aber auch Braune, Füchse, Isabellen und Falben, oft mit Aalstrich. Stockmaß 155 bis 170 cm.

Verbreitung: Frankreich, Hauptzuchtgebiet ist das Naturschutzgebiet Poitou im Südwesten Frankreichs mit den Gestüten La-Roche-sur Yon und Saintes.

Leistung: Obwohl auch als Gespannpferd verwendet, wird es vor allem für die Maultierzucht gezüchtet, d. h. die Poitevin-Stuten werden durch Eselhengste gedeckt.

Zuchtgeschichte: Das „Maultier aus dem Poitou", wie das Poitevin auch genannt wird, ist ein Kind des 16. Jahrhunderts. Es ist eine Kreuzung aus einheimischen Landstuten und brabantischen Pferden. Diese kamen mit den holländischen Ingenieuren ins Land, die von Heinrich IV. mit der Trockenlegung der Sümpfe von Poitou beauftragt waren. Seit 1884 gibt es das Stutbuch „du Cheval Mulassier du Poitou" mit je einer Sektion für die Poitevin und für die Poitou-Esel.

Anfang dieses Jahrhunderts gab es nur noch einige Hundert Poitevins, die bis 1994 auf 250 zurückgegangen war. Durch die Nationale Züchtervereinigung wird aber alles getan, um die Rasse zu erhalten, zudem sind „Maulesel aus der Poitou" sehr gefragt.

Polopony

Kennzeichen: Das Polopony stellt keine Rasse dar, ist aber heute ein konsolidierter Gebrauchstyp für das Polospielen mit einem Stockmaß um 150 cm und dem Exterieur eines kleinen, drahtigen Vollblüters. Trockener Kopf mit intelligentem Gesicht. Mittellanger, gut geformter, muskulöser Hals, ausgeprägter Widerrist, kräftige, gut gelagerte Schulter, breiter, tiefer Rumpf mit guter Rippenwölbung, kurzer, tragstarker Rücken und außerordentlich muskulöse Hinterhand. Korrekte, trockene Gliedmaßen, mit kräftigen Sehnen, Bändern und Gelenken, gute Ellbogenfreiheit, gut eingeschientes, breites Sprunggelenk und harte Hufe. Mähne und Schopf werden beim Polosport meistens abrasiert. Alle Grundfarben vertreten.

Verbreitung: Hauptzuchtgebiet Argentinien, daneben England und Indien.

Leistung: Das Polopony ist seinem Nutzungsschwerpunkt entsprechend gesund, zäh, ausdauernd, schnell, beweglich, spielfreudig und besitzt meist auch ein durchaus gutes Springvermögen.

Zuchtgeschichte: Das Polospiel kommt aus Indien. Bereits 1854 gründeten englische Offiziere in Kalkutta den ersten Poloclub und brachten das Polo 1877 nach Argentinien, wo es schnell beliebt wurde.

Nachdem zunächst einheimische Criollos und kleine, wendige Vollblüter verwendet wurden, begann man bald, beide Rassen mit großem Erfolg zu kreuzen. Der argentinische Vollblüter (Pura Sangre de Carrera) und der argentinische Criollo ergaben einen kleinen, eleganten, kompakten, schnellen Halbblüter, der konsequent für das Polospiel zum Polopony veredelt und durch dosierte Verwendung von Vollblütern sowie Selektion zum Polopony wurde.

Wenn heute vom Polopony gesprochen wird, meint man das argentinische Polopony, das inzwischen die ganze Welt erobert hat. Obwohl die Population in Argentinien so groß ist, daß man sie als „geschlossen" ansehen kann, wurde noch kein verbindlicher Zuchtstandard festgelegt.

Poney Francais de Selle (Französisches Reitpony)

Kennzeichen: Zuchtziel ist ein schönes, elegantes Pony im Reitpferdetyp. Ausdrucksvoller Kopf mit geradem oder leicht konvexem Profil. Mittellanger, kräftiger, gut aufgesetzter Hals, breite, tiefe Brust, gute Schulter, markanter Widerrist. Harmonischer Rumpf mit guter Sattellage und muskulöser Kruppe, solides, korrektes Fundament mit kräftigen Gelenken und Hufen. Feines, seidiges Langhaar, alle Farben. Stockmaß 125 bis 147 cm.
Verbreitung: Frankreich.
Leistung: Für alle Disziplinen des Reit- und Fahrsports geeignet. Brillante Bewegungen, gutes Springvermögen, rassiges Temperament, aber umgänglich, intelligent und leistungsstark. Nicht unbedingt für Anfänger, aber ein Pony von hervorragender Qualität.
Zuchtgeschichte: Die kleinere Version des französischen Reitpferdes ist das gelunge-

ne Produkt einer von der französischen Gestütsverwaltung sorgfältig geplanten Kreuzungszucht.

Das Zuchtziel ist, ein echtes, leistungsfähiges Sportpferd für Jugendliche und leichte Erwachsene unter Verwendung einheimischer und ausländischer Rassen zu züchten. Um als Französisches Reitpony in das Livre Généalogique Francais de races de poneys eingetragen zu werden, müssen die Tiere von einem „francais de selle" abstammen oder aus Kreuzungen eingetragener französischer Ponystuten mit Vollblutaraber-, Connemara-, New Forest- oder Welsh-Hengsten. Außerdem kann auch die Nachzucht von Connemara-, New Forest- und Welsh-Stuten mit Volblutaraber-Hengsten eingetragen werden. Um das uneinheitliche Erscheinungsbild der jungen Rasse harmonischer zu gestalten und die Rasse genetisch zu konsolidieren, setzt sich mehr die Selektion auf der Basis des „francais de selle" durch.

Pony of the Americas (POA)

Kennzeichen: Es zeigt deutliche Ponymerkmale und gleicht dem kleinen Modell einer Araber-Quarter-Horse-Kreuzung. Oft zeigt es die Hauptmerkmale beider Rassen: den konkav gewölbten Kopf des Arabers und die gute Bemuskelung des Quarter Horse, und es hat die dünne Mähne und Schweif des Appaloosa. In Farbe und Zeichnung (Pattern) muß es dem Appaloosa entsprechen. Das Stockmaß variiert zwischen 113 und 133 cm.

Verbreitung: USA, Kanada, Venezuela, Spanien, England und Australien.

Leistung: Die attraktive Farbe und Zeichnung stammt vom großen Bruder, die vielseitigen Eigenschaften und Fähigkeiten vom Quarter Horse und Araber. Die oft unzulänglichen Gangarten kleiner Pferde fehlen meist. Es ist das perfekte Pferd für Kinder und Jugendliche zwischen 6 und 16 Jahren. Ponies of the Americas sind selten eigensinnig oder schwierig im Temperament. Die größeren Typen sind auch für Erwachsene geeignet. Sie haben zwar nicht den Körperbau eines Springpferdes, springen aber ganz passabel. In Amerika werden sie vor allem in den Western-Disziplinen und Western Shows eingesetzt.

Zuchtgeschichte: Die junge Rasse mit der attraktiven Farbe des Appaloosa ist Anfang der 50er Jahre in den USA entstanden. Gründerhengst der Rasse ist der 129,5 cm große *Black Hand*. Dieser wiederum ist das mißglückte Ergebnis eines Probesprunges zwischen einem Shetland-Hengst und einer Appaloosastute. Der appaloosafarbene *Black Hand* überzeugte seinen Zufallszüchter durch Charakter und Leistung, so daß dieser mit der planmäßigen Zucht begann.

Der Pony of the Americas Club (POAC), Mason City/Iowa hat für die Rasse seit 1954 ein eigenes Zuchtregister. Bis heute sind bereits über 30.000 Ponys of the Americas registriert.

Portugiesisches Sportpferd (Cavalo Portugues de Desperto)

Kennzeichen: Nobles, arabisch geprägtes Sportpferd mit trockener Textur. Keilförmiger Kopf mit lebhaften Ohren, dunklen Augen. Kräftiger Hals, schräge Schulter, ausgeprägter Widerrist. Kompakter Rumpf, kräftiger Rücken mit guter Sattellage, leicht abfallende, muskulöse Kruppe, gut angesetzter, voller Schweif. Korrekte, trockene Gliedmaßen mit markanten Gelenken und harten Hufen. Schönes Langhaar. Alle Grundfarben. Stockmaß um 158 cm.
Verbreitung: Portugal, Spanien, Frankreich.
Leistung: Ausgezeichnetes Sportpferd für alle Disziplinen. Bewährtes Militarypferd: hart, ausdauernd, leistungsbereit, gute Grundgangarten, Springvermögen. Mutiges Temperament, guter Charakter.
Zuchtgeschichte: Das Portugiesische Sportpferd ist die ideale Ergänzung zum barocken, für den Stierkampf und die iberische Dressur gezüchteten Lusitano. Seine Existenz verdankt es dem Wunsch portugiesischer Reiter nach einem bodenständigen Sportpferd für den modernen Reitsport, mit besonderer Berücksichtigung der Military. Dr. Manuel Domingues-Heleno, ein international erfolgreicher Reiter und Pferdezüchter, begann um 1980 auf seinem Gestüt Haras Biaritz mit der Zucht. Mit Lusitanos, Vollblutarabern und dem Selle Francais-Hengst *Faust Biaritz*, einem sehr erfolgreichen Dressurpferd, legte er den Grundstock für die neue Rasse. Heute stehen auf dem Gestüt, das 1992 als bestes Gestüt Portugals ausgezeichnet wurde, etwa 30 Zuchtstuten. Alle Pferde werden vierjährig eingeritten und in Wettkämpfen geprüft. Der Wallach *Liszt Biaritz* v. *Faust* (SF) / *El Biaritz* (ox) belegte in der „Iberischen Trophy", der wichtigsten iberischen Military, einen hervorragenden zweiten Platz. Das Stutbuch wird nach den Bestimmungen der WAHO eingerichtet und geführt.

Posavina Pferd (Hvratski Posavac)

Kennzeichen: Kompakter, kleiner Kaltblüter im Rechteckformat mit harmonischer Oberlinie. Trockener Kopf mit ausdrucksvollen Augen und großen Nüstern. Gut aufgesetzter, relativ kurzer, starker, schön gewölbter Hals. Kräftige, breite Brust, mit viel Tiefe und guter Rippenwölbung, mittellange Schulter, kräftiger Rücken. Breite Kruppe, oft steil und mäßig gespalten; tief angesetzter Schweif. Relativ trockenes, korrektes Fundament, breite, flache Hufe. Kräftiges Langhaar, Schopf und Behang. Braune, Dunkelbraune, Rappen, Grauschimmel. Stockmaß um 150 cm.

Verbreitung: Republik Kroatien, in den Save-Auen, im Posavina Gebiet.

Leistung: Unkompliziertes, fleißiges, zugfestes Arbeitspferd. Widerstandsfähig, guter Charakter, fruchtbar, anspruchslos.

Zuchtgeschichte: Das Posavac ist ein bodenständiges Produkt Kroatiens und wurde von den kroatischen Bauern seit Jahrhunderten gezüchtet. Das Zuchtgebiet sind Wälder und Überschwemmungsflächen der Save-Auen und der Flüsse Odra, Lonja, Sunja und Strug, deren rauhen Umweltbedingungen die Posavacs geprägt haben. Wenn sie nicht zur Arbeit benötigt werden, leben sie frei in den Auen, vom Frühling bis in den späten Herbst bei kargem Futter sich selbst überlassen. Nur bei Überschwemmungen und Schneefall werden sie aufgestallt. Der in den 50er Jahren angeordnete Versuch, ihnen durch importierte Kaltbluthengste anderer Rassen mehr Größe und Gewicht zu geben, wurde aufgegeben, da er sich negativ auswirkte. Seit einigen Jahren bemüht man sich, die kleine Population von ca. 600 Posavina Pferden zu erhalten. Die Tiere werden als Voraussetzung für die Eröffnung eines Zuchtbuches erfaßt, registriert und gebrannt. Seit Dezember 1993 haben sich die Züchter im Züchterverband des Posavina Pferdes „Hvratski Posavac" mit Sitz in Trebarjevo Desno zusammengeschlossen.

Pottok

Kennzeichen: Ein kräftiges Bergpony mit 115 bis 147 cm Stockmaß. Kleiner, hübscher Kopf mit geradem Profil, in Augenhöhe leicht konkav, kleine Ohren; kurzer, starker Hals mit üppiger Mähne. Langer Rücken mit guter Sattellage, leicht abfallende Kruppe, tief angesetzter Schweif. Korrektes Fundament mit kräftigen, trockenen Gliedmaßen, kleinen harten Hufen. Üppige, lange Mähne, kräftiger Schopf, buschiger Schweif, Fesselbehang. Schwarzbraune, Braune, Füchse, neben Schwarz- oder Braunschecken gibt es auch dreifarbige Schecken, die „pie tricolore".

Verbreitung: Frankreich und Baskenland (Spanien).

Leistung: Springfreudig, zugkräftig, robust, leichtfuttrig, umgänglich, gelehrig, anspruchslos und langlebig. Exzellentes Familienpony zum Reiten, Springen und Fahren.

Zuchtgeschichte: Die „kleinen Pferde" können ihre Herkunft bis in die Anfänge der Menschheitsgeschichte zurückführen. Die Höhlenzeichnungen von Altamira und Lascaux zeigen Pferde ihres Typs. Und alle Araber und Berber, die über die Pyrenäen wechselten, hinterließen ihre Spuren. Es war das Pferd der baskischen Bauern und der Lasten schleppende Helfer der Bergleute und Schmuggler. Auch in die Bergwerke anderer Länder führte sein Weg. Das Hauptzuchtgebiet liegt am Dreieck Hendaye, Hasparren, Itholdy, St. Jean Piet-de-Port am Fuße der Pyrenäen, deren karge Natur es geprägt hat. Sich selbst überlassen leben die Pottoks dort auch heute noch in kleinen Herden mit einem Leithengst. Nur die zur Arbeit oder zum Verkauf benötigten Pferde werden herausgenommen. Die Einkreuzung anderer Rassen für mehr Größe und Gewicht schlug fehl und wurde aufgegeben. 1971 wurde ein Stutbuch eingerichtet, 1978 der einheitliche Zuchtstandard festgelegt.

Przewalski Pferd
(Equus caballus przewalskii)

Kennzeichen: Schwerer ramsnasiger Kopf
ohne Schopf, mit weißen Augenringen
und Mehlmaul, mit kleinen Ohren und
dreizeiliger Stehmähne mit körperfarbe-
nen Hülshaaren und schwarzem Innen-
kamm. Kurzer, kräftiger Hals, steile Schulter, gedrungener Körper mit geradem
Rücken, Schulterkreuz, Aalstrich, leicht
abfallender Kruppe, Schwalbenbauch. Tief
angesetzter „Wildpferdeschweif" mit kör-
perfarbenem Kurzhaar im oberen Drittel
und schwarzem Langhaar. Mähne und
Kurzhaar des Schweifs werden jährlich
gewechselt. Kräftige, schwarz pigmentierte
Gliedmaßen, manchmal mit Zebrastreifen,
kleine, harte Hufe. Die Farbe des Fells
reicht von hellbeige bis rötlichbraun mit
helleren und dunkleren Farbvarianten.
Stockmaß etwa 125 bis 135 cm.
Verbreitung: Zentralasiatische Wüstenstep-
pe Gobi (Mongolei), Dsungarei (China).

Leistung: Der einzige, lebende Vorfahre
der Hauspferderassen überlebte in Zoologischen Gärten und anderen Institutionen.
Zuchtgeschichte: Als Urwildpferd bevölkerte es einst fast den gesamten europäischen
Kontinent und Teile Asiens. Ende des
19. Jh. hielt man es bereits für ausgestorben. N. Przewalski entdeckte 1879/80 auf
einer Forschungsreise in der östlichen
Dsungarei Herden des Urwildpferdes und
wurde zum Namensgeber. Erste Exemplare
wurden gefangen und fanden 1899 bei
Falz-Fein auf Askania Nowa ein Refugium.
Carl Hagenbeck brachte 1901/02 einige
Tiere nach Europa. 1906 kam in Halle/
Saale das erste in einem Zoo gezüchtete
Przewalski-Fohlen zur Welt. Alle Zucht-
fortschritte machte der 2. Weltkrieg zunich-
te. Freilebende Wildpferde wurden in den
60er Jahren zum letzten Mal gesehen und
gelten seitdem als ausgestorben. In China
hat 1985 und in der Mongolei 1992 ein
großzügiges Erhaltungs- und Auswilde-
rungsprogramm erfolgreich begonnen.

Quarter Horse

Kennzeichen: Kurzer, keilförmiger Kopf, großes, freundliches Auge, genügend langer Hals. Lange Schulter, kräftiger, harmonischer Körper im Rechteckformat. Trockenes, korrektes Fundament, ausgeprägte Wadenmuskeln (Gaskins). Alle Farben, aber keine Schecken, Stockmaß um 150 bis 160 cm. Vier Typen: **Bulldog–, Semi Bulldog–, Progressive–** und **Running Typ.**
Verbreitung: USA und weltweit.
Leistung: Gutartig, nervenstark, mit „cowsense" und elastischen Bewegungen sowie gutem Antritt. Pferd für alle Disziplinen und Reitweisen.
Zuchtgeschichte: Englische Siedler in Virginia und Carolina des 17. Jh. wollten auf Pferderennen nicht verzichten. Da es keine Rennbahnen gab, wurden sie auf Dorfstraßen und Feldwegen ausgetragen, die selten länger als eine $^1/_4$ Meile (Quarter Mile) waren. Durch seinen furiosen Speed über die „Quarter Mile" kam das Pferd zu seinem Namen. In seinem Pedigree finden wir das Blut indianischer Mustangs, vor allem solche der Chikashaw Indianer, die hervorragende, ausdauernde, kraftvolle Sprinter waren, außerdem von arabisch-orientalischen Blutpferden aus der frühen Kolonialzeit und von Vollblütern aus England und Irland. Stark beeinflußt wurde die Zucht durch 1620 eingeführte „Englische Stuten", die man allgemein „colonial horses" nannte. Es waren gedrungene, kurzbeinige Tiere, ihre Fohlen waren alle stark bemuskelt und mit guter Veranlagung für schnelle Wendungen, Antritt und Stops. Gründerhengst wurde der stämmige Englische Vollbluthengst *Janus* (147 cm Stockmaß), ein erfolgreicher Sprinter, dessen englischer Besitzer sich 1756 mit ihm in Virginia niederließ. Zusammen mit anderen importierten Vollblütern leitete er die Entwicklung zum Quarter Horse ein. Inzwischen sind in 41 Ländern ca. 2,6 Mio. Quarter Horses registriert.

Quarter Pony

Kennzeichen: Das Quarter Pony ist der kleine Bruder des großen Quarter Horse. Sein Stockmaß darf maximal 142 cm betragen. Der kompakte Körper besticht wie beim Quarter Horse durch die kraftvoll modellierte Muskulatur besonders der Gliedmaßen. Alle Grundfarben sind vertreten, auch Schecken.

Verbreitung: USA.

Leistung: Vielseitig verwendbares Reit- und Fahrpony mit dem guten Charakter, ausgeglichenem Temperament und selbstverständlich der Leistungsfähigkeit des Quarter Horse.

Zuchtgeschichte: Die unterschiedliche Verwendung des Quarter Horse als Cow Horse, als Rennpferd und als Reitpferd hat beim großen Quarter Horse zum Bulldog Typ und zum Vollblut-Typ geführt. Der Wunsch nach einem Quarter Horse für Kinder und Jugendliche führte zur Zucht der Quarter Ponys. Getreu dem Grundsatz der amerikanischen Züchter, für jeden Verwendungszweck das geeignete Pferd zu züchten und als neue Rasse registrieren zu lassen. Die wachsende Beliebtheit des Quarter Pony führte schließlich zur Gründung der International Quarter Pony Association in Sheridan/CA.

Racking Horse

Kennzeichen: Der Tölter ist ein Vetter des Tennessee Walking Horse und zeigt im allgemeinen auch dessen ausdrucksvollen Kopf mit leicht konvexem Profil. Langer, bemuskelter, hoch getragener Hals, lange, schräge Schulter, solider, tiefer Körper, kräftige Hinterhand und kräftiges Fundament mit langen Gliedmaßen. Alle Farben sind vertreten. Das Stockmaß liegt etwa bei 155 cm.

Verbreitung: USA. In Deutschland derzeit jedoch nur durch wenige Exemplare vertreten.

Leistung: Das Racking Horse ist in seiner Heimat heute ein beliebtes Show-, Turnier- und Freizeitpferd mit der ausgeprägten Gangveranlagung zum Rack (Tölt), in drei klar zu unterscheidenden Tempi: **Show Rack, Fast Rack, Speed Rack.** Gut trainierte Racking Horses erreichen im Speed Rack mitunter Geschwindigkeiten bis zu 60 km/h.

Zuchtgeschichte: Das Racking Horse ist eine der Gangpferderassen, bei deren Entstehung das American Tennessee Walking Horse als Gründerfamilie beteiligt war. Der Rassebegriff wird aber nicht von der Zugehörigkeit zu einer Rasse bestimmt, sondern von einer bestimmten Farbe oder ausgeprägten Veranlagung. Dies ist beim Racking Horse der Rack, der amerikanische Begriff für Tölt. Aus diesem Grund können in das Zuchtbuch auch Pferde unterschiedlichster Rassen eingetragen werden. Das Zuchtbuch der Racking Horse Breeders Association of America (RHBA) wurde 1971 eröffnet, und über 60.000 eingetragene Pferde snd ein deutliches Zeichen für die wachsende Beliebtheit der Rasse.

Rheinisch-Deutsches Kaltblut

Kennzeichen: Harmonischer, mittelschwerer Kaltblüter mit schönem Gesicht. Gut aufgesetzter Hals, Körper mittelschwer, schräge, muskulöse Schulter, gut bemuskelte Kruppe. Trockenes, korrektes Fundament, harte Hufe. Kräftiges Langhaar und dichter Fesselbehang, oft Doppelmähne. Braune, Füchse, Rapp-, Braun- und Fuchsschimmel, Stockmaß 158 bis 165 cm.

Verbreitung: Deutschland, vorwiegend Rheinland und auch Sachsen.

Leistung: Gängig, mit raumgreifenden Bewegungen, zugfest. Umgängliches Arbeitspferd für Landwirtschaft, Forst, Gewerbe.

Zuchtgeschichte: Kaltblutpferde waren um die Jahrhundertwende für Landwirtschaft und Gewerbe unverzichtbar, da sie für den Zug schwerer Lasten ihr hohes Eigengewicht einsetzen konnten. Die Zucht war eng mit der Kaltblutzucht Belgiens verbunden, die auf eine lange Geschichte zurückblicken konnte. Ende des 19. Jh.

gab es bereits die Zuchtrichtung Rheinisch-Belgisches Kaltblut. Die guten Erfahrungen im Landgestüt Wickrath (gegründet 1839) mit belgischem Kaltblut führten im Rheinland zur Verbreitung der Zuchtgrundlage durch belgisches Stutenmaterial und zu einem einheitlichen Zuchtziel, dem Rheinisch-Deutschen Kaltblutpferd. Motor der Kaltblutzucht war das 1892 als Zuchtvereinigung gegründete Rheinische Pferdestammbuch. Erfolgreiche Linienbegründer waren die Hengste *Albion d'Hor*, geb. 1916, und *Lothar III*, geb. 1916. Vom Rheinland ausgehend verbreitete sich das Rheinisch-Deutsche Kaltblut über alle Provinzen bis nach Ostpreußen. Neben Wickrath erlangten die Gestüte Warendorf und Kreuz in Halle/Saale große Bedeutung für die Zucht. Die Motorisierung führte zu einem starken Rückgang der Kaltblutzucht. Trotz Änderung des Kalibers vom schweren zum mittelschweren Typ ist die Entwicklung immer noch rückläufig.

Rheinisch-Westfälisches Kaltblut

Kennzeichen: Harmonisches Pferd mit schönem Gesicht und ausdrucksvollem Auge; kräftiger, gut aufgesetzter Hals, mittelschwerer Körper, schräge, muskulöse Schulter. Runde, leicht gespaltete, gut bemuskelte Kruppe. Korrektes, trockenes Fundament mit harten Hufen. Kräftiges Langhaar, Doppelmähne und Behang. Braune, Füchse, Rapp-, Braun- und Fuchsschimmel. Stockmaß 158 bis 165 cm.

Verbreitung: Deutschland, Hauptzuchtgebiet Westfalen.

Leistung: Leichtfuttrig, guter Charakter, gutes Temperament, arbeitswillig mit raumgreifenden Gängen. Arbeitspferd für Land- und Forstwirtschaft sowie Gewerbe.

Zuchtgeschichte: Mitte des 19. Jh. wurden in der Provinz Westfalen zur Zucht eines Kaltblutpferdes zunächst Clydesdales und Suffolks eingesetzt, bis 1881 die ersten „Belgier" ins Land kamen. Engagierte Züchter und das 1904 gegründete Westfälische Pferdestammbuch trieben die Zucht voran, indem sie Kaltblutstuten aus dem Rheinland und Belgien einführten. Dies führte bis zum 2. Weltkrieg zum „westfälischen Typ". Neben dem Rheinländischen Kaltblut erlangte das „Rheinisch-Westfälische" Kaltblut mehr und mehr Bedeutung. Wichtige Linienbegründer waren die Hengste *Albin d'Hor*, geb. 1916, ein tiefrumpfiger, mittelgroßer Braunschimmel, und *Christal de Baele*, geb. 1921, ein mittelschwerer, heller Schimmel mit großen weißen Flecken. Von den Veränderungen nach 1945 blieb auch die Kaltblutzucht in Westfalen nicht verschont. Bedeutend für die letzten Jahrzehnte war der trockene, wendige braune Hengst *Tonus*, geb. 1972, der über seinen Großvater *Torol* das Blut der nach 1945 aufgestellten Schwedenardenner führte. Wenn auch die Zahl der Hengste und Stuten heute keinem Vergleich mit der vor 1945 standhalten kann, braucht ihre Klasse den Vergleich nicht zu scheuen.

Rheinisches Warmblut

Kennzeichen: Edles, korrektes Warmblut-pferd im Leistungstyp mit Adel, Charme und vorzüglichen Bewegungen. Aus-drucksvoller, trockener Kopf, gut aufge-setzter Hals, leichtes Genick, markanter Widerrist, schräge Schulter, elastischer Rücken, muskulöse, harmonische Kruppe, kräftiges, korrektes Fundament. Alle Far-ben, Stockmaß 165 bis 170 cm.

Verbreitung: Deutschland, Hauptzuchtge-biet Rheinland, Europa.

Leistung: Sitzbequem, einsatzfreudig, schwungvolle, raumgreifende, elastische Bewegungen mit guter Eignung für den Dressur- und Springsport. Charakterlich ausgeglichenes, hochtalentiertes Reit- und Fahrpferd für alle Turnierdisziplinen sowie als Freizeitpferd.

Zuchtgeschichte: Nach dem Rückgang der Kaltblutzucht Mitte der 50er Jahre stellten sich die erfahrenen und passionierten rheinischen Pferdezüchter auf die Zucht

eines edlen Warmblutpferdes auf hanno-verscher und ostpreußischer Grundlage um. Wertvolle Zuchtpferde aus den Hoch-zuchtgebieten Hannover und Ostpreußen bildeten den Zuchtstamm. Von großer Bedeutung, vor allem in den ersten Jah-ren, war auch der dosierte Einsatz edler Hengste der Stammrassen Trakehner, Han-noveraner, Westfalen und von Vollblut-, Araber- und Holsteiner-Hengsten. Die mit großem Engagement und Passion betrie-bene Zucht, bei der 60 bis 70% der Hengsthaltung auch heute noch in priva-ter Hand liegt, führte schließlich zum Erfolg.

Das Nordrhein-Westfälische Landgestüt Warendorf und das Rheinische Pferde-stammbuch trugen einen entscheidenden Teil dazu bei. Inzwischen hat das Zucht-produkt „Rheinländer" auf DLG-Schauen, Bundeschampionaten, im großen Sport und in der Zucht nachdrücklich bewiesen, daß es den Vergleich mit den anderen edlen Rassen nicht scheuen muß.

Rocky Mountain Pferd

Kennzeichen: Gut proportioniertes, mittelgroßes Pferd im Typ des ursprünglichen Mustang. Feiner, trockener Kopf mit wachem Gesicht. Gut geformter Hals, niedriger Widerrist, drahtiger, gut gewölbter Rumpf, kurzer Rücken, muskulöse, schräge Kruppe. Kräftige, schlanke Gliedmaßen, harte Hufe. Häufig schöner Braunton mit flachsfarbenem Langhaar. Weiße Abzeichen oberhalb Vorderfußwurzel- und Sprunggelenk sind unerwünscht. Stockmaß um 148 bis 163 cm.

Verbreitung: USA, Kentucky, Zuchtzentrum ist die Spout Springs Farm.

Leistung: Vielseitig verwendbares Reit- und Fahrpferd mit genetisch fixiertem angenehmen Tölt; ein Pferd für alle Gelegenheiten, für die Arbeit mit Rindern, zum Ausreiten oder für Trekking- und Distanzritte. Robust, trittsicher, ausdauernd, freundlicher Charakter und angenehmes Temperament.

Zuchtgeschichte: Der Ursprung der Rasse sind die von den Spaniern ins Land gebrachten Pferde und deren wilde Nachkommen, die Mustangs. Auch Highland-Pony-Blut soll beteiligt sein, und der Narragansett Pacer soll ihm die Farbe gegeben haben.

Gründerhengst der jungen Rasse, deren Stutbuch erst 1986 eröffnet wurde, ist der Hengst *Old Tobe*, ein bewährter Deckhengst im Besitz von Sam Tuttle. Das gutartige Temperament des Hengstes und seine unverwüstliche, gesunde Härte und Trittsicherheit verbunden mit einem angenehmen, schnellen und ausdauernden Tölt wurden für seinen Besitzer der Anlaß, mit diesem Hengst zu züchten. Der Rassetyp ist noch uneinheitlich, da hauptsächlich nach der Qualität der Gangarten selektiert wird. Im Stutbuch sind bereits zwischen zwei- und dreihundert Pferde eingetragen.

Rottaler

Kennzeichen: Gefälliger, großliniger, mittelschwerer Warmblüter. Kräftiges, korrektes Fundament. Vor allem Braune. Stockmaß um 160 cm.

Verbreitung: Deutschland, Hauptzuchtgebiet Bayern.

Leistung: Leistungsbereit mit gutem Charakter und Temperament, leichtfuttrig, fruchtbar, langlebig, gesund und hart. Vorzügliches Reit-, Fahr- und Freizeitpferd mit schwungvollen, raumgreifenden, elastischen Bewegungen. Springt auch gern.

Zuchtgeschichte: Die Pferdezucht im niederbayerischen Rottal kann auf eine tausendjährige Geschichte zurückblicken. Grundstock der Zucht bilden die nach der Schlacht am Rott (909) und auf dem Lechfeld (955) zurückgelassenen ungarischen Pferde, die mit dem bodenständigen Landschlag gekreuzt wurden. Bereits im 11. Jh. war der „Rottaler Fuchs" ein gängiges, kräftiges Reitpferd. Mit der Aufstellung von Hengsten durch Klöster und später durch die landesherrlichen Hofstallungen im 19. Jh. begann die planmäßige Förderung der Zucht. Der Aufschwung begann, als die königlich bayerische Gestütsverwaltung 1840 die ersten Beschäler – Hengste engl. Abstammung – im Rottal aufstellte, denen um 1880 Oldenburger folgten. 1906 wurde der Rottaler Pferdezuchtverein gegründet und ein Zuchtbuch angelegt. Linienbegründer des neuzeitlichen Rottalers wurde durch seine durchschlagende Vererbungskraft der im Rottal gezogene Hengst *Edelweiß*, Schwb., geb. 1913, v. *Edelwolf I – Antonette 167*, gut gebaut und wohlgeformt mit vorzüglichen Gängen. Auf der Höhe der Zucht stehend brachten die Jahre nach 1945 für die Rasse einschneidende Veränderungen, die zum Bayerischen Warmblut und zur Schließung des Stutbuches führten. Der 1988 gegründeten IG Rottaler Warmblut ist es zu danken, daß das Stutbuch 1995 wieder eröffnet wurde.

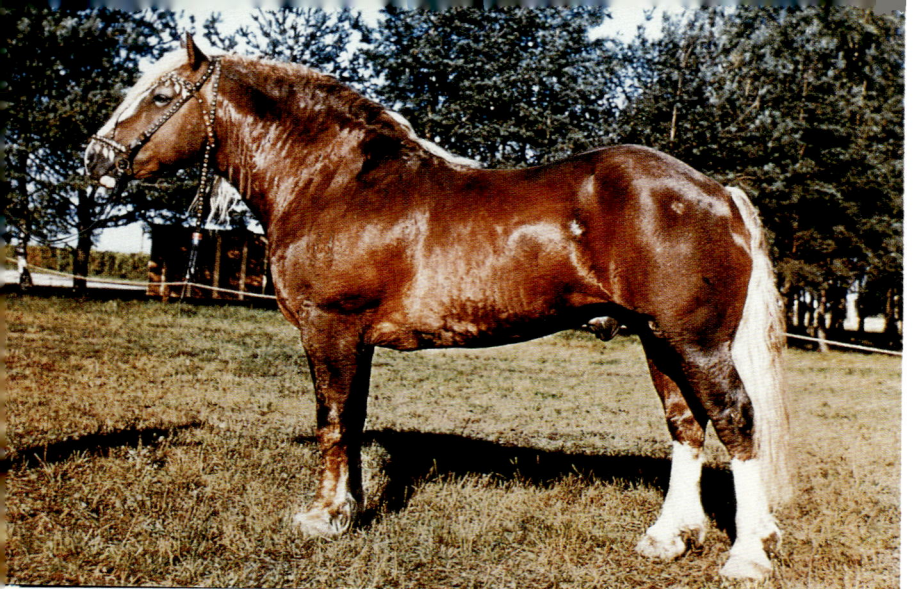

Russisches Kaltblut

Kennzeichen: Kleinster russischer Kaltblüter, mit bis zu 152 cm Stockmaß. Kompakter, trockener, harmonischer Körperbau. Schöner Kopf mit breiter Stirn, aufmerksamen Ohren. Kurzer, breiter Hals. Massiver, tonniger Rumpf, 200 cm Gurtentiefe, Rumpflänge 160 cm, langer, breiter Rücken, lange, abfallende Kruppe. Kurze, stabile, trockene Gliedmaßen mit wenig Behang und harten Hufen, Röhrbeinumfang 22 cm. Vor allem Füchse. 600 bis 700 kg schwer.
Verbreitung: Ukraine, Rußland.
Leistung: Anspruchslos, gutmütiger Charakter, freundliches Temperament. Gesund, frühreif, leichtfuttrig, langlebig; anpassungsfähig, leistungsbereit, zugkräftig mit schnellen, wendigen, leichten und raumgreifenden Bewegungen.
Zuchtgeschichte: Die Rasse geht auf bodenständige ukrainische „Lastpferde" zurück, die bereits Mitte des 19. Jh. mit

Ardennern, Brabantern, Percherons und seit etwa 1870 auch mit Orlow Trabern gekreuzt wurden. Der Zuchtstamm für die neue Rasse wurde in der Peter's Akademie in Moskau, der heutigen Akademie für Landwirtschaft, und in den Gestüten der Regionen Woronesch, Poltawa und der Ukraine gezogen. Die Zahl der aufgestellten Hengste stieg von 1875 bis 1915 von 9 auf 597 an. Zuchtzentren waren die Gestüte in Perschino und Khrenowoy. Das „Russische Lastpferd" im Ardenner-Typ wurde in Rußland sehr geschätzt und war weit verbreitet. Doch der Erste Weltkrieg und der Bürgerkrieg führten zu großen Bestandsverlusten. 1924 gab es nur noch 92 Zuchthengste in den Zuchtzentren Nowo Alexandrow bei Woroschilograd und Uralsk. Erst 1937 konnte man wieder von einer konsolidierten Reinzucht sprechen. In den 60er Jahren stellte die Rasse wieder ein Viertel aller Kaltblutpferde in der damaligen Sowjetunion. Sie wird noch heute sehr geschätzt.

Russisches Reitpferd

Kennzeichen: Edler, harmonischer Warmblüter mit langen Linien. Ausdrucksvoller, nicht zu großer Kopf, gut aufgesetzter, leicht gewölbter Hals, langer Widerrist, schräge Schulter. Tiefer Rumpf, elastischer Rücken mit guter Sattellage, lange, kräftige Kruppe, hoch angesetzter Schweif. Stabiles Fundament mit klar konturiertem Fundament. Schönes Langhaar. Vor allem Rappen, Dunkelbraune, ohne auffällige Abzeichen. Stockmaß um 163 cm.

Verbreitung: Rußland, Hauptzuchtgebiet ist das Gestüt Starozhilsk in der Region Rjasan, südlich Moskau.

Leistung: Hochleistungspferd für alle Disziplinen im großen Sport; große Dressurbegabung, hervorragende Grundgangarten.

Zuchtgeschichte: Die Rasse wurde in den 30er Jahren auf Veranlassung von Marschall Budjonny aus der Orlow-Rostopchiner-Rasse entwickelt. Die von den Grafen Orlow und Rostopchin gezüchteten edlen Pferde waren im 1. Weltkrieg durch die Revolution und im Bürgerkrieg nahezu vernichtet worden. Der 2. Weltkrieg unterbrach den Wiederaufbau der Zucht. Erst die Erfolge des Ukrainischen Reitpferdes wurden 1979 von der Regierung zum Anlaß genommen, einen Plan für die Erneuerung der Rasse erstellen zu lassen. Für das Zuchtprogramm wurden zwei Zuchtherden mit Stuten und Hengsten gebildet. Zur ersten Herde gehörten Hengste und Stuten mit 25% Orlow-Rostopchin Blut, die restlichen 75% waren Vollblüter und einige Trakehner. Den Stamm der zweiten Herde bildeten Trakehner, Englische Vollblüter, Araber und Achal-Tekkiner. Außerdem wurden auch einige Orlow Traber-Stuten mit Hengsten der Rassen Englisches Vollblut, Araber, Achal-Tekkiner und Russischer Traber zur Bildung von fünf Zuchtstämmen gekreuzt. Diese fünf Stämme wurden dann zum Russischen Reitpferd verschmolzen.

Russischer Traber (Métis Traber)

Zuchtgeschichte: Er besticht durch sein trockenes Exterieur. Feiner Kopf mit geradem oder leicht konkavem Profil. Gerader, langer Hals, flacher Widerrist, gut formierte Schulter, Rumpf mit tiefer Brust, geradem Rücken, breiter, langer Kruppe. Stabiles Fundament mit trockenen Gliedmaßen. Vor allem Braune, Dunkelbraune und Rappen, selten Füchse und Schimmel. Stockmaß um 160 cm. Im Unterschied zum Orlow Traber sind Mähne und Schweif nicht so lang und dicht.

Verbreitung: GUS. Bedeutende Trabergestüte: Gestüt Nr. 1 in Swenigorod bei Moskau, Uspenskoje bei Moskau, mit dem Denkmal des bedeutendsten russischen Trabers der Nachkriegszeit, des Hengstes *Quadrat*; daneben Elansk bei Saratow, Dubrowsk bei Poltawa, Alexandrowsk bei Orlow, Chrenewoje bei Woronesch, Prilepsk bei Tula Lawrosk und viele andere.

Leistung: Guter Charakter, energisches Temperament, gesunde Konstitution. Schneller, ausdauernder, exakter Trab.

Zuchtgeschichte: Die Zucht des russischen Trabers (metis = Mischling) begann Anfang des 19. Jh. Amerikanische Traber wurden nach Rußland eingeführt und auf den großen Gütern neben dem Orlow Traber gezüchtet und bald auch miteinander gekreuzt, um die Rasse und Masse des Orlow Trabers mit der Schnelligkeit des nur auf Rennleistung gezüchteten amerikanischen Trabers zu verbinden. Aber erst in den 20er Jahren erreichte die Zucht durch konsequente Selektion das angestrebte Zuchtziel. Bereits 1928 wurde der Hengst *Petuschock* schnellster Traber des Kontinents. Seither machten die auch Russisch-Amerikanische Traber genannten Pferde auf den Bahnen Europas Furore. Wie der Orlow Traber konnte auch der 1948 als Rasse anerkannte und registrierte Russische Traber Einfluß auf die Verbesserung der Landespferdezucht nehmen.

Sächsisch-Thüringisches Kaltblut

Kennzeichen: Mittelschwerer, harmonischer Kaltblüter. Kopf mit trockenem, ansprechendem Gesicht, kräftiger, gut aufgesetzter Hals. Schräge, muskulöse Schulter und gut bemuskelte Kruppe. Trockenes, korrektes Fundament mit harten Hufen. Kräftiges Langhaar und Fesselbehang. Rappen, Braune, Füchse, Rapp-, Braun- und Fuchsschimmel. Stockmaß 158 bis 165 cm.
Verbreitung: Deutschland, Hauptzuchtgebiet Sachsen und Thüringen.
Leistung: Leichtfuttrig, guter Charakter und gutes Temperament, arbeitswillig, raumgreifende Gänge. Land- und forstwirtschaftliches Arbeitspferd, Zugpferd für gewerbliche Gespanne.
Zuchtgeschichte: Die Pferdezucht in Sachsen und Thüringen hat eine lange, bewährte Tradition. Die ehemals kurfürstlichen Gestüte Merseburg, Torgau, Moritzburg und die Anfänge der „Landbeschälung" 1765 im Erzgebirge erinnern daran.

Thüringen hatte mit Allstedt ein fürstliches Hofgestüt, dessen Wurzeln bis in das frühe 12. Jh. reichen. Während man in Thüringen neben schweren Warmblütern vor allem mittelschwere Kaltblüter im belgisch und später rheinisch-deutschen Typ bevorzugte, begann man im Königreich Sachsen Mitte des 19. Jh. mit der Zucht auf der Grundlage von Norikern, Percherons und Shires. Während in Sachsen die Zahl der 1898 vorhandenen 89.865 Kaltblüter im Jahre 1928 auf 43.706 zurückgegangen war, stieg sie in Thüringen von 24.445 bis 1928 auf 53.614. In beiden Zuchtgebieten ging die Zahl der eingetragenen Stuten und Hengste nach 1945 stark zurück, ohne allerdings den Bestand zu gefährden. Die Zucht wird im Bereich der Landesverbände, die mit den Zuchtverbänden Baden-Württemberg, Bayern, Hessen, Rheinland-Pfalz-Saar als Süddeutsche Pferdezuchtverbände zusammenarbeiten, in Thüringen und Sachsen von den Pferdezuchtvereinen getragen.

Salerner/Salernitano

Kennzeichen: Großrahmiger, trockener Warmblüter mit harmonischen Linien und deutlichem Vollbluteinfluß. Ausdrucksvoller, mittelgroßer, trockener Kopf. Mittellanger, gut geformter Hals, lange, schräge Schulter, ausgeprägter Widerrist, Rumpf mit guter Gurtentiefe und guter Sattellage, kräftige Hinterhand mit leicht abfallender Kruppe. Stabiles Fundament mit korrekten Gliedmaßen und harten Hufen. Alle Grundfarben. Stockmaß um 165 cm.

Verbreitung: Italien, Privatgestüte im Hauptzuchtgebiet der Ebene von Salerno im Süden Italiens.

Leistung: Guter Charakter, ausgeglichenes Temperament. Vielseitiges Sportpferd mit guten Grundgangarten und ausgezeichnetem Springvermögen.

Zuchtgeschichte: Die Ursprünge dieser bodenständigen Rasse reichen bis in die Zeit der Sarazenen-Einfälle im 9. Jh. n. Chr. zurück, die orientalische Hengste ins Land brachten. Auch orientalisch-iberisches Blut und den geschätzten Neapolitaner finden wir in seiner Ahnentafel. Vor allem das Herrscherhaus der Bourbonen machte sich durch den Import orientalischer Hengste und die von ihm gegründete Gestütsrasse „Persano" verdient. Nach der Übernahme des Gestütes Persano durch den Staat im 19. Jh. versuchte man zunächst mit Hengsten verschiedener Rassen, wie Norfolk, Hackney, Französischer Traber, Maremmanen u. a., die Zucht zu verbessern. Aber erst durch das Englische Vollblut gelang es, einen korrekten, einheitlichen Rassetyp zu erzeugen. Besonders durchschlagend wirkten die beiden für das Hengstdepot S. Maria Capua Vetere 1929 angekauften Hengste *Rockbridge* und *My First*, die in der staatlichen Hengststation Battipaglia aufgestellt waren. Das einst vorzügliche Kavalleriepferd ist inzwischen ein ebenso vorzügliches Sportpferd mit vielen internationalen Erfolgen geworden.

Sanfrantellâno

Kennzeichen: Gut proportioniertes Pferd
im Langrechteckformat mit schöner Oberlinie. Leicht schwerer Keilkopf mit geradem Profil, manchmal auch Ramsprofil,
gut aufgesetzter, gerader Hals. Markanter
Widerrist, lange, schräge Schulter, breiter,
tiefer Rumpf, gute Sattellage, lange,
schräge Kruppe, tief angesetzter Schweif.
Stabiles Fundament mit korrekten, trockenen Gliedmaßen mit guter Röhrbeinstärke
und harten Hufen. Schönes Langhaar. Vor
allem Braune, Dunkelbraune und Rappen.
Stockmaß um 158 cm.
Verbreitung: Republik Italien mit der Provinz Messina auf Sizilien als Hauptzuchtgebiet.
Leistung: Seine Unerschrockenheit, Intelligenz und guten Bewegungen machen es
zu einem vielseitig verwendbaren Reit-
und Fahrpferd.
Zuchtgeschichte: Sizilien war immer ein
Einfallstor nach Italien, deshalb gehen

alle Pferderassen auf Araber und Berber
zurück. Historisch gesehen sind drei
Zuchtperioden zu erkennen: die klassische
Zeit bis Ende des 18. Jh. durch Verwendung vollblütiger Araber; die Zeit der
Experimente, 19. Jh. bis Mitte 20. Jh., mit
unterschiedlichen „Verstärkern", und die
Gegenwart mit Rückkehr zum Anglo-Araber und Arabischen Vollblut zur Zucht
eines eleganten Reit- und Fahrpferdes.
Denn lange Zeit hatte man in der Region
von San Frantello ein schweres Pferd
gezüchtet, dessen Stuten zur Maultierzucht verwendet wurden.

Bedeutenden Einfluß für den einheitlichen Typ der Gegenwart hat das Hengst-
depot von Catania. Man möchte das San-
frantellaner Pferd größer, kräftiger und
korrekter, sowie seine Farbe dunkler, d. h.
braun bis schwarzbraun.

Sanho/Sanpeitze Pferd

Kennzeichen: Kompaktes, muskulöses, kleines Reitpferd mit meist harmonischem Gebäude. Gerader Kopf mit klarem Blick und weiten Nüstern. Mittellanger Hals, kräftige, schräge Schulter, breiter, tiefer Rumpf mit geradem, kurzem Rücken, schräger Kruppe. Langes, volles Langhaar. Stabile Gliedmaßen mit starken Gelenken und harten Hufen. Vor allem Füchse und Braune, selten andere Farben. Stockmaß um 148 cm.
Verbreitung: Republik Mongolei (China).
Leistung: Sehr anspruchslos, ausdauernd und widerstandsfähig. Das Sanho wird für alle anfallenden Arbeiten verwendet, vorzugsweise aber als Reit-, Renn- und Zugpferd.
Zuchtgeschichte: Der Nordwesten der autonomen inneren Mongolei ist die Heimat des eng mit dem Sanpeitze verwandten Sanho. Sein chinesischer Name bedeutet „Landschaft dreier Flüsse"; sie ist das beste Weideland Chinas. Die Pferde dieser Region waren an der Entwicklung aller chinesischen Rassen beteiligt.

Schon während der Liao Dynastie (um 1000 n. Chr.), war die Region wegen der Qualität ihrer Pferde bekannt, und 700 Jahre später, während der Quing Dynastie, wurde in der Region das viel gerühmte **Soulum Pferd** gezüchtet.

In den Jahren 1904 und 1905 wurden Pferde aus der ostsibirischen Baikalregion in die lokalen Schläge eingekreuzt. Um 1917 brachten russische Siedler Orlow Traber und Baschkiren mit. Die Japaner unterhielten von 1934–1945 ein Gestüt mit Arabern, Anglo-Arabern, Englischen Vollblütern, Amerikanischen Trabern und ungarischen Gidrans.

1955 aber wurden alle aus Kreuzungen stammenden Pferde durch das Landwirtschaftsministerium der Volksrepublik China erfaßt und zwei Gestüte zur Zucht einer neuen Rasse mit dem Namen Sanho eingerichtet.

Sardisches Pferd
(Sardischer Anglo-Araber)

Kennzeichen: Drahtiges Sportpferd im Langrechteckformat mit harmonischen Proportionen, stabilen, trockenen Gliedmaßen und ausgezeichneten Hufen. Vor allem Braune, Füchse, Schimmel. Stockmaß um 158 cm.

Verbreitung: Auf Sardinien (Staatsgestüt Foresta Burgos) und dem italienischen Festland.

Leistung: Schnell, hart, ausdauernd. Energischer, williger Charakter, ein Pferd mit vorzüglichem Galoppier- und Springvermögen.

Zuchtgeschichte: Das Sardische Pferd ist aus Kreuzungen entstanden, die durch die Einfälle der Karthager, Griechen, Römer und Sarazenen auf das vorher pferdelose Sardinien gekommen waren und sich aufgrund ihrer arabisch-berberischen Abstammung dem Land und Klima leicht anpassen konnten.

Eine geordnete Pferdezucht setzte aber erst im 14. und 15. Jh. unter den Aragonen ein, die das Gestüt Regia Tanca von Paulilatino nahe Abbasanta errichteten, dessen Auflösung 1868 zu einem starken Rückgang der Pferdezucht führte. Hatte man in der Vergangenheit Vollblüter arabischer und englischer Abstammung, Ostpreußen, Anglonormannen, Mecklenburger und „Italiener" als Beschäler eingesetzt, so änderte sich das 1874 mit der Errichtung der staatlichen Hengstdepots. Erstklassige Araberhengste wurden nur für ausgewählte Zuchtstuten zur Verfügung gestellt. Englische Vollblutbeschäler wurden erst 1936 als Vererber zugelassen.

Der 2. Weltkrieg brachte neue Schwierigkeiten für die Zucht, die vor allem auf Halbblutstuten, den „mezzo sangue",

basiert. In den 60er Jahren wurden den Züchtern durch staatliche Förderung auch irische und anglo-orientalische Stuten zur Verfügung gestellt. Der Staat stellt die Landbeschäler und ist für die Körung der Privathengste verantwortlich. Das Ziel ist ein Sportpferd mit Größe und Kaliber zu erreichen.

Sárvárer

Kennzeichen: Zuchtziel ist ein großliniges, leistungsfähiges Reit- und Fahrpferd mit viel Adel und schönen Bewegungen. Es entspricht dem Zuchtziel des Bayerischen Warmblutpferdes bzw. des Deutschen Reitpferdes. Durchweg Braune, Dunkelbraune, meist ohne Abzeichen, selten Dunkelfüchse. Stockmaß um 160 cm.
Verbreitung: Deutschland. Gestüt Leutstetten bei Starnberg/Obb.
Leistung: Gesund, fruchtbar, langlebig, nervenstark, ausdauernd, leistungsbereit, hart und schnell; rittig und springwillig mit ausgezeichneten Gangarten, mit besonderer Eignung für Dressur, Military, Jagd- und Freizeitreiten.
Zuchtgeschichte: Die Zucht geht auf das Königlich Bayerische Privatgestüt Sárvár in Ungarn zurück. Dort wurde ein Englisches Halbblutpferd auf der Basis Furioso-Northstar gezüchtet, und mit wenigen Ausnahmen stammten die Hauptbeschäler

aus Mezöhegyes. Der heutige Bestand geht auf drei Stammstuten aus den Jahren 1926–1930 zurück. Aufgrund konsequenter Selektion, der seit 14 Generationen mit sieben Blutlinien durchgeführten Linienzucht und des unveränderten Zuchtziels konnte das genetische Gleichgewicht und die Leistungsfähigkeit erhalten werden.

1945 gelang es, die wertvollsten Zuchtpferde von Sárvár nach Leutstetten zu überführen, darunter der Hengst *Példás I* von *Zugo* a. d. *Példás*, geb. 1941, der lange als Beschäler wirkte. Unverändert ist die Aufzucht hart und einfach. Erst wenn Schnee liegt, beginnt die Stallfütterung, aber auch dann sind die Pferde tagsüber im Freien. Zum Zuchtprogramm gehören die Ausbildung und Verwendung sowie die Leistungsprüfung unter dem Sattel, wobei auf den Einsatz im Gelände besonderer Wert gelegt wird. Das 1826 in Sárvár eröffnete Stutbuch wird lückenlos fortgeführt.

Schleswiger

Kennzeichen: Typisch für den mittelgroßen Kaltblüter sind die Fuchsfarbe und der auffallende Beinbehang. Der Kopf markant, trocken und nicht zu lang, mit lebhaftem Auge. Gut aufgesetzter, nicht zu kurzer, kräftiger Hals. Rundrippig, mit viel Brusttiefe. Trockenes Fundament, stabile, nicht zu kurze Beine mit starken Gelenken, runde Hufe mit genügend hohen Trachten. Stockmaß 156 bis 162 cm.

Verbreitung: Hauptzuchtgebiet Schleswig-Holstein.

Leistung: Lebhaftes, energisches Temperament, ausdauernd, leistungsfähig, leichtfuttrig. Raumgreifender Schritt und Trab mit viel Schub. Ein vielseitig verwendbares Arbeitspferd.

Zuchtgeschichte: Die enge Verbindung mit dem dänischen Königshaus erklärt den Einfluß des Jütischen Pferdes auf das Schleswiger Kaltblutpferd. 1732 wurden in Schleswig-Holstein und Jütland gemeinsame Anstrengungen zur Zucht eines soliden, fleißigen Arbeitspferdes unternommen. Begründer der Zucht wurde der 1862–1869 eingesetzte Hengst *Oppenheim*, vermutlich ein Shire, und dessen Söhne *Hövding* und *Prins af Jylland*. Bereits 1891 wurde der Verband Schleswiger Pferdezuchtvereine gegründet. Wegen seiner Gängigkeit und Härte war der Schleswiger als „Omnibuspferd" sehr geschätzt. Durch die Abtretung Nordschleswigs an Dänemark (1920) gingen wertvolle Zuchtbestände verloren. Der Einbruch erfolgte mit der einsetzenden Motorisierung. Der Verband löste sich auf und ging im Pferdestammbuch Schleswig-Holstein auf, das sich mit passionierten Züchtern bemüht, die Schleswiger Zucht zu erhalten. Von den um 1950 aus Frankreich eingeführten und verwendeten Hengsten *Faust Boulonnais* und *Hasta Breton* hat vor allem *Faust* seinen Adel und seine Trockenheit an seine Nachzucht weitergegeben.

Schwarzwälder Kaltblut

Kennzeichen: Typisch für den auch
„Schwarzwälder Fuchs" genannten Kaltblüter ist die meist dunkle Fuchsfarbe und
das helle Langhaar. Kurzer, markanter,
trockener Kopf mit ausdrucksvollem
Auge; kräftiger, gut aufgesetzter Hals,
schräge Schulter, breite, stark bemuskelte
Kruppe. Korrektes, trockenes Fundament;
kräftige, klare Gelenke, harte Hufe. Stockmaß 148 bis 160 cm.

Verbreitung: Baden-Württemberg, Bayern.

Leistung: Anspruchslos, fruchtbar und
langlebig; guter Charakter, zäh und zugstark, schwungvolle, raumgreifende Bewegungen.

Zuchtgeschichte: Boden und Klima des
Hochschwarzwaldes haben die Rasse mit-
gestaltet. Unübersehbar ist auch der Einfluß klösterlicher Maierhöfe im 18. Jh.,
wie St. Märgen, St. Peter und St. Blasien.
Von ihnen wurde Pinzgauer Blut in den
Wälderschlag eingeführt, der sich als Pro-

dukt bäuerlicher Pferdezucht bis in das
Mittelalter zurückverfolgen läßt. Die bis
zur Gründung der „Schwarzwälder Pferde-
genossenschaft" im Sommer 1896 recht
unscheinbaren Waldpferde wurden nun
unter Beibehaltung des bodenständigen
Zuchtmaterials einer straffen Zuchtwahl
unterworfen. Ein Stutbuch wurde angelegt
mit dem Zuchtziel, ein tiefes, untersetztes,
nicht zu schweres Kaltblutpferd mit kräftigem Knochenbau, festen Muskeln, Sehnen und Gelenken und räumendem Gang
zu züchten. Staatlicherseits wurden Hengste aus den Ardennen, dem Rheinland und
Unterbaden aufgestellt, was bald zum Erfolg führte. Bedeutende, ab 1895 benutzte
Hengste waren u. a. *Hirschle* (geb. 1888,
Stichelfuchs, St. Märgener Schlag), *Coquet*
(geb. 1894, Original-Ardenner), *Lux* (geb.
1902, Rhld. im Ardenner Typ) und *Mar-
quis* (geb. 1896 in Unterbaden), der sich
mit viel Typtreue vererbte und Stammvater zahlreicher Hengstlinien und Stutenfamilien wurde.

Schwedisches Warmblut

Kennzeichen: Edler, mittelgroßer Warmblüter im Langrechteckformat, tief und
trocken. Kleiner, edler, ausdrucksvoller
Kopf, korrekter Halsansatz, gute Schulter-
lage, gut entwickelter Widerrist. Korrektes,
trockenes Fundament mit guten, ausgeprägten Gelenken, gute Hufe. Alle Farben,
überwiegend Braune.
Verbreitung: Schweden, Europa.
Leistung: Leichtfuttrig, fügsam bei energischem Temperament; gute ausbalancierte
Bewegungen, ausgesprochene Dressurver-
anlagung, aber auch gute Springer.
Zuchtgeschichte: Schweden kann auf eine
viele Jahrhunderte bestehende Pferdezucht zurückblicken. Eckpfeiler der Zucht
ist das ehemals königliche Gestüt Flyinge
bei Mölme, das seit 1661 im Besitz der
schwedischen Krone ist. 1629 gründete
Karl XI. das Hofgestüt Strömholm, Ausgangspunkt zielbewußter Pferdezucht und
Reitkunst.

Zuchtziel war immer ein für alle Wirt-
schaftszwecke und als Reitpferd geeignetes Pferd. In und nach dem 30jährigen
Krieg im 17. und 18. Jh. gelangten viele
Spanische Pferde nach Schweden, im an-
gehenden 19. Jh. dann viele Orientalen.
Seit Mitte des 18. Jh. waren es dann vor
allem Hannoveraner und Trakehner, die
zur Grundlage der heutigen schwedischen
Warmblutzucht wurden. Ende des 19. Jh.
war durch geplante Kreuzung von Englischem und Arabischem Vollblut, Trakehnern und bodenständigen Pferden das
Schwedische Warmblut entstanden, das
schon 1912 bei den Olympischen Reiter-
spielen sechs Goldmedaillen erringen
konnte, Erfolge, die schwedisch gezogene
Pferde, z. B. *Piaff* v. *Gaspari* bis in die
Gegenwart wiederholen konnten. Nach
1945 wurden aus deutschen Zuchtgebieten u. a. folgende Hengste importiert:
Dohma II v. *Detektiv, Almjunge* v. *Alm-
freund, Anno* v. *Hirtensang* und *Polarstern*
v. *Portwein.*

Schweizer Warmblut

Kennzeichen: Edles, athletisches, großrahmiges Sportpferd. Ausdrucksvoller Kopf, gut aufgesetzter Hals, markanter Widerrist, starke, gut gelagerte Schulter, kräftiger, elastischer Rücken, gut ausgebildete Hinterhand mit muskulöser Kruppe. Korrektes Fundament mit gut markierten Sehnen und Gelenken sowie gesunden, korrekten Hufen. Alle Grundfarben, vor allem Braune und Füchse. Stockmaß um 165 cm.
Verbreitung: Schweiz. Zuchtzentrum ist das Eidgenössische Gestüt in Avenches.
Leistung: Leistungsfähiges Sportpferd für alle Disziplinen. Schwungvolle, raumgreifende, elastische Bewegungen. Gesund und rittig, guter Charakter und angenehmes Temperament.
Zuchtgeschichte: Die Pferdezucht hat in der Schweiz eine sehr alte Tradition. Schon im Mittelalter war das Kloster Einsiedel durch die Qualität seiner Pferde berühmt. Einsiedler waren über die Grenzen der Schweiz hinaus geschätzt und als „Cavalli della Madonna" begehrt. Im Emmental, Berner Oberland und im waadtländischen Les Ormonts gab es bis Mitte des 19. Jh. eine Fahr- und Reitpferdezucht mit zähen, eher kleinen, vorwiegend rappfarbenen Pferden. Wie in allen westeuropäischen Ländern nahm auch in der Schweiz um 1960 das Interesse an der Zucht eines Reit- und Sportpferdes zu. Das Eidgenössische Gestüt kaufte deshalb in Frankreich, Schweden und Deutschland jedes Jahr bewährte Warmbluthengste als Veredler für die Pferdezucht der Schweiz, die mit Stuten der alten Landesstämme und importierten Stuten angepaart wurden. Durch sorgfältige Zuchtplanung und über verschiedene Selektionsstufen, einschließlich Stationsprüfungen, wurde die Schweizer Reitpferderasse geboren. Auch der Erfolg ist mit *Gauguin de Lully* im Dressursport und mit *Walido* sowie *Orée de la Brasserie* im Vielseitigkeitssport nicht ausgeblieben.

Schweres Warmblut

Kennzeichen: Ein Warmblüter mit kraftvoller Eleganz. Ausdrucksvoller, markanter Kopf, mittellanger, bemuskelter, gut aufgesetzter Hals. Lange schräge Schulter, erkennbarer Widerrist, elastischer Rücken mit breiter, gut bemuskelter Lendenpartie, kräftig bemuskelte, leicht geneigte Kruppe. Korrektes Fundament; trockene Gliedmaßen mit klaren, ausgeprägten Gelenken und regelmäßigen, festen Hufen. Rappen, Braune, Füchse, Schimmel. Stockmaß 157 bis 165 cm.
Verbreitung: Deutschland; Hauptzuchtgebiete Sachsen und Thüringen.
Leistung: Leichtfuttrig, guter Charakter. Taktmäßige, energische, raumgreifende Bewegungen mit leichter Aktion im Trab. Vielseitiges Reit- und Fahrpferd.
Zuchtgeschichte: Schon im Mittelalter dienten die Weiden am Rennsteig, der alten Landesscheide zwischen Franken und Thüringen, der Pferdezucht. Die sächsischen und thüringischen Hofgestüte Merseburg, Georgenthal, Veßra, Allstedt und Zella standen bereits im 16. Jh. in einem guten Ruf. Erste Anfänge einer geordneten Beschälung in Sachsen begannen bereits 1765, als ein Deckhengst aus einem kurfürstlichen Gestüt im Erzgebirge aufgestellt wurde. 1767 waren Deckstationen breitgefächert in ganz Sachsen zu finden. Die Pferdezucht des 18. und 19. Jh. wurde vor allem durch die Gestüte Graditz und Moritzburg geprägt. Auch Fohlen- und Pferdezuchtvereine machten sich um die auf hannoverscher und oldenburgisch-ostfriesischer Grundlage betriebene Zucht verdient. Nicht zu vergessen sind für das 19. Jh. die verdienstvollen Landstallmeister, die Grafen Münster und Lehndorff. Die Kriege des 19. und 20. Jh. und deren Folgen wurden durch engagierte Pferdeleute immer wieder überwunden, nicht zuletzt durch die erfolgreiche Umzüchtung des bodenständigen Schweren Warmbluts zum modernen Reit- und Fahrpferd.

Sella Argentino
(Anglo-Argentino)

Kennzeichen: Ein eleganter Halbblüter im
Typ des Englischen Vollblüters stehend.
Ausdrucksvoller, mittelgroßer Kopf, gut
angesetzter, genügend langer Hals, deutlicher Widerrist, gute schräge Schulter,
gute Gurtentiefe, elastischer Rücken,
lange muskulöse Kruppe. Stabiles Fundament mit kurzen, knochenstarken Röhrbeinen, korrekten Gelenken und harten
Hufen. Alle Farben vertreten. Stockmaß
um 155 cm.
Verbreitung: Hauptzuchtgebiet Argentini-
en; weltweit als Sport- und Polopony
geschätzt.
Leistung: Schnell und wendig, couragiert
und gehorsam. Ausgezeichneter Galopp,
gutes Springvermögen.
Zuchtgeschichte: Der Anglo-Argentino ist
ein ausgezeichnetes Reit- und Sportpferd
mit besonderer Eignung für den Polosport.
Die Rasse entstand vor gut 50 Jahren und

verdankt ihre Entstehung dem Wunsch,
den weit verbreiteten, harten Criollo zur
Verwendung im Sport, durch Zufuhr Englischen Vollbluts im Aussehen und in der
Leistung zu verbessern.

Bereits in den 50er Jahren konnten argentinische Reiter auf internationalen
Turnieren große Erfolge erringen, so 1956
Major Delia, der auf *Discutido* das Spring-
derby gewann. Die Anglo-Argentinos
werden wie die Criollos in großen Herden
frei gehalten, sind deshalb geschätzt und
kommen in jedem Gelände zurecht. Sorgfältig ausgebildet sind sie äußerst zuverlässige Reitpferde.

Die Zucht liegt in den Händen privater
Züchter, wird aber staatlich gefördert, da
Anglo-Argentinos ein bedeutender Ex-
portartikel sind. Das Stutbuch wird von
der Association Argentina de Formento
Equino geführt.

Selle Francais
(Französisches Reitpferd)

Kennzeichen: Hochedler, kräftiger Warmblüter mit viel Blut. Trockener Kopf, wohlgeformter Hals, schräge Schulter, tiefe Brust, gute Sattellage, Rumpf und Kruppe muskulös, kräftiges, trockenes Fundament. Alle Grundfarben erlaubt, meist Füchse. Stockmaß um 165 cm.

Verbreitung: Frankreich, inzwischen weit verbreitet in ganz Europa.

Leistung: Exzellentes Pferd für alle Disziplinen des Reitsports, als Veredler geschätzt. Anpassungsfähig, guter Charakter und angenehmes Temperament. Kraftvolle, geschmeidige Bewegungen in allen Gangarten, sehr gutes Springvermögen.

Zuchtgeschichte: Das Cheval de Selle Francais (SF), die 1958 eingeführte offizielle Bezeichnung, ist die gelungene Verbindung der verschiedenen Rassen und Typen des französischen Halbblutpferdes, deren stärkste Gruppe die durch arabisches oder englisches Vollblut beeinflußten Anglo-Normannen war. Für den starken Vollbluteinfluß stehen die drei großen Vollblut-Hengste des 18. Jh. *Eclipse, Herod* und *Matchem*, auf deren Blut man in den Pedigrees der Selle Francais immer wieder über die Nachkommen *Orange Peel, Fra Diabolo* und *Ultimate* stößt.

Durch Einkreuzung von Blutlinien, die ihre Qualität und Durchschlagskraft durch Rennleistungen bewiesen hatten, wurde der Zuchtstandard ständig verbessert. Ergänzende Maßnahmen war die Selektion nach drei Auslesekriterien: Identitätsprüfung und Abstammungsanalyse, Beurteilung nach Gang und Gebäude, Turnierleistungen. Bedeutende Stempelhengste waren *Furioso xx*, dessen Rennleistungen so bemerkenswert nicht waren, wohl aber das Springvermögen seiner Nachkommen *Lutteur B., Pamone B.* und *Almé Z*, der *Galoubet* und viele andere gute Springpferde machte. 1963 wurde das Stutbuch eröffnet.

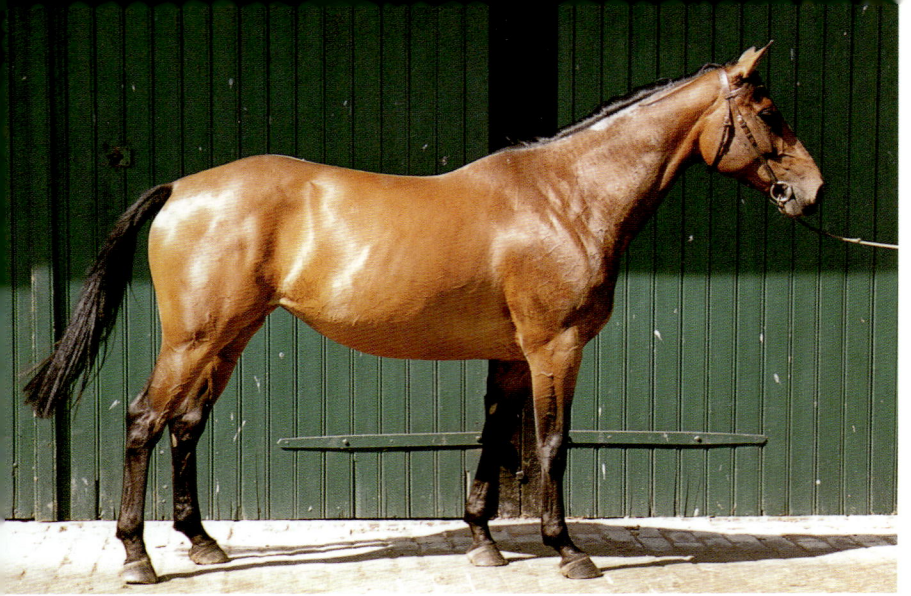

Senner

Kennzeichen: Hochedles Pferd im Typ des Anglo-Arabers. Ausdrucksvoller, trockener Kopf mit großen, klugen Augen; gut aufgesetzter, langer Hals mit leichtem Genick, gut markierter Widerrist, bewegliche Schultern, kräftiger Rücken. Trockenes, korrektes Fundament, kräftiges Langhaar, alle Farben. Stockmaß um 160 cm.
Verbreitung: Deutschland, Hauptzuchtgebiet um Detmold.
Leistung: Genügsam, leichtfuttrig, leistungsfähig, langlebig. Gutes Temperament, raumgreifende, taktreine Bewegungen, elegantes Reit- und Fahrpferd.
Zuchtgeschichte: Den Urstamm sollen die Grafen zur Lippe aus den Kreuzzügen mitgebracht haben. Senner werden 1862 erstmals in Gestütsregistern erwähnt. Sie wurden in Stutenherden halbwild gehalten und hatten im 16. Jh. einen sehr guten Ruf. Der 30jährige Krieg zerstörte die Zucht fast ganz, doch Graf Hermann

Adolf zur Lippe errichtete sie mit Erfolg neu. Graf Simon Heinrich erbaute 1685 das Jagdschloß Lopshorn und führte dort die Zucht ab 1680 in halbwilder Form weiter. Bis 1880 soll der Stutenstamm unvermischt geblieben sein, wie den seit 1713 geführten Gestütsregistern zu entnehmen ist. Die Hengste waren arabische und englische Vollbluthengste. Anfang des 19. Jh. bewährte sich der Angloaraber *Nessus* alias *Araber* von *Netschi ox* a. d. *Rachel xx*, der seine Eleganz und herrlichen Aktionen vererbte und die Zucht zu hoher Blüte brachte. Mitte des 19. Jh. umfaßte die Herde nur noch ca. 40 Mutterstuten und die Hengste *Mozart xx*, *Red Rover xx* und *Brother to Rostrum xx*. 1919 übernahm der Verband lippischer Pferdezüchter die Zucht bis zur endgültigen Auflösung 1946. Privates Engagement hat das Senner Blut bis heute erhalten und bemüht sich, es neu zu beleben. Sie werden beim Westfälischen Pferdestammbuch bereits wieder als Senner registriert.

Shagya Araber

Kennzeichen: Großrahmiger Araber mit schönen, ausgewogenen Proportionen und markanter Oberlinie. Ausdrucksvoller Kopf, wohlgeformter Hals, ausgeprägter Widerrist, lange schräge Schulter, genügend langer Rücken, lange Kruppe, gutes Fundament. Stockmaß 158 bis 162 cm. Schimmel dominieren.
Verbreitung: Europa und weltweit, Hauptzuchtgebiet Ungarn.
Leistung: Ergiebiger, elastischer, korrekter Bewegungsablauf in allen Grundgangarten. Gutes Temperament, ausdauernd, genügsam, hart und leistungsfähig. Ausgezeichnetes Pferd für alle Disziplinen des Reit- und Fahrsportes.
Zuchtgeschichte: Der Shagya ist ein akklimatisierter und europäischen Verhältnissen angepaßter Araber, der seinen Namen dem Stammvater *Shagya*, Honigschimmel, geb. 1830, aus der Familie Kohailan-Siglavy verdankt. Er war 1836 in das 1789 gegründete k. u. k. Gestüt Babolna gekommen, wirkte dort als Hauptbeschäler von 1837–1840 und war ein überragender Vererber, obwohl die in Babolna aufgestellten Stuten in der Mehrzahl nicht rein-, sondern mischblütig waren. Vier seiner Söhne wurden Hauptbeschäler, die auch die von ihm geerbten Eigenschaften durchschlagend weitergaben. Shagya-Blut wurde in Kladrub zur Blutauffrischung verwendet, und in Radautz begründete *Shagya II* über *Shagya IV* und *Shagya VII* zwei Stammlinien. Weitere Linienbegründer sind die Hengste *Gazal VII* und *O'Bayan XIII*. Zwischen den beiden Weltkriegen wurden Babolna und seine Shagyas zum Mekka der Shagya-Freunde. Ursprünglich „Araber" oder „Araberrasse" genannt, wurden sie 1978 als Shagya-Araber von der WAHO (Weltverband der Araberzucht) anerkannt. Die Stutbücher sind geschlossen. Eintragungsfähig sind nur Pferde, die das Zuchtprogramm erfüllen.

Shetland Pony – Mini Typ

Kennzeichen: Mit einem Stockmaß unter 87 cm ist es das kleinste in der Shetland-Familie, aber unverkennbar ein Shetland Pony. Kleiner, edler Kopf mit großen freundlichen Augen und kleinen Ohren; gut aufgesetzter Hals mit dichter Mähne. Der Körper im Rechteckformat, Hals und Kopf im richtigen Verhältnis zum Körpervolumen. Dichter Schweif, korrektes Fundament mit harten Hufen.

Verbreitung: Shetland Inseln, Großbritannien und weltweit.

Leistung: Klug, mit gutartigem Temperament, genügsam, langlebig; korrekte, raumgreifende Bewegungen. Kleines Reit- und Fahrpony mit besonderer Eignung als Anfangspony für kleine Kinder.

Zuchtgeschichte: Die geringe Größe des Shetland Ponys im Mini Typ entspricht dem Urtyp. Diese geringere Größe war auf die ursprünglichen Klima- und Futterverhältnisse während ihrer Wachstumsperiode auf den Shetland Inseln zurückzuführen. Die verbesserten Wachstumsbedingungen haben ab Mitte dieses Jahrhunderts zu mehr Größenwachstum geführt. Es wurde deshalb für die Züchter notwendig, durch gezielte Selektion regulierend einzugreifen, um den ursprünglichen Typ auch nach seiner Größe zu erhalten.

Darin unterscheidet sich der Mini-Typ von den „Minis" anderer Rassen, die als Ergebnis das Produkt eines nur auf geringe Größe ausgerichteten Zuchtzieles sind. Inzwischen hat es auch bei den „Kleinen" einen Typwandel hin zum schlankeren, edleren, mehr orientalischen Typ gegeben. Maßgeblich beeinflußt wurde die Zuchtrichtung Mini Typ durch amerikanische und holländische Züchter.

Shetland Pony – Originaltyp

Kennzeichen: Kleiner, trockener Kopf mit breiter Stirn, großen Augen, kleinen Ohren. Kräftiger, gut bemuskelter Hals; schräge Schulter, breite Brust, kurzer Rücken, tiefgeripptes Mittelstück, lange Kruppe, kräftiges, korrektes Fundament, harte Hufe. Üppiges, dichtes Langhaar, alle Farben. Glasaugen sind bei Einfarbigen unerwünscht. Im Mutterland England sind Tigerschecken nicht erlaubt. Stockmaß 87 bis 107 cm.
Verbreitung: Shetland-Inseln, Großbritannien und weltweit.
Leistung: Gutartig und selbstbewußt, ausdauernd, stark, hart, genügsam, fruchtbar, langlebig, robust, widerstandsfähig und klug. Ausgezeichnetes kleines Reit- und Fahrpony mit besonderer Eignung als „Erstpony" mit korrektem, freien, schwungvollen Gang.
Zuchtgeschichte: Im Hochland der Shetland Inseln nördlich von Schottland ist es

seit über 2.000 Jahren zu Hause, aber seine Entstehung ist ungewiß. Ganz ohne Zweifel haben keltische Ponys und die unwirtliche Natur der Inselwelt die Rasse geprägt. Aber lange vor der Invasion der Wikinger im 8.–9. Jh. streifte es schon durch die Berge und Moore. Das erste 1890 durch die Shetland Pony Stud-Book Society angelegte Stutbuch stellte, was bezeichnend für die harte Lebensbedingung der Ponys ist, lakonisch fest: Sie werden im Freien geboren, leben im Freien und sterben im Freien.

Und so ist es bis heute. Die Bauern der Shetlands benutzten sie als Lasttiere für Torf, Seetang, Lebensmittel sowie zur Bearbeitung des Bodens. Als 1847 die Kinderarbeit in den Bergwerken verboten wurde, wurde es Grubenpony. Seit der Jahrhundertwende sind sie auch in Deutschland vertreten und nach wie vor bei jung und alt beliebt.

Shetland Pony – Sportlicher Typ

Kennzeichen: Elegant und schlank. Kleiner, edler Kopf mit schmaler Stirn, großen Augen und kleinen Ohren. Gut angesetzter Hals mit leichtem Genick. Körper im Rechteckformat, nicht zu schmale Brust, gute Gurtentiefe, elastisch schwingender Rücken. Korrektes, trockenes Fundament mit gut ausgebildeten Gelenken und harten Hufen. Volles Langhaar. Alle Farben. Glasaugen bei Einfarbigen unerwünscht. Stockmaß 87 bis 107 cm.

Verbreitung: USA, Europa, weltweit.

Leistung: Klug, hart, ausdauernd, fruchtbar und langlebig wie der Original-Typ. Korrekte, raumgreifende, leichtfüßige, schwungvolle Bewegungen. Ein Reit- und Fahrpony für Freizeit und Sport.

Zuchtgeschichte: Um 1875 begann Lord Londonderry mit dem Shetland-Hengst *Jack* mehr im Reitpony-Typ stehende Shetland Ponys zu züchten und auch nach Amerika zu exportieren. Hier entwickelte sich bald der amerikanische Typ, beeinflußt durch Hackney-Blut, später dann noch der Miniature Typ. Doch während der American Typ in den USA als Show-Pony zum Reiten und Fahren mit typischer Hackney-Aktion verwendet wurde, ging man in Deutschland dank Dieter Grober einen anderen Weg. Er hatte 1964 an dieser neuen Zuchtrichtung Gefallen gefunden und stellte 1966 den in Amerika gezogenen Shetland Pony-Hengst *Jiggs* v. *Larigo's Cressent* a. d. *King's Glori Road* v. *King's xx*, geb. 1958, auf. Dieser wurde zum Stempelhengst für die Umzüchtung der im Wirtschaftspony-Typ stehenden Shetland Ponys zum sportlichen Freizeitpony.

Jiggs war großrahmig, mit gutem Geschlechtstyp, korrektem Fundament und ausdrucksvollen Bewegungen in allen Gangarten. Sein Blut fließt in seinen 10 Söhnen und vielen erfolgreichen Töchtern mittlerweile in allen Zuchtverbandsgebieten Deutschlands.

Shire Horse

Kennzeichen: Imposanter Kaltblüter im
Stockmaß von 163 bis 178 cm, mit feinem, glatten, seidigen Fell, der durch sein
großartiges Aussehen besticht. Attraktiver,
langgestreckter Kopf mit Tendenz zur
Ramsnase, breiter Stirn, großen, gutmütigen Augen und langen, schlanken spitzen
Ohren. Gut aufgesetzter, leicht gebogener
Hals. Kräftige, schräge Schulter, breite
Brust, kurzer stark bemuskelter Rücken,
stark bemuskelte Kruppe, hoch angesetzter
Schweif. Korrektes, trockenes Fundament
mit relativ langen, weiß gestiefelten
Gliedmaßen, gut markierten Gelenken und
breiten, stabilen Hufen. Vor allem Braune,
Schwarzbraune, immer mit Abzeichen,
Rappen, selten Schimmel. Der charakteri-
stische üppige, seidige Behang ist nicht
mehr Zuchtziel, da mehr und mehr Beine
ohne Behang vorgezogen werden.
Verbreitung: England, Europa, Nord- und
Südamerika, Australien.

Leistung: Raumgreifender Schritt, fördern-
de, energische Aktion im Trab. Aus ihrem
früheren Arbeitsfeld in Land- und Forstwirtschaft sowie Fuhrgewerbe in die
Repräsentation abgedrängt.
Zuchtgeschichte: Es kommt aus den Shires
der Midlands (Leicestershire, Warwickshire, Northhamptonshire und Lincoln-
shire). Schon im Mittelalter wird es als
„Equus Magnus" erwähnt. Vom Pferd der
Ritter führte durch die Verwendung von
Brabanter und Flämischen Hengsten der
Zuchtweg zum größten, schwersten und
beliebtesten Arbeitspferd Englands im
heutigen Rassetyp.

Die 1878 gegründete Shire Horse
Society mit Sitz in Peterborough eröffnete das Stutbuch, bemüht sich bis heute
mit sehr viel Einsatz, den Bestand der
Rasse, die das fünffache ihres Eigengewichtes – bis zu fünf Tonnen – ziehen
können, zu erhalten. Zu den Arbeitsfeldern gehören auch das Freizeitfahren und
das Reiten.

Slaski (Schlesisches Warmblut)

Kennzeichen: Schwerer Warmblüter im
Typ des alten Oldenburgers und Ostfrie-
sen. Ein starkes, breites Wirtschaftspferd
mit kurzem Röhrbein, guter Knochenstärke und Rippentiefe, mittelgroß mit einem
Stockmaß von 155 bis 160 cm. Vor allem
Rappen, Braune, Füchse.
Verbreitung: Südwestpolen mit dem 1955
gegründeten Landgestüt Klikowa als
Zuchtschwerpunkt in der früheren deutschen Provinz Schlesien.
Leistung: Leichtfuttrig mit ruhigem Temperament. Ausgezeichnete Geschirrtugen-
den, äußerst zugstark mit raumgreifenden
Gängen.
Zuchtgeschichte: Der Bedarf an einem
schweren, starken Wirtschaftspferd führte
in Schlesien Ende des 19. Jh. zur Zucht
eines schweren Warmblutpferdes auf
Oldenburger bzw. ostfriesischer Grundlage. Die Bemühungen, die planlose Kreuzungszucht von Warmblut und Kaltblut

zu verhindern, förderte die Zucht des
schweren Warmblutpferdes. 1817 wurde
das Landgestüt Leubus gegründet, 1832
der Verein zur Förderung der Pferdezucht
in Schlesien, 1877 Cosel, und 1901 wird
das Schlesische Stutbuch eröffnet. Vor allem Landstallmeister Roenckendorff in
Cosel unterstützte die Zucht eines für
Schlesien geeigneten starken, untersetzten, tiefbeinigen Wirtschaftspferdes, indem er um 1890 vermehrt Oldenburger
und ostfriesische Hengste aufstellte. 1936
stand Schlesien mit fast 600 gekörten
Landbeschälern an vierter Stelle der deutschen Pferdezuchtgebiete. Ostpreußen hatte 1.200, Bayern 700 und Westfalen 623
Hengste. Die polnische Gestütsverwaltung
hat, auf die Bedürfnisse der Nachkriegszeit reagierend, das Schlesische Pferd
leichter und gängiger gemacht, um es
besser als Gespannpferd einsetzen zu können. Auch werden Kreuzungsprodukte mit
Englischen Vollblütern und Wielkopolska-
Hengsten zur Sportpferdezucht verwendet.

Slowakisches Gebirgspferd (Muran Pferd)

Kennzeichen: Stämmiges Gebirgspferd. Fuchsfarben mit hellen Mähnen dominieren, aber auch Braune, Rappen und Falben. Verhältnismäßig großer Kopf mit breiter Stirn; kurzer, kräftiger Hals, gut gelagerte Schulter, kräftiger, tiefer Rumpf mit geradem Rücken und schräger Kruppe. Kräftiges Fundament mit trockenen Gliedmaßen und harten Hufen. Stockmaß um 140 cm.

Verbreitung: Slowakische Republik, auf der Muraner Hochebene bei der Stadt Muran in der Hohen Tatra. Zuchtgestüte Muran und Topolcianky.

Leistung: Gutmütig, zutraulich, genügsam und abgehärtet. Ein starkes, zugkräftiges Holzabfuhrpferd.

Zuchtgeschichte: Die neue Rasse besteht aus veredelten Nachkomen einer ursprünglich seit ca. 50 Jahren in der Tschechoslowakei gezüchteten Rasse. Die Zucht wird seit 1950 im Gestüt Muran erfolgreich fortgeführt. Es ist eine Kreuzungszucht auf der Basis von Huzulen aus dem ehemaligen Militärgestüt Presov. 136 Huzulen-Stuten und 10 Huzulen-Hengste bildeten die Stammherde, deren Nachzucht man vor allem mit Haflinger-Hengsten kreuzte, darunter die Hengste *Mikado* 1956 v. *Massino* 1927, *Starost* 1957 von *Student* 1927 und *Norton* 1956 v. *Nibbio* 1920. Die daraus entstandenen Stuten wurden mit Noriker-Hengsten belegt. Die zeitweilige Verwendung von Fjord Hengsten bewährte sich nicht.

Das Ergebnis ist heute ein allen forstwirtschaftlichen Belangen gerecht werdendes Gebirgspferd. Die Pferde leben in halbwilden Herden auf ausgedehnten Bergweiden in 1.200 bis 1.400 m Höhe und werden auch bei Temperaturen von –30° nicht in den Stall gebracht.

Slowenisches Kaltblut

Kennzeichen: Harmonischer, mittelschwerer, trockener Kaltblüter. Derber Kopf mit kleinen, weit gesetzten Ohren, freundlichen Augen. Kurzer, gut bemuskelter Hals, muskulöse, schräge Schulter, breiter, tiefer Rumpf mit guter Rippenwölbung, kräftige Hinterhand mit abfallender, oft leicht gespaltener Kruppe. Starkes, stabiles Fundament. Kräftiges Langhaar. Vor allem Braune, Dunkelbraune, Rappen vorherrschend. Stockmaß liegt um 155 cm. Gewicht bis 750 kg.
Verbreitung: Republik Slowenien und Südosteuropa.
Leistung: Robust mit freundlichem Charakter und gutem Temperament. Williger, zugkräftiger, ausdauernder Gebirgs-Kaltblüter mit raumgreifenden Gangarten, der vor allem in der Land- und Forstwirtschaft und heute zunehmend auch als Wagenpferd im Freizeitbereich eingesetzt wird.

Zuchtgeschichte: Die Zuchtgeschichte des Slowenischen Kaltblüters ist eng mit der Pferdezucht des alten Österreich und speziell mit der des Norikers und des Muraközer (Murinsulaner) verbunden. Auch Belgisches Kaltblut, Percherons und Schleswiger wurden eingekreuzt, bis schließlich zur Reinzucht übergegangen wurde.

Die gut organisierte Zucht mit den Gestüten Presov und Samorin und mit eigenem Stutbuch umfaßt einen Bestand von etwa 1.500 eingetragenen Zuchtstuten und gut 100 Hengsten, darunter immer auch einige Original-Noriker. Eine alljährlich stattfindende Fohlenversteigerung in Ptuj an der Drau zeugt vom Interesse an der Rasse. Sie wird im gebirgigen Slowenien für die Land- und Forstwirtschaft als geländegängige Zugkraft noch lange Zeit unverzichtbar bleiben. Die Zuchtleitung hat ihren Sitz in Ljubljana.

Sokolska (Sokolsker Pferd)

Kennzeichen: Energischer, kleinrahmiger, kurzbeiniger Kaltblüter mit einem Stockmaß um 148 bis 160 cm, einer Röhrbeinstärke von 22 bis 23 cm und einem kräftigen, tonnigen Körper mit breiter Brust, geradem Rücken, kurzer, breiter, schräger Kruppe und stabilen Gliedmaßen mit wenig Behang. Vor allem Füchse mit heller Mähne und Braune.

Verbreitung: Polen, vor allem im Nordosten und Nordwesten, nördlich Bialystok, Warschau und Koszalin sowie im Gestüt Nowe Jankowice.

Leistung: Anspruchslos, freundlicher Charakter, ruhiges Temperament; zugkräftig, energische Bewegungen. Geschätzt als Arbeitspferd für die Landwirtschaft und den Export als Fleischlieferant.

Zuchtgeschichte: Der „Miniatur"-Ardenner oder „Ardenner-Doppelpony", wie das Sokolsker Pferd auch genannt wird, ist eine Neuzüchtung, mit der man schon vor dem letzten Krieg begonnen hatte. Die „Sokolska-Rasa" war dem Wunsch entsprungen, einen kleinen, leichten, trockenen und gängigen Kaltblüter zu züchten. Polnische Landstuten und das Blut französischer Ardenner und Bretonen waren die Begründer der inzwischen konsolidierten Rasse. Bedeutende Linienbegründer sind der Bretone *Upas Jarboter 321*, geb. 1920, sowie die Ardenner *413 Lorrain*, geb. 1944 und *514 Ajax*, geb. 1944.

Sorraia

Kennzeichen: Deutlich erkennbarer Aalstrich, vielfach auch Schulterkreuz und Zebrastreifen. Zwei Farbschläge: Aschgrau, im Sommer silbrig-grau glänzend, und gelbfalben-sandfarben, im Sommerhaar metallisch glänzend. Gut proportionierter, sehniger Körper, lange, trockene Gliedmaßen, sehr harte Hufe. Langgestreckter, ausgeprägter Ramskopf mit feinen, mittellangen, schwarz umrandeten Ohren und dunklem Maul. Die Schulter stets lang; auch der Widerrist ist lang und niedrig, wodurch der Rücken mit der nach allen Seiten abfallenden Maultierkruppe kürzer erscheint als er ist. Stockmaß 130 bis 150 cm.

Verbreitung: Portugal; kleine, wildlebende Population im Ödland um den Sorraia-Fluß und auch im benachbarten Spanien.

Leistung: Außerordentlich ausdauernd und schnell; brillanter Trab, der Galopp spielerisch, aber relativ kurz. Der Tölt ist nicht angeboren, wird aber schnell angenommen; freundlicher Charakter, ruhiges Temperament. Beliebtes Reitpferd für leichte Reiter.

Zuchtgeschichte: Die Sorraias gehören zu einer der Stammformen unserer Pferde, und ihre Existenz läßt sich für die Iberische Halbinsel bis in das Paläolithikum, die ältere Steinzeit, um 40.000 v. Chr. zurückführen, wie Höhlenbilder und Knochenfunde beweisen. In der Frühbronzezeit (2000–1700 v. Chr.), der sogenannten Glockenbecherzeit, haben sie sich über weite Teile Europas bis nach England und Schottland verbreitet. 1920 entdeckte der portugiesische Hippologe Ruy d'Andrade eine Herde Pferde, die er zunächst für Zebras oder Halbesel hielt, und nannte sie nach dem Ort ihrer Entdeckung. Leider wurden die Sorraias unter der kommunistischen Herrschaft nahezu vernichtet. Anfang der 90er Jahre wurde von der erfolgreichen Kreuzung von Sorraias und Vollblut berichtet.

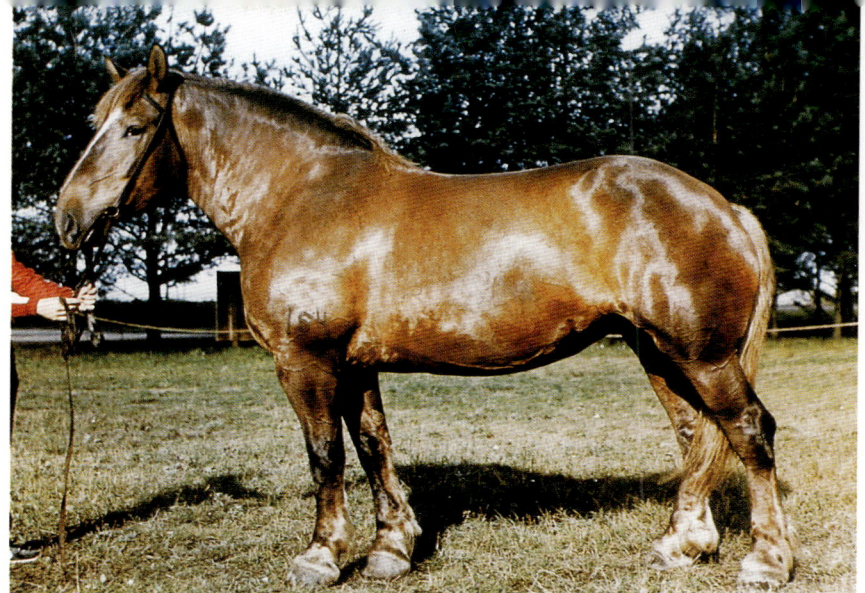

Sowjetisches Kaltblut

Kennzeichen: Der schwerste aller russischen Kaltblüter mit athletischem, trockenem Exterieur. Mittelgroßer, gut proportionierter Kopf; kurzer, muskulöser Hals; breite Brust, massiger, tonniger Körper mit guter Rippenwölbung, Rumpflänge 169 cm, kräftiger, breiter Rücken mit breiter Lende, kompakte, schräge Kruppe. Stabile, trockene Gliedmaßen, Röhrbeinumfang 25,2 cm, mit gut entwickelten Gelenken und großen Hufen, wenig Behang. Vor allem Füchse, auch Braunschimmel, Dunkelbraune, Braune, Falben. Stockmaß 161 bis 165 cm. Ihr Gewicht liegt zwischen 850 und 1.000 kg.

Verbreitung: GUS. Wichtige Gestüte: Potschinkowski, das frühere Potschinski, im ehemaligen Gouvernement Nishnij Mowgorod an der Rudna gelegen, das schon zur Zarenzeit eine Stuterei hatte, sowie Gorki und Mordowski in der Region Kujbyschew.

Leistung: Guter Charakter, leistungswilliges Temperament; gesund, frühreif, anspruchslos, zugfest und zugstark. Der 1957 aufgestellte Weltrekord in der Zugleistung liegt bei 23 Tonnen. Leistungsfähiger Schritt und guter Trab.

Zuchtgeschichte: Die in Rußland am stärksten verbreitete „Lastpferderasse" war in der ehemaligen Sowjetunion eine der bedeutendsten Rassen. Man spricht heute von einer Population von etwa 300.000 Tieren. Sie ist das Ergebnis einer seit ca. 1885 und verstärkt seit 1936 in drei Staatsgestüten betriebenen planmäßigen Zucht, bei der bodenständige Landpferde und Brabanter, Ardenner, Percherons, aber auch Orlow Traber, gekreuzt wurden. Die offizielle Anerkennung der neuen Rasse erfolgte 1952, nachdem sie sich mit zwei Hengstlinien und drei Stutenfamilien konsolidiert hatte.

Spanischer Anglo-Araber (Hispano-Anglo-Araber)

Kennzeichen: Edles, elegantes, gut proportioniertes Sportpferd im Typ des Vollblutarabers und des Englischen Vollblutes. Ausdrucksvoller, edler Kopf mit meist geradem Profil, ausdrucksvollen, großen Augen, aufmerksamem Ohrenspiel, feiner Maulpartie und weiten Nüstern. Mittellanger, gut aufgesetzter Hals, markanter Widerrist, lange, schräge Schulter, Rumpf mit guter Gurtentiefe und Rippenwölbung, gerader Rücken mit guter Sattellage, muskulöse Hinterhand mit schräger Kruppe, gut angesetzter Schweif. Stabiles Fundament mit trockenen, korrekten Gliedmaßen und ausgeprägten Gelenken sowie festen, wohlgeformten Hufen. Feines, seidiges Fell und Langhaar. Alle Grundfarben, vorwiegend Braune und Füchse. Stockmaß um 160 cm.

Verbreitung: Spanien, hier vor allem in den Provinzen Estremadura und Andalusien.

Leistung: Gesund, ausdauernd, leistungsbereit, mutig und intelligent mit gutem Charakter und ausgeglichenem Temperament. Elegante Bewegungen in allen Grundgangarten, daneben auch gutes Springvermögen.

Zuchtgeschichte: In Spanien entstand die Rasse im vorigen Jahrhundert aus dem Wunsch, die vorzüglichen Eigenschaften des Vollblutarabers und des Englischen Vollblüters zu verschmelzen. Im Vergleich mit dem französischen Anglo-Araber ist das Exterieur des spanischen Anglo-Arabers stärker vom Vollblutaraber geprägt worden. Ursprünglich für die Remontierung des Heeres gezüchtet, ist es heute ein vielseitig einsetzbares Sportpferd.

Spanischer Mustang

Kennzeichen: Klein, kurz, im Quadratformat, oft mit deutlich berberischem Einschlag. Kleiner Kopf mit breiter Stirn, kleinen, beweglichen Ohren, lebhaften, intelligenten Augen; mittellanger, gefälliger Hals, tiefe, schmale Brust, deutlicher Widerrist. Rücken mit guter Sattellage, kurze, muskulöse, schräge Kruppe mit tief angesetztem Schweif. Trockene Gliedmaßen mit langen Unterarmbeinen und kurzen Röhrbeinen sowie extrem harten Hufen. Alle Grundfarben, aber auch Palominos, Isabellen, Falben, Schecken und Appaloosas; auch Aalstrich und Zebrastreifen treten auf. Volles Langhaar, oft verschiedenfarbenes Schweifhaar. Stockmaß 135 bis 145 cm. Zwei Typen: ein leichterer Berber-Typ und ein robuster, quadratischer Typ.
Verbreitung: USA, mit allen wichtigen Zuchtställen in Wyoming, Arizona, Kalifornien, Oklahoma.

Leistung: Ein Pferd mit ausgeprägtem „cow-sense", genügsam, anpassungsfähig, ausdauernd, nervenstark. Seine Stärke sind lange Distanzen. Kein Fahr-, Renn- und Springpferd.
Zuchtgeschichte: Im Gegensatz zum frei lebenden Mustang ist der Spanische Mustang ein Hauspferd. Er stammt von den im 16. Jahrhundert eingeführten Berbern und Andalusiern, Sorraias und vermutlich auch Arabern ab. Auf entlaufene, verwilderte Pferde spanischer Abstammung gründete sich die Rasse. 1920 sammelten die Brüder Brislawn und Gilbert Jones die letzten reinrassigen Exemplare, um die Rasse zu erhalten. 1957 wurde das Stutbuch eröffnet, in das aber nur Pferde rein spanischen Ursprungs eingetragen werden, aber keine amerikanischen Mustangs. Heute zählt man etwa 1.000 reinrassige Exemplare. Als besonders reinrassig gelten die Exemplare, die einen „Schnurrbart" oder keine oder kaum Kastanien und nur fünf oder fünfeinhalb Lendenwirbel haben.

Spanish Barb

Kennzeichen: Kleines, spanisch-berberisch geprägtes Pferd. Mittelgroßer Kopf mit geradem oder konvexem Profil; starker Hals, kräftige Schulter, kurzer Rumpf mit abfallender Kruppe und tief angesetztem Schweif. Stabiles Fundament mit harten Hufen. Volles Langhaar. Alle Grundfarben. Stockmaß 138 bis 145 cm.

Verbreitung: USA.

Leistung: Seine weichen, bequemen und trittsicheren Bewegungen machen es zu einem ausgezeichneten Pferd für die Western-Disziplinen und auch für das Distanzreiten.

Zuchtgeschichte: Der Spanish Barb stammt von den Pferden ab, die im 16. Jh. mit den spanischen Eroberern nach Nordamerika gekommen waren: Andalusier und Genetten, die Nachkommen der im 8. Jh. n. Chr. mit den Mauren nach Spanien gekommenen Pferde. Entlaufene und freigelassene Pferde vermehrten sich rasch

und bildeten die Zuchtgrundlage für sich entwickelnde Schläge wie Mustang, Bronco, Cayuse, Indianer Pony oder Chickasaw, die alle amerikanischen Rassen mehr oder weniger beeinflußten.

Am bedeutendsten ist sicher der Einfluß des Chickasaw für die Zucht des Quarter Horse gewesen. Allerdings verschwand der Einfluß der spanisch-berberisch geprägten Gründerrassen immer mehr bzw. ging in den neu entstehenden Rassen auf. Unglücklicherweise waren auch Zuchtregister und Zuchtunterlagen nur lückenhaft geführt worden. Um das Überleben des nun seltenen Spanischen Berbers zu sichern, bildete sich auf Initiative einiger Rancher und interessierter Familien 1972 die Spanish Barb Breeders Association.

Spanish-Norman Horse

Kennzeichen: Vielseitiges athletisches Sportpferd von eleganter Schönheit. Gerader Kopf mit großen, ausdrucksvollen Augen; langer, anmutiger Hals, schräge Schulter, kurzer Rücken, muskulöse Hinterhand. Stabiles Fundament mit festen Hufen. Überwiegend Grauschimmel, aber auch Rappen und Braune. Stockmaß 160 bis 172 cm.

Verbreitung: USA.

Leistung: Hartes, ausdauerndes Leistungspferd mit gutem Charakter und Temperament; freie, fleißige Bewegungen mit harmonischer Kadenz. Bewährt in allen Reit- und Fahrdisziplinen, Western-Dressur, historischen Schauspielen, Schauen und Paraden.

Zuchtgeschichte: Das mittelalterliche Ritterpferd war eine Kreuzung des Andalusiers mit dem Percheron. Die Neuzüchtung des Spanisch-Normannischen Pferdes erfolgte auf Initiative des Andalusierzüchters Allan H. Hamid, Connecticut, der 1991 auch die Spanish-Norman Horse Registry, Inc. in Woodbury gründete.

Er wurde durch Dr. Gus Cothran von der Universität Kentucky unterstützt, der durch Bluttypstudien feststellte, daß Andalusier und Percheron berberische Vorfahren haben, letztere über den inzwischen ausgestorbenen und im Selle Francais aufgegangenen Normannen. Hamid kreuzte deshalb Andalusier mit Percherons, um den Blutanschluß wieder herzustellen.

Seit 1996 stehen für die Zucht 32 Andalusier-Hengste zur Verfügung, 30 aus allen Teilen der USA, zwei aus Kanada. Spanisch-Normannische Pferde dürfen bis zu 50% Andalusierblut führen. Als erste spanisch-normannische Stute brachte 1994 die Stute *Mariposa CBF* von dem Hengst *Ambassador HHF* das erste spanisch-normannische Fohlen, *EL Primero PBF*.

Spotted Saddle Horse

Kennzeichen: Unabhängig von seiner Rasse und Abstammung ist es eine Gang- und Farbzucht auf der Grundlage der Gangpferderassen, denen die Spotted Saddle Horses im Exterieur und vor allem in der Gangveranlagung und der „Buntheit" gleichen. Die Variationsbreite ist deshalb groß. Als gescheckt (spotted) gelten auch „bunte" Pferde, d. h. solche mit weißen Abzeichen, deren im Zuchtziel festgelegte Mindestgröße nicht unterschritten werden darf. Stockmaß ca. 152 bis 165 cm.

Verbreitung: Vor allem in den USA und Kanada, zunehmend auch in Deutschland und Mitteleuropa.

Leistung: Als Freizeitpferd zum Reiten und Fahren wegen seiner Farbe und seiner weichen Gänge – Walk, Paß, Tölt und deren Gangvariationen – beliebt. Schritt, Trab und Galopp gelten nicht als Gang. Wichtigste Gangart ist der Saddlegait, ein weicher Vierschlaggang. Ausgesprochen freundlicher Charakter und angenehmes Temperament.

Zuchtgeschichte: Auffallend bunte und aufgrund ihrer Gangarten bequem zu reitende Pferde waren immer schon beliebt, überall, nicht nur bei den Indianern in Nordamerika. Grundlage der Zucht bilden Nachkommen der weltweit verbreiteten Gangpferderassen, wenn sie dem Zuchtziel nach Gang und Farbe entsprechen. Abstammung, Größe, Rasse und Typ sind für die Anerkennung ohne Bedeutung. Verbreitet ist das Kreuzen verschiedener Rassen, am beliebtesten ist das Einkreuzen von Tennessee Walking Horses, um Zufallsprodukte zu vermeiden.

Wie alle Farb- und Gangpferderassen wird auch das Spotted Saddle Horse systematisch nach Farbe, Gang und Leistung gezüchtet. In den USA wacht die Spotted Saddle Horse Association über den Rassestandard, registriert weltweit und führt das Zuchtbuch.

Standardbred
(American Standardbred)

Kennzeichen: Renntraber mit unterschiedlichem Exterieur. Im allgemeinen mit mehr Knochenstärke, kräftigerem, längerem und tieferem Gebäude und kürzeren Gliedmaßen als ein Vollblüter. Alle Farben, vorwiegend Braune, Füchse, Rappen. Stockmaß 150 bis 168 cm.

Verbreitung: USA und weltweit.

Leistung: Auf Höchstleistung in der Gangart Trab oder Paß gezüchtet und dem Standard der Mindestleistung von 2:30 min für die engl. Meile (1609 m) unterworfen.

Zuchtgeschichte: Der Vollbluthengst *Messenger* Sch., geb. 1780, v. *Mambrino-Turf*, der 1788 in die USA gelangte und das Blut von *Darley Arabian*, *Byerley Turk* und *Godolphin Arabian* führte, ist der Ahnherr der Vollblut- und Standardbred-Zucht. Von seinen Söhnen wurden die Vollblüter *Bush's Messenger*, *Bishop's Hambletonian*, *Engineer* und *Mambrino*

von großer Bedeutung für die Traberzucht, da alle ihr ausgezeichnetes Trabvermögen vererbten. Allen voran *Mambrino*, der Großvater von *Hambletonian 10*, Br., geb. 1849, v. *Abdallah I* a. e. *Charles-Kent*-Stute, dessen Blut in keinem Pedigree fehlt und der zum Gründerhengst der Standardbred wurde. *Hambletonian 10* führte über seine Mutter das Blut des Norfolktrabers *Bellfounder* und zeugte von 1851 bis 1875 1.331 Söhne und Töchter, die meisten aus Hackney-, Morgan- und Tennessee-Stuten. 1825 wurde der New-York-Trotting-Club gegründet. 1879 wurde der Standard von 2:30 min für die engl. Meile als Voraussetzung für die Registrierung im seit 1871 geführten American Trotting Register festgelegt, der der Rasse auch den Namen gab. Bereits 1897 wurde der geforderte Standard durch *Star Pointer* mit 2 Minuten unterboten, und *Nevele Pride* stellte 1968 und 1969 mit 1:54 $^4/_5$ einen neuen Rekord auf.

Süddeutsches Kaltblut

Kennzeichen: Mittelgroßer, trockener, wendiger und handlicher Kaltblüter. Mittelschwerer Kopf mit gutmütigem, ausdrucksvollem Auge. Kräftiger, gut angesetzter, mittellanger Hals. Großrahmig, tiefrumpfig, gut bemuskelt; lange, breite, gespaltene Kruppe. Kräftiges Fundament mit gut ausgebildeten, trockenen Gelenken und harten Hufen, wenig Behang. Hauptsächlich Füchse und Braune, seltener Rappen, Schimmel und Tiger. Stockmaß 160 bis 164 cm.
Verbreitung: Bayern, Baden-Württemberg.
Leistung: Leistungsstark und zuverlässig; gutes, ausgeglichenes Temperament, hart, leichtfuttrig, zugstark.
Zuchtgeschichte: Die Kaltblutzucht im Alpenraum läßt sich bis in die Zeit der römischen Provinz Noricum (15 n. Chr.) zurückverfolgen. Aus dem schweren Pferd der Römer und dem kleinen Pferd der Germanen entstand der Noriker. Aus dessen zwei Schlägen, einem leichteren und

einem schwereren, entwickelte sich der leichtere Oberländer und der schwerere Pinzgauer. So haben die Noriker, Pinzgauer und Oberländer als Pferde des Alpenlandes in Bayern eine uralte Tradition. Nach einigen angeordneten Kreuzungsexperimenten mit Einkreuzung von englischem und arabischem Vollblut sowie Norfolk- und Holsteiner-Blut bis zu Belgiern und Clydesdales im 19. Jh. setzte sich die Reinzucht durch, unterstützt durch die Hengsthaltung im Stammgestüt Schwaiganger. Allein dem 1879 im Pinzgau geborenen Hengst *Weißfuß* v. *Albion*, der 1884 nach Bayern gekommen war, gelang es über seine Söhne *Jung Weißfuß* und *Herkules I* eine Blutlinie aufzubauen. 1906 wurde ein Stutbuch eingerichtet und 1920 das Edelweiß als Brandzeichen eingeführt. Die angestrebte Verstärkung und Vereinheitlichung der drei Rassen führte 1939 zur einheitlichen Bezeichnung Noriker und 1948 in Bayern zum Zuchtziel und Namen Süddeutsches Kaltblut.

Suffolk Punch

Kennzeichen: Rundlicher, kompakter, gefälliger Kaltblüter. Großer Kopf mit breiter Stirn, kleinen, beweglichen Ohren, ausdrucksvollen Augen. Kurzer Hals, wenig Widerrist, kräftige Schulter; gedrungener, kräftiger Rumpf, gute Rippenwölbung, breite, tiefe Brust, kräftiger Rücken, muskulöse, abgerundete Kruppe, gut angesetzter Schweif. Stabiles Fundament mit korrekten, kurzen, trockenen Gliedmaßen von guter Knochenstärke; kurze Röhrbeine, gute Fesseln, große, runde Hufe. Kein oder sehr wenig Behang. Ausschließlich Füchse in allen Farbabstufungen ohne Abzeichen, ausgenommen kleiner Stern. Stockmaß 160 bis 165 cm.

Verbreitung: England, Hauptzuchtgebiet die Grafschaft Suffolk; auch in Mitteleuropa und Übersee.

Leistung: Gesund, langlebig, frühreif, genügsam, gutes Temperament, zugkräftig, leistungswillig und beweglich. Energischer, raumgreifender, guter Schritt und Trab.

Zuchtgeschichte: Die Grafschaft Suffolk im Südosten Englands ist die Zuchtheimat der ältesten Kaltblutrasse Englands, die im Typ mit einem sehr schweren Warmblüter vergleichbar ist. Die Zuchtgeschichte reicht bis in das 16. Jh. zurück, laut Candem „Britannia" werden sie schon 1506 erwähnt. Die Rasse basiert auf einheimischen Landstuten, die mit normannischen, flämischen und dänischen Hengsten gekreuzt wurden. Stempelhengst ist der 1768 geborene Hengst des Landwirts Thomas Crisp *Crispes Horse*, ein Goldfuchs, der seine Fuchsfarbe bis heute durchschlagend vererbt. Obwohl die Suffolks zu den rein gezüchteten Kaltblutrassen gehören, wurden sie, wenn auch sehr dosiert, durch Norfolk Trotter, Vollblüter und Cobs beeinflußt. Dies ist wohl mit ein Grund dafür, daß Suffolks erfolgreich in der Sport- und Gebrauchspferdezucht (Cobs, Hunter) benutzt werden.

Sumba Pony (Soemba Pony)

Kennzeichen: Kleines, im Typ unterschiedliches Pony. Meist kleiner, trockener Kopf mit großen Augen und konkavem oder geradem Profil; kurzer, gerader Hals, flacher Widerrist, steile Schulter, schlanker Rumpf mit geradem Rücken, guter Gurtentiefe, schräger Kruppe. Stabile Gliedmaßen mit harten Hufen. Schönes Langhaar, mitunter auch Bürstenmähne. Alle Farben vertreten, häufig Falbfarben mit Aalstrich, dunklem Langhaar, schwarzen Beinen oder Zebrastreifen. Stockmaß bis 127 cm.

Verbreitung: Hauptzuchtgebiet ist die zu Indonesien gehörende Insel Sumba. Durch Exporte in ganz Südostasien verbreitet.

Leistung: Ruhiges Temperament, genügsam, zäh. Trotz seiner geringen Größe ein vielseitiges, schnelles, wendiges Pony mit ausdauerndem Trab.

Zuchtgeschichte: Im Sumba Pony fließt das Blut des asiatischen Wildpferdes, wie z. B. aus dem oft schweren Kopf und anderen Merkmalen zu erkennen ist. Die Entwicklung der Rasse hat, wie Reliefdarstellungen von Pferden zeigen, bereits in vorchristlicher Zeit begonnen. Vieles spricht dafür, daß chinesische Händler Pferde aus Innerasien nach Indonesien gebracht haben, und durch arabische Händler kamen dann die arabischen Pferde dazu. Jahrhundertelang produzierte die Zucht unterschiedliche Typen. Eine Besserung trat erst in der Kolonialzeit (1600–1950) ein, als man Pferde mit mehr Gang und Größe brauchte. Die Regierung unterstützt heute die Zucht und läßt nur anerkannte Stuten zur Zucht mit den arabischen Hengsten zu. Nationalspiel ist das Speerwerfen auf ungesattelten, nur mit Halfter gelenkten Pferden, wobei die Reiter versuchen, einander zu treffen. Der Stolz der Bewohner von Sumba sind aber die „tanzenden Pferde", die sich zum Klang der Trommel mit Glöckchen an den Beinen elegant und graziös bewegen.

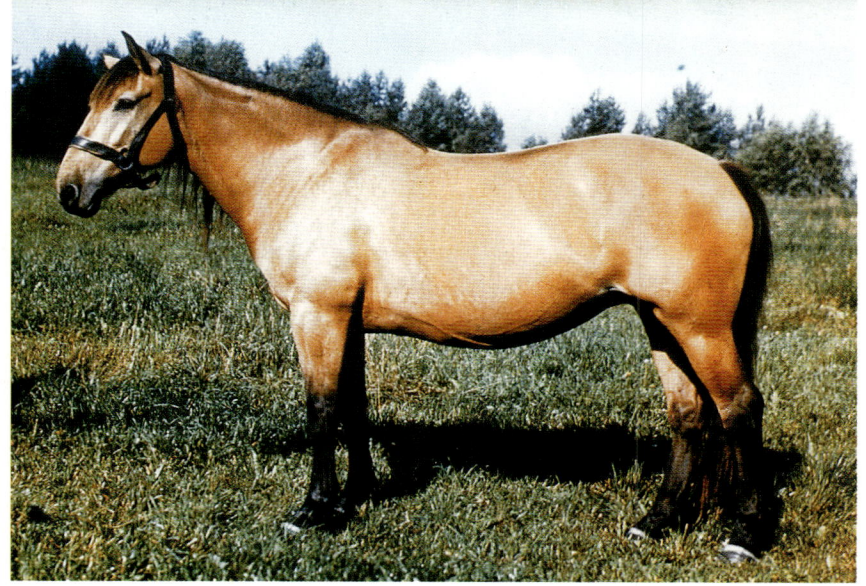

Szemaiten Pferd (Szemaitukas, Zmudisches oder Schmuden Pferd)

Kennzeichen: Bewährtes kleines Pferd in einem alten, kleinen, bis zu 144 cm großen Typ und einem modernen bis zu 155 cm großen Typ. Der Mangel des alten Typs war das durch sein geringes Kaliber unzureichende Leistungsvermögen. Der moderne Typ hat die charakteristischen Merkmale behalten: kleiner, gerader Kopf, mitunter konkav, mit breiter Stirn, intelligenten Augen und kleinen Ohren. Gut aufgesetzter Hals, Widerrist und Schulter ausreichend. Aber er hat nicht nur an Stockmaß gewonnen, sondern mit einer Rumpflänge von 157 bis 160 cm und 188 bis 190 cm Gurtentiefe auch mehr Kaliber bekommen. Die stabilen, trockenen Gliedmaßen haben mit bis zu 20 cm Röhrbeinen auch stärkere Knochen bekommen. Vor allem Falben, Braune, Rappen und Dunkelbraune, meist mit Aalstrich.

Verbreitung: Republik Litauen.

Leistung: Anspruchslos, hart, zäh, ausdauernd, langlebig, arbeitswillig. Der neue Typ verfügt über gute Grundgangarten und hat sich mit seiner Springveranlagung bei Geländeritten bewährt. Hengste des neuen Typs werden vor allem noch im Altai zur Schlachtpferdezucht verwendet.

Zuchtgeschichte: Die bodenständige, alte Landrasse des Litauischen und des Estländischen Kleppers haben die Entwicklung des Szemaiten Pferdes beeinflußt. Beide Schläge sind im 12.–15. Jh., zur Zeit des Deutschen Ritterordens, aus Kreuzungen bodenständiger und vom Przewalski Pferd und Tarpan abstammender Kleinpferde mit Hengsten orientalisch-arabischer Rassen entstanden und bis heute nachhaltig geprägt worden. Zur erwünschten Vergrößerung und Verstärkung führte nach 1945 die konsequente Reinzucht und Selektion sowie die gezielte Verwendung Nordschwedischer Hengste. Zuchtziel des neuen Typs ist ein vielseitig verwendbares Gebrauchs- und Sportpferd.

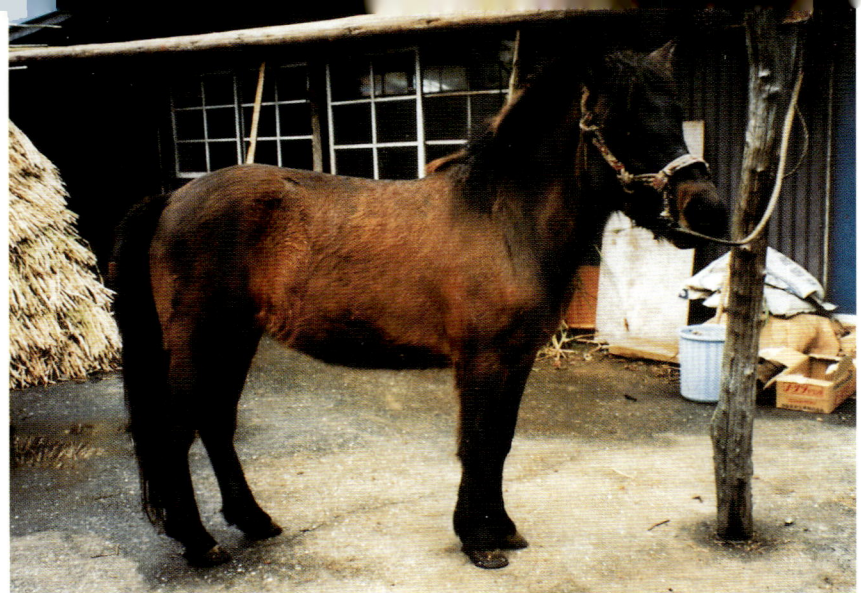

Taishuh

Kennzeichen: Kräftiges, knorriges Pony mit
robusten Gliedmaßen im Typ des Mongo-
lischen Pferdes: Dunkle Farben herrschen
vor. Stockmaß 110 bis 120 cm.
Verbreitung: Insel Tsu/Japan.
Leistung: Williges, freundliches Pony, das
zum leichten Zug und von Frauen und
Kindern zum Reiten benutzt wird.
Zuchtgeschichte: Die Wurzeln dieser alten
Rasse reichen bis in das 8. Jahrhundert n.
Chr. zurück. 1920 bevölkerten noch 4.000
von ihnen die Insel, inzwischen sind es
nur noch 65 Ponys, und die seltene alte
Rasse ist vom Aussterben bedroht. Drei
Ponys stehen inzwischen im Nationalzen-
trum für landwirtschaftliche Haustiere in
Hokkaido unter wissenschaftlicher Beob-
achtung und um Sperma für die Samen-
bank zu gewinnen. Seit 1979 werden die
Stammbäume aller lebenden Taishuh Ponys
aufgenommen und alles getan, um die alte Rasse vor dem Aussterben zu bewahren.

Tarpan (Equus gmelini)

Kennzeichen: Er ist kein Nachfahre des europäisch/asiatischen Urwildpferdes, sondern das unterschiedliche Ergebnis von Rückzüchtungsversuchen. Typisch die mausgraue oder graubraune Haarfarbe, der Aalstrich längs des ganzen Rückens, oft mit Schulterkreuz, die dunklen Beine mit Querstreifen (Zebrastreifen), dunkle Mähne und Schopf. Der Kopf ist mittellang, breit, mit konkavem Profil und hellem, sogenanntem Mehlmaul. Kurzer, kräftiger Hals, schräge Schulter, gut geschlossener Rumpf, mittellanger Rücken, leicht abfallende Kruppe. Stabiles Fundament mit harten Hufen. Stockmaß um 120 bis 130 cm.

Verbreitung: In Reservaten, so in Popielmo im ostpreußischen Masuren, und Zoologischen Gärten.

Leistung: Genügsam, robust, von zäher Ausdauer und mit allen Eigenschaften eines wildlebenden Pferdes.

Zuchtgeschichte: Wildlebend gibt es den Tarpan, der als Steppen- und als Waldtarpan weite Teile Asiens und Europas bevölkerte, schon lange nicht mehr. Der Waldtarpan in Europa gilt seit dem Ende des 18. Jh. als ausgestorben, der Steppentarpan starb 1879 auf der Krim. Nicht unumstritten ist auch, ob der Tarpan als eine der drei Stammformen unserer Hauspferderassen gelten muß. Vielmehr wird die These vertreten, daß der Tarpan ein primitives, verwildertes Hauspferd sei. Gelungene Rückzüchtungsversuche hat es z. B. seit 1930 etwa in Polen und Deutschland wiederholt gegeben. Für Polen sind sie mit Professor Ventulaus und dem Urwaldgebiet bei Byalistok verbunden, für Deutschland mit Professor H. Heck und dem Tierpark München/Hellabrunn sowie dem Naturschutzgebiet Neandertal bei Düsseldorf und dem Tierarzt Dr. Gaede, dem es in drei Jahrzehnten in Altfunnixsiel (Ostfriesland) gelungen ist, seinen Rückzüchtungsversuch erfolgreich abzuschließen.

Tennessee Walking Horse

Kennzeichen: Ein nobles, schönes, kompaktes und bequemes Gangpferd. Stolz getragener Kopf, leicht ramsnasig, mit klugem Auge und spitzen Ohren. Kräftiger, gut geformter und hoch getragener Hals; Rumpf mit tiefer, breiter Brust, markanter Widerrist; kurzer, gerader Rücken, lange, gut bemuskelte Kruppe, mäßig hoch angesetzter Schweif. Fundament mit klaren, harten, mittellangen Gliedmaßen, runde, starkwandige Hufe. Alle Farben, ausgenommen Schecken und Albino. Stockmaß 152 bis 162 cm.

Verbreitung: USA, Kanada, Südamerika, Europa.

Leistung: Gutmütig, freundlich, intelligent, ruhiges Temperament, ausdauernd und gesund. Bequemes Reit- und Fahrpferd mit angenehmen, weichen Bewegungen in den charakteristischen Gangarten Walk (Flat-Footed Walk und Running Walk), immer mit ausgeprägtem Kopfnicken verbunden, und Canter, einem versammelten, rollenden Galopp, der Schaukelstuhl-Galopp genannt wird.

Zuchtgeschichte: Die Zuchtgeschichte begann Mitte des 17. Jh. in Tennessee. Vollblüter, Traber, Morgans und Saddle Horses bilden die Zuchtbasis der auch „Plantation Walker" genannten Pferderasse, die für Bedürfnisse der Plantagenbesitzer zum stundenlangen, bequemen Reiten gezüchtet wurden. Es wurden nur Pferde mit der Veranlagung „Walk" zur Zucht verwendet. Von den in der Zucht eingesetzten Hengsten *Copperbottom, Traveler* und *Allan* wurde *Allan F-1*, R., geb. 1886, eine Saddlebred-Morgan-Kreuzung, zum Gründerhengst und bedeutenden Linienbegründer (*F-1*, weil *Allan* als erster in das Stutbuch eingetragen wurde). 1935 wurde die Tennessee Walking Breeders Exhibitors' Association gegründet und das Stutbuch angelegt, das 1947 geschlossen wurde. Die in den USA populäre Rasse wurde 1947 offiziell als Rasse anerkannt.

Tersker

Kennzeichen: Elegantes, mittelgroßes, kräftiges, im Typ des Arabers stehendes Reitpferd. Mittelgroßer Kopf mit geradem Profil, großen Augen, langen Ohren. Schöner Hals; mittellanger Rücken, schräge Schulter; muskulöse, breite Kruppe, hoch angesetzter Schweif. Kräftiges, trockenes Fundament mit harten Hufen. Vor allem Schimmel mit schönem Silberglanz des Fells, Füchse und vor allem Braune sehr selten. Drei Typen werden unterschieden: großer Typ, Stockmaß 160 bis 165 cm; mittlerer Typ, Stm. 156 bis 160 cm; kleiner Typ, Stm. 152 bis 156 cm.
Verbreitung: GUS; Staatsgestüt Stawropol am Nordrand des Kaukasus.
Leistung: Hart, genügsam, ausgeglichenes Temperament, intelligent, freundlicher, guter Charakter; schnell, kräftig, ausdauernd. Ideales Reitpferd mit leichten, eleganten Bewegungen und gutem Springvermögen, wird auch in Pferderennen gestartet.

Zuchtgeschichte: Die Rasse ist in den Jahren 1925–1948 in den Gestüten Tersk und Stawropol im Kaukasus auf Veranlassung von Marschall Budjonny gezüchtet worden. Sie geht auf das ausgestorbene Streletzker Pferd zurück, das mit Arabern, Don-Pferden, Kabardinern und auch einigen Vollblütern sowie ungarischen Gidrans gekreuzt wurde.

Stammväter sind die Streletzker Schimmel *Zilindr*, geb. 1911, v. *Zenny* a. d. *Pichta*, und sein Halbbruder *Zenitel*, geb. 1910, v. *Zenny* a. d. *Baselika*. Zum Ausgleich möglicher durch die anfängliche Inzucht entstandener Mängel wurden die arabischen Beschäler *Kuhaylan IV*, *Kuhaylan V*, *Ardagan*, *Nasim* und *Marosch* verwendet, deren durchschlagende Vererbungskraft die Rasse prägte. Im Ursprungsgestüt Tersk werden heute nur Araber gezüchtet, die Tersker nur im Stawropoler Gestüt, wo Stuten und Fohlen noch in großen Herden von berittenen Pferdehirten gehütet werden.

Thüringer Reitpferd

Kennzeichen: Harmonisches Reitpferd.
Trockener, ausdrucksvoller Kopf; gut geformter Hals, schräge Schulter, markanter
Widerrist, tiefer Rumpf, gerader Rücken,
lange Kruppe. Trockenes Fundament mit
korrekten Gelenken und Hufen. Alle
Grundfarben. Stockmaß um 165 cm.
Verbreitung: Deutschland.
Leistung: Nervenstark, mit gutem Charakter
und Temperament; fleißige, taktmäßige,
raumgreifende Grundgangarten.
Zuchtgeschichte: „Thüringer Rosse" hatten
schon im frühen Mittelalter einen guten
Ruf. Die Bedürfnisse in Thüringen begünstigten die Zucht eines Arbeitspferdes, be-
vorzugt Belgier, Rheinländer, Dänen und
Oldenburger, wobei der Oldenburger. Das
erste Stutbuch wurde 1903 angelegt und

das Körgesetz 1922 erlassen, wodurch die
Pferdezucht mit dem Schwerpunkt Kaltblut
und schweres Warmblut in geordnete Bahnen gelenkt wurde. Da der Pferdesport in
Thüringen vor und nach dem 2. Weltkrieg
keine so bedeutende Rolle wie in den
anderen Bundesländern spielte, nahm die
Reitpferdezucht in Thüringen erst nach
Abschluß der Motorisierung und Mechanisierung der Landwirtschaft Ende der 60er
Jahre zu. Der Großteil der Stuten führt
durch Vollblut und Trakehner veredeltes
mecklenburg-hannoversches Blut. Zuchtzentrum war das 1969 gegründete Gestüt
Zöthen. Nach dessen Auflösung wurde die
bereits bestehende Zusammenarbeit mit
dem sächsischen Landgestüt Moritzburg
verstärkt, das den Thüringer Züchtern
hochqualifizierte Landbeschäler zur Verfügung stellt.

Tigerscheckpony

Kennzeichen: Eine Farbzucht mit großer Typbreite. Es sind kleine, kräftige Ponys mit korrektem Exterieur und stabilem Fundament. Stockmaß bis zu 148 cm. Besonderes Kennzeichen sind die Tigerscheckung mit einem der Grundmuster Tiger, Schabrackentiger und Schneeflocke, außerdem die drei Merkmale weiße Sklera (das sogenannte Menschenauge), gesprenkelte Haut am Maul (Krötenmaul), um die Augen und an den Genitalien sowie gestreifte Hufe.

Verbreitung: England, Europa und weltweit.

Leistung: Geschätztes Reit- und Fahrpony für alle Disziplinen. Robust und zäh, gutmütig, genügsam, ausgeglichener Charakter und angenehmes Temperament.

Zuchtgeschichte: Die Tigerung als seltene und besondere Form der Scheckung ist immer mit der rosa Haut um die Flecken verbunden. Obwohl schon Oppion d. J.

(um 200 n. Chr.) die Tigerung erwähnt, ist sie erst im Mittelalter in Europa allgemein bekannt geworden, vor allem in England. Dort wurden Tigerscheckponys vor allem in Wales und im Südwesten Englands sowohl für alle Arbeiten verwendet als auch für Krieg und Turnier. Aber erst ab Mitte des 19. Jh. traten Tigerscheckponys nachweislich als Reit- und Fahrpony stärker öffentlich in Erscheinung. Doch erst 1946 wurde die British Spotted Horse- und Pony Society (BSpPS) gegründet, um das Zuchtmaterial zu registrieren und die Rasse offiziell anerkennen zu lassen.

Timor Pony

Kennzeichen: Kleines, gefälliges Pony. Mittelgroßer, mitunter schwerer Kopf mit breiter Stirn, kleinen Ohren, lebhaften Augen, meist geradem Profil und weiten Nüstern. Kurzer, muskulöser Hals, deutlicher Widerrist, steile Schulter, Rumpf mit guter Gurtentiefe, gerader, kräftiger Rücken, kraftvolle Hinterhand mit tief angesetztem Schweif, kräftige, trockene Gliedmaßen mit harten Hufen. Schönes Langhaar, dunkle Farben vorherrschend. Stockmaß von 100 bis 120 cm.

Verbreitung: Hauptzuchtgebiet ist die zu den Sundainseln gehörende Insel Timor mit Südostasien als Verbreitungsgebiet.

Leistung: Ausdauerndes, anspruchsloses, kluges, williges, eifriges und vielseitig verwendbares Pony, dazu trittsicher und wendig. Es ist das wichtigste Verkehrsmittel auf Timor und wird zum Reiten und Ziehen verwendet, auch zum Treiben der Rinderherden. Dabei werden die Ponys von erwachsenen Hirten geritten, die wie Cowboys auch ein Lasso führen. Beliebtes Kinder-Reitpony.

Zuchtgeschichte: Die kleinste und einst sehr edle Ponyrasse im Indo-malaiischen Archipel ist seit der Jahrhundertwende infolge der Inzucht stark degeneriert. Die Abstammung des Timor Ponys ist unsicher, da die Zucht zahlreichen Einflüssen unterworfen war. Durchgesetzt aber hat sich das arabisch-orientalische Blut. Die Pferdezucht blühte im 18./19. Jh., ebenso der Export der Ponys. Die häufig kastanienbraunen und dunkelbraunen Tiere waren so gut, daß sie als „Sandalwood" verkauft wurden. Die feurigen Timor Ponys waren aber vor allem wegen ihrer Ausdauer geschätzt. Das Flores Pony wurde von ihm beeinflußt. Viele gingen nach Java oder über Singapur in die Länder Südasiens und nach Australien. Dort trug es zur Zucht des Australischen Ponys bei und wurde auch mit größeren Rassen gekreuzt.

Tinkerpony

Kennzeichen: Mittelgroßes, untersetztes, kräftiges, geschecktes Gebrauchspferd. Kopf mit geradem, oft ramsnasigem Profil, wachen Augen, oft mit einem dunklen und einem hellen, sogenannten Fischauge; langer, gut bemuskelter Hals, wenig Widerrist, steile Schulter, Rücken oft lang und matt, muskulöse, abgeschlagene Kruppe, tief angesetzter Schweif. Kräftiges Fundament mit starken Knochen und Gelenken, flachen, festen Hufen und starkem, langem Behang. Üppiges, langes, seidiges Langhaar. Tobiano-Scheckung in allen Farbvarianten, keine Overo-Scheckung, einfarbige Tinker unerwünscht. Stockmaß 145 bis 155 cm.
Verbreitung: Vor allem in Irland und im Norden Englands.
Leistung: Robust, gutmütig, menschenbezogen; trittsichere, taktsichere Bewegungen mit ausgeprägter Knieaktion. Freizeitpferd.

Zuchtgeschichte: Sie werden seit Jahrhunderten von den Tinkern (Kesselflickern), Nachkommen osteuropäischer und indischer Zigeuner gezüchtet, die mit ihren Pferdefuhrwerken über Land zogen. Nebenbei handelten sie auch mit Pferden. In der Zucht bestimmte allein der Gebrauch das Zuchtziel, weshalb man weder einheimische Ponyrassen, wie z. B. Dales oder Kaltblüter wie Clydesdale und Shirehorse scheute. Bedeutend war vor allem der Tinker im Cobtyp als Zugpferd, weniger verbreitet der leichtere im Reittyp. In den Mutterländern England und Irland gibt es für Tinker keine offizielle Zuchtbuchführung, die Pedigrees werden mündlich weitergegeben. In Deutschland werden die Tinkerponys durch die IG Tinker-Pony vertreten, die Zuchtbuchführung liegt beim Zuchtverband für Deutsche Pferde (ZfDP). Die Eintragung in die verschiedenen Abteilungen des Zuchtbuches erfolgt vorerst noch ausschließlich aufgrund der Qualität des Zuchttieres.

Tokara Pony

Kennzeichen: Älteste bodenständige Ponyrasse Japans. Unverkennbar vom Mongolen Pferd beeinflußt: Mittelgroßer, etwas schwerer Kopf, kurzer, kräftiger Hals, tiefer, gut gewölbter Rumpf mit starkem Rücken und schräger Kruppe, stabile Gliedmaßen mit festen Hufen. Vor allem Braune, Dunkelbraune und Rappen, ohne Abzeichen, aber dunkle Flecken an Hals und Schulter. Stockmaß 110 bis zu 120 cm.

Verbreitung: Japan, auf den Tokara Inseln, südlich der Insel Kiuschu.

Leistung: Wird als Reitpony und als leichtes Arbeitspferd in der Landwirtschaft verwendet.

Zuchtgeschichte: Wie die anderen japanischen Ponyrassen wurde das Tokara Pony vom Mongolen Pferd beeinflußt, das ausgehend von Innerasien über China und Korea nach Japan gekommen war. Um 1840 soll Dr. Shigeyuki Hayashida eine Gruppe von Pferden auf der Südseite der kleinen Insel Tokara – nur 12 km Umfang – entdeckt haben, die er Tokara Ponys nannte. 1897 wurden davon mehr als zehn Tiere auf die größere Insel Takara gebracht und für Arbeiten in der Landwirtschaft, vor allem bei der Zuckerrohrernte eingesetzt. 1943, auf dem Höhepunkt der Popularität, wurden über 100 Ponys gezählt, danach ging die Zahl drastisch zurück.

Die Regierung stellte deshalb die Tokara Ponys unter Schutz und erklärte sie zum nationalen Erbe. Für eine Zeitlang wurden die Ponys wegen der besonders schlechten Bedingungen auf der Insel zur Hauptinsel Kiuschu gebracht. Heute bemühen sich die Universität von Kagoschima, die Iriki Farm, der Kaimon National Park und die Insel Nakano um Schutz und Zucht der Ponys. Im Dezember 1988 gab es bereits wieder 88 Tiere. Dennoch ist die Rasse noch nicht vor dem Aussterben bewahrt.

Töltender Traber

Kennzeichen: Traber sind eine ausschließlich auf Leistung gezogene Rasse, deshalb ist ihr Erscheinungsbild unterschiedlich. Im allgemeinen gleicht ihr Exterieur aber dem des im Vollbluttyp stehenden deutschen Trabers, dessen Zuchtziel in der Zuchtbuchordnung heißt: korrektes Exterieur, das die Verwendung in der Landespferdezucht erlaubt. Alle Grundfarben. Das Stockmaß reicht je nach Typ von 148 bis 165 cm.

Verbreitung: Deutschland.

Leistung: Nervenstark, ausdauernd, rittig; ein vielseitig verwendbares Pferd zum Reiten und Fahren mit besonderer Eignung für den Distanz- und Wanderreiter. Neben den drei Grundgangarten bietet er die Anlage zum Tölt als die vierte Gangart an.

Zuchtgeschichte: Töltende Traber stammen aus der in Reinzucht betriebenen Leistungszucht des Trabers für den Rennsport. Die Zuchtbasis dazu wurde durch die drei bekannten und bedeutendsten Traberrassen der Welt gelegt: den Amerikanischen Traber (Standardbred), den Russischen Traber (Metis-Traber) und den Französischen Traber. Wie in der Vollblutzucht gibt es auch in der Traberzucht Pferde, die auf der Rennbahn zu langsam für vordere Plätze sind oder zu oft in Tölt oder Galopp fallen und deshalb nicht „in's Geld laufen". Aber auch gesunde, ältere Traber lassen sich nach erfolgreicher Rennlaufbahn umschulen. Ziel der Interessengemeinschaft Töltende Traber ist es, Traber nach Ende ihrer Rennlaufbahn auf diese Weise weiterzunutzen, Interessenten zu beraten und Töltende Traber mit dem Schwerpunkt Tölt zu züchten. 1995 wurde als erster töltender Traberhengst *First Step* v. *Diamond Way* gekört und für alle töltenden Rassen zugelassen. Die Töltenden Traber werden durch das Rheinische Pferdestammbuch in Bonn züchterisch betreut und dort auch registriert.

Torisches Pferd (Torisker)

Kennzeichen: Kräftiger Warmblüter im Langrechteckformat. Mittelgroßer Kopf mit breiter Stirn, gut angesetzten Ohren, ausdrucksvollen Augen und weiten Nüstern. Mittellanger, muskulöser Hals, lange, schräge Schulter, kräftiger Rumpf mit guter Gurtentiefe, kraftvolle, schräge Kruppe. Stabile Gliedmaßen mit kurzen Röhrbeinen, markanten Gelenken und festen, mittelgroßen Hufen. Schönes Langhaar. Vor allem Füchse, aber auch Braune. Stockmaß um 155 cm.

Verbreitung: Republik Estland. Zuchtzentrum ist das Gestüt Tori bei Pärnu.

Leistung: Ausgeglichenes Temperament und Charakter. Zugkräftiges, ausdauerndes Fahrpferd und rittiges Reitpferd mit guten Grundgangarten sowie Springvermögen.

Zuchtgeschichte: Zur Förderung der bäuerlichen Pferdezucht wurde 1855 Tori (Torgel) als Landgestüt der livländischen Ritterschaft gegründet. Zur Zucht wurden „Klepperstuten", „Finnstuten" und drei arabische Hengste aus dem Königlichen Gestüt Weil verwendet, später Ardenner für mehr Kaliber. Nach verschiedenen Kreuzungsversuchen mit unterschiedlichem Erfolg wurde der Norfolk Roadster *Hatan* gegen Ende des 19. Jh. erfolgreicher Linienbegründer.

Anfang dieses Jahrhunderts wurden Ostfriesen, Ostpreußen und Hannoveraner als Beschäler verwendet, von denen vor allem die Hannoveraner den Rassetyp bis in die Gegenwart prägten. Zur Zeit sind die beiden hannoverschen Hengste *Premium*, Fuchs, geb. 1989, v. *Pinkus/Pandur* und *Hermelin*, Fuchs, geb. 1989, v. *Hitschcock/Hill Hawk x.x* in Tori aufgestellt, die ihre Hengstleistungsprüfung in Adelheidsdorf erfolgreich bestanden haben. Es werden noch der schwerere Fahrpferd-Typ und der leichtere Reitpferd-Typ mit Tendenz zum Sportpferd-Typ gezüchtet. Das Torische Pferd ist seit 1950 offiziell als Rasse anerkannt.

Traber/Deutscher Traber

Kennzeichen: Zuchtziel der auf Höchsleistung im Trab gezüchteten Spezialrasse ist „ein leistungsfähiger, frühreifer Traber mit korrektem Exterieur, der auch für die Verwendung in der Landespferdezucht geeignet ist". Große Typvariation.

Verbreitung: Deutschland, Europa.

Leistung: Ausdauer, Intelligenz, guter Charakter, überragende Schnelligkeit im Trab, Eignung für jede Aufgabe, auch Springvermögen. International nehmen deutsche Traber Spitzenplätze ein. Mit 11,2 stellte *Charmy Skeeter*, 7j. b. H. v. *Wildfang/ Misty Charm* 1995 einen neuen Kilometer-Rekord auf.

Zuchtgeschichte: Traber sind das Ergebnis einer mehrere Jahrhunderte langen Zucht mit dem Ziel, das Trabvermögen des Pferdes für die ausdauernde Beförderung von Gütern und Personen über weite Strecken zu fördern. Pferde mit sehr guten Trab- und auch Paß-Anlagen wurden zur Zucht verwendet, vorwiegend Vollblüter, Araber, Norfolk, Trotter und Hackneys. Ursprungsländer der Zucht sind im 18. Jh. Rußland mit dem Orlow-Traber *Bars I.* und Frankreich, wo im 19. Jh. die Zucht als Zweig der Landespferdezucht mit fünf Vollblut führenden Hengsten begann, darunter der bedeutende Hengst *Phaeton* v. *The Hair of Linne xx.* Wichtigstes Ursprungsland aber ist Amerika mit dem Stammvater der Standardbreds *Messenger xx.* In Deutschland entwickelten sich Rasse und Zucht gegen Ende des 19. Jh. aus Hengsten russischer, französischer und amerikanischer Herkunft sowie inländischen Stuten unterschiedlicher Rassen. Bereits 1896 wurde das erste Deutsche Traber-Gestüt-Buch herausgebracht. Amerikanisches Blut übte in der Zucht bis heute großen Einfluß aus. Bedeutende Hengste heute sind als gewinnreichster Deckhengst *Daimond Way*, geb. 1982, 1:14,5, *Super Bowl*, geb. 1969, 1:12,3 und *Speedy Crown*, geb. 1968, 1:12,8.

Trait du Nord (Nord-Ardenner)

Kennzeichen: Ein großrahmiger und massiver Kaltblüter; ein Vetter des Belgischen Kaltbluts mit harmonischen Körperproportionen. Der Trait du Nord ist jedoch stärker, gedrungener und muskulöser als der Ardenner. Schwerer, breitflächiger Kopf mit geradem Profil und quadratischem Maul, niedriger, flacher Stirn, auffälligen Augenhöhlen und kleinen, spitzen Ohren. Dicker, schwerer Hals, der gut mit der gewaltigen Schulter verbunden ist; breiter, tiefer Rumpf, kurzer, gut bemuskelter Rücken mit sehr muskulöser Lende, breite, runde, mächtige Kruppe. Kräftige Gliedmaßen, wie „kleine Eichen", mit leichtem Behang, verhältnismäßig kleine Hufe. Vor allem Braune und Rotschimmel mit hellem Langhaar. Stockmaß um 165 cm.

Verbreitung: Frankreich, hauptsächlich vom Boulonner-Gebiet im Westen südwärts bis an die Nièvre und ostwärts bis in die Ardennen der Region Auxois vertreten.

Leistung: Der „Traktor" unter den französischen Kalblütern besticht durch seine gewaltige Zugkraft, seinen ausgeglichenen Schritt und einen bemerkenswert kraftvollen, raumgreifenden Trab sowie seinen gutmütigen, freundlichen Charakter. Leider wird er heute eher als Fleischlieferant als für den schweren Zug gezüchtet.

Zuchtgeschichte: Er ist der „große, starke Bruder" des Ardenners, der zu Beginn des 20. Jh. dem Wunsch nach mehr Größe, Masse und Knochenstärke entsprang. Die Einkreuzung von Belgischem Kaltblut und Boulonnais-Blut brachte das gewünschte Modell, so daß die neue Rasse ab 1910 selbständig geführt werden konnte. Ein Zuchtbuch wurde 1919 eröffnet. Doch wurde die heutige Rassebezeichnung erst ab 1965 verbindlich. Das Auxois Pferd wurde stark durch ihn beeinflußt, wie die große Ähnlichkeit beider Rassen auch zeigt.

Trakehner
(Ostpreußisches Warmblutpferd Trakehner Abstammung)

Kennzeichen: Zuchtziel ist ein gesundes, im Trakehner Typ stehendes, großrahmiges und korrektes, in seinen Formen harmonisches Pferd. Ausdrucksvoller, edler Kopf mit großen, aufmerksamen Augen. Mittellanger, gut geformter Hals; lange, schräge Schulter, gut markierter Widerrist, gute Gurtentiefe, kräftiger, mittellanger Rücken, mäßig abgeschlagene, gut bemuskelte Kruppe, gut angesetzter Schweif. Korrektes, trockenes Fundament mit markanten Sehnen und Gelenken, gute Hufe. Alle Grundfarben. Stockmaß um 165 cm.
Verbreitung: Deutschland und weltweit.
Leistung: Vielseitig verwendbares Reit- und Sportpferd mit schwungvollen, raumgreifenden, elastischen Bewegungen. Hart, leistungsbereit, mit gutem Charakter; anhänglich, intelligent, ausdauernd, genügsam und leichtfuttrig.

Zuchtgeschichte: Die 1732 im ostpreußischen Hauptgestüt Trakehnen begonnene Reinzucht auf der Grundlage der bodenständigen Schweiken mit gezielter Verwendung besten Arabischen und Englischen Vollbluts kann auf eine wechselvolle Geschichte zurückblicken. Die Elchschaufel wurde als klassisches Brandzeichen 1787 eingeführt. Das Zuchtziel, ein leichtes, drahtiges Galoppierpferd, wurde zwangsläufig nach dem 1. Weltkrieg auf die Anforderungen des Marktes in ein „großrahmiges Vielseitigkeitspferd mit viel Adel" umgestellt. Stellvertretend für die vielen bedeutenden Beschäler sei hier *Perfectionist xx* mit seinen Söhnen *Tempelhüter*, *Jagdheld* und *Irrlehre* sowie *Dampfroß* und dessen Sohn *Pythagoras* genannt. 1945 konnten noch ca. 800 eingetragene Stuten und 50 Hengste registriert werden. Mit ihnen schufen die vertriebenen ostpreußischen Züchter die Basis für das Weiterbestehen des Ostpreußischen Edelpferdes, dessen Blut zur Weltspitze gehört.

Trotteur Francais
(Französischer Traber)

Kennzeichen: Typ nicht immer einheitlich, aber deutlich von seinen anglo-normannischen Ahnen geprägt durch starke Knochen, Größe und Rahmen. Gerader, ausdrucksvoller Kopf oder Ramskopf; gute Halsung, hervorragende, tiefe Brust, kräftiger Rumpf, kurze, muskulöse, kraftvolle Hinterhand mit schräger Kruppe; stabiles, kräftiges Fundament. Vor allem Füchse, Braune, Schwarzbraune. Stockmaß um 165 cm.

Verbreitung: Frankreich, Europa.

Leistung: Schnell, ausdauernd, leistungsbereit, großes Stehvermögen. Hochleistungstraber für den Sulky und unter dem Sattel.

Zuchtgeschichte: Die älteste Traberrasse der Welt entstand in der Zeit der Restauration (1815–30), als man sich bemühte, die Trableistungen der „Karossiers" zu verbessern. Zur züchterischen Selektion wurden Trabrennen veranstaltet, das erste 1836 in Cherbourg. Als Stammväter gelten der englische Halbblüter *Joung Rattler*, geb. 1811, der Norfolk Trotter *Phoenomenoni*, geb. 1845, und der Vollblüter *The Heir of Linne*, geb. 1853. *Kapirat*, geb. 1844, ein Urenkel *Joung Rattlers*, der seine bedeutende Trabaktion weitergab, ist jedoch als der eigentliche Begründer der französischen Traberzucht anzusehen. Ephrem Houl, Generalinspekteur der Gestütsverwaltung, der die Bedeutung des Trabers für die zivile und militärische Verwendung erkannte, förderte die Zucht. 1864 wurde in Caen die Gesellschaft zur Verbesserung des „Französischen Halbblutpferdes" (cheval francais de demi-sang) gegründet. Die heute bestehenden fünf Hauptlinien *Conquerant, Norman, Lavater, Niger* und *Phaeton* gehen auf die genannten drei Stammväter zurück. Das Stutbuch wurde 1922 eröffnet und 1937 geschlossen. Die Zucht liegt vor allem in der Hand kleiner Züchter. Zuchtzentren sind die Staatsgestüte Le Pin, St. Lo und andere.

Tschechisches Warmblut

Kennzeichen: Gefälliger Warmblüter im Rechteckformat mit harmonischen Proportionen. Mittelgroßer, ausdrucksvoller Kopf, schöner, getragener Hals, lange, schräge Schulter, deutlicher Widerrist, mittellanger, breiter Rücken, kräftiger Rumpf mit guter Gurtentiefe und breiter, muskulöser Kruppe. Stabile, trockene Gliedmaßen mit gut markierten Gelenken und gesunden Hufen. Schönes, volles Langhaar. Alle Grundfarben, vor allem Braune und Füchse. Stockmaß um 168 cm.
Verbreitung: Tschechische Republik.
Leistung: Reit- und Sportpferd für alle Disziplinen mit soliden Grundgangarten, gutem Charakter und Temperament.
Zuchtgeschichte: Die Zuchtgeschichte des Tschechischen Warmblutes geht bis in die Zeit des Hauses Habsburg zurück. Sie gewann erst nach dem Zerfall der Monarchie und dem starken Rückgang der Zucht des Kladrubers an Bedeutung, als die

Tschechoslowakei 1919 eine Gebrauchspferdezucht aufzubauen begann.

Dabei leistete die englische Halbblutzucht von Kladrub einen bedeutenden Beitrag, die außer Englischem Vollblut auch das bewährte österreichisch-ungarische Blut von Furioso, Przedswit, Gidrans und Shagya führte. In den letzten Jahrzehnten wurde auch Hannoveraner- und Trakehner-Blut zugeführt.

Die Zucht des gefälligen Warmblüters hatte von Anbeginn an unter den schwierigen politischen und wirtschaftlichen Verhältnissen zu leiden, die unter der kommunistischen Planwirtschaft nicht geringer wurden. Heute steht dem weiteren Fortschritt der Zucht der in Europa allgemein zurückgehende Bedarf an Pferden im Wege. Zu wünschen ist aber, daß die so viel altes, bewährtes Blut führende Rasse erhalten bleibt.

Tuigpaard

Kennzeichen: Ein schönes Pferd mit
großem Gehvermögen im Typ des Gelder-
länder Pferdes mit Adel, viel Hals, gutem
Widerrist, trockenem Fundament und hoher Trabaktion. Vor allem Füchse mit
Blesse und weißen Beinen, aber auch
Braune, Sabino-Stichelhaar-Schecken und
Rappen mit Abzeichen, selten Schimmel.
Stockmaß um 163 cm
Verbreitung: Niederlande.
Leistung: Ein gut gebautes Showpferd, das
auf Turnieren in imponierender Haltung
vor dem Showwagen kadenziert, rhyth-
misch und taktrein trabt. Erwünscht ist,
daß sich dabei die weit untertretende Hinterhand senkt und die sich hebende Vorhand das Pferd größer erscheinen läßt.
Das Tuigpaard wird nicht nur in den verschiedenen Anspannungsarten, sondern
auch an der Hand und in verschiedenen,
streng reglementierten Klassen vorgestellt.
Charakter, Temperament, Gesundheit und

Umgänglichkeit tragen zur Beliebtheit des
Tuigpaard bei.
Zuchtgeschichte: Als sich nach 1960 die
Warmblutpferdezucht mehr und mehr nur
auf die Reitpferdezucht verlegte, setzten
sich engagierte niederländische Züchter
für die Erhaltung des ursprünglichen
„Gelderse" ein. Durch Selektion innerhalb
der Population und durch Einkreuzung
von Hackney-Saddlebred-Horse-Blut entstand das Tuigpaard. Ein Wort, das sich
im Grunde genommen nicht übersetzen
läßt, da es urholländisch ist und ein Pferd
„das gut im Geschirr steht" bedeutet. Die
bekanntesten in der Tuigpaardzucht verwendeten Hengste sind der Hackney *Cam-
bridge Cole* und *Renovo* und die American
Saddlebreds *Hollands Golden Boy* und
Immigrant. Durch das Zuchtreglement ist
genau festgelegt, wie hoch der Prozent-
satz Hackneyblut sein darf. Fohlen mit
mehr als 50% Hackneyblut, bezogen auf
Eltern und Großeltern, werden nicht registriert.

Turkmene

Kennzeichen: Schlankes, hochgewachsenes, harmonisch gebautes Pferd. Leichter, trockener Kopf mit geradem oder konvexem Profil. Schön getragener mittellanger Hals, deutlicher Widerrist, schräge Schulter, langer Rücken mit guter Sattellage und schräger Kruppe. Stabiles, trockenes Fundament, gut entwickelte, lange Gliedmaßen, gute Hufe. Feines Langhaar. Goldbraune, Braune, Füchse, Schimmel, Rappen. Stockmaß um 158 cm.

Verbreitung: Iran, in halbwilden Wanderherden lebend. Hauptzuchtgebiete sind die Regionen Gorgan, Bandar Shah, Pahlavi, Dej und Gonbad-e-Ghaboos.

Leistung: Ursprünglich Pferd der Krieger und Hirten, dann Zuchtbasis und Veredler für andere Rassen. Die Kreuzung mit Vollblütern macht gute Renn- und Turnierpferde. Geschätzt werden seine Schnelligkeit, Ausdauer, Widerstandskraft und sein Stehvermögen.

Zuchtgeschichte: Der Turkmene ist eine der Rassen, die im Iran für einen bestimmten Zweck entwickelt und gezüchtet wurde, wie Historiker und Archäologen übereinstimmend belegen können. Es war das Pferd für Kriegszüge, Pferderennen und Reiterspiele. Überreste von Turkmenischen Pferden wurden z. B. im Altai Gebirge in den Gräbern von Skythen gefunden. Im 8.–10. Jahrhundert war die Garde der Kalifen mit Turkmenen beritten. Vieles deutet auch darauf hin, daß nicht der Araber allein die Entwicklung des modernen Vollblutpferdes beeinflußt hat, sondern auch der Turkmene. In seiner über 2.000 Jahre alten Geschichte hat die Rasse enorm viel Lob für die sorgfältige, selektive Zucht erhalten und ist wegen ihrer Schnelligkeit, Ausdauer, Lebenskraft und Intelligenz begehrt. Aus dem Turkmenen haben sich verschiedene Linien und Schläge entwickelt. Die bekanntesten sind der Achal-Tekkiner und der Jomud. Die Rasse und ihr Kulturerbe stehen unter dem Schutz der National Horse Society of Iran.

Ukrainisches Reitpferd

Kennzeichen: Wohlproportioniertes, edles, kräftiges Reitpferd im Langrechteckformat, das als eines der schönsten Reitpferde Rußlands angesehen wird. Ausdrucksvoller, mittelgroßer, trockener Kopf, gut aufgesetzter und geformter Hals, markanter Widerrist, tadellose „Reitpferdeschulter", kräftiger Rumpf mit guter Gurtentiefe, kraftvoller, breiter, gut geformter Rücken und Kruppe. Stabiles Fundament mit starken Knochen und Gelenken, kurzen, trockenen, korrekten Gliedmaßen und guten Hufen. Feines Langhaar. Braune, Füchse, Rappen. Stockmaß um 165 cm.
Verbreitung: Hauptzuchtgebiet Republik Ukraine. Gestüte Alexandrik bei Chobot a. d. Isida, Derkulsk bei Jagolnik und Dnepropetrovsk u. a.; GUS.
Leistung: Guter Charakter, angenehmes Temperament, gesund, widerstandsfähig, lernbereit mit großer Dressurbegabung; fließende, weiche Bewegungen in allen Gangarten mit Schub und Raumgriff, gutes Springvermögen.
Zuchtgeschichte: Die junge, 1990 anerkannte und registrierte Rasse ist das Ergebnis der von ukrainischen Wissenschaftlern um 1945 geplanten und durchgeführten Zucht eines hochklassigen Leistungspferdes. Das Zuchtprogramm wurde in drei Schritten mit den Rassen Trakehner, Hannoveraner, Nonius, Furioso, Gidran, Anglo-Araber, Englisches Vollblut und in geringer Zahl auch Russisches Reitpferd durchgeführt. Die Rassen wurden unter Berücksichtigung ihres Phäno- und ihres Genotyps untereinander gekreuzt, bis das angestrebte Zuchtziel erreicht und die Rasse sich mit sechs Hengstlinien und 12 Stutenfamilien konsolidiert hatte. Bereits bei den Olympischen Spielen 1968 in Mexiko gewann der Russe Iwan Kisimow mit *Ichor*, einem Produkt der neuen Rasse, in der Großen Dressurprüfung die Goldmedaille und bestätigte damit auch die Zuchtplanung.

Ungarisches Kaltblut

Kennzeichen: Kompakter, mittelschwerer Kaltblüter mit gefälligem Exterieur. Nicht zu schwerer Kopf mit meist geradem Profil; kurzer, stark bemuskelter Hals. Muskulöser Rumpf mit viel Breite, Tiefe und guter Rippenwölbung. Kräftiges, starkknochiges Fundament, die kurzen, stabilen Gliedmaßen mit kräftigen Gelenken und Behang, feste, gut geformte Hufe. Kräftiges Langhaar und Schopf. Alle Grundfarben. Stockmaß um 155 cm.

Verbreitung: Ungarn.

Leistung: Genügsam, fleißig, zuverlässig mit gutem, freundlichem Temperament; zugfester Schritt und fleißiger Trab.

Zuchtgeschichte: Obwohl erst 1954 anerkannt, liegt der Anfang seiner Zuchtgeschichte im 19. Jh., als Ungarn noch zur k. u. k. Monarchie gehörte. Damals wurden Noriker und Percherons eingeführt, um in Ungarn, dem Land der edlen Pferde, den Bedarf an schweren, ruhigen Arbeitspferden zu decken. Für das zum Staatsgestüt Kisber gehörende Vorwerk Pula wurden 1883 je drei Ardenner Hengste und Stuten gekauft und mit den vorhandenen Arbeitspferden zur Zucht eines nicht zu schweren Kaltblutpferdes benutzt. Im Südwesten Ungarns führte das zur Bildung eines geschlossenen Zuchtgebietes, das die Zucht bis heute beeinflußt hat. Die Kaltblutzucht wurde erst in den 20er Jahren intensiviert, als größere landwirtschaftliche Maschinen und der Rückgang der Zucht von Arbeitsochsen ein schweres und ruhiges Arbeitspferd verlangten. Träger der Kaltblutzucht waren Staats- und Privatgestüte und vor allem die Pferdezuchtvereine. Obwohl auch Noriker und Muraközer gekreuzt wurden, hat vor allem der Ardenner die Kaltblutzucht geprägt. Da in Ungarn kein Pferdefleisch gegessen wird und die Mechanisierung der Landwirtschaft der Verwendung von Kaltblutpferden Grenzen setzt, wird vor allem für den Fleischexport gezüchtet.

Ungarisches Sportpferd (Mezöhegyeser Sportpferd)

Kennzeichen: Athletisches, gut proportioniertes Sportpferd im Typ des edlen Warmblüters mit schöner Oberlinie, ausdrucksvoller Kopf, gut aufgesetztem, kräftigem Hals, gut formierter Schulter, guter Sattellage und Rumpftiefe, muskulöser, schräger Kruppe, mittelstarkem Fundament mit kräftigen Gelenken, klaren Sehnen und gesunden, festen Hufen. Schönes Langhaar. Alle Grundfarben. Stockmaß um 160 cm.

Verbreitung: Ungarn. Zuchtschwerpunkt war das Gestüt Mezöhegyes; Mitteleuropa.

Leistung: Hart, leistungsbereit, intelligent, mit ausgeglichenem Temperament und gutem Charakter; gute Grundgangarten und Springanlagen; talentiert für alle Disziplinen des Reit- und Fahrsports.

Zuchtgeschichte: Die ungarische staatliche Halbblutzucht mit den alten Stämmen Nonius, Furioso, Przedswit, North Star und Gidran (arabisches Halbblut) stand schon in der ersten Hälfte dieses Jahrhunderts in hohem Ansehen. Nicht zuletzt dadurch, daß jährlich 300–400 Hengste Bábolnaer Abstammung als Landbeschäler das arabische Blut in das ungarische Pferd einführten.

Ungarns Pferdezucht hat in beiden Weltkriegen und unter der kommunistischen Mißwirtschaft viel gelitten und verloren, aber Liebe und Leidenschaft zum Pferd und dessen Zucht sind geblieben. So überrascht es nicht, daß Ungarn mit dem auch Mezöhegyeser Sportpferd genannten Warmblüter an seine alte züchterische Tradition anknüpft. Mit den bewährten genetischen Linien der ungarischen Pferdestämme und kombiniert mit dem Blut erfolgreicher Blutlinien von Hengsten der Rassen Hannoveraner, Holsteiner und Englisches Vollblut ist Ungarn mit einem modernen, vielseitigen Sportpferd wieder in den Kreis der großen Pferdezuchtnationen zurückgekehrt.

Waler

Kennzeichen: Robuste Version des Vollblüters mit vorzüglicher Schulter, muskulöser Hinterhand und stabilem Fundament. Alle Grundfarben. Stockmaß 148 bis 163 cm. Vier Haupttypen: **Light** (Vollbluttyp), **Medium** (Warmbluttyp), **Heavy** (Zugpferdetyp), **Pony** (Sportpony unter 148 cm), auch Partbreds werden registriert.

Verbreitung: Australien, Hauptzuchtgebiet New South Wales.

Leistung: Gesund, gutartig, ausdauernd, hart, schnell, wendig, mutig; sehr gute Grundgangarten, ausgezeichnetes Springvermögen. Ein Pferd für alle Reit- und Fahrdisziplinen, vom Polo, Distanzreiten und Military bis zur Arbeit mit den Rindern.

Zuchtgeschichte: Die ersten Pferde, zwei Hengste und vier Stuten mit Fohlen, waren 1788 vom Kap der Guten Hoffnung nach Australien gekommen und hatten in New South Wales ihre neue Heimat gefunden. Sie wurden als Waler, wie sie seit 1846 genannt wurden, bekannt und berühmt. 1795 waren weitere 33 Pferde vom Kap und Pferde aus England gekommen, und der seit 1799 aufgestellte Vollblüter *Rockingham* drückte dem Waler seinen Stempel auf. Der steigende Bedarf führte zur Einfuhr von Pferden der besten englischen Rassen: Vollblüter, Clydesdales, Suffolks, Cleveland Bays, Norfolk Roadster, Yorkshire Coacher, Hackneys u. a. Sie alle verschmolzen mit Arabern, Percheron, englischen Ponys, den Pferden vom Kap und von Timor zum Waler, der eines der besten und begehrtesten Kavalleriepferde der Welt wurde. Die einsetzende Motorisierung führte nach 1945 zu einem Rückgang in der Pferdezucht. Viele Pferde wurden abgeschafft oder in die Wildnis entlassen. So sind viele der „Brumbies"

tatsächlich Waler, die auszusterben drohten. Eine Gruppe von Pferdemenschen fand sich 1985 mit dem Ziel zusammen, die alte bewährte Rasse vor dem Untergang zu bewahren. Bereits 1986 hatte man eine Stammherde mit dem Blut der alten Linien gebildet und konnte ein Stutbuch eröffnen.

Weißrussisches Kaltblut
(Belorussisches Kaltblut)

Kennzeichen: Mittelgroßer, gefälliger Kalt-blüter. Gut geschnittener, nicht zu großer Kopf mit geradem Profil und breiter Stirn. Kraftvoll angesetzter, kurzer und mus-kulöser Hals, langer Widerrist, gute Schul-ter, kräftiger Rumpf mit breiter, tiefer Brust und guter Gurtentiefe (184 cm), kräftiger Rücken - mitunter leichter Senkrücken - mit kurzer, gerader Lende und gut geformter, muskulöser Kruppe. Stabiles, trockenes, kurzes Fundament (21,5 cm Röhrbeinumfang) mit gesunden Hufen. Kräftiges, volles Langhaar, aber wenig Behang. Stockmaß 150 bis 153 cm. Gewicht 490 bis 540 kg. Vor allem Brau-ne, Hellbraune, Füchse und Falben.
Verbreitung: Republik Weißrußland und GUS. Zuchtzentren sind die Gestüte Zarechye und Pobeda in Weißrußland.
Leistung: Anspruchslos, umgänglich, aus-dauernd, fruchtbar und langlebig. Der wendige, zugkräftige Kaltblüter mit gutem Schritt und Trab wird in der Forst- und Landwirtschaft eingesetzt und daneben zur Fleisch- und Milchproduktion (Kumys) verwendet.
Zuchtgeschichte: Die Rasse entstand auf der Basis der einheimischen „Waldpferde" im nördlichen Osteuropa, die man Anfang dieses Jahrhunderts mit Dolepferden (Gudbrandsdaler), Ardennern, Brabantern und anderen Rassen kreuzte. Die Entwick-lung der Rasse wurde vom Dolepferd am stärksten beeinflußt. Durch gezielte Selek-tion und Rückpaarung wurde zur Rein-zucht übergegangen.

Die inzwischen konsolidierte und rein gezüchtete Rasse unterscheidet die Ty-pen „mittelgroß" und „groß". Es gibt sechs Linien, vier Stutenfamilien und 27.560 rein gezogene Pferde in der 1980 insgesamt 93.040 Pferde zählenden Po-pulation. Bis dahin waren 135 Hengste und 616 Zuchtstuten im Stutbuch ein-getragen.

Welsh Mountain Pony (Sektion A)

Kennzeichen: Kleiner, trockener Kopf mit breiter Stirn, großem, lebhaftem, intelligentem Auge, kleinen, spitzen, hoch angesetzten Ohren, konkavem Nasenprofil, weiten offenen Nüstern und guter Ganaschenfreiheit. Genügend langer, gut aufgesetzter Hals, leichtes Genick; Rumpf mit großer Gurtentiefe und Rippenwölbung, breite Brust, lange, schräge Schulter, stark bemuskelter, geschwungener Rücken, melonenförmige Kruppe, schön getragener Schweif. Kräftiges, trockenes Fundament, gut geformte, runde, feste Hufe. Alle Farben, ausgenommen Schecken, Stockmaß bis 122 cm.
Verbreitung: Großbritannien, Europa, weltweit.
Leistung: Anspruchslos in Haltung und Umgang. Intelligentes, unempfindliches, lebhaftes, gutwilliges und mutiges Kinderpony mit hervorragenden Fahreigenschaften. Flache, raumgreifende Bewegungen mit energischem Auftritt und viel Schub.

Zuchtgeschichte: Das ursprünglichste Pony in der nach vier Sektionen eingeteilten Zucht stammt vom keltischen Pony ab und lebt seit mehr als 1.000 Jahren im Bergland von Wales. Es hat sich unter dem Einfluß von Klima und Umwelt seine zähe Konstitution, eisenharten Knochen, Anspruchslosigkeit und Unempfindlichkeit durch die Abgeschiedenheit bis heute erhalten.

Unverkennbar ist der orientalische Einfluß, zumeist durch Berber, da Araber nicht vor dem 12. Jh. nach England kamen. Aber ganz ohne Zweifel ist das Welsh Mountain die Basis für die Typbreite innerhalb der Welshs, die ursprünglich vor allem als Tragtiere und Grubenponys verwendet wurden. Linienbegründer wurde im 18. Jh. *Merlin x.x.* Von größerer Bedeutung aber wurde der Hengst *Dyoll Starlight*, geb. 1894, der den A-Typ begründete und seine Schimmelfarbe vererbte. 1902 erschien das erste Stutbuch mit den Sektionen A, B, C, D, seit 1960 ist es geschlossen.

Welsh Pony (Sektion B)

Kennzeichen: Edler, trockener, nicht zu langer Kopf mit breiter Stirn, lebhaftem Auge, zierlichen, gut angesetzten Ohren, Ganaschenfreiheit. Genügend langer, gut angesetzter Hals, leichtes Genick; lange, schräge gut gelagerte Schulter, nicht zu hoher Widerrist, Rumpf mit großer Gurtentiefe, guter Rippenwölbung; leicht geschwungener Rücken, melonenförmige, längliche Kruppe, gut angesetzter, schön getragener Schweif. Kräftiges, trockenes Fundament, kurze, ovale Röhren, mittellang gefesselt. Gut geformte, runde, feste Hufe. Alle Farben, ausgenommen Schecken. Stockmaß bis 137 cm.
Verbreitung: Großbritannien, Europa und weltweit.
Leistung: Ausdauernd, anspruchslos, hart, zuverlässiger Ponycharakter, angenehm mit viel Antritt, Takt und Schub. Qualitätsvolles kleines Turnier- und Jagdpferd für Kinder, das auch im Geschirr besticht.

Zuchtgeschichte: Den größeren Bruder des Welsh Mountain hat es zwar immer gegeben, aber im Zuchtbuch wird er erst seit 1931 als „Riding Pony" geführt. Durch Zuführung von Araber-, Berber- und Englischem Vollblut wurde er mehr ein kleines Pferd, ohne aber die rassetypischen Welsh-Eigenschaften zu verlieren.

Wichtige Linienbegründer der Sektion B im Welsh-Zuchtbuch wurden *Tanybwich*, geb. 1924, Sohn des Berberhengstes *Sahara*, und *Craven Cyrus*, geb. 1927, Sohn des Araberhengstes *King Cyrus*. *Tanybwich Berwyn* nannte man wegen seiner zahlreichen Nachkommenschaft den Abraham der Sektion B. Ein weiterer Linienbegründer ist der 1944 geborene Braunschimmel *Criban Victor* von dem Welsh-A-Hengst *Criban Winston*. Die meisten Blutlinien gehen auf die genannten Hengste oder deren Nachkommen zurück, deren Linien u. a. durch Coed Coch-Blut auch in Deutschland vertreten ist.

Welsh Pony (Sektion C)

Kennzeichen: Kompaktes, muskulöses Pony mit viel Substanz und Welsh-Ausdruck. Edler, ausdrucksvoller Kopf, breite Stirn, großes, lebhaftes Auge, feine gut angesetzte Ohren, weite Nüstern, gute Ganaschenfreiheit. Ramsnase unerwünscht. Hals genügend lang, gut angesetzt, leichtes Genick. Rumpf stark bemuskelt, geschwungener Rücken, melonenförmige Kruppe, gut angesetzter, schön getragener Schweif, breite Brust, schräge, lange Schulter, große Gurtentiefe, gute Rippenwölbung. Kräftiges, trockenes Fundament, kurze, ovale Röhren, markante Gelenke, mittellang gefesselt; gut geformte, runde, gute Hufe; seidiges Kötenhaar erwünscht. Alle Farben, ausgenommen Schecken. Stockmaß bis 137 cm.

Verbreitung: Großbritannien, Europa, USA und weltweit.

Leistung: Ein vielseitig verwendbares Pony für Kinder und Erwachsene. Es gibt wenige Dinge, für die man Welsh Ponys nicht verwenden kann. Sie haben nicht nur ein natürliches Springtalent, sondern zeigen sich auch exzellent im Geschirr. Aktiv, hart, trittsicher, energisch mit viel Schub und Takt. Anspruchslos, gutwillig, leistungsbereit und zuverlässig.

Zuchtgeschichte: Es ist das kräftigere, gedrungenere Gegenstück des Welsh Mountain Pony, aber mit einem Schuß Cob-Blut. Das Welsh Pony Sektion C entstand aus der Kreuzung zwischen einem Pony der Welsh-Sektion A oder B mit einem Welsh Cob. Die heute geltende Zuordnung zu den Sektionen wurde von der Welsh Pony and Cob Society (WPCS) 1948 beschlossen und gilt international.

Die Zuordnung zur Sektion ist danach nur nach folgender Regel möglich: AxC=C; AxD=C; BxC=C; BxD=C; CxC=C; CxD=C; jeweils bis 137 cm Stockmaß. Das Stutbuch ist seit 1960 geschlossen.

Welsh Cob (Sektion D)

Kennzeichen: Kleines, stämmiges Pferd, eben ein Cob. Immer größer als 137 cm, meistens zwischen 142 und 158 cm Stockmaß. Welshtypischer edler, ausdrucksvoller Kopf, Ramsnase unerwünscht. Gut geformter, genügend langer, gut angesetzter Hals, leichtes Genick. Kraftvoller, stark bemuskelter Körper; deutlich geschwungener Rücken, melonenförmige Kruppe, schön getragener Schweif, breite Brust, schräge, lange Schulter, große Gurtentiefe, gute Rippenwölbung. Kräftiges, trockenes Fundament, markante Gelenke, gut geformte, feste Hufe, seidiges Kötenhaar erwünscht. Alle Farben, ausgenommen Schecken.

Verbreitung: England, Europa, USA, weltweit.

Leistung: Durch Größe, guten Charakter und Zuverlässigkeit unkompliziertes, anspruchsloses, umgängliches Familienpferd zum Reiten und Fahren. Natürliches Springvermögen. Raumgreifende, elasti-sche Gänge frei aus der Schulter, auch mit Aktion, mit viel Schub aus der Hinterhand.

Zuchtgeschichte: Es war im Mittelalter als „Powys Horse" und „Welsh Cart Horse" ein beliebtes Allroundpferd, das den Ritter in der Schlacht oder zur Jagd trug sowie die Kutsche oder den Karren zog. Durch Generationen verrichteten Welsh Cobs die Arbeit auf den Farmen, sie waren unentbehrliche Helfer der Armee unter dem Sattel und im Geschirr. Der Welsh Cob war das Gebrauchspferd schlechthin, das Ärzte und Pfarrer auf ihren Dienstwegen über Land trug und bei den Jagden hinter der Meute sicher durch jedes Gelände und über jedes Hindernis. Dafür empfiehlt sich „the best ride and drive animal in the world" auch heute noch. Welsh-Stuten werden für die Zucht von Huntern, Polo-, Spring- und Vielseitigkeitspferden und andere Gebrauchszuchten sehr geschätzt. Das 1902 eröffnete Stutbuch ist seit 1960 geschlossen.

Welsh Part Bred (Sektion PB)

Kennzeichen: Kreuzungsprodukt aus Welsh Ponys aller Sektionen mit anderen Rassen, vor allem arabischem und englischem Vollblut, mit mindestens 25% Welshblutanteil. Ohne Begrenzung im Stockmaß, aber mit welshtypischem Erscheinungsbild: Edler, trockener, ausdrucksvoller Kopf, große Ganaschenfreiheit. Genügend langer Hals, breit, gut angesetzt und zum Genick verjüngend. Tragfähiger, elastischer Rücken, große Gurtentiefe, breite Lendenpartie, ausgeprägter Widerrist, schräge, lange, gut gelagerte Schulter, lange, schräge Kruppe mit nicht zu hohem Schweifansatz, gute Behosung. Korrektes, starkes, trockenes Fundament, gut geformte, runde, feste Hufe. Alle Farben. Stockmaß über 137 cm.
Verbreitung: Großbritannien, Europa und weltweit.

Leistung: Überdurchschnittlich leistungsbereites, gut veranlagtes Reitpferd und Reitpony im Welshtyp für den Turniersport im Reiten und Fahren. Charakterlich einwandfrei bei ausgeglichenem Temperament mit elastischen, raumgreifenden Bewegungen mit energischem Schub.
Zuchtgeschichte: Das Welsh Part Bred ist ein modernes Reitpony bzw. Pferd und stammt weitgehend von den Blutlinien der Welsh-Sektionen A und B ab. Das Welsh Part Bred Register wurde 1950 eingeführt, und alle Pferde müssen mindestens 25% Welsh-Blut aus einer der vier Welsh-Sektionen führen. Welsh Partbreds dürfen aber keine zu groß geratenen Ponys der Sektion B sein. In Deutschland zählen Welsh Partbreds aber zu den Reitponys und werden von den Zuchtverbänden auch so registriert.

Westfälisches Reitpferd

Kennzeichen: Edles, großliniges, harmonisches, korrektes Reitpferd. Trockener, ausdrucksvoller Kopf mit großen Augen, gut gesetzten Ohren; mittellanger, sich zum Kopf verjüngender Hals, gute Ganaschenfreiheit; große, schräg gelagerte Schulter, markanter, weit in den Rücken hineinreichender Widerrist, ausreichende Brusttiefe, lange, leicht geneigte, kräftig bemuskelte Kruppe. Trockenes Fundament mit korrekten Gelenken und Hufen. Alle Farben. Stockmaß mindestens 158 cm.

Verbreitung: Deutschland, Europa, Nord- und Südamerika.

Leistung: Unkompliziert, einsatzfreudig, nervenstark, wach, intelligent mit ausgeglichenem Temperament und gutem Charakter. Schwungvolle, raumgreifende, elastische, taktmäßige Bewegungen in allen Grundgangarten mit viel Schub. Geschicktes Springen.

Zuchtgeschichte: Westfalen gehört zu den führenden Pferdezuchtgebieten der Welt. Schon um 1000 hatten westfälische Pferde einen ausgezeichneten Ruf. Günstiges Klima und lange Zuchterfahrung der westfälischen Züchter haben dazu geführt. 1826 wurde das Landgestüt in Warendorf gegründet und 1827 die erste Körordnung erlassen. 1904 wurde das Westfälische Pferdestammbuch eröffnet. Zuchtziel zwischen den beiden Weltkriegen war „ein kräftiges, breites, gut gebautes und gängiges Arbeits-, Reit- und Wagenpferd". Die Umstrukturierung begann in den 50er Jahren durch die erfolgreiche Einkreuzung von Englischem Vollblut, anglo-arabischen und hannoverschen Veredlern. Darunter waren Linienbegründer wie *Der Löwe xx, Charmant AA, Paradox I, Frühlingsball* und viele andere.

Wielkopolska Pferd

Kennzeichen: Edles, großliniges, korrektes, muskulöses Pferd im Rechteckformat mit edler Gesamterscheinung. Ausdrucksvoller Kopf, mittellanger, gut aufgesetzter Hals; markanter Widerrist, lange, schräge Schulter, gute Sattellage, viel Gurtentiefe, kräftige, gut bemuskelte Kruppe. Korrektes, stabiles Fundament, markante Gelenke, starke, gesunde Hufe. Alle Grundfarben, vorwiegend Braune, Rappen, Füchse. Stockmaß 160 bis 165 cm.

Verbreitung: Polen.

Leistung: Ausgeglichenes Temperament, guter Charakter, hart und gesund. Vielseitig verwendbares Reit- und Fahrpferd mit korrekten, energischen Bewegungen in allen Gangarten und guten Springanlagen.

Zuchtgeschichte: Für das „Kon-Wielkopolska", was soviel wie Großpolen-Pferd bzw. -Rasse heißt, haben das Masurenpferd und das Posener Pferd die genetischen Wurzeln geliefert. Mit „Masurenpferd" sind Pferde der ehemaligen ostpreußischen Zucht Trakehner Abstammung mit ostpreußischem Brand gemeint, die nach 1945 systematisch gesammelt und zusammen mit dem alten Posener Pferd aus den Gestüten Gnesen und Zirke zur Zucht in den polnischen Gestüten Pasadowo, Racot, Sierakow u. a. zusammengefaßt wurden. Zur Zucht des Wielkopolska wurden vor allem Nachkommen der fünf bewährten Trakehner Stutenstämme *Demant, Luftsprung, Tiberiussche, Fatme, Lore* und der Hengstlinien *Stockwell xx, Galopin xx, King Tom xx, Bachus* genutzt. Zusammen mit gezielt verwendeten Englischen und Arabischen Vollbluthengsten bildeten sie die Grundlage für die Stutenstämme und Hengstlinien des Wielkopolska-Pferdes. Zuchtschwerpunkte sind die Gestüte und Hengstdepots z. B. Sierakow, Racot, Liski, Posadowo, deren züchterische Arbeit von den Trainingsanstalten Kwidzyn und Bialy Bor durch Leistungsprüfungen unterstützt wird.

Wjatpferd (Wiatkapferd)

Kennzeichen: Stämmiges Kleinpferd im Zugpferdetyp. Mittellanger, schmaler Kopf mit breiter Stirn und weiten Nüstern; kurzer, muskulöser Hals, deutlicher Widerrist, gut formierte Schulter; massiver, gut gerippter Rumpf mit breiter, tiefer Brust, langem Rücken und abfallender, kräftiger Kruppe. Stabiles Fundament mit stämmigen, knochenstarken Gliedmaßen (Röhrbeinumfang 18,5 cm); langes, üppiges Langhaar. Vor allem Falbfarben und Isabellen unterschiedlicher Schattierung, Braunschimmel, Braune, aber auch Schimmel. Häufig Aalstrich und Zebrastreifen. Stockmaß 140 cm. Gewicht 400 kg.

Verbreitung: GUS, Hauptzuchtziel das mittlere Uralvorland, die Region Kirow (früher Wjatka), mit den Flüssen Wjatka und Kama.

Leistung: Äußerst genügsam und widerstandsfähig gegen Hitze und Kälte, guter Charakter, ausgeglichenes Temperament. Schneller, ausdauernder Trab. Wjatische Pferde wurden in der Zarenzeit auch als Postpferd eingesetzt und in der Troika eingespannt. Rekord: 150 km in 24 Stunden.

Zuchtgeschichte: Die genaue Herkunft des Wjatka, manche sprechen auch vom „Viatka Pony", ist nicht eindeutig nachgewiesen. Schon Zar Peter der Große soll Anfang des 18. Jh. aus Livland Pferde in das Wjätische Gouvernement geholt haben. Nachweislich wurden 1840 und 1876 aus dem Baltikum (Livland, Lettland, Estland) estländische und finnische Hengste (Klepper) in das Gouvernement Wiatka zur Blutauffrischung und Veredlung der Rasse verwendet. Vielleicht auch Orlow Traber, was den leicht arabisierten Kopf erklären würde und auch die Eignung für den schnellen, ausdauernden Zug im Trab. Die Rasse war lange Zeit sehr populär, zählte 1980 nur noch 2.000 Köpfe und ist vom Aussterben bedroht.

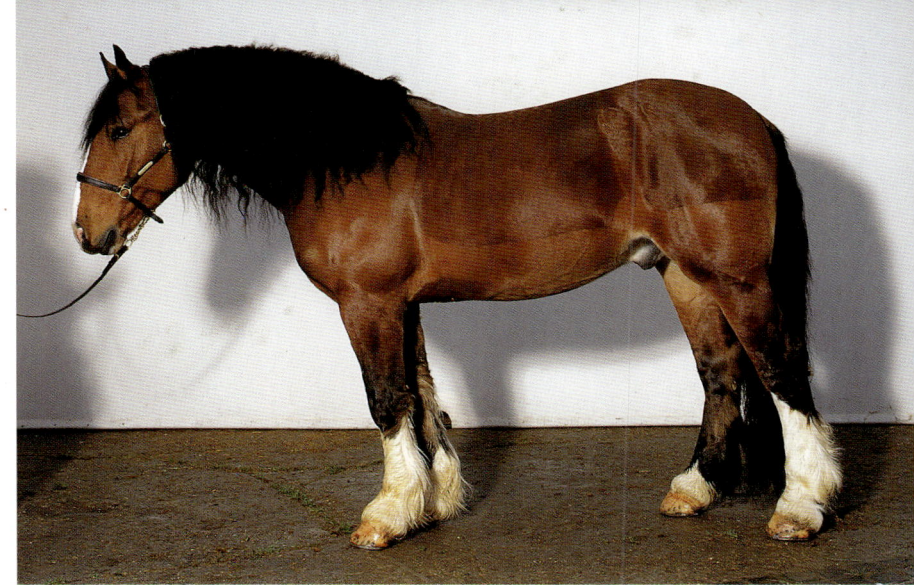

Wladimir Pferd

Kennzeichen: Auch „Traktorenpferd"
genannter, mittelschwerer, harmonischer
Kaltblüter. Charakteristisch die großen
auffallenden Abzeichen am Kopf und den
Gliedmaßen sowie der seidige Behang.
Mittelgroßer, trockener Kopf mit freundlichem Gesicht, Profil oft konvex; muskulöser, gut aufgesetzter, gewölbter Hals,
kräftiger, breiter, tiefer Rumpf, kurzer
Rücken, kräftige Kruppe. Stabiles Fundament, Röhrbeinumfang 24,5 cm, große,
harte Hufe. Vorwiegend Braune und Füchse. Stockmaß 160 bis 165 cm.
Verbreitung: GUS, Rußland, Gestüt Gawri-
low-Posad in der Region Iwanowo–Wladimir–Tambow.
Leistung: Zugstark und leistungswillig mit
lebhaftem, frommem Charakter und angenehmem Temperament. Der Hengst *Tumann*
zog bei einer Zugleistungsprüfung 23 Tonnen über eine Strecke von 6,73 m. Energischer, raumgreifender Schritt, guter Trab.

Zuchtgeschichte: Die Rasse Wladimir
Pferd, Wladimirer Traktorenpferd oder
auch Wladimirer Kaltblut genannt, soll
auf ein von Iwan dem Schrecklichen
(1530–1584) gegründetes Gestüt und die
„Iwanerische Rasse" zurückgehen. Sehr
wahrscheinlich ist damit das ca. 100 km
südöstlich von Moskau gelegene Staats-
hengst-Depot Tambow gemeint, das noch
im 19. Jh. einen Bestand von 60–70 Beschälern unterhielt.

An der Rassebildung waren großrah-
mige, einheimische Landstuten beteiligt,
die anfänglich mit Trabern, Percherons
und Ardennern, später mit Brabantern,
und danach ausschließlich mit Shire
Horses und Clydesdales gekreuzt wurden,
bis durch sorgfältige Zuchtauswahl der
erwünschte gut proportionierte Typ erreicht und stabilisiert war. Die in ganz
Rußland geschätzte Rasse wurde 1945
anerkannt.

Württemberger

Kennzeichen: Zuchtziel ist ein edles, großliniges, korrektes Sportpferd für alle Disziplinen. Zuverlässig und nervenstark, im
mittleren Rahmen mit einem Stockmaß
von 165 bis 170 cm. Der Kopf ausdrucksvoll, mit guter Halsung, Schulter und
Widerrist, elastischer Rückenlinie und
muskulöser Kruppe. Gutes Fundament mit
harten Hufen. Vorwiegend Braune, Dunkelbraune, Rappen und Füchse.
Verbreitung: Deutschland, vorwiegend
Baden-Württemberg.
Leistung: Das heutige Württemberger
Warmblutpferd ist ein leistungsbereites,
nervenstarkes Reitpferd mit guten Grundgangarten, hervorragenden Anlagen für
die Dressur und das Springreiten. Durch
seinen guten Charakter und seine Handlichkeit ist es aber auch für den sportlich
weniger ambitionierten Reiter geeignet.
Auch als Fahrpferd bewährt es sich sehr
gut.

Zuchtgeschichte: Die Württemberger Warmblutzucht war eng mit dem Geschmack des
württembergischen Fürstenhauses und dem
1573 gegründeten Haupt- und Landgestüt
Marbach a. L. verbunden. Dem wechseln-
den Geschmack der Landesherren unterworfen, gab es bis ca. 1870 kein einheitliches Zuchtziel. Erst danach wurde durch
den verdienstvollen Landoberstallmeister
von Hofacker das Zuchtziel als schweres
Warmblutpferd im Anglo-Normänner-Cob-
Typ aufgestellt und mit Erfolg gezüchtet.
Die Hengste *Mac Mahon* und *Faust* prägten das Württemberger Schwere Warmblut,
wie wir es heute nur noch als Altwürttemberger kennen. Nachdem nach 1950 der
Bedarf an Wirtschaftspferden zurückging,
setzte in den 60er Jahren der Umzüchtungsprozeß zum Sportpferd ein. Von den
verwendeten ostpreußischen Hengsten
wurde aber erst der 1938 in Rauten-
grund/Ostpr. geborene und 1960 nach
Marbach gekommene Hengst *Julmond* zum
Stempelhengst.

Yonaguni Pony

Kennzeichen: Kleines, seltenes, japanisches Pony, in der Regel fuchsfarben. Langer Kopf mit gut gesetzten Augen und verhältnismäßig kleinen Ohren. Der Hals ist kurz und dick, die Schulter eher gerade, langer Rücken, schwache Hinterhand, oft gerade Kruppe mit hoch angesetztem Schweif. Gliedmaßen häufig bodenweit gestellt, Hufe oft mit zu steiler Zehe, aber immer mit sehr hartem Hufhorn.

Verbreitung: Japan, auf der Insel Yonaguni, im Südwesten Japans.

Leistung: Freundlicher Charakter, gutes Temperament, sehr stark und ausdauernd. Wurde auf den Farmen zum Pflügen und Ziehen verwendet.

Zuchtgeschichte: Über den Ursprung des Yonaguni Pferdes weiß man wenig. Die Pferde in Japan kann man in zwei Gruppen einteilen, in die größeren Exemplare von Hokkaido und in die kleineren Rassen, wie die Yonagunis. Viele Fachleute sind davon überzeugt, daß die kleinen Pferde vor über 2.000 Jahren von den südlichen Inseln zur Zeit der Jomon-Kultur auf die Insel gebracht wurden. Professor Ken Nozawa von der Kioto Universität erklärte 1983, daß die charakteristischen Gene der Rasse auf die Verwandtschaft mit dem Cheju Pony in Südkorea schließen lassen.

In der Vergangenheit gehörte zu jedem Haushalt ein Pferd, das für alle anfallenden Arbeiten verwendet wurde. Als 1939 alle Pferdezuchten verpflichtet wurden, mit Hilfe von „Verstärker-Hengsten" größere Pferde für die Bedürfnisse des Militärs zu züchten, wurden die Yonaguni Ponys auf ihrer entlegenen Insel davon ausgenommen und dadurch rein bewahrt. Durch die moderne Technik verliert das Pferd drastisch an Bedeutung. Heute sieht man nur noch wenige Farmer mit Ponys arbeiten. Das Pony, das einmal zum Alltag der Inselbewohner gehörte, ist ein kostbares Kulturgut geworden.

Zweibrücker

Kennzeichen: Nobler, mittelschwerer
Warmblüter mit viel Adel. Nicht zu
großer, trockener Kopf mit erkennbar
arabischem Einfluß; mittellanger Hals mit
leichtem Genick und natürlicher Wölbung;
ausgeprägter Widerrist, schräge Schulter,
gute Rumpftiefe und Sattellage, mäßig
abschüssige Kruppe; gut bemuskeltes,
kräftiges Fundament mit korrekten, trockenen Gliedmaßen und guten Hufen. Alle
Grundfarben. Stockmaß 160 bis 165 cm.
Verbreitung: Deutschland, Hauptzuchtgebiet Rheinland-Pfalz-Saar.
Leistung: Härte, gutes Temperament,
Zuverlässigkeit, energische, schwungvolle
Bewegungen; erfolgreiches Sport- und
Freizeitpferd.
Zuchtgeschichte: Christian IV. und Karl II.
August, Herzöge aus dem Hause Wittels-
bach, schufen im 18. Jh. die Rasse auf der
Grundlage des viel edles und orientalisches
Blut führenden Landschlages unter Ein-
kreuzung von Hengsten und Stuten ara-
bisch-türkischer, englischer und rheinischer
Herkunft. Die neue Rasse genoß wegen ih-
rer Kraft, Schnelligkeit und Ausdauer bald
Weltruhm. Zweibrücker Hengste wurden in
Trakehnen und vielen Gestüten des In- und
Auslandes verwendet. Der gesamte Pfer-
debestand wurde 1792 von den französi-
schen Revolutionstruppen nach Rosières
aux Salines verbracht, darunter auch der
Hengst *Fayoum*, das Reitpferd Napoleons I.
Angetan von dessen Leistung veranlaßte
Napoleon die Rückgabe der Pferde und ließ
Fayoum als Beschäler aufstellen. Die Be-
freiungskriege führten zu einem neuen
Verlust von Pferden, da auch die „Verbün-
deten" Pferde mitnahmen. Darunter war
auch der Hengst *Nonius*, der spätere
Stammvater in Österreich–Ungarn. Der
2. Weltkrieg führte zur Zerstörung der
Gestütsanlagen und deren Wiederaufbau.
Erst ab 1960, mit der steigenden Nachfra-
ge nach Sportpferden, belebte sich das
Zuchtgeschehen.

Weitere Rassen

American Cream Draft Horse

Kennzeichen: Mittelschwerer, amerikanischer Kaltblüter, dessen besonderes Merkmal nicht der Körperbau, sondern die Farbe ist. Erlaubt ist nur die Farbe creme (cream) mit bernsteinfarbenen (amber) Augen, dem sogenannten Birkenauge. Ungewöhnlich ist, daß die Augen der Fohlen bei der Geburt meistens weiß sind, aber im Verlauf von Monaten allmählich dunkler werden, bis sie beim erwachsenen Pferd die Farbe von dunklem Honig bzw. Bernstein angenommen haben. Weiße Abzeichen am Kopf und an den Beinen sind nicht unerwünscht, da sie einen schönen Kontrast zu dem kräftigen cremefarbenen Körper bilden, dessen Haut rosa bis blaßrosa ist. Mähne und Schweif sind weiß, das volle Langhaar ist fein und wellig, leichter Behang, ähnlich dem des Percheron. Das Stockmaß schwankt zwischen 152 bis 172 cm.

Verbreitung: USA, vor allem im Mittleren Westen.

Leistung: Liebhaberzucht, dessen Produkte sich durch guten Charakter und gutes Temperament auszeichnen.

Zuchtgeschichte: Die Stammutter der Rasse war eine gut gebaute, cremefarbene Kaltblut-Stute unbekannter Herkunft namens *Old Granny*. Mit ihr wurde Anfang dieses Jahrhunderts die Zucht begonnen mit dem alleinigen Ziel, nur Pferde dieser Farbnuance und dieses Körperbaus zu züchten. Unter „cream" ist die Farbe Isabell zu verstehen, eine Variation der Fuchsfarbe, die durch das Cremellogen bewirkt wird. Früher wurden Pferde mit dieser Farbnuance Rechtisabell oder auch Gelbisabell genannt. Zur Zucht wurde wohlüberlegt und dosiert bestes Blut verwendet, um einen nach Körperbau und Farbe einheitlichen Pferdetyp zu züchten. Mit Erfolg, denn bereits 1944 konnte die American Cream Draft Horse Association gegründet werden.

Asturisches Pony (Asturcon)

Kennzeichen: Kleiner, mitunter auch schwerer Kopf, mit geradem Profil, kleinen Ohren und großen Augen, langer, ziemlich magerer Hals mit üppiger Mähne. Gut gemachte, schräge Schulter, stabiler, tiefer Rumpf, ausreichend hoher Widerrist, kräftiger, gerader Rücken, abfallende Kruppe mit tief angesetztem, vollem Schweif. Gut geformte, sehr robuste Gliedmaßen. Überwiegend Rappen und Braune ohne weiße Abzeichen. Stockmaß 115 bis 130 cm.

Verbreitung: Im Norden Spaniens, in Asturien, der heutigen Provinz Oviedo.

Leistung: Anspruchslos, robust, umgänglich. Wird vor allem in der Landwirtschaft verwendet. Außer den Grundgangarten auch Anlage zum Paß und zum Tölt vorhanden.

Zuchtgeschichte: Schon der Römer Plinius (23–79 n. Chr.) erwähnt die Asturconen, eine kleine Rasse, die nicht trabe, sondern die Beine einer Seite gleichzeitig bewege, und beschreibt damit die Gangarten Paß und Tölt. Denn für beide Gangarten ist das Asturcon, wie es auch genannt wird, von Natur aus veranlagt. Es wird angenommen, daß die Asturcones sich durch Kreuzung von Garrannos aus dem Norden Portugals und Spaniens – den direkten Nachkommen des keltischen Pferdes – und dem Sorraia Pferd entwickelt hat, wobei das Sorraia das ruhige Temperament mitgab. Als sicher gilt die Verwandtschaft mit allen „Paßgängern" auf der Route, die das prähistorische Pferd über die versunkene Landbrücke der Beringstraße nach Sibirien und weiter in die Mongolei, China und die Türkei gewandert ist. Die im Mittelalter wegen der Gangarten Paß und Tölt sehr populäre Rasse ist heute vom Aussterben bedroht, nicht zuletzt durch Kreuzungen mit schlechtem Zuchtmaterial. Die sehr kleine Population lebt halbwild unter schwierigen Bedingungen in den Bergen Asturiens.

Aztekenpferd

Kennzeichen: In ihm verbinden sich Schönheit und Eleganz des Andalusiers mit der Umgänglichkeit und Schnelligkeit des Quarter Horse. Mittellanger, trockener Kopf mit geradem Profil, leichter Rams- oder Hechtkopf werden toleriert. Gut angesetzte Ohren, breite Stirn, ausdrucksvolle, große Augen, weite, bewegliche Nüstern, gute Ganaschenfreiheit. Gut aufgesetzter, schöner, mittellanger Hals, kräftige, schräge Schulter, harmonischer, quadratischer Rumpf, breite Brust, gute Gurtentiefe, kurzer, breiter Rücken mit guter Sattellage, muskulöse, großflächige Kruppe, tief angesetzter Schweif, stabiles Fundament, korrekte, trockene Gliedmaßen, langes, dichtes, seidiges Langhaar. Alle Farben, ausgenommen Schecken und Albinos. Keine Abzeichen oberhalb der Vorderfußwurzel- und Sprunggelenke. Stockmaß 148 bis 165 cm.
Verbreitung: Mexiko. Gestüt in Texcoco bei Mexico City.
Leistung: Umgänglich, gelehrig, ruhig, genügsam, schnelle raumgreifende Bewegungen mit eleganter Aktion. Wendiges, kraftvolles Reit-, Fahr-, Springpferd und „Cow-Horse".
Zuchtgeschichte: Es ist das Pferd Mexikos. Seine Wurzeln gehen auf die von den spanischen Eroberern im 16./17. Jh. ins Land gebrachten Andalusier und die sich daraus entwickelten, in Mexiko ausgestor-

benen Criollos zurück. Der Wunsch nach einer unverfälschten mexikanischen Pferderasse veranlaßte Antonio Arizel Cauadilla und seine Freunde, gefördert vom mexikanischen Landwirtschaftsministerium, die „neue Rasse" zu züchten. Einheimische Landstuten wurden in den 70er Jahren mit gekörten Hengsten der Rassen Andalusier und Quarter Horse und dem Zuchtziel einer „nationalen, mexikanischen Rasse" gekreuzt. Inzwischen ist man bei einer Population von ungefähr 600 Pferden zur Reinzucht übergegangen. 1982 wurde der Zuchtverband Associacion Mexicana de Criadores de Caballos Raza Azteca gegründet.

Baleare (Mallorca-Pferd)

Kennzeichen: Elegantes, gängiges, mittelgroßes, kräftiges Pferd. Charakteristisch der kurze, dicke gebogene Hals mit der dichten Bürstenmähne und die schlanken Gliedmaßen. Feiner, trockener Kopf mit Ramsnase, nach hinten gerichteten Ohren und freundlichen Augen. Kräftiger Rumpf mit elastischer Rückenlinie und abfallender, kräftiger Kruppe. Feinknochiges, aber stabiles Fundament, harte Hufe. Braune und Dunkelbraune, weiße Abzeichen am Kopf erlaubt. Stockmaß um 140 cm.
Verbreitung: Auf den zu Spanien gehörenden Balearen, hauptsächlich auf Mallorca im Distrikt Palma.
Leistung: Gutmütiges, zuverlässiges, robustes Trag- und Zugpferd, das auch zum Reiten verwendet wird und in der Maulesel- und Maultierzucht; freie, fleißige Bewegungen.
Zuchtgeschichte: Der Ursprung des Caballo Mallorquin, das von der Iberischen Halbinsel stammt, reicht nach Meinung vieler Hippologen nicht nur bis zu den Pferden

der Antike zurück, sondern bis zu den Urwildpferden. Sie begründen dies mit dem Hinweis auf die Pferdedarstellungen auf antiken Münzen, Vasen und Schalen, sowie auf die Höhlenmalereien der Altsteinzeit (Paläolithikum). Sehr bald schon wurde die Rasse durch die wachsende Bedeutung der orientalisch-andalusischen Rassen vom Festland auf die Balearen verdrängt. Bis in das 17. Jh. sorgte die Abgeschlossenheit der Inselwelt für die Reinheit der Rasse. Da man aber der Reinzucht keine Bedeutung beimaß und nur vermehrte, verlor die Rasse mehr und mehr ihren ursprünglichen Charakter und war vom Aussterben bedroht. Erst vor ca. 20 Jahren wurden Schritte eingeleitet, die Rasse rein zu erhalten. Die Population wurde nach Abstammung, Exterieur und durch Bluttests selektiert und ein provisorisches Stutbuch eröffnet. Bis zum Abschluß dieser Maßnahme im Januar 1990 wurden nur 26 Stuten und fünf Hengste aufgenommen, was für die strenge Selektion spricht.

Baschkiren Pferd

Kennzeichen: Stämmiges Kleinpferd im Typ des Steppenpferdes. Schwerer, derber Kopf, kurzer, gerader Hals. Kräftiger Rumpf mit geradem Rücken und leicht abfallender Kruppe. Kurzes Fundament mit stabilen Gliedmaßen und harten Hufen. Voller Schopf, dichte, kräftige Mähne, üppiges, langes Schweifhaar, oft lockig, im Winter dickes, lockiges Winterfell. Vor allem Braune, Füchse und Rappen, seltener Schimmel, Falben und Schecken, selten Abzeichen. Stockmaß um 142 cm.
Verbreitung: GUS; in der baschkirischen und der tatarischen Republik im südwestlichen Ural sowie in den nordöstlichen Provinzen Rußlands. Die Bashkir Curleys in

den USA sind nach dem Urteil der Zoologen keine Abkömmlinge des Baschkiren Pferdes.
Leistung: Ruhiges Temperament und Charakter, ausdauerndes, anspruchsloses und leistungsfähiges kleines Reit- und Wagenpferd. Rekord in der Troika: 120 km in acht Stunden. Baschkirenpferde haben große Bedeutung für die Herstellung von „Kumys" (Stutenmilch) und werden dazu in großen Herden gehalten.
Zuchtgeschichte: Die Vorfahren des urwüchsigen, harten Baschkiren Pferdes haben schon vor mehreren tausend Jahren die Steppen, Hochebenen und Waldgebirge im südlichen Ural bevölkert. Lange Zeit wurden deshalb auch zwei Typen unterschieden: der kleinere Bergtyp mit ca. 135 cm Stockmaß und der Steppenpferdetyp mit ca. 142 cm. Inzwischen hat sich aber der größere Steppenpferdetyp durchgesetzt. Die ganzjährige Weidehaltung in großer Hitze und im Winter mit Futtersuche unterm Schnee erhält der Rasse Härte und Leistungsfähigkeit und macht sie zu einer unersetzbaren Ausgangsrasse für die Pferdezucht Rußlands.

Batak Pony

Kennzeichen: Unverkennbar der orientalische Einfluß auf den zierlichen „Bataker". Kleiner Kopf mit konkavem oder auch geradem Profil, große Augen und lebhaftes Ohrenspiel. Hoch aufgesetzter Hals mit gelegentlicher Neigung zum Hirschhals, gute Schulter, mittellanger, kräftiger Rücken, leicht abfallende Kruppe, üppiges Langhaar. Trockene, gut bemuskelte Gliedmaßen mit gut geformten, gesunden Hufen. Alle Farben. Stockmaß 120 bis 134 cm.
Verbreitung: Indonesien, mit dem Hauptzuchtgebiet Sumatra.

Leistung: Fleißiger Schritt, flotter, ausdauernder Trab, guter Galopp. Fromm, lebhaftes Temperament, leistungsbereit, genügsam und leichtfuttrig. Ein ausdauerndes, schnelles, trittsicheres Pack-, Reit- und Fahrpony, mit dem auch Rennen geritten werden.

Zuchtgeschichte: Pferde waren auf der indonesischen Inselwelt schon vor Jahrhunderten das Haupttransportmittel. Das Batak-Pony, auch Deli-Pony genannt, verdankt seinen Ursprung den von chinesisch-mongolischen und arabischen Händlern ins Land gebrachten Pferden, die als Transportmittel benötigt wurden. Die Niederländische Ostindien-Kompanie und die Kolonialtruppen führten ab dem 17. Jh. weitere Pferde der verschiedensten Rassen ein, die sich, bedingt u. a. durch die geographischen Verhältnisse, zu unterschiedlichen Schlägen entwickelten. Ein einheitliches Zuchtziel für die sich je nach Insel unterschiedlich entwickelten Rassen hat es lange nicht gegeben. unter der Kolonialherrschaft wurde es auch nicht gefördert, weshalb die Zucht degenerierte. Die starke Motorisierung in unserem Jahrhundert trug zum weiteren Rückgang der Zucht bei. Um dieser Entwicklung entgegenzuwirken errichtete die indonesische Regierung in Minda Kabau ein großes Gestüt und führte edle arabische Hengste zur Blutauffrischung der bedrohten Rasse ein.

Belutschi Pferd (Baluchi)

Kennzeichen: Mittelgroßes, robustes Kleinpferd, feiner, trockener Kopf mit geradem Profil und kleinen beweglichen Ohren, deren Spitzen nach innen gerichtet sind, ähnlich denen des Kathiawari. Langer, gerader Hals, der in einen deutlichen Widerrist übergeht. Dem schmalbrüstigen Rumpf fehlt es oft an Tiefe und ausreichender Rippenwölbung. Drahtige Hinterhand mit meist schwachen „Hosen", die Gliedmaßen sind kräftig und trocken, eisenharte Hufe, schönes Langhaar. Vor allem Braune, Füchse und Schimmel. Stockmaß um 150 cm.

Verbreitung: Republik Pakistan, vor allem in den Provinzen Belutschistan und Sind, sowie in den Regionen Bahawalpur, Dera Ghazikhan, Muzaffargarh und Multan im Punjab.

Leistung: Ausdauernd, flink, genügsam und hart, guter Schritt, ausgreifender Galopp. Verwendung zum Reiten, zum sportlichen „tentpegging" und als Zugpferd vor den zweirädrigen „Tongas", die zum Transport von Personen und Gütern verwendet werden.

Zuchtgeschichte: Zur Rassebildung, deren Anfänge weit in das Altertum zurückreichen, haben asiatische Wildpferde und orientalische Rassen beigetragen: die Orientalen aus dem Südwesten, aus Persien und Turkmenistan, und aus Nordasien die mongolisch-asiatischen Rassen, die ihren Weg über Hindukusch und Punjab fanden. Obwohl es, von einigen Ausnahmen in der britischen Kolonialzeit abgesehen, in Vorderasien keine geordnete Pferdezucht gegeben hat, hat die Selektion durch die harten Umwelt- und Lebensbedingungen in dieser Region alles in allem leistungsfähige, hervorragende kleine Gebrauchspferde hervorgebracht.

Bhutia Pony (Bhotia Pony)

Kennzeichen: Das Bergpony ist der größere Bruder des Spiti Ponys. Gefälliger, großer Kopf mit intelligentem Gesicht. Kurzer, kräftiger Hals, kompakter, tiefer Rumpf mit kräftiger Kruppe, stabiles, kurzes Funda-

ment mit harten Hufen. Vor allem alle Schimmelfarben, seltener Braune und Füchse. Stockmaß 132 bis 142 cm.
Verbreitung: Im Norden der Republik Indien und den Himalajastaaten Nepal, Sikkim und Bhutan. Der Stamm der Bhotias in Bhutan ist Namensgeber der Rasse.
Leistung: Typisches Gebirgspony der Himalaja-Region, das durch seine Ausdauer, Genügsamkeit, Kraft, Langlebigkeit, Trittsicherheit und Zähigkeit besticht. Die Anlage zu Paß und Tölt ist angeboren. Reit- und Packpferd.
Zuchtgeschichte: Das Königreich Bhutan am Südrand des Himalaja, zwischen Indien und China, gab ihm den Namen. Die Bevölkerung lebt vor allem von der Landwirtschaft und von Dienstleistungen. Das in Nepal und in den Himalajastaaten von Punjab bis Darjeeling verbreitete Bhutia Pony ist ein Abkömmling des Mongolischen Wildpferdes und ein naher Verwandter des Tibet Ponys. Wie bei allen Bergponyrassen ist der kleine Wuchs die Folge der extrem harten Lebensbedingungen und der Inzucht. Erstaunlich aber ist, daß sie ihre robuste Willigkeit zum Tragen und Ziehen von Lasten erhalten haben, die die eigenen Proportionen übertreffen. Nach Größe und Kaliber werden drei Schläge unterschieden: Tattu (112 bis 122 cm), Chyanta (122 bis 132 cm), Thanghan (132 bis 142 cm).

Canadian Pinto

Kennzeichen: Während Pintos als ausgesprochene Farbzucht im allgemeinen nur nach ihrer Farbe und Scheckung beurteilt werden, wird der Canadian Pinto nach seinem Exterieur und seinen Eigenschaften beurteilt. Man unterscheidet vier Typen: den muskulösen Morgan-Typ, den elegan-

ten Saddlebred-Typ, den schnellen Rennpferd-Typ und den Pony-Typ.
Verbreitung: Kanada.
Leistung: Vielseitig, ausdauernd, leistungsfähig in allen Western-Disziplinen, dem Spring- und Jagdreiten bis zu Flachrennen.
Zuchtgeschichte: Die Rasse ist noch sehr jung. Erst 1961 wurde mit der Zucht begonnen. Doch der Zuchtstamm ist sehr alt und reicht bis in das 17. Jahrhundert zurück. Damals schenkte der französische König Ludwig XIV., der Sonnenkönig, in Quebec lebenden französischen Adligen 40 Pferde aus seinem Gestüt bei Versailles, um ihnen das Leben in der französischen Kolonie angenehmer zu machen. So wurde das kanadische Pferd geboren, auf das der Canadian Pinto zurückgeführt wird.

Chickasaw Pony

Kennzeichen: Kurzer, schlichter Kopf mit kleinen Ohren und freundlichen, intelligenten Augen. Außerordentlich kurzer Hals, kompakter Rumpf mit breiter Hüfte, abfallender Kruppe und tief angesetztem Schweif. Stabiles Fundament, die oft unterständigen Gliedmaßen mit breiten, kurzen Fesseln. Braune, Rappen, Füchse, Schimmel, Palominos, Stichelhaarige und Braunschimmel, oft mit weißen Abzeichen. Stockmaß 135 bis 150 cm.
Verbreitung: USA, vor allem in North Carolina.
Leistung: Ausgezeichnetes Temperament und guter Charakter, ausdauernd, wendig und schnell, hervorragende Leistungen in allen Westerndisziplinen.
Zuchtgeschichte: Das 16. Jh. war die Geburtsstunde des Ponys, als spanische Abenteurer unter de Soto auf ihrem Zug von Florida nach Tennessee und North

Carolina den Chickasaw Indianern begegneten. Denn als de Soto den Stamm zwingen wollte, den Transport der Ausrüstung zu übernehmen, verjagten diese die Eindringlinge, und deren mehr als 100 Pferde entliefen in die Wälder. Viele davon wurden später eingefangen und von den Indianern zum Reiten und zur Zucht verwendet. Die Siedler erkannten bald den Wert der Indianerponys, die klein, kräftig und wendig waren, einen sehr schnellen Antritt hatten, sich über kurze Distanzen sehr schnell bewegten und so ganz anders waren als ihre Pferde. Sie kauften Pferde von den Chickasaws und kreuzten sie mit ihren Pferden, am erfolgreichsten beim Quarter Horse, dem die Ponys ihre Spurtschnelligkeit vererbten. Daraus entwickelten sich alle die Rassen, die man für die Arbeit mit den Rindern benötigte, kräftige, muskulöse, schnell reagierende, antrittsschnelle Pferde. Die Popularität des Chickasaw nahm um 1800 ab, als man sie mit orientalischen Rassen kreuzte. Doch seit den 60er Jahren dieses Jahrhunderts nimmt das Interesse wieder zu.

Chilean Corralero

Kennzeichen: Eine gefällige Erscheinung mit ausgezeichneten Proportionen für die Arbeit mit Rindern. Wohlgeformter Kopf mit geradem Profil, mit kleinen, weitgesetzten Ohren, gut gesetzten, großen, lebhaften Augen, feines, kleines Maul. Kurzer, breiter Hals, starke, schräge Schulter, breite Brust, kräftiger, tiefer Rumpf mit guter Rippenwölbung, muskulöse Hinterhand mit runder Kruppe, kurzes, stabiles Fundament. Dichtes, welliges Langhaar, alle Grundfarben. Stockmaß 140 bis 148 cm, um 370 kg schwer.
Verbreitung: Chile.

Leistung: Ein Pferd für Arbeiten in der Landwirtschaft und für jedermann zum Reiten und Fahren. Vor allem aber das Pferd der Viehhirten für die Arbeit mit den Rindern. Dabei ist es durch seinen kompakten Körper in der Lage, selbst Bullen von 500 kg zu stoppen oder zu schieben. Und beim chilenischen Rodeo, dem schnellen Verfolgen und Einholen entlaufener Rinder, glänzt es durch Schnelligkeit und Gewandtheit.
Zuchtgeschichte: Der Chilenische Corralero stammt von spanischen Pferden ab, die der spanische Eroberer Pedro de Valdivia 1541 aus Peru nach Chile geholt hatte, wohin sie 1514 mit Francisco Pizarro gekommen waren. Weitere 42 Pferde der Stämme Guzmán und Valenzuelas kamen 1557 mit dem neuen Gouverneur Garcia Hurtado de Mendoza nach Chile und bildeten den Grundstock für die chilenische Pferdezucht. Eine rein chilenisch gezogene Rasse gab es aber erst zu Beginn des 19. Jh., und den Corralero erst gegen Ende des 19. Jahrhunderts. Aus dem Pferd der spanischen Eroberer war ein nicht wegzudenkender Partner der chilenischen Soldaten, Rinderhirten und Rancheros geworden.

China Pony

Kennzeichen: Typ und Exterieur sind sehr unterschiedlich: oft schwerer, keilförmiger Kopf mit meist geradem Profil oder leichter Ramsnase. Tief angesetzter, kurzer, breiter Hals, schräge Schulter, tiefer Rumpf mit guter Rippenwölbung, langer, starker, gerader Rücken, muskulöse, breite, schräge Kruppe. Stabiles Fundament mit starken Gliedmaßen und harten, kleinen Hufen. Kräftiges, dichtes Langhaar. Vor allem Schimmel, Falben und Füchse. Stockmaß von 125 bis 150 cm.

Verbreitung: Volksrepublik China, Vorder-, Mittel- und Ostasien.

Leistung: Überwiegend als Reit-, Trag- und Zugpony verwendet, aber auch, je nach Typ, als Polo-, Renn-, Distanz- und Jagdpony. Leistungsfähig, genügsam, hart, ausdauernd, ungemein zäh. Ausdauernder Trab, auch Paß, den „annamitischen Trab".

Zuchtgeschichte: Die unterschiedlichen Schläge des Chinesischen Ponys stammen alle vom Przewalski Pferd und dessen domestiziertem Abkömmling, dem Mongolen Pferd ab. China kannte keine Pferdezucht im eigentlichen Sinn. Die Zucht der in halbwilden Herden lebenden Pferde überließen die Chinesen den Tibetern oder Mongolen. Der Einfluß orientalisch-vollblütiger Rassen war und ist unbedeutend. Doch ist der Verkauf persischer Pferde nach China für das 3.–15. Jh. belegt. Und wegen dieser „Himmels-Pferde" führten die Chinesen gegen das ferne Turkestan sogar Krieg. Unter Dschingis Khan und seinen Nachfolgern verdrängte das Mongolische Pferd die anderen Rassen. Von den vielen Schlägen sind die des Szetschwan-, Yünnan-, Ilin-, Tatung-, Saiffin-, Ketschui- und Siming-Pony am bekanntesten. Die schnellen Saiffins wurden früher als Rennponys, sogenannte „Griffins" verkauft. Am beliebtesten sind Rot- und Grauschimmel, die als stark und schön gelten sowie Falben, weil gelb die Farbe der chinesischen Kaiser war und die fruchtbare Farbe des Lößes ist.

Colorado Ranger Horse

Kennzeichen: Kraftvolle, kompakte, athletische Erscheinung. Ausdrucksvoller Kopf mit breiter Stirn und geradem Profil. Leicht gewölbter Hals, niedriger Widerrist, schräge Schulter. Kräftiger, tiefer Rumpf, kurzer, breiter Rücken, muskulöse Kruppe. Gesunde, kräftige Gliedmaßen, außerordentlich harte Hufe; feines Langhaar. Viele Scheckenvariationen, wie beim Appaloosa. Größe 150 bis 157 cm.

Verbreitung: USA, Hauptzuchtgebiet Colorado, und in Jordanien.

Leistung: Ein außerordentlich leistungsfähiges, ausdauerndes, vielseitiges Gebrauchspferd.

Zuchtgeschichte: Obwohl vom Appaloosa beeinflußt, ist es keine Farbzucht. Die Scheckung ist nicht Voraussetzung für die Rassezugehörigkeit. Darüber entscheidet allein die Abstammung von den Gründer-Blutlinien.

General Ulysses S. Grant, der 1878 in Konstantinopel vom Sultan Abdul Hamid zwei Hengste geschenkt bekam, den Araber *Leopard (Siglavy-Gidron)*, Schimmel, geb. 1873, und den Berber *Linden Tree*, einen Rappschimmel, geb. 1874, stellte sie zunächst in Virginia zur Zucht von leichten Fahrpferden auf. Später produzierten sie in Nebraska auf der Colby Ranch mit einheimischen Stuten interessant gefärbte und gescheckte Nachzucht, die das Interesse der Züchter weckte. A. C. Whipple aus Kit Karson County, Colorado, kaufte eine Anzahl Stuten, alle von *Leopard* oder *Linden Tree* abstammend, und stellte den Hengst *Tony* dazu, einen Schimmel mit schwarzen Ohren, der auf *Leopard* gezogen war, und begründete auf dieser Basis eine ausgedehnte Linienzucht. Doch der wirkliche Begründer der „Colorado-Ranger-Rasse" wurde Mike Ruby von der Lazy J Bar Ranch, mit den Hengsten *Patches* v. *Tony* und dem Berber *Max* v. *Waldron* v. *Leopard*, die ungewöhnlich farbige Nachzucht produzierten. 1994 wurde die Rassebezeichnung offiziell und die Colorado Horse Association gegründet.

Danubisches Pferd (Donau Pferd)

Kennzeichen: Stämmiger, mittelgroßer Warmblüter mit viel Gurtentiefe im Rechteckformat. Ausdrucksvoller Kopf mit geradem Profil, schwerer, überladener Hals, kurzer Widerrist, muskulöse Schulter. Kompakter Rumpf mit mittellangem, weichem Rücken, kräftiger, leicht abfallender Kruppe und tief angesetztem Schweif. Stabiles Fundament, trockene, knochenstarke Gliedmaßen mit markanten Gelenken und korrekten Hufen. Schönes Langhaar, vor allem Dunkelbraune und Rappen. Stockmaß um 158 cm. Zwei Schläge: ein großer schwerer und ein kleiner edler.

Verbreitung: Republik Bulgarien mit Gestüten in der Donauebene als Hauptzuchtgebiet. In der Thrakischen Ebene und der Dobrutscha und dem Staatsgestüt G. Dimitrov (früher Klementina) bei Pleven.

Leistung: Leistungsfähig und ausdauernd, angenehmer Charakter und gutes Temperament. Der schwere Typ mit besonderer Eignung als Wagenpferd. Der edlere, kleinere Typ mit guten Reitpferdepoints zeichnet sich durch Ausdauer, Härte, kraftvolle Bewegungen und gute Springanlagen aus; auch als Distanzpferd geschätzt.

Zuchtgeschichte: Die Rasse entstand vor ca. 70 Jahren auf der Basis von Nonius-Hengsten und Landstuten Bulgariens, Ungarns, Jugoslawiens und der Tschechoslowakei. Auch Arabisches und Englisches Vollblut wurde eingekreuzt. Erkennbar geblieben ist der starke Nonius-Einfluß, dessen zwei Schläge, der des großen, robusten Wirtschaftspferdes und des kleineren, höher im Blut stehenden Warmblüters sich auch in den beiden Schlägen des Danubischen Pferdes durchgesetzt haben. Linienbegründer der seit 1951 anerkannten Rasse sind *Novak, Zdravko, Chrabr, Isk'r* und *Durczas*.

Dølepferd (Gudbrandsdaler, Østlandpferd)

Kennzeichen: Mittelgroßer, stabiler, gängiger, harmonischer Kaltblüter im Zugpferdetyp. Ponyähnlicher Kopf, muskulöser Hals, ausreichend formierte Schulter. Kräftiger, tiefer Rumpf mit guter Rippenwölbung, breiter Brust, muskulöse, schräge Kruppe. Stabiles Fundament mit kräftigen Gliedmaßen und Behang, harte, gut geformte Hufe. Starkes Langhaar. Vor allem Braune und Rappen. Stockmaß um 155 cm.

Verbreitung: Norwegen, vor allem in den Tälern um Gudbrandsdal im Norden Norwegens.

Leistung: Genügsam, leistungsfähig, leichtfuttrig, energisch, beweglich, gutes Temperament, guter Schritt und Trab. Ein Pferd für jeden Zweck.

Zuchtgeschichte: Das fruchtbare Gudbrandsdal bot Pferden bessere Lebensbedingungen als die anderen Teile Norwegens und wurde im 18. Jh. zum Schmelztiegel der neuen Rasse: der Gudbrandsdaler. An der Entwicklung waren nicht nur alte bodenständige, bis in die Wikingerzeit zurückgehende Landrassen und Fjordpferde beteiligt, sondern auch Friesenpferde. Gemeinsamkeiten lassen sich auch mit Dales- und Fell Pony feststellen. Die Zucht konsolidierte sich im 19. Jh. durch Einkreuzung von Dänen, Fredriksborgern, Holsteinern sowie Englischem Vollblut, dessen bedeutender Vertreter der 1834 eingeführte *Odin* v. *Partisan-Rachel*, geb. 1830, war. Der Schwarzbraune deckte mit durchschlagendem Erfolg bis 1838. Entscheidend aber war der Entschluß zur konsequenten Reinzucht. Das Dølepferd, wie es seit 1947 genannt wird, entwickelte sich zu einem schweren, zugkräftigen Typ und einem leichteren, mit größerem Trabvermögen, dem späteren Døle Traber. Nach dem 2. Weltkrieg ging der Bestand zurück, doch wurde diese Entwicklung 1962 durch die Einrichtung eines Staatsgestütes aufgefangen.

Døle Traber

Kennzeichen: Der Kaltbluttraber ist der gefälligere, leichtere Bruder des Dølepferdes mit erkennbarem Vollbluteinfluß. Ausdrucksvoller, klar geschnittener Kopf mit dichtem Schopf. Mittellanger, muskulöser Hals, Schulter oft steil. Kräftiger Rumpf mit breiter Brust, guter Gurtentiefe und Rippenwölbung, langem Rücken, muskulöse, aber nicht gespaltene Kruppe. Trockene Gliedmaßen, kaum Behang, kleine, harte Hufe. Schönes, volles Langhaar. Vor allem Braune, Schwarzbraune, Dunkelbraune. Stockmaß um 160 cm.

Verbreitung: Norwegen.

Leistung: Ausgezeichnetes Fahrpferd mit gutem Schritt und Trab, beliebter Traber.

Zuchtgeschichte: Der Ende des 19. Jh. aus dem Dølepferd hervorgegangene Døle Traber, verdankt seine Existenz der Freude der Norweger an Trabrennen. Die natürlichen, guten Trabeigenschaften des Dølepferdes wurden gezielt selektiert und durch Einkreuzung besten Traberblutes aus Schweden und England verbessert. Vor allem der Norfolk Trotter *King Tom* v. *Young Fire-King*, geb. 1871 in England, erlangte über seine Nachzucht große Bedeutung. Der norwegische Staat förderte diese Entwicklung seit 1875 durch die Anlage von Trabrennbahnen. Seit 1941 gibt es für den Døle Traber ein eigenes Stutbuch. Hengste müssen, um eingetragen zu werden, eine Leistungsprüfung im Trab über 1000 m (0,6 Meilen) mit der Mindestleistung von drei Minuten bestehen.

Dongola Pferd (Nubisches Pferd)

Kennzeichen: Alte afrikanische Rasse mit starkem Berbereinschlag. Starker, häufig halbgeramster Kopf (Schafskopf) mit breiter Stirn, großen Augen, kleinen beweglichen Ohren. Kurzer, breiter Hals, steile Schulter, tiefer, kräftiger Rumpf, runde Kruppe mit hoch angesetztem Schweif. Stark knochige, trockene Gliedmaßen mit sehr harten Hufen. Vor allem Rappen, oft weiße Abzeichen am Kopf und den Beinen. Stockmaß 155 bis 160 cm.

Verbreitung: Sudan.

Leistung: Erlangten im 19. Jh. als Pferde der Panzerreiter der „Libbedis" im Königreich Dongola und den islamischen Sultanaten des Sudan große Bedeutung. Heute sieht man Dongola Pferde nur noch bei Paraden wie z. B. beim Bairamfest in Kuka, der Hauptstadt im Sultanat Bornu. Die Leibgarde des Sultans ist noch mit der alten Rasse beritten. Anspruchslos, klimafest.

Zuchtgeschichte: Herodot und Strabo (400–430 v. Chr.) berichten von den für ihre Pferdezucht berühmten Völkern im nördlichen Afrika, von Algerien, Marokko, Tunesien, Libyen bis Ägypten. Auch Felsbilder zeugen davon, und die Region war im Altertum bekannt für ihre Pferde und Reiter. Nach Meinung angesehener Hippologen soll das Dongola Pferd Blut des alten oberägyptischen Pferdes und auch Berber-Blut führen. Die Dongola-Rasse war berühmt und auch in Europa bekannt. Im 19. Jh. wurde sie nach Wien, Weil/Württ. und England eingeführt. Die britische Militärverwaltung hat zu Beginn dieses Jahrhunderts die Pferdezucht stark gefördert. Zuchtbasis waren die kleinen ägyptischen, stark vom Berber geprägten Arbeitspferde. In Pferdecamps wurden Zuchtstämme zusammengestellt und, zur Überraschung vieler, Highland Ponys als Kreuzungsmaterial verwendet. Was als Experiment begann, wurde ein bemerkenswerter Erfolg.

Färöer Pony

Kennzeichen: Dem Islandpony vergleichbar und mit einem Stockmaß um 120 cm etwas kleiner. Vor allem Braune, mitunter auch Rappen, sehr selten auch Dunkelbraune, aber niemals Schimmel oder Schecken, gelegentlich Palominos und Falben.
Verbreitung: Auf den zu Dänemark gehörenden Färöer Inseln im nördlichen Eismeer zwischen Island und den Shetland-Inseln.
Leistung: Anspruchsloses Reit- und Packpony.
Zuchtgeschichte: Das Färöer Pony ähnelt den Pferden, die um 200 v. Chr. von Asien nach Europa gekommen waren. Die kleinen Pferde kamen mit den Kelten und skandinavischen Siedlern auf die karge Insel, auf der damals weder Landsäugetiere noch Baumbewuchs zu finden waren. Etwa 800 n. Chr. hatten zwar die Wikinger die Inseln betreten und um 700 n. Chr. irische Mönche, um das Evangelium zu predigen, trotzdem lebten die Ponys über viele Jahrhunderte mehr oder weniger unbehelligt. Sie wurden nach Bedarf als Packtier und Fleischlieferant genutzt. Doch der Bestand ging ständig zurück. In den 70er Jahren unseres Jahrhunderts, vor der Gründung der Faeroes Pony Association, existierten nur noch fünf Ponys, aber bis 1988 war die kleine Herde durch die Bemühungen der Züchter bereits wieder auf 27 Köpfe angewachsen. Alle Ponys werden von einer Zuchtbuchkommission beurteilt, nach ihrer Blutgruppe identifiziert und erst nach ihrer Anerkennung in

das Stutbuch eingetragen. Von den 1988 zu beurteilenden 27 Ponys wurden 24 zur Zucht anerkannt. Die Gefahr des Aussterbens scheint gebannt.

Flores Pony

Kennzeichen: Kräftiges, kompaktes Pony. Mittelgroßer, etwas schwerer Kopf mit kräftigem Schopf und geradem Profil, kleinen Ohren, lebhaften Augen. Kurzer, breiter, gerader Hals mit kräftiger, voller Mähne, steile Schulter, kompakter Rumpf mit guter Tiefe, geradem Rücken und schräger Kruppe mit hoch angesetztem, vollem Schweif. Stämmiges Fundament mit derbknochigen Gliedmaßen und harten Hufen. Dunkle Farben herrschen vor. Stockmaß 110 bis 125 cm. Es werden zwei Typen unterschieden: der größere, kräftigere, ruhigere **Mangerai**-Typ und der kleinere, zierlichere, temperamentvollere **Ngada**-Typ.
Verbreitung: Republik Indonesien, vor allem auf Flores, der Nachbarinsel von Timor.
Leistung: Je nach Typ ruhiges bzw. lebhaftes Temperament. Beide Typen sind robust, genügsam und zäh und werden als Zug-, Reit- und Tragtier verwendet.
Zuchtgeschichte: Die Abstammungs- und Zuchtgeschichte des eng mit dem Timor Pony und den anderen Ponyrassen der Inseln zwischen Australien und Malaysia verwandten Flores Ponys ist unsicher. Sicher ist nur die Beeinflussung durch mongolisch-asiatisch-orientalische Rassen. Noch in der ersten Hälfte dieses Jahrhunderts wurden Ponys wie das Flores Pony allgemein unter dem Begriff Sunda- oder Malayenponys zusammengefaßt und in Europa vor allem in Zoologischen Gärten gehalten. Auf die Inseln Südostasiens ist auch das „Flores" durch Völkerbewegun-

gen und Handel schon vor unserer Zeit-rechnung gekommen. In unserem Zeitalter versuchten dann die Kolonialmächte durch eine mehr oder weniger gezielte Zucht die Rasse für ihre Zwecke zu verändern, mit unterschiedlichem Erfolg.

Florida Cracker

Kennzeichen: Harmonisches Cowpony im iberischen Typ. Mittelgroßer, gefälliger Kopf, gut geformter Hals, ausgeprägter Widerrist, Rumpf mit guter Gurtentiefe, guter Rippenwölbung, fester Rückenlinie und abschüssiger Kruppe. Tief angesetzter Schweif, stabiles Fundament mit harten Hufen. Schönes Langhaar, alle Grundfar-ben. Braune und Schimmel dominieren. Stockmaß 138 bis 152 cm.

Verbreitung: USA, vor allem in Florida.

Leistung: Sie sind für ihre außerordentliche Härte, Ausdauer, Schnelligkeit, Cow-sense und ihre schnellen Gänge bekannt, darun-ter der Running Walk und der Tölt, der im Cracker-Dialekt „Coon-Rack" genannt wird.

Zuchtgeschichte: Die Vorfahren des heuti-gen Cracker-Pferdes sind 1521 mit dem Spanier Ponco de Leon nach Florida ge-kommen. Es waren iberische Pferde mit Berber-, Andalusier-, Sorraia- und Genet-ten-Blut. Bis Mitte des 16. Jh. brachten spanische Einwanderer weitere Pferde mit nach Florida, um eine Pferdezucht aufzu-bauen. Bald bildeten sich aus entlaufenen und freigelassenen Pferden wilde Herden, die sich an Klima und Lebensbedingungen Floridas gut angepaßt hatten. Eingefangen und gezähmt glänzten sie als Allround-Pferde auf allen Feldern der landwirt-schaftlichen Entwicklung Floridas, im Geschirr und unter dem Sattel. Vor allem bewährten sie sich bei der Arbeit mit den Rindern, die in großen Herden gehalten wurden. Sie erhielten ihren Namen von den peitschenknallenden (crack) Viehtrei-bern, den Crackern. Das genetische Erbe des Florida Crackers konnte durch Züchter bis heute erhalten werden. Die 1930 von John Law Ayers in Brooksville begonnene Crackerzucht wurde von diesem 1984 dem Withlacoochee Nationalpark übergeben. Die Florida Cracker Horse Ass. Inc., in Newberry pflegt das Erbe des ursprünglich spanischen Kolonialpferdes.

Foulbe Pferd (Fulbe-, Fullani Pferd)

Kennzeichen: Von anderen afrikanischen Rassen unterscheidet es sich durch den höheren Wuchs und vor allem durch einen oft sehr deutlichen Ramskopf. Ver-hältnismäßig kräftiger Körper mit gera-dem Rücken, abfallender Kruppe und tief angesetztem Schweif. Die Schulter ist oft steil. Kräftige Gliedmaßen mit harten Huf-en. Vor allem Braune, Füchse, Rappen und Schimmel. Stockmaß um 142 cm.

Verbreitung: Die Republiken Kamerun und Nigeria in Westafrika.

Leistung: Das Pferd ist auch heute noch vor allem Statussymbol. Es wird, überladen mit prachtvollem Zaumzeug und brutalen Gebissen, bei den auf den Islam zurückge-henden Fantasias effektvoll – steigend, springend, wild galoppierend – präsentiert. Früher war es auch „Kriegswaffe". Charak-ter und Temperament des Foulbes gelten als schwierig, wozu der brutale Umgang und die allgemein schlechten Haltungsbe-dingungen beigetragen haben. Das Foulbe ist zäh und genügsam und wird als Reit- und Tragtier verwendet.

Zuchtgeschichte: Wie das Mbororo Pferd im Westen sind an der Rassebildung, die allerdings von sehr unterschiedlicher Variationsbreite ist, auch Berber, Äthiopier und arabische Pferde beteiligt gewesen. Obwohl Afrikaner gute Viehzüchter sind, erfolgte die Rassebildung mehr zufällig als züchterisch gewollt. Die Ursache dafür ist die Tatsache, daß Afrika durch das vorherrschende feuchtheiße Klima für die Pferdezucht nicht sehr geeignet ist, auch der Norden Kameruns nicht.

Galiceno

Kennzeichen: Kompaktes, kleines Pony. Mittelgroßer, ausdrucksvoller Kopf mit geradem Profil, großen, freundlichen Augen, aufmerksamen, großen, weit gesetzten Ohren. Kurzer, kräftiger Hals, langer Widerrist, Schulter manchmal steil. Gut ausgebildeter Rumpf mit guter Gurtentiefe, kurzem, geradem Rücken und muskulöser, leicht geneigter Kruppe. Stabiles Fundament mit harten Hufen. Vor allem Braune, Füchse und Falben. Pintos und Albinos werden nicht registriert. Stockmaß 122 bis 137 cm.

Verbreitung: Hauptzuchtgebiete sind das Herkunftsland Mexiko und die USA.

Leistung: Robust und ausdauernd, guter Charakter, freundliches Temperament, intelligent und lernwillig. Schwungvolle, energische Bewegungen, gutes Springvermögen. Typisch für den Galiceno ist der „Running walk", ein Rennschritt im gleichmäßigen Viertakt, den er mit dem Tennessee Walker gemein hat. Ursprünglich Reit-, Trag- und Zugpferd der mexikanischen Bauern, ist er heute ein vielseitiges, ideales Familienpferd.

Zuchtgeschichte: Die Zuchtgeschichte geht bis in die Zeit der Eroberung Mexikos durch die Spanier unter Cortez im 16. Jh. zurück. Unter den damals von der Iberischen Halbinsel mitgeführten Pferde sollen auch Garranos aus der spanischen Provinz Galicien gewesen sein, die als Begründer der Rasse angesehen werden. Ursprünglich wurde der Galiceno in Mexiko als Arbeitspferd gezüchtet und blieb bis zur Konsolidierung der Rasse vom Blut anderer Rassen nicht unbeeinflußt. 1959 fand er über die Anliegerstaaten des Golfs von Mexiko den Weg in die USA, wo er in überraschend kurzer Zeit als Freizeitpferd sehr beliebt wurde, so daß bereits 1959 ein Zuchtbuch angelegt werden konnte.

Galicisches Pony
(Faca galizana, Poney gallego)

Kennzeichen: Halbwild lebendes, robustes Bergpony. Verhältnismäßig langer Kopf mit kräftigem Schopf, kleinen Mausohren, intelligenten Augen und geradem Profil. Kurzer, breiter Hals mit üppiger Mähne. Rumpf mit breiter Brust, guter Rippenwölbung, abfallender Kruppe. Langer, voller Schweif, stabile, klare Gliedmaßen mit sehr festen, runden Hufen. Vor allem Braune. Stockmaß 120 bis 130 cm.

Verbreitung: Spanien, in der Provinz Galicien, im gebirgigen Nordwesten Spaniens.

Leistung: Hartes, ausdauerndes, freundliches, intelligentes, unkompliziertes Gebirgspony mit Anlage zum Paß und zum Tölt. Wird als Reit- und Packtier sowie zur Fleischproduktion genutzt.

Zuchtgeschichte: Diese alte iberische Rasse geht auf das frühgeschichtliche Keltenpferd zurück. Es gehört zur Gruppe der Sorraias, Garranos und Navarras, die mit den portugiesisch-spanischen Eroberern nach Nord- und Südamerika gekommen waren und vor allem im 15. und 16. Jh. die entstehenden neuen Rassen stark beeinflußt haben. Im nordamerikanischen

Mustang und im südamerikanischen Criollo fließt auch ihr Blut. Der mexikanische Galiceno ist ein direkter Nachkomme des auch „Jaca gallega" oder „Poney gallego" genannten Galicischen Ponys. Durch planlose Einkreuzung schlechter und ungeeigneter Rassen lief man in Spanien Gefahr, die Rasse mit ihrem ursprünglichen Typ zu verlieren. Dem wurde 1994 mit der Errichtung eines Herdbuches entgegnet.

Galla Pferd

Kennzeichen: Kleines Pferd mit starkem unverkennbar arabischen Einschlag. Der Kopf ist allerdings recht derb und will nicht so recht zu dem im allgemeinen trockenen Exterieur passen. Die Schulter ausreichend bis gut, die Kruppe häufig zu steil. Das Fundament mit den dünnen, aber starken Beinen ist recht gut, ausgezeichnet vor allem die eisenharten Hufe. Dieser Typ ist vor allem in der Küstenregion anzutreffen. Der im Hochland anzutreffende Schlag ist meist etwas grober und kräftiger und hat in der Regel eine steile Schulter, einen zu langen Rücken (Karpfenrücken) und eine stark überbaute, abfallende Kruppe. Vorherrschend alle Schimmelfarben, auch Füchse, Isabellen und Rappen. Stockmaß von 120 bis 150 cm.
Verbreitung: Im heutigen Äthiopien, den Provinzen Eritrea, Gojjam und Shoa.
Leistung: Zäh, wendig, schnell, anspruchslos, große Kletterfähigkeit. Reit- und Fahrpony. Hengste zur Maultierzucht mit dem Somaliesel eingesetzt.
Zuchtgeschichte: Der „schwarze Kontinent" war durch die ungünstigen Lebensbedingungen nie ein Pferdeland. Nur in Ägypten und den von den Arabern eroberten Gebieten Nordafrikas war die Pferdezucht

durch akzeptable Vegetation und Klima möglich und erfolgreicher. Im Galla Pferd fließt orientalisches Blut, doch hat das Pferd in Äthiopien im Lauf der 1.500jährigen Geschichte durch Umwelteinflüsse die typischen Merkmale des Arabers verloren. Es fehlte an einheitlichen Regeln für eine planmäßige Zucht. Pferde wurden lange Zeit nur gezüchtet, um Kreuzungspartner für den kleinen Somaliesel zu haben. So verkam die Zucht zu den beiden im Typ so unterschiedlichen Kleinpferden: dem leichten Schlag in Eritrea, dem „Küstenpferd", und dem derben Gebirgsschlag im Hochland, dem „Bergpferd".

Kabuli Pony (Afghane)

Kennzeichen: Drahtiges, kleines, orientalisch-mongolisch beeinflußtes Gebirgspony. Mittelgroßer Kopf, Ohren oft sichelförmig, lebhafte Augen, breite Maulpartie und weite Nüstern. Muskulöser, gerader Hals, kräftiger, ausreichend tiefer Rumpf, aber oft mit flacher Rippe, mangelhaftem, langen Rücken und schwacher Lende. Das Fundament ist stabil und trocken mit sehr harten Hufen. Feines, volles, Langhaar, alle Grundfarben.
Verbreitung: Islamische Republik Afghanistan und in den Nachbarstaaten Pakistan und Indien.
Leistung: Hartes, ausdauerndes, unverwüstlich mutiges und außerordentlich trittsicheres Reit- und Tragpferd mit gutem Charakter und Temperament.
Zuchtgeschichte: Afghanistan ist mit seiner Lage zwischen Rußland und Pakistan ein uraltes Durchzugsgebiet für Händler und Nomaden. Auch für Usbeken, Turkmenen, Perser und Mongolen war es Durchgangsland, und die Pferdezuchten dieser Völkerschaften trugen alle ihr Blut zum Kabuli

Pony bei. Das wurde bis in das 19. Jh. „kandaharische" Rasse genannt und war nach dem Urteil der Zeitgenossen kleiner und weniger edel als die persischen und turkmenischen Rassen.

Wenn auch das Pferd immer ein wichtiges Verkehrs- und Transportmittel war, so war es auch immer nur ein Gebrauchsmittel, dem keine besondere Fürsorge und Pflege galt. Kenner der afghanischen Verhältnisse staunen deshalb darüber, was die ausgemergelten und schlecht versorgten Pferde auch heute noch leisten. Nach Meinung der Afghanen brauchen die Pferde in der arbeitsfreien Zeit kein Futter, lebenswichtiger sind den Menschen ihre Rinder- und Schafherden.

Kalabreser

Kennzeichen: Gefälliges, mittelschweres Reitpferd im Langrechteckformat. Edler, trockener Kopf mit geradem Profil, mitunter leichte Ramsnase, gut angesetzter, mittellanger Hals. Lange, schräge, gut bemuskelte Schulter, ausgeprägter Widerrist, kräftiger Rumpf mit guter Gurtentiefe, feste Oberlinie und schräge Kruppe. Muskulöse, starke, trockene Gliedmaßen, korrekte, harte Hufe. Schönes Langhaar. Alle Grundfarben, vor allem aber Braune und Dunkelbraune. Stockmaß um 163 cm.

Verbreitung: Italien, Provinz Kalabrien, in der Ebene von Sibari und im Tal des Crati und Crotone.

Leistung: Ausdauerndes, leistungsstarkes und vielseitiges Sportpferd mit gutem Charakter und Temperament sowie eleganten, guten Grundgangarten und Springvermögen.

Zuchtgeschichte: Die Geschichte des Pferdes in Italien reicht bis in die Zeit des alten Roms zurück. Damals wurden Pferde

aus allen Teilen des Imperium Romanum, das von der Nordsee bis zur Sahara und von Gibraltar bis Ägypten und Armenien reichte, eingeführt. Diese Praxis wurde auch nach dem Verfall des römischen Reiches beibehalten.

Erst im Mittelalter wurde mit dem Aufbau einer italienischen Pferdezucht mit Hilfe arabischer, berberischer und altspanischer Veredler begonnen. Mit großem Erfolg, so daß die italienische Pferdezucht und Reitkunst schon im 16. Jh. in Europa hohes Ansehen erlangte. Wie beim Salerner wurde auch die Zucht des Kalabresers im weiter südlich gelegenen Kalabrien sehr stark durch arabisch-orientalische Hengste beeinflußt, wie auch später im 18./19. Jh. unter den Bourbonen. Im 20. Jh. förderte die Aufstellung erstklassiger Englischer Vollblüter und Salerner Hengste und Stutfohlen den Aufbau der Pferdezucht in Kalabrien, deren Produkte in ihren charakteristischen Merkmalen der des Salerners ähneln.

Karadagh

Kennzeichen: Harmonisches Bergpferd. Feiner, leichter Kopf mit großen Augen, weit gesetzten beweglichen Ohren. Kräftiger, gut gewölbter Hals, schlanker, feiner Körper mit kurzem, geradem Rücken und muskulöser Kruppe. Stabiles Fundament mit langen, kräftigen Gliedmaßen und festen Hufen. Vor allem metallisch schimmernde Braun- und Falbfarben. Stockmaß bis 157 cm.

Verbreitung: Republik Iran, allerdings vom Aussterben bedroht.

Leistung: Leistungsfähiges, zähes Bergpferd zum Reiten, Tragen und zum Ziehen. Leichtfüßig, energisch, trittsicher in allen Gangarten.

Zuchtgeschichte: Der Karadagh ist trotz gemeinsamer Wurzeln mit dem russischen Karabakh nicht identisch. Nachdem Persien 1828 im Frieden von Turkmantschai die transkaukasischen Provinzen an Rußland verlor, hat sich die Rasse unabhängig von der des Karabakh entwickelt. Der Fortbestand der Rasse ist seit einigen Jahrzehnten bedroht. Die inzwischen sehr zusammengeschmolzene Population wird in der von der National Horse Society of Iran veröffentlichten Aufstellung aller im Iran vertretenen Pferderassen schon nicht mehr erwähnt.

Kerry Bog Pony

Kennzeichen: Hübsches, kleines Pony mit einem Stockmaß von 102 bis 112 cm. Trockener Kopf mit konkavem Profil. Obwohl der Körper für seine Größe sehr stark und kräftig ist, sind die kurzen Gliedmaßen nicht grob, dagegen sehnig, kräftig bemuskelt und haben gesunde feste Hufe. Vorherrschend Füchse mit flachsfarbener Mähne und Schweif, aber auch Hellbraune mit schwarzem Langhaar, Braune und Schimmel.
Verbreitung: Irland, in der Grafschaft Kerry. Hier liegt die Ortschaft Kerry Bog zwischen Killorglin und Glenbeigh.
Leistung: Robust, hart, ausdauernd, freundliches Temperament. Wurde noch zu Beginn dieses Jahrhunderts viel als Reit- und Fahrpony genutzt.
Zuchtgeschichte: Die nahezu ausgestorbene Rasse ist inzwischen wieder auf 64 Tiere angewachsen. Kerry Bog Ponys (Kerry nach der Grafschaft Kerry, Bog = Moor, Sumpf) hat es in Irland seit Menschengedenken gegeben, zum Reiten, zum Tragen der Lasten und zum Ziehen der Karren. Vor allem wurde Torf befördert, daneben

Seetang, Dünger und Heu. Sonntags hat das Kerry Bog Pony den Farmer dann zur Messe in die Kirche getragen. Und niemand bewegte sich im Moor oder in den steinigen Bergen sicherer als das Kerry Bog. Auch die Britische Kavallerie verwendete es, z. B. 1804–1814 auf der Pyrenäenhalbinsel im Krieg gegen Napoleon. Um diese Zeit kamen aber Esel aus Spanien nach Irland und verdrängten das Pony mehr und mehr. Es ist das Verdienst von John Mulvihill und der von ihm ins Leben gerufenen Kerry Bog Pony Society, diese alte irische Ponyrasse vor dem Aussterben und dem Vergessen bewahrt zu haben.

Kiger Mustang

Kennzeichen: Mittelgroßer Kopf mit geradem oder konkavem Profil. Kräftiger, gerader Hals, kurzer, tiefer Rumpf, abgeschlagene Kruppe, ausgezeichnetes Fundament. Vorherrschend Falben aller Schattierungen mit Aalstrich und Zebrastreifen. Daneben Stichelhaarfarben, Dunkelbraune mit schwarzem Langhaar und Hellbraune mit hellem Langhaar, oft mit weißem Gesicht und schwarz umrandeten Ohren. Stockmaß 150 bis 160 cm.
Verbreitung: Auf dem Kiger Plateau in Oregon/USA in einem Reservat lebende Pferdeherde ohne genaue Angabe der Zahl.
Leistung: Die freilebende Herde steht unter dem Schutz des BLM's Adopt-A-Horse-Programm. Die Mustangs sind sehr lernbereit und zeigen eine natürliche Begabung für die Arbeit mit Rindern.
Zuchtgeschichte: Immer war man davon ausgegangen, daß die spanischen Blutlinien, von denen die Mustangs im Westen der USA abstammen, völlig verloren bzw. im Mustang aufgegangen sind. Es wurde

aber auch spekuliert, daß es noch isoliert lebende, unentdeckte und stark spanisch beeinflußte Herden geben könnte. 1977 wurde auch eine große Herde mit starker spanischer Prägung in der zerklüfteten Beaty Busse Region entdeckt und in das Lake Country/Oregon getrieben. Insgesamt waren es zwei Herden, die in dem gleichen Gebiet entdeckt wurden und sich in Größe und Farbe glichen. Um diese einmaligen Pferde zu schützen, wurde die Herde aufgeteilt. Ein Teil der Pferde wurde in die Riddle Mountain Herd Management Region gebracht, die anderen blieben in der Kiger Plateau Region. Es gibt aber auch Wissenschaftler, die der „reinen spanischen Abstammung" widersprechen und mit dem Hinweis auf das Exterieur, insbesondere auf Farbe und Abzeichen, widerlegen. Auch sei es undenkbar, daß in Oregon eine inmitten von 300–400.000 wilden Pferden lebende so kleine Population unvermischt und reinblütig bis in die Gegenwart bleiben konnte.

Kirgisenpferd

Kennzeichen: Untersetztes, kleines Bergpferd. Mittelgroßer Kopf mit breiten, kräftigen Ganaschen, kleinen, lebhaften Augen. Kräftiger Hals, häufig Hirschhals. Breiter, kräftiger Rumpf, langer, gerader Rücken, mäßig abfallende Kruppe. Kurzes, stabiles Fundament mit harten Hufen. Kräftiges, volles Langhaar. Vor allem Füchse, Braune, Rappen, Falben und Schimmel. Stockmaß um 137 cm.
Verbreitung: Republik Kirgisien, aber auch in den Republiken Kasachstan und Tadschikistan.
Leistung: Gutes, ausgeglichenes Temperament und Charakter. Ausdauernd, hart, anspruchslos, widerstandsfähig, zäh,

schnell und trittsicher. Wird auch zur Stutenmilchgewinnung benutzt (Kumys). Dient den Nomaden als Reit- und Tragtier sowie als Lebensmittel. Bereits im 19. Jh. wurden Kosakenregimenter mit dem Kirgisenpferd beritten gemacht.
Zuchtgeschichte: Die Rasse ist seit mehr als 4.000 Jahren bei den Kirgisen im Altai bekannt. Sie soll entstanden sein, als die Kirgisen vor den einfallenden Tartaren und Mongolen in die Berge des Tienschan flüchteten und sich die einheimischen Pferde mit denen der Mongolen vermischten. Noch heute werden die Pferdeherden im Frühjahr auf die Hochweiden getrieben und täglich von berittenen Pferdehirten kontrolliert. Nur den Winter verbringen die Herden in den Tälern. Das Jahr über werden die Pferde nach Bedarf als Reitund Tragtiere, aber auch als Fleisch- und Kumys-Lieferanten genutzt. Der Urtyp des Kirgisenpferdes, mehr Pony als Pferd, verliert seit der Entwicklung des „Nowokirgisen", des „neuen Kirgisen", mehr und mehr an Bedeutung und ist rein kaum noch vorhanden.

Kopczyk–Podlaski

Kennzeichen: Harmonisches, kräftiges, kaltblütiges Kleinpferd mit gefälliger Oberlinie, tief, rippig und mit stabilen, trockenen Gliedmaßen ohne Behang. Nach Landstallmeister Bilke „eine Art Pinzgauer Pony". Vor allem Braune, Dunkelbraune und Füchse. Stockmaß bis 148 cm.
Verbreitung: Polen, vor allem in der Region Podlasie am Bug (Ostpolen).
Leistung: Genügsam, leichtfuttrig, langlebig, fruchtbar. Ein ausdauerndes, kräftiges Kleinpferd mit gutem Charakter, ruhigem Temperament, guter Zugleistung und viel Gang.

Zuchtgeschichte: Gründerhengst und Namensgeber der Rasse ist ein um 1930 geborener Hengst aus Kobryn in Pedlasie am Bug, der den Namen *Kopczyk* erhalten hatte und über dessen Abstammung es keinerlei Hinweise gibt. Er war klein, hatte nur 143 cm Stockmaß, war sehr kompakt, besaß gute, raumgreifende Bewegungen und war nicht ohne Adel. Er wirkte erfolgreich als Beschäler bis über sein 23. Lebensjahr hinaus und vererbte mit großer Typtreue. Der nach 1945 steigende Bedarf der polnischen Kleinbauern an schweren Kleinpferden führte zur Entwicklung der Kleinpferderasse vom Typ Kopczyk-Podlaski. Dazu beigetragen hat auch der mißlungene Versuch, in Polen eine Fjordpferde-Zucht aufzubauen. Die polnischen Bauern erkannten zwar die Arbeitsleistung der Fjordpferde an, konnten sich aber mit deren „gelber Farbe" nicht anfreunden. Das Zuchtprogramm wurde Anfang der 50er Jahre unter der Leitung der Polnischen Akademie der Wissenschaften (Polska Academia Nauk/PAN) in Janow-Podlaski begonnen. Zur Typfestigung und Verbreiterung der Zuchtbasis wurde anfangs Muraközer- (Mur-Insulaner-) und Ardenner-, später auch Freiberger- und Fjord-Blut zugeführt. Die neue Rasse erhielt den Namen Kopczyk-Podlaski.

Landais Pony (Poney Landais)

Kennzeichen: Das elegante, auch „Pony des Landes" genannte Pony ist lernwillig, anspruchslos, widerstandsfähig und hat einen guten Charakter. Der Kopf mit Arabereinschlag, breiter Stirn, großen Augen und kleinen spitzen Ohren. Langer, breit angesetzter Hals mit üppiger einfacher oder Doppelmähne. Schräge Schulter, betonter Widerrist, kurzer, gerader Rücken, leicht abgeschrägte Kruppe mit hoch angesetztem, buschigem Schweif. Stabiles Fundament mit harten Hufen. Meist Rappen, Braune, Dunkelbraune und Füchse. Stockmaß 118 bis 147 cm.

Verbreitung: Südwesten Frankreichs, südlich der Mündung der Gironde.

Leistung: Der Trab des Landais gilt als vortrefflich und bemerkenswert, er ist ausdauernd und schnell. Auch sein Galopp und Springvermögen sind erstaunlich.

Zuchtgeschichte: Seine Heimat ist das Waldgebiet Les Landes im Südwesten Frankreichs. Seine Vorfahren, deren Herkunft nicht ganz klar ist, sollen „Barthais" genannte Ponys gewesen sein, die schon zur Steinzeit in diesem oft überschwemmten Gebiet am Ufer der Adour lebten. Diese kleinen, anspruchslosen, sich von Binsen ernährenden Wildpferde bekamen nach der Niederlage der Araber bei Poitiers (732) durch entlaufene und zurückgelassene arabische Pferde einen kräftigen Schuß Araberblut. Bis in die Neuzeit ist das Landais ein Weidepony geblieben und wurde vor allem zum Ziehen leichter ein- und zweispänniger Wagen verwendet. Die vom Aussterben bedrohte Rasse verdankt ihr Weiterleben der Initiative der Züchter, die auch Araber- und Welsh-Blut zuführten. Seit 1968 werden Stutbücher geführt. In das Stutbuch A werden nur Stuten aufgenommen, die über mindestens 75% Landais-Blut verfügen und das Stockmaß von 118 bis 135 cm nicht unter- bzw. überschreiten, in Stutbuch B Stuten mit mindestens 50% Landaisblut und bis 147 cm Stockmaß.

Litauisches Kaltblut

Kennzeichen: Mittelschwerer, harmonisch proportionierter Kaltblüter mit markantem, ansprechendem Kopf, kräftigem Hals. Gut bemuskelter, tiefer Rumpf mit breiter Brust, kräftiger Schulter, mittellangem Rücken und runder, abfallender Kruppe. Gut bemuskelte, kurze, starke Gliedmaßen mit festen Hufen. Schönes Langhaar, wenig Behang. Überwiegend Füchse, Braune und Schimmel. Stockmaß um 160 cm, 650 bis 800 kg schwer. **Verbreitung:** Republik Litauen und die beiden anderen baltischen Staaten sowie die GUS. **Leistung:** Leistungsstark und zugkräftig, hart und widerstandsfähig. Sehr ruhiges Temperament, gutmütiger Charakter, guter Schritt und ausdauernder, freier Trab. **Zuchtgeschichte:** Der Kaltblüter ist eine Kreuzung zwischen dem einheimischen Schmuden Pony (auch Szemaiten Pony) und dem Schwedischen Ardenner. Seine Zucht entsprang dem Wunsch der seit 1879 in Litauen bestehenden Züchtervereinigung, für die Verwendung in der intensiver werdenden Landwirtschaft neben den Pferden der einheimischen kleinen Landrasse ein größeres, stärkeres und schwereres Pferd zur Verfügung zu haben. Die vorhergegangenen Zuchtversuche mit Kaltbluthengsten verschiedener Rassen hatten zur Bildung eines schweren kleinen und eines leichten großen Typs geführt. Erst die Verwendung der Schwedischen Ardenner führte zu dem gewünschten einheitlichen Arbeitspferdetyp. Die inzwischen konsolidierte Rasse ist seit 1963 als Litauisches Kaltblut anerkannt und registriert.

Lundy Pony

Kennzeichen: Trockener, schön getragener, feiner Ponykopf mit ausdrucksvollem Gesicht. Mittellanger, kräftiger Hals, schräge Schulter, kräftiger, tiefer Rumpf, muskulöse Hinterhand, gut angesetzter Schweif. Kräftige, trockene Gliedmaßen, gut geformte, harte Hufe. Schönes Langhaar. Vor allem Falbfarben, Stichelhaar, Braune, keine Schecken. Stockmaß 132 bis 142 cm. **Verbreitung:** Lundy Island im Bristol Kanal, England. **Leistung:** Anpassungsfähiges, intelligentes und robustes Familienpony mit ausgezeichnetem Temperament und guten Bewegungen. **Zuchtgeschichte:** Der Ursprung der Rasse wurde 1928 gelegt, als eine New Forest Stute und ein Welsh Mountain Hengst nach Lundy im Bristol Kanal verschifft wurden. Die Herde von 30 New Forest Stuten mit acht Fohlen war von unterschiedlicher Farbe und Typ, aber mit unverkennbarem Arabereinfluß. Der erste aufgestellte Hengst war ein Vollblüter, der sich als zu groß erwies. Der zweite war ein Welsh Mountain vom alten Typ, der viele gute Fohlen machte.

Der 2. Weltkrieg unterbrach die züchterische Arbeit und führte zu einer starken Population. Nach 1945 wurde konsequent selektiert und alle Tiere mit Gebäudefehlern oder schlechtem Temperament ausgemustert. Stempelhengst nach 1945 wurde *Midnight*, der über 20 Jahre wirkte. Danach wurden Connemara-, New Forest- und Welsh Cob Hengste verwendet, um den ursprünglichen Typ zu erhalten, darunter *Plynlimon Moc, Rosenharley Peadar,* der Lundy-Hengst *Breator Lapwing.* Auch eine Festlandherde wurde aufgebaut, die allerdings den Standort einige Male wechseln mußte. Die Lundy Pony Preservation Scoiety ist für den Rassestandard verantwortlich und führt das Zuchtregister der drei Sektionen **Pure Bred Ponies, Part-Bred Ponies** und **Three-Quarter Bred Lundy Ponies.**

Makassar Pony (Sulawesi Pony)

Kennzeichen: Kräftiges, arabisch geprägtes Pony in mittlerem Rahmen. Trockener Kopf mit geradem Profil, selten grob, gut aufgesetzter, kräftiger, wohlgeformter Hals. Lange, schräge Schulter, breite Brust, gute Gurtentiefe, kräftiger, mittellanger Rücken, breite, schräge Kruppe, gut getragener Schweif. Trockene, starke Gliedmaßen mit starken Knochen, markanten Gelenken, korrekten, harten Hufen. Schönes Langhaar. Alle Farben, häufig Falben. Stockmaß um 125 bis 135 cm.

Verbreitung: Vor allem auf der indonesischen Insel Celebes (Sulawesi) im Malaiischen Archipel.

Leistung: Angenehmes, lebhaftes Temperament, ohne heftig zu werden, ausdauernd, genügsam. In der Kolonialzeit beliebtes Kavalleriepferd. Heute Reit- und Fahrpony.

Zuchtgeschichte: Der genaue Ursprung der Rasse ist nicht bekannt. Aber sicher ist, daß es auf Celebes Pferde unterschiedlicher Rassen schon lange vor der im 16. Jh. einsetzenden Kolonisation durch Portugiesen, Spanier, Engländer gegeben hat. Seefahrende Kaufleute hatten Pferde nach Celebes gebracht und damit den Grundstock für die Bildung der Rasse gelegt. Später folgten auch orientalische Rassen. In der niederländischen Kolonialzeit trugen Pferde aus Europa und vom Kap zur Rassebildung bei. Das Klima und die oft ungenügende Haltung und Pflege führten bei den Pferden zu den im geringen Stockmaß erkennbaren Verzwergungserscheinungen. Die Blütezeit des Makassar Ponys endete Anfang dieses Jahrhunderts. Bemühungen, die Rasse durch Original Araber-Blut aufzufrischen und Gestüte einzurichten, blieben im Ansatz stecken. Nach dem Zweiten Weltkrieg und dem Ende der Kolonialzeit läßt heute die Modernisierung der indonesischen Landwirtschaft dem Makassar Pony nur noch wenig Lebensraum.

Manipur Pony

Kennzeichen: Kleines, kräftiges Pony im Quadratformat. Gefälliger, mittellanger Kopf mit freundlichem, wachem Gesicht, geradem Profil und breiter, schöner Maulpartie mit weiten Nüstern. Starker, muskulöser Hals, gut markierter Widerrist, schräge Schulter, kompakter Rumpf mit breiter Brust, guter Rippenwölbung, guter Oberlinie mit schräger Kruppe und gut angesetztem Schweif. Stabiles Fundament, gut proportionierte, klare Gliedmaßen mit kräftigen Gelenken und korrekten, harten Hufen. Schönes Langhaar, alle Farben. Stockmaß 112 bis 132 cm.

Verbreitung: Hauptzuchtgebiet ist der indische Bundesstaat Manipur an der Südostgrenze von Assam.

Leistung: Robust, schnell, trittsicher, wendig und zäh. Ein guter Gewichtsträger. Geschätzt als Reit-, Trag- und Polopony.

Zuchtgeschichte: Seine Heimat ist das hochgelegene, fruchtbare Manipur (Hauptstadt Imphal), dessen kleine, kräftige, feurige Pferde immer ein begehrter Exportartikel waren. Die Manipuris sind gute Pferdezüchter und hervorragende Reiter mit einer bis in das 1. Jahrtausend n. Chr. zurückreichenden Erfahrung. Es gilt als sicher, daß das Manipur Pony vom Mongolen Pferd abstammt, das aus Zentralasien über China und Tibet nach Manipur gekommen war. Im 19. Jh. wurden Araber Hengste zur Zucht verwendet, die es edler und schneller machten, wodurch es sich vom verwandten Burma Pony unterscheidet. Mit den Pferden kam das Polospiel nach Manipur, wo es bald zu einem echten Volkssport wurde, der von jedem, der auf einem Pferd sitzen konnte, ausgeübt wurde. Anderen Quellen zufolge soll das Polospiel erst um 1600 unter der Regierung von Khagenba aus Indien nach Manipur gekommen sein. Die Engländer lernten das Polospiel um 1830 in Manipur kennen und brachten es nach Europa.

Marquesas-Pferd

Kennzeichen: Elegantes, kleines, drahtiges Pferd im orientalischen Typ. Schöner, trockener Kopf mit geradem Profil, großen Nüstern, breiter Stirn, weit gesetzten, lebhaften Ohren und aufmerksamen Augen. Kräftiger, mittellanger Hals, gute Schulter, kurzer Widerrist, gerader Rücken, schräge Kruppe. Trockene Gliedmaßen mit gut markierten Sehnen und Gelenken sowie harten Hufen. Alle Grundfarben, vor allem Füchse und Braune. Stockmaß um 140 cm.
Verbreitung: Französisch Polynesien, vor allem auf den Marquesas Inseln.
Leistung: Die Pferde werden vielseitig genutzt: als Reit- und Fahrpferd, auch vor Droschken und im Sport, vor allem für die beliebten Rennen ohne Sattel. Die Masse der Pferde lebt in den Marquesas-Bergen in kleinen Herden noch wild, und es werden dort von Zeit zu Zeit Pferde für den Gebrauch eingefangen und gezähmt.
Zuchtgeschichte: Die Pferde sind erst nach der Annexion der „Gesellschaftsinseln", wie die Inseln von Französisch-Polynesien auch heißen, 1842 auf die Marquesas Inseln gekommen, da Pferde für die vielfältigen Aufgaben der Kolonialverwaltung unentbehrlich waren. Es soll sich dabei um chilenische Pferde, also Pferde orientalisch-spanischer Herkunft gehandelt haben. Später kamen auch einige Pferde aus Frankreich dazu, die aber für die sich entwickelnde kleine Pferdezucht keine Bedeutung

hatten. Die auf den Inseln herrschenden Umweltbedingungen sowie gesellschaftliche und politische Veränderungen blieben nicht ohne Auswirkung auf die Pferde. Sie verloren an Größe und Gewicht, vor allem die entlaufenen und freilebenden Pferde, und wurden innerhalb eines Jahrhunderts zum Marquesas Pferd, einem Freizeitvergnügen der Inselbewohner und einer Attraktion für die Touristen.

Mbororo Pferd

Kennzeichen: Kleines Gebrauchspferd im Stockmaß zwischen 130 und 135 cm, nur in Ausnahmefällen größer. Etwas schwerer Kopf, mit oft leicht gebogener Nasenlinie. Schwerer Hals, gerader, kurzer Rücken mit abgeschlagener Kruppe, kurzes, festes Fundament, harte Hufe. Braune, Dunkelbraune, Füchse, Schimmel.
Verbreitung: Republik Kamerun in Zentralafrika.
Leistung: Lebhaftes Temperament, sehr widerstandsfähig, ausdauernder Trab. Die größeren Mbororos sind auch gute Springer und Horse-Ball-Pferde. Vor allem aber werden sie als Arbeitspferde für den Waren- und Personentransport verwendet.
Zuchtgeschichte: Der Name der Pferde geht auf die ursprünglichen Züchter, das im Westen Kameruns lebende Hirtenvolk der Mbororos zurück. Die von ihnen gezüchteten Pferde waren ursprünglich Berber oder Äthiopier, die später auch im Machtbereich des islamischen Reiches mit den Pferden der Araber gekreuzt wurden. Die geographischen und klimatischen Bedingungen im Westen Kameruns mit seinen grünen Hochebenen, seinen Bergen und seinen Wasserfällen wird auch „afrikanische Auvergne" genannt. Diese Gegend liegt für die Tsetsefliege zu hoch. Schon deshalb

eignet sich die Region so gut für die Pferdezucht. Die Menschen dort lassen die Pferde in ziemlicher Freiheit leben. Nach der Arbeit läßt man sie laufen, und sie suchen sich in einer Natur ohne Zäune ihre Nahrung. Die Pferde werden niemals beschlagen, die Hengste niemals kastriert. Die „Pferdezucht" ist mehr eine unkontrollierte Vermehrung, die aber, wie es scheint, Menschen und Pferden bekommt.

Midget Pony (Zwergpony)

Kennzeichen: Ausgesprochen kleines Pony im Shetland Pony-Typ, dessen Stockmaß 90 cm nicht überschreiten darf. Die kleinsten von ihnen sind etwa 60 cm groß, sind aber größer als das Falabella und haben mit diesem nichts Gemeinsames. Alle Farben und Scheckungen sind zugelassen, ausgenommen die Farbmuster des Appaloosa. Midget Ponys haben für gewöhnlich keine charakteristischen oder herausragenden Merkmale, außer ihrer geringen Größe. Zu oft ist als Folge der Inzucht das Exterieur mangelhaft. Auch „gute Ponys" haben oft einen zu großen Kopf und einen untersetzten, plumpen Körper. Mähne und Schweif sind außergewöhnlich dick und lang.
Verbreitung: USA.
Leistung: Die meisten werden als „Dekoration" für den Garten oder als Spielzeug für Kinder gehalten.
Zuchtgeschichte: Den Zuchtstamm haben sehr kleine Shetland Ponys geliefert, die man mit ebenfalls sehr kleinen Ponys anderer Rassen gekreuzt hat. Zuchtziel war allein die geringe Größe. Um die Nachkommenschaft möglichst noch kleiner als die Eltern zu züchten, wurde ohne Planung Inzucht betrieben, mit der Folge, daß

die Nachzucht sehr oft mangelhaft und oft auch mißgebildet war. Um das Größenwachstum zu hemmen, wurden die Ponys oft nur unzureichend gefüttert, mit der Folge von Unterernährung, Krankheiten und geringer Lebenserwartung. Es verwundert deshalb nicht, daß viele Pferdefreunde in Amerika der Zucht und Haltung des Midget Ponys ablehnend gegenüberstehen.

Miquelonnais

Kennzeichen: Stämmiges, robustes, nicht zu großes Pferd mit einem Stockmaß von 140 bis 150 cm. Schwerer Kopf, aber nicht derb, mit geradem Profil, kleinen Ohren, wachen, freundlichen, oft weiß umrandeten Augen. Kräftiger Hals, massiver Rumpf, gerader, breiter Rücken, abfallende Kruppe, tief angesetzter Schweif. Kräftige Gliedmaßen mit gesunden, festen Hufen, mit und ohne Behang. Dichtes, dem Klima angepaßtes Fell in vielen Farben. Rotbraune, Rappen, Füchse mit heller Mähne, aber auch buntgescheckte Exemplare. Dichtes, starkes Langhaar.
Verbreitung: Auf der zu Frankreich gehörenden Inselgruppe Saint Pierre-et-Miquelon vor der Südküste Neufundlands in kleinen Herden frei lebend.
Leistung: Unvergleichlich robustes, genügsames Arbeits- und Reitpferd, zuverlässig, nicht schnell, kein Springer.
Zuchtgeschichte: Seit der Entdeckung im 16. Jh. und der Besiedlung durch die Franzosen waren die Miquelonnais geschätzte Arbeitspferde der Fischer und Landwirte, die, wenn sie nicht gebraucht wurden, in die begrenzte Freiheit der Inseln entlassen wurden. Sie mußten sich ihr tägliches Futter selbst suchen. Wenn die Weiden fett waren, war dies kein Problem, aber im

Winter mußte das Futter oft mit den Hufen freigescharrt werden. Im Laufe der Jahrhunderte haben sich die Pferde, die viel Ähnlichkeit mit dem Camargue-Pferd und den Pferden von Sables Island haben, dem rauhen Klima hervorragend angepaßt. Heute leben ca. 100 Pferde auf der Insel, von denen nur 40–50 geschützt und versorgt überwintern. Es hat Kreuzungen mit kanadischen Haflingern und amerikanischen Pintos gegeben, die das Exterieur edler und das Deckhaar heller gemacht haben. Um den Miquelonnais zu verbessern, wurde ein kanadischer Hengst als Veredler aufgestellt, dessen erste Produkte mit ihrer rustikalen Eleganz überzeugen.

Miyako Pony (Miyako-Shima-Pony)

Kennzeichen: Pony im Typ des Mongolen Ponys. Stockmaß annähernd 148 cm, vor allem Braune und Falben.
Verbreitung: Japan, auf der Insel Miyako, einer der Riukiu Inseln in der Region Okinawa.
Leistung: Wird zum Reiten und als leichtes Zugpferd verwendet.
Zuchtgeschichte: Die Insel Miyako in der Region Okinawa ist seit Jahrhunderten für die Pferdezucht bekannt, und kleine Pferde hat es auf den Inseln der Region immer gegeben. Während des Zweiten Weltkrieges wurden Hengste großer Rassen zur Zucht verwendet, um das damals noch kleinere Miyako für die Verwendung in der Landwirtschaft größer – bis maximal 148 cm Stockmaß – zu machen. Mit ca. 10.000 Tieren erreichte die Population um 1955 ihren Höhepunkt. Doch mit der zunehmenden Motorisierung ging der Bestand in kurzer Zeit sehr stark zurück. Seit 1975 werden große Anstrengungen

unternommen, um die alte Rasse zu erhalten, aber im Dezember 1988 wurden nur noch 11 Miyako Ponys gezählt. Die alte, auch Miyako-Shima Pony genannte Rasse, ist vom Aussterben bedroht.

Morab

Kennzeichen: Kein Halbblüter und auch nicht das Produkt einer gelungenen Kreuzung des arabischen Pferdes mit dem Morgan Horse, sondern eine eigenständige Rasse.
Verbreitung: USA.
Leistung: Ausgezeichnetes und vielseitiges Reit- und Fahrpferd mit elastischen, taktreinen Grundgangarten.
Zuchtgeschichte: Schon um die Jahrhundertwende wurden Araber-Morgan-Kreuzungen in den Zuchtbüchern der Internationalen Arab Horse Association registriert. Und für das Morgan Horse weist D. C. Lindsley 1857 nach, daß es $1/8$ bis zu $1/4$ arabisches Blut führt. Der erste reine Morab war der unter Nr. 69 im Morgan-Zuchtbuch registrierte 1855 geborene Hengst *Golddust*. Er stammte von dem Morgan Hengst *Vermont Morgan* und der Araber-Stute *Zilcaadie*, die der amerikanische Konsul Rhind aus dem Nahen Osten importiert hatte. *Golddust* zeugte 302 Fohlen, stellte 44 Trabrekorde auf und soll schneller als der große *Hambletonian* gewesen sein. Durch das Aufkommen des „Standardbred", des amerikanischen Trabers, ging das Interesse an schnellen Morabs zurück – eine Entwicklung, die durch die aufkommende Motorisierung gefördert wurde. Die Morab-Züchter aber gaben nicht auf, so auch der Zeitungsverleger William Randolph Hearst in den 20er Jahren mit den Araber-Hengsten *Ksar* und *Ghazi* sowie einigen Morgan-Stuten auf

seiner Ranch San Simeon in Kalifornien. Das letzte Zuchtkapitel entwickelte in den 50er Jahren Martha Doyle Fuller, Clovis/California für die Morabs. Sie wurde darin von ihrer Tochter M. Ilene Miller (Frau Morab genannt) unterstützt, die 1973 das erste Zuchtregister eröffnete. Regionale Morab Clubs und die Morab Breed Association wurden gegründet.

Mysekaja Pferd (Albanisches Pferd)

Kennzeichen: Kleinpferd in zwei unterschiedlichen Typen, dem größeren **Mysekaja** mit einem Stockmaß von 135 bis 145 cm und dem kleineren **Albanischen Bergpferd** mit einem Stockmaß um 130 cm. Sie sind oft orientalisch geprägt und haben meistens gefällige Köpfe, einen kurzen, kräftigen Rücken und stabile Gliedmaßen mit harten Hufen. Vor allem Braune, aber auch alle anderen Grundfarben.
Verbreitung: Republik Albanien.
Leistung: Ausdauerndes, zähes Tragpferd, das auch geritten und zum leichten Zug benutzt wird. Häufig Paßgänger.
Zuchtgeschichte: Vor allem das größere Mysekaja, das in der Ebene zu Hause ist, läßt durch viele Merkmale die gemeinsame Wurzel mit dem Bosniaken erkennen. Und zweifellos hat z. Zt. der Türkenherrschaft arabisches Blut den beiden albanischen Pferdetypen die außerordentliche Härte und Zähigkeit mitgegeben. Unter italienischem Einfluß versuchte man das Mysekaja durch Sardo-Araber, Anglo-Araber und Lipizzaner, den Gebirgstyp (das „Albanische Pferd") durch Haflinger zu verbessern. Bis zum Ende des Zweiten Weltkrieges hatte Albanien noch etwa 70.000 Pferde beider Typen. Neue Zahlen liegen nicht vor.

National Show Horse

Kennzeichen: Ein Show-Pferd, das Schönheit und Ausdauer des edlen Arabers mit der Größe und mit den brillanten, raumgreifenden Gangarten des American Saddlebred Horse verbindet. Alle Grundfarben, Stockmaß 152 bis 162 cm.
Verbreitung: USA.
Leistung: Ein athletisches, schönes Pferd für Show und Manege zum Reiten, Fahren und zur Vorstellung an der Hand. Neue Konzepte und Vorgaben für die Vorstellung der neuen Rasse in spektakulären Shows wurden entwickelt und mit einem Preisgeldsystem kombiniert, mit dem Ziel, eine völlig neue Atmosphäre in der Manege zu schaffen und das Interesse der Öffentlichkeit zu wecken.
Zuchtgeschichte: Der edle Araber und das elegante Saddlebred Horse bildeten die Basis zur Zucht der neuen Rasse, die sozusagen am Reißbrett entworfen wurde. Die Gründerväter der neuen Rasse, die sich zur National Show Horse Registry (NSHR) zusammenfanden, entsprachen damit der wachsenden Nachfrage nach schönen Show-Pferden. Während der Entwicklung der neuen Rasse hat das NSHR durch verschiedene Kreuzungskombinationen alles unternommen, um auf der Blutbasis der beiden Gründerrassen eine neue Rasse zu schaffen, die den hohen Rassestandard des Arabers und Saddlers nicht nur erreichen, sondern übertreffen sollte. Das National Show Horse wurde 1981 geboren und ein Zuchtbuch angelegt. Es wird von der National Show Horse Registry, Louisville geführt.

Navarra Pony

Kennzeichen: Urwüchsiges, kompaktes Bergpony. Mittelgroßer Kopf mit geradem Profil und kleinen Mausohren, muskulöser, starker, breiter Hals mit üppiger Mähne. Kräftiger, tiefer Rumpf mit schräger Kruppe und langem, vollem Schweif, kurzes Fundament mit festen Gliedmaßen und harten, runden Hufen. Vor allem Dunkelbraune. Stockmaß 120 bis 130 cm.

Verbreitung: Spanien, in der Region Navarra in den westlichen Pyrenäen im Norden Spaniens.

Leistung: Arbeitspony zum Ziehen und Tragen von Lasten und zum Reiten. Ausdauernd, hart, lebhaftes Temperament, gesund, genügsam.

Zuchtgeschichte: Das oft auch als Caballo espanol, subraza de Navarra (Spanisches Pferd, Unterrasse von Navarra) bezeichnete Bergpony ist eine uralte Rasse. In seiner langen Zuchtgeschichte ist es durch Rassen links und rechts der Pyrenäen beeinflußt worden oder auch durch Pferde, die die Pyrenäen passierten. Vor allem sind hier im 9.–5. Jh. v. Chr. die Pferde der Kelten zu nennen, ähnlich braune und untersetzte Ponys, aber auch edle Kleinpferde arabischen Typs. Im 8.–10. Jahrhundert hat es dann unter der Herrschaft der Mauren eine weitere und stärkere arabisch-berberische Blutzufuhr gegeben. Mit den anderen nordspanischen Rassen hat das Navarra Pony zur Bildung weiterer Rassen in Irland und England und in Süd- und Nordamerika beigetragen. Noch heute leben die Ponys ganzjährig frei in Herden, aus denen im Mai jeden Jahres die Junghengste als Arbeitsponys herausgefangen und die Fohlen mit dem Brandzeichen der Besitzer versehen werden. Und alle paar Jahre werden den Herden zur Vermeidung von Inzucht neue Hengste zugeführt.

Nordlandpferd (Nordheste)

Kennzeichen: Gefälliges, kräftiges, kleines Pferd im Rechteckformat. Mittelgroßer, trockener Kopf mit kräftigem Schopf und geradem Profil, nicht zu großen, lebendigen Ohren und klaren, ruhigen Augen. Kurzer, kräftiger Hals, niedriger, kurzer Widerrist, kurze, oft aufrechte Schulter, langer, gerader, mitunter auch weicher Rücken, muskulöse, schräge Kruppe. Stabile, trockene Gliedmaßen mit eisernen Sehnen und Gelenken sowie kleinen, harten Hufen, kaum Behang. Vor allem Braune, Dunkelbraune, aber auch Füchse und Braunschimmel, auch mit schwarzem Langhaar. Stockmaß um 140 cm.

Verbreitung: Norwegen, vor allem im Norden Norwegens um Tromsö und Lyngen und den vorgelagerten Inseln.

Leistung: Populäres Reit- und Fahrpony. Zugkräftig, zäh, hart, zuverlässig, anspruchslos, ausdauernd, langlebig, fruchtbar und trittsicher mit guten Grundgangarten.

Zuchtgeschichte: Zur Rassebildung haben Tarpan, Konik, Keltisches Pony und Mongolen Pony beigetragen. Auch das Dole- und das Fjordpferd haben es beeinflußt, und das Lyngpferd ist in ihm aufgegangen. Eindeutig klären läßt sich dies nicht, da in dem weiten und gebirgigen Norwegen die bäuerliche Pferdezucht lange Zeit auf sich selbst angewiesen war und das Nordlandpferd erst 1916 als Rasse anerkannt worden ist. Einen Körzwang für Hengste gibt es erst seit 1939. Der Zweite Weltkrieg hat den Bestand nahezu aussterben lassen. Der in den späten 40er Jahren umfassend verwendete Hengst *Rimfakse* hat die Rasse stark verbessert. Nach 1958 wurden nur noch vier Hengste und gut hundert Stuten gezählt. Obwohl die Norweger große Pferdeliebhaber sind, wird der Rückgang des Pferdebestandes nur durch eine wirksame staatliche Unterstützung aufzuhalten sein. Die Stutbücher werden von einem staatlichen Stutbuchamt geführt.

Ostbulgare

Kennzeichen: Edler, harmonischer, mittelgroßer Warmblüter im Langrechteckformat. Trockener, edler Kopf mit klugem Gesicht, großen Augen, beweglichen Ohren, gerader Nasenlinie und breiten Nüstern. Schön getragener, mittellanger, gerader Hals, lange, gut bemuskelte Schulter, markanter Widerrist. Breiter, tiefer Rumpf, muskulöser, langer, gerader Rücken, lange, schräge Kruppe, hoch angesetzter Schweif. Trockene, korrekte Gliedmaßen mit gut markierten Gelenken, klaren Sehnen und festen Hufen. Schönes Langhaar, vor allem Braune, Füchse und Rappen. Stockmaß um 162 cm.
Verbreitung: Republik Bulgarien mit Nordostbulgarien als Hauptzuchtgebiet. Gestüte: S. Karadsha, bei Balckik nahe dem Schwarzen Meer, und V. Kolarov bei Schumien.
Leistung: Vielseitiges, leistungsfähiges, hartes Sportpferd mit umgänglichem Temperament und gutem Charakter. Gute, gleichmäßige, raumgreifende Bewegungen, vorzügliches Springvermögen, schnell und sicher. Ostbulgaren stellten wiederholt Sieger in der Pardubitz Steeplechase.
Zuchtgeschichte: Ende des 19. Jh. wurde in den bulgarischen Militärgestüten mit der Zucht des Ostbulgaren begonnen, um den Mangel an Kavalleriepferden zu beheben. Denn die einheimischen Schläge waren alle zu klein und ihr Exterieur meist mangelhaft. Einheimische und osteuropäische Warmblüter bildeten die Zuchtbasis, die

durch Arabisches und Englisches Vollblut veredelt wurde. Nach ca. 20 Jahren konnte die Fremdblutzufuhr abgeschlossen und ab 1925 zur Linienzucht übergegangen werden. Dabei wurde weiter dosiert Vollblut zugeführt und streng nach Leistung selektiert. In den letzten Jahrzehnten wurden auch Trakehner Hengste verwendet. Die konsolidierte Rasse wurde 1951 offiziell anerkannt. Linienbegründer sind *Sempiternal xx, Laudon xx, Edelknabe xx, Betja, Furioso* und *Gallion.*

Pindos Pony

Kennzeichen: Kräftiges Pony mit harmonischem Gebäude. Mittelgroßer, gefälliger Kopf mit kräftigem Schopf, kleinen Ohren, schmalen, kleinen Augen und leichter Ramsnase. Mittelhoch aufgesetzter Hals mit voller Mähne, gut markierter Widerrist, schmaler, kräftiger Rücken, schwache Hinterhand mit abfallender Kruppe. Schlanke, lange Gliedmaßen mit außerordentlich harten Hufen. Vor allem Braune, Dunkelbraune und Schimmel. Das Stockmaß reicht von 122 bis 132 cm.
Verbreitung: Republik Griechenland, vor allem in den Provinzen Thessalien und Epirus im gebirgigen Nordosten Griechenlands.
Leistung: Anspruchslos, ausdauernd, zäh, mit ruhigem Temperament und mitunter störrischem Charakter. Der trittsichere Fünfgänger ist das Arbeits-, Trag- und Reittier der kargen Bergregion, dessen Stuten häufig zur Maultierzucht verwendet werden.
Zuchtgeschichte: Der orientalische Einfluß der auch „Thessalier" genannten Pindos Ponys ist noch heute unverkennbar, auch die Beeinflussung durch die im Altertum berühmten Thessalier, die zu den besten

Rassen der damaligen Zeit gehörten. Die Zucht liegt seit Jahrhunderten in den Händen kleiner Landwirte. Das alleinige Zuchtziel ist ein als Reit- und Tragtier und für leichte landwirtschaftliche Arbeiten in dem trockenen, heißen Klima geeignetes Pferd zu züchten. Heute findet der neben den drei Grundgangarten Schritt, Trab und Galopp auch Paß und Tölt beherrschende Fünfgänger für den Tourismus und als Freizeitpferd neue Verwendung.

Plateau Perser

Kennzeichen: Sehr unterschiedliches Erscheinungsbild, da verschiedene Schläge unter dem Namen zusammengefaßt worden sind. In der Regel sind es Pferde mit starkem arabischen Einschlag, aber mehr im Rechteckformat stehend, also mit etwas längerer Mittelhand. Schmaler Kopf, langer, feiner, hoch getragener Hals. Gestreckter Rumpf, drahtiges, hochbeiniges Fundament. Alle Farben. Stockmaß um 153 cm.
Verbreitung: Iran; Hauptzuchtgebiet ist das Hochland von Iran.
Leistung: Ausdauernd, gelehrig, genügsam, widerstandsfähig, oft lebhaftes Temperament, aber guter Charakter. Mit guten Bewegungen, vielseitiger Gebrauch zum Tragen, Reiten und zum Ziehen. Auch der Verwendungszweck ist stark abhängig vom jeweiligen Typ.
Zuchtgeschichte: Die Rassegruppe geht auf das einheimische iranische Pferd zurück, dessen Geschichte bis in das 3. Jahrtausend v. Chr. reicht. Die 1971 gegründete Royal Horse Society, deren Nachfolger die National Horse Society of Iran ist, faßte zur Bewahrung und Verbesserung der einheimischen Rassen die Stämme *Fars, Basseri, Darashuri* und *Quashqai* unter dem

Namen Plateau Perser zusammen. Das Ziel ist, die unterschiedlichen Stämme durch ein geplantes, langfristiges Zuchtverfahren, vor allem aber durch eine konsequent durchgeführte Selektion, zu einer geschlossenen Population mit dem Ziel der späteren Reinzucht zu vereinen.

Pleven Pferd

Kennzeichen: Edler, mittelgroßer, robuster Warmblüter mit der Schönheit des Arabers. Feiner, trockener Kopf mit ruhigen, freundlichen Augen, mittelgroßen, beweglichen Ohren, gerader Nasenlinie, weiten Nüstern. Gut aufgesetzter, kräftiger Hals, ausgeprägter Widerrist, gut formierte Schulter, breite Brust, tiefer, muskulöser Rumpf, langer, gerader Rücken, lange, schräge Kruppe. Stabiles, trockenes Fundament, kräftige, korrekte Gliedmaßen mit gut markierten Gelenken und klaren Sehnen, gut geformte, feste Hufe. Schönes Langhaar, ausschließlich Füchse. Stockmaß um 160 cm.
Verbreitung: Republik Bulgarien. Hauptzuchtgebiet ist Nordbulgarien mit dem Bezirk Pleven und dem Staatsgestüt G. Dimitrov (früher Klementina), daneben im Süden Bulgariens die Region um Plovdiv und Pazardzik.
Leistung: Ein Pferd für alle Zwecke – für die Landwirtschaft, die Freizeit und den Sport – mit robuster Konstitution und Psyche. Leistungsbereit, aufmerksam, mit raumgreifenden Bewegungen und gutem Springvermögen.
Zuchtgeschichte: Mit der Zucht der noch jungen Rasse wurde Ende des 19. Jh. begonnen. Der Grundstock wurde durch Anpaarung bewährter Araber- und Anglo-Araber-Stuten aus der rumänischen Zucht mit Araber-Hengsten und mit Anglo-Ara-

ber Hengsten im ungarischen Gidran-Typ gebildet. Anfangs wurden auch noch in Rußland gezogene Anglo-Araber-Hengste aus dem Gestüt Streletsk aufgestellt, aber der durchschlagendste Einfluß ging von den ungarischen Gidran-Stammhengsten aus, die eigene Linien gründeten. Nach einer längeren Phase der Fremdzucht ging man durch Inzucht unter gezielter Verwendung von Englischem Vollblut zur Konsolidierung der jungen Rasse über. 1938 war dieses Ziel erreicht. Die Rasse wurde offiziell anerkannt und hat inzwischen auch international Anerkennung gewonnen.

Quarab

Kennzeichen: Das Quarab ist eine Kreuzung des Quarter Horse mit dem Araber und dem Paint Horse, mit den beiden Typvariationen **Stock-Horse-Typ** und **Arabian-Typ.** Kennzeichen des Stock-Horse-Typ ist der kräftige Rumpf mit der muskulösen Schulter, den ausgeprägten Wadenmuskeln (Gaskins) und der gutgeformten Kruppe. Kennzeichen des Arabian-Typ ist der gut angesetzte, schön gewölbte Hals, die lange Mittelhand und die gerade Kruppe. Der Kopf, dessen Form und Größe vom Blutanteil des Arabers bzw. des Quarter Horse abhängt, ist gewöhnlich ausdrucksvoll und edel, mit großen Augen, breiter Stirn und wohlgeformten Ohren. Die Farben sind die des Arabers und des Quarter Horse sowie die Farbmuster Tobiano und Overo des Paint Horse. Das Stockmaß reicht von 142 bis 162 cm.
Verbreitung: USA.
Leistung: Ein Pferd für alle klassischen und Western-Reit- und Fahrdisziplinen.
Zuchtgeschichte: Zur Förderung der neuen Rasse wurde 1989 mit der Registrierung

begonnen. Wegen seiner schönen Farbmuster wurde 1991 auch das Paint Horse zur Zucht zugelassen, daneben jedoch keine anderen Rassen. Die zur Zucht zugelassenen Hengste und Stuten müssen im Stutbuch ihrer Rasse eingetragen sein. Pferde mit Kryptorchismus (Klopphengst) und mit Gebißfehlern dürfen nicht zur Zucht verwendet werden. Das Zuchtbuch wird von der United Quarab Registry in Newberg geführt.

Sable Island Pony

Kennzeichen: Widlebendes Pony auf Sable Island. Großer Kopf mit breiter Stirn und geradem Profil, großen Augen, oft mit weißem unteren Rand, gut gesetzten Ohren mit nach innen gerichteten Ohrspitzen, großen Nüstern und Anflug zum „Mehlmaul". Kräftiger, kurzer Hals, markanter Widerrist, gefälliger Rumpf mit geradem Rücken und abschüssiger Kruppe. Stabiles Fundament mit kurzen, kräftigen Gliedmaßen und harten Hufen. Alle Farben, vor allem aber Braune, Dunkelbraune, Füchse, oft helle Mähne und Schweif. Stockmaß um 142 bis 152 cm.
Verbreitung: Kanada, auf Sable Island vor Neu Schottland, 300 km vor der kanadischen Ostküste im Atlantischen Ozean.
Leistung: Zähe, harte Überlebenskünstler, die von dem leben müssen, was die rauhe Natur ihnen bietet. Dies ist sehr wenig, da die Ponys frei und wild leben und deshalb auch in strengen Wintern nur selten gefüttert werden.
Zuchtgeschichte: Sie haben ihren Namen von der gleichnamigen Insel erhalten und sind zweifelsfrei verwilderte Hauspferde. Sie sollen im 18. Jh. von Neuengland im Nordosten der USA mit den Siedlern als Arbeitspony auf die Insel gekommen sein.

Bei diesen Siedlern wird es sich mit großer Wahrscheinlichkeit um Fischer gehandelt haben. Da Kanada in dieser Zeit französisch waren, haben sie womöglich auch ihre Pferde aus Frankreich mitgebracht.

Ähnlich geschah dies beim Miquelonnais auf der zu Frankreich gehörenden Inselgruppe Saint Pierre-et-Miquelon vor Neufundland. Nachdem die Ponys nicht mehr gebraucht wurden, ließ man sie frei und sie überlebten. Seit 1961 leben die noch etwa 400 Ponys in kleinen Herden, sogenannten Familiengruppen, d. h. ein Hengst mit einer Reihe von Stuten und Fohlen, unter dem Schutz der kanadischen Regierung auf der Insel.

Sandalwood Pony (Sandwood Pony)

Kennzeichen: Edler, trockener Kopf mit breiter Stirn, großen, ausdrucksvollen, lebhaft blickenden Augen, weiten Nüstern und feinem Maul, auffallend dichter Schopf. Wohlgeformter Hals mit sehr schönem Kopfansatz, feine, oft doppelseitig geteilte Mähne, meist flacher Widerrist, schräge Schulter; gerader, schmaler Rücken mit schräger Kruppe, gut angesetzter Schweif. Stabiles Fundament mit schlanken, korrekten Gliedmaßen und eisenharten, wohlgeformten Hufen. Alle Farben, viele Falben, selten Abzeichen. Stockmaß um 132 cm. Charakteristisch die zur Unterscheidung durch Einkerbungen markierten Ohren.
Verbreitung: Vor allem auf den zu Indonesien gehörenden Inseln Sumba und Sumbawa.
Leistung: Ausdauernd, zäh; raumgreifender Schritt, ausgreifender, regelmäßiger Trab, hervorragender Galopp. Lebhaft und feurig bei angenehmem Temperament. Geht auch

Paß (Tandakkan) und Tölt. Wird als Arbeits-, Reit- und Rennpony verwendet.
Zuchtgeschichte: Es wird auch als Miniaturaraber charakterisiert, gilt als edelste aller Rassen in Südostasien und ist damals wie heute ein wichtiger und begehrter Exportartikel. Seinen Namen hat er vom Sandelholz, dem Reichtum der Inseln Sumba und Sumbawa.

Über die Entwicklungsgeschichte des Ponys weiß man nicht viel. Als sicher gilt, daß lange vor der Kolonialzeit Pferde unterschiedlicher Rassen mongolischer-arabischer Blutführung durch seefahrende Händler auf die Inseln gekommen sind. Auch sollen Schiffe mit arabischen Pferden gestrandet sein.

Der Aufbau einer geordneten Pferdezucht unter Verwendung edlen Araber-Blutes ist das Verdienst der niederländischen Kolonialmacht. In neuerer Zeit wurde Vollblut eingekreuzt, um das Pony für Rennen größer und schneller zu machen.

Schwedischer Ardenner

Kennzeichen: Gefälliger, nicht zu schwerer Kaltblüter im mittleren Rahmen. Hübscher, nicht zu schwerer Kopf mit leicht konkaver Nasenlinie; kräftiger, gut geformter Hals, kompakter, muskulöser Rumpf mit breiter, tiefer Brust und breiter, muskulöser Kruppe. Korrektes, gesundes Fundament mit kurzen, bemuskelten Gliedmaßen, trockenen Gelenken und harten, sehr guten Hufen. Volles Langhaar und Schopf, wenig Beinbehang. Überwiegend Braune, Füchse, Rappen. Stockmaß 158 bis 162 cm.
Verbreitung: Europaweit mit Hauptzuchtgebiet Schweden.
Leistung: Leichtfuttrig, langlebig, ruhiges Temperament, energische, kraftvolle, for-

dernde Bewegungen. Fleißiges, zugfestes Pferd für die Land- und Forstwirtschaft. **Zuchtgeschichte:** Große Nachfrage der schwedischen Land- und Forstwirtschaft hatte schon Anfang des 19. Jh. durch die Kreuzung importierter Kalblüter der Rassen Dänen, Clydesdale und Percheron mit „Landstuten" zu einer umfangreichen Kaltblutpferdezucht geführt. Durch die in den Jahren 1873/74 begonnenen Kreuzungen von belgischen Ardennern und einheimischen „Kleppern", entwickelte sich in der vor allem in bäuerlicher Hand liegenden Zucht sehr bald das erfolgreiche Kreuzungsprodukt des Schwedischen Ardenners. Vor allem in Mittel- und Südschweden, wo die Population bis zu 90% aller Pferde umfaßt, bemühte man sich konsequent durch strenge Zuchtauslese alle Mängel, wie z. B. zu groß, zu schwer oder schwammig, zu eliminieren. Diese erfolgreiche Maßnahme machte den so konsolidierten Schwedischen Ardenner auch im Ausland bekannt und gefragt. Obwohl der Zuchtumfang des Schwedischen Ardenners durch die Motorisierung und Mechanisierung der Forst- und Landwirtschaft stark zurückgegangen ist, sind die typvollen Hengste in den mitteleuropäischen Kaltblutzuchten als Veredler sehr gefragt.

Shales Horse

Kennzeichen: Mittelgroßes, kräftiges Allroundpferd mit eleganter Oberlinie. Ausdrucksvoller, trockener Kopf, mittellanger, schöner Hals, langer Widerrist, kräftiger, gut gerippter Rumpf mit guter Gurtentiefe, geradem Rücken, schräger Kruppe. Trockene, stabile Gliedmaßen mit markanten Gelenken und harten Hufen. Schönes Langhaar, vor allem Schimmel, selten Füchse oder Rappen. Stockmaß um 152 cm.

Verbreitung: England, kleine Population in Buckinghamshire.
Leistung: Geschätzt als Veredler in der Pony- und Reitpferdezucht. Anhänglich und freundlich mit gutem Temperament. Gesund, leichtfuttrig, leistungsbereit, wendig, schnell und ausdauernd; gute Grundgangarten, vorzügliches Springvermögen.
Zuchtgeschichte: Die kleine Population ohne eigenes Zuchtbuch macht das Shales Horse mehr zu einem Schlag als zu einer Rasse. Obwohl es von den berühmten Norfolk Trottern abstammt und der Linienbegründer *Shales*, ein Enkel von *Darley Arabian* und *Flying Childers* ist, sind Shales Horses eine Rarität. Noch immer traben sie ausdauernd und schnell, wie ihr Ahne *Marshland Shales*, der 1810 17 englische Meilen mit 76 kg auf dem Rücken in 56 Minuten trabte. Aber Anfang dieses Jahrhunderts mußten die „Roadster" der Eisenbahn und den Kraftfahrzeugen weichen. Ihr Blut führen heute vor allem noch die Hackneys. Original Norfolk-Trotter-Blut fließt jedoch nur noch im Shales Horse. Seit 1922 stehen die bedeutendsten Vertreter der Rasse nur noch in den Stallungen der Familie Colquhoun in Finmere/ Buckinghamshire und produzieren mit unterschiedlichen Stuten Pferde und Ponys für alle Disziplinen des Reitsports, Pferde wie *Silver Shales*, der sich als Fahr- und Jagdpferd bewährte, wie *Forty Winks*, 1975 Vierter in Fontainebleau bei der Dressur-Europameisterschaft oder wie *Stainless Steel*, Dritter in einem europäischen Military-Championat für Junioren.

Siciliano (Sizilianer)

Kennzeichen: Elegantes Gebrauchspferd in anglo-arabischem Typ mit schöner Oberlinie. Ausdrucksvoller, leichter Kopf mit fast

immer geradem Profil, kleinen Ohren und
lebhaften Augen. Gut aufgesetzter, muskulöser Hals, markanter Widerrist, korrekt
gelagerte, schräge Schulter; tiefer, breiter
Rumpf, kräftiger, mittellanger Rücken mit
guter Sattellage, muskulöse, schräge Kruppe, gut angesetzter Schweif. Stabile,
trockene Gliedmaßen mit guter Röhrbeinstärke und ausgezeichneten Hufen. Schönes Langhaar. Vor allem Braune, aber auch
Schimmel, Füchse und Rappen. Stockmaß
um 155 cm.

Verbreitung: Italien; Hauptzuchtgebiete
sind die Regionen von Cantania, Ragusa,
Trapani und Palermo auf Sizilien.

Leistung: Hoch im Blut stehendes, ausdauerndes, energisches, einsatzbereites, lebhaftes Pferd mit leichtfüßigen, sicheren
Bewegungen für die Verwendung unter
dem Sattel und im Geschirr.

Zuchtgeschichte: Auch das Sizilianische
Pferd hat eine wechselvolle Zuchtgeschichte mit unterschiedlichen Zuchtperioden. Diese ist gekennzeichnet von der
Verwendung reinblütiger Araber bis in das
18. Jh., von der Aufstellung von Verstärker-Hengsten der Rassen Maremmano, Nonius u. a. (wie zu erwarten mit negativem
Erfolg), und von der Rückkehr zum rein-
blütigen Orientalen und Vollblüter Mitte
dieses Jahrhunderts. Große Bedeutung
haben für die Förderung und Verbesserung
der Zucht die Stazioni Selezionate (Statio-
nen ausgesuchter Exemplare) gewonnen,
die wesentlich zur Konsolidierung des Ras-
setyps beigetragen haben. Daher kann
man das Siciliano durchaus auch einen
Anglo-Araber nennen.

Skyros Pony

Kennzeichen: Kleines, schmal gebautes
Pony. Kopf mit geradem Profil, breiter

Stirn, kleinen, weit auseinanderstehenden
Ohren, großen, wachen Augen und weiten
Nüstern. Kurzer, zum Hirschhals neigender
Hals; langer Rumpf mit gerader Rückenlinie und abfallender Kruppe mit tiefem
Schweifansatz. Feine, trockene Gliedmaßen
mit kräftigen Gelenken und dunklen, sehr
harten Hufen. Auffällig sind die steile
Schulter, die schwache Hinterhand und die
kuhhessige Stellung der Hinterbeine. Volles, sehr langes Langhaar, aber wenig
Behang. Vor allem Schimmel, daneben
aber auch Braune und Falben, oft mit Aalstrich und Zebrastreifen. Stockmaß um 98
bis 110 cm.

Verbreitung: Auf der Insel Skyros vor der
Ostküste Griechenlands im Ägäischen
Meer.

Leistung: Das griechische Skyros Pony vereint die Unerschrockenheit des Shetland
Ponys mit dem Vorwärtsdrang und der
Leichtigkeit des Welsh. Das zuverlässige,
genügsame, langlebige Arbeitspony wird
heute zunehmend als Kinderreitpony verwendet.

Zuchtgeschichte: Das kleinste griechische
Pony lebt seit vielen Jahrhunderten halbwild auf der gebirgigen Insel in der Ägäis.
Seit jeher wurde es nach Bedarf in den
Sommermonaten für die Feldarbeit und als
Tragtier verwendet, und im Winter wieder
in die Berge entlassen. Die harten Lebensbedingungen erklären nicht nur die Kleinwüchsigkeit der Skyros Ponys, sondern
auch ihre Genügsamkeit und Zähigkeit.
Die um 1970 auch auf die Insel vordrin-
gende Mechanisierung verdrängte die
Ponys. Da sie nicht mehr benötigt wurden,
ging das Interesse an der Zucht so stark
zurück, daß die uralte Rasse, deren Herkunft unbekannt ist, vom Aussterben
bedroht ist. Die Universität Thessaloniki
fördert ein Zuchtprogramm, um die Rasse
zu erhalten.

Somali Pony

Kennzeichen: Starkknochiges, robustes Pferd im Typ des Poloponys, aber mit unterschiedlichem Exterieur. Alle Grundfarben, vor allem aber Füchse und Schimmel in allen Farbvarianten. Stockmaß 140 bis 145 cm.
Verbreitung: Somalia; das Hochland von Kenia und das Küstengebiet Äthiopiens.
Leistung: Anspruchslos, zäh und wendig. Ein gesuchtes Polopony, immun gegen die Pferdepest. Anlage zum Tölt vorhanden.
Zuchtgeschichte: Die Mischrasse geht in ihren Anfängen auf das oberägyptische Pferd der Pharaonen um 2000 v. Chr. zurück, denen in späteren Jahrhunderten Berber und Araber folgten. Die entstandene Mischrasse entwickelte sich unter den ungünstigen Bedingungen von Klima und mangelhaften Haltungsbedingungen zu den sogenannten Heidenponys in den Ländern südlich des Tschadsees. In der Kolonialzeit wurden unter britischem Einfluß europäische Rassen und auch Vollblut eingekreuzt.

Spiti Pony

Kennzeichen: Kräftiges, kompaktes Bergpony. Mittelgroßer, ausdrucksvoller Kopf mit klugen Augen, geradem Profil, kleinen, spitzen Ohren und üppigem Schopf. Kurzer, kräftiger Hals mit voller Mähne, starke, muskulöse Schulter, flacher Widerrist, tiefer Rumpf mit guter Rippenwölbung, kurzem, kraftvollem Rücken und guter, muskulöser Hinterhand, üppiger Schweif. Kurze, stabile Gliedmaßen mit ausgeprägten Gelenken und runden, harten Hufen. Vor allem Schimmel, Rappschimmel, selten Füchse. Stockmaß um 122 cm.
Verbreitung: Indien, an der Grenze zu Nepal und in den Himalajastaaten Pakistan, Kaschmir, Nepal, Sikkim, Bhutan.
Leistung: Genügsames, unverwüstliches, den extremen Bedingungen des Himalaja Gebirges hervorragend angepaßtes, trittsicheres Reit- und Packpony mit angeborener Anlage zu Paß und Tölt.
Zuchtgeschichte: Seinen Namen hat es von seiner engeren Heimat, dem Spiti-Massiv im Kangra Distrikt des Himalaja Gebirges. Dort wird der Abkömmling des Mongolischen Wildpferdes noch heute vom Stamm der Kanyaten in einer geschlossenen Zuchtpopulation gezüchtet. Leider wird, um die geringe Größe, Genügsamkeit und Widerstandsfähigkeit zu erhalten, zu stark Inzucht betrieben. Die Züchter halten in der Regel drei bis sechs Stuten, die meist mit vier Jahren zum ersten Mal fohlen. Stuten und Fohlen bleiben anfangs sich selbst überlassen und müssen mit dem auskommen, was ihnen die rauhe Bergregion zum Leben bietet. Die in den Himalajastaaten sehr geschätzten und begehrten Spitis sind ihrem Lebensraum so gut angepaßt, daß sie in tiefer gelegenen und wärmeren Gebieten kümmern.

Sumbawa Pony (Soembawa Pony)

Kennzeichen: Der kleinere Vetter des Sumba Ponys, dem er, bis auf die Größe, im Erscheinungsbild gleicht. Mittelgroßer, keilförmiger Kopf; schmaler, kleiner, tiefer, kräftiger Rumpf mit schräger Kruppe, stabiles Fundament. Häufig Falben mit vollem, Langhaar, Aalstrich, schwarzen Beinen oder Zebrastreifen. Stockmaß 110 bis 120 cm.
Verbreitung: Hauptzuchtgebiet ist die zu den Sundainseln gehörende Insel Sumbawa. Verbreitet ist es auf den Inseln Indonesiens und in Südostasien.

Leistung: Ausdauerndes, genügsames, flin-kes, wendiges Pony, das geritten und angespannt wird.

Zuchtgeschichte: Die Insel Sumbawa ist seine Heimat und gab ihm den Namen. Wie das Sumba Pony, dessen Entwick-lungs- und Zuchtgeschichte es teilt, hat es mongolisch-asiatisch beeinflußte und auch arabische Vorfahren. Sein gegenüber dem Sumba Pony kleinerer Wuchs ist, wie bei allen Verzwergungserscheinungen, die Folge der fortwährenden Inzucht und der schlechten Lebens- und Haltungsbedin-gungen. Noch immer ist es für die abseits der Städte im Landesinneren der Inseln lebenden Indonesier als Verkehrs- und Transportmittel sowie für die schwere Arbeit unter tropischer Hitze unverzicht-bar. Es stellt aber dem mongolisch-arabi-schen Blut ein hervorragendes Zeugnis darin aus, daß es sich Ausdauer, Härte, Zähigkeit und Leistungsstärke trotz der geringen Größe erhalten konnte.

Sztumska (Stuhm Pferd)

Kennzeichen: Mittelschwerer Kaltblüter im Typ des Ardenners. Vor allem Füchse und Braune. Stockmaß um 160 cm.

Verbreitung: Polen, im Nordosten im Weichseldelta nahe den Städten Stuhm, Marienburg und Danzig.

Leistung: Genügsames, hartes, zuverlässi-ges und zugstarkes Arbeitspferd mit ruhi-gem Temperament und gutem Charakter.

Zuchtgeschichte: Gründerhengst soll ein namentlich nicht mehr bekannter, in der Region um die Stadt Stuhm geborener Hengst gewesen sein, wahrscheinlich ein französischer Ardenner. Aber auch schwe-dische Ardenner, Jütländer, Gudbrandsda-ler, Belgier und Ermländer sollen zur Ras-sebildung beigetragen haben.

Tibet Pony (Nanfan)

Kennzeichen: Kräftiges, stämmiges, im Typ sehr unterschiedliches Gebirgspony. Mit-telschwerer Kopf mit breiter Stirn und ge-radem Profil, oft auch Ramsnase; kräftiger Hals, wenig Widerrist, steile Schulter, tie-fer Rumpf mit breiter Brust und kräftiger Hinterhand. Stabiles, kurzes Fundament mit guter Knochenstärke und harten Hu-fen. Kräftiges, volles Langhaar. Alle Far-ben, häufig Schimmel. Stockmaß um 125 bis 140 cm.

Verbreitung: Tibet und die Regionen des Himalaja, der Mongolei sowie die an Tibet angrenzenden Provinzen Chinas.

Leistung: Anspruchslos, widerstandsfähig, ausdauernd und trittsicher. Außerordent-liches, leistungsstarkes Reit-, Zug- und Tragpony, das, je nach Typ, auch zum Polospiel verwendet wird. Anlage zu Paß und Tölt vorhanden.

Zuchtgeschichte: Es ist ein Abkömmling des ursprünglichen Wildpferdes aus den Steppen Mittelasiens. Die harten Lebensbe-dingungen haben das Tibet Pony geprägt. Wie alle Steppenpferderassen wurde es be-sonders zur Zeit der Weltherrschaft der Mongolen unter Dschingis Khan durch Kreuzungen mit Pferden aus den unter-worfenen Ländern beeinflußt. Man findet deshalb beim Tibet Pony nicht nur kleine und struppige Exemplare mit einem Stock-maß um 125 cm, sondern auch größere, edlere Tiere. Die Ponys in Baltistan in Westtibet werden von dem englischen Geologen Drews als „etwa 132 cm groß, schön geformter Kopf, breite Brust, ton-nenförmiger Brustkorb, gute Hinterbacken, gutes Herz, Ausdauer" beschrieben. Auch die vor Jahren in Tibet entdeckten Riwo-que- und Nangchen-Pferde sind, trotz un-terschiedlichen Typs und Exterieurs, Tibet Ponys. Generell wird zwischen dem größeren und ruhigeren **Kansu-** und dem leichteren **Tjing-hai-Pferd** unterschieden. Letztere sind fast alle Paßgänger. Das im benachbarten Indien heimische Spiti- und das Bhutia-Pony wurden vom Tibet Pony beeinflußt.

Togo Pony

Kennzeichen: Kleines, edles, schlankes Pony im Rechteckformat. Rassiger orientalischer Kopf, mittellanger, gerader Hals, der zum Hirschhals neigt; langer, wenig ausgeprägter Widerrist, kurze, steile Schulter, schlanker Rumpf, abfallende Kruppe. Schlanke Gliedmaßen, nicht immer ideal, oft weich gefesselt, bärentatzig und säbelbeinig. Die Farbe ist allgemein braun und rotbraun, aber auch Füchse und Falben kommen vor, oft mit deutlichem Aalstrich, häufig auch mit Zebrastreifen. Das Haarkleid ist kurz und seidig glatt. Langes, feines Langhaar. Stockmaß um 110 bis 116 cm.
Verbreitung: Togo, Benin und Nigeria. Das Zuchtzentrum soll am oberen Volta im Gebiet von Salaga gewesen sein, aber auch im Hinterland von Sierra Leone und im südlichen Tschad.
Leistung: Wendiges, fleißiges, anspruchsloses Pony, das als Last- und Reittier benutzt wird.
Zuchtgeschichte: Die Abstammung dieser so bekannten afrikanischen Pferderasse wird auf das oberägyptische Pferd des Altertums zurückgeführt, als es in Nordafrika große Zentren für die Pferdezucht gab. Das Vordringen berberischer Stämme bis an die Urwaldgrenze förderte die Verbreitung des Pferdes. Die klimatischen Bedingungen führten, zusammen mit schlechter Haltung und Pflege sowie fehlender Blutauffrischung zu Kleinwuchs und anderen Degenerationserscheinungen. Der Versuch der deutschen Kolonialverwaltung in Togo eine Pferdezucht einzurichten, gelang nur in den Bezirken Sansanne-Mangu und Sokadé. Man schaffte es in der kurzen Zeit nicht, die Kleinwüchsigkeit zu überwinden. Infolge der fortschreitenden Motorisierung Afrikas wird die wirtschaftliche Bedeutung des kleinen Ponys immer geringer, zumal die Voraussetzungen zu einer geordneten Zucht fehlen.

Tschenerani

Kennzeichen: Edler, kompakter Warmblüter. Leichter, trockener Kopf mit konkavem Profil, ausgeprägten Ganaschen, großem Auge. Leicht gewölbter Hals mit gut ausgeschnittenem Kehlgang, markanter Widerrist, gut formierte, schräge Schulter, kompakter Körper mit breiter, tiefer Brust, mittellanger Rücken, schräge Kruppe. Stabiles Fundament mit guter Knochenstärke; trockene Gliedmaßen mit gut markierten Gelenken und kleinen, harten Hufen. Feines seidiges Fell und Langhaar. Braune, Schimmel, Füchse, Rappen und Goldbraune. Stockmaß um 155 cm.
Verbreitung: Iran, mit dem Hauptzuchtgebiet im Chorassan-Gebirge.
Leistung: Ausdauerndes, schnelles, zähes, gelehriges und vielseitiges Reitpferd mit gutem Charakter und Temperament. Bewährt als modernes Dressur- und Springpferd.
Zuchtgeschichte: Die Rasse basiert auf dem bewährten Turkmenen und wurde im 18. Jh. von Nader Shah als Kavalleriepferd für den Krieg mit Indien gezüchtet. Zur Zucht wurden Hengste der Rassen Plateau Perser und Araber mit Turkmenen-Stuten gekreuzt. Als Resultat entstand ein eleganter, mit den Vorzügen des Turkmenen und

Plauteau Persers ausgestattetes Pferd. In der Vergangenheit war es das perfekte Kavalleriepferd, und in der Gegenwart ist es für die modernen Sportpferde der Welt ein ernsthafter Konkurrent auf den Dressurplätzen und in den Springparcours.

Woronesch Pferd (Bitjug)

Kennzeichen: Mittelgroßer, harmonisch gebauter, wuchtiger Kaltblüter im Rechteckformat. Das Stockmaß liegt bei 162 cm, die Rumpflänge bei 166 cm und der Röhrbeinumfang bei 21 cm. Mittelgroßer, gefälliger Kopf, starker, gut aufgesetzter Hals, wuchtiger, tiefer Rumpf mit breiter Brust und langer, muskulöser Kruppe. Stabiles, trockenes Fundament mit großen, flachen Hufen. Volles Langhaar und Behang. Braune, Dunkelbraune, Schimmel und Rappen.
Verbreitung: GUS, Gestüt Chrenowoje bei Woronesch.
Leistung: Ausdauernd, genügsam, guter Schritt, raumgreifender Trab. Ein fleißiges, williges Arbeitspferd.

Zuchtgeschichte: Unter Peter dem Großen (1682–1725) brachten ca. 1.000 Familien holländischer Einwanderer ihre niederländischen Pferde, vor allem Hengste, mit nach Woronesch. Mit den einheimischen Landstuten, den „Lomoviks", wurde ein Kaltblüter im Typ eines schweren Warmblüters gezüchtet, der später durch Percherons, Ardenner und vor allem durch Orlow-Traber-Blut verbessert wurde und vom Orlow Traber auch den schönen Kopf, Aufsatz und harmonischen Körper bekam. Ende des vorigen Jahrhunderts wurden zur Blutauffrischung auch dänische Hengste verwendet. Die Bitjugrasse war zur Zarenzeit in ganz Rußland verbreitet und machte ca. 18% des gesamten Pferdebestandes aus. Die Rasse ging nach der Revolution in Rußland 1917 allmählich im Woronesch Pferd auf und hat sich vom Bitjug den guten Trab erhalten können. Der Hengst *Wostok* stellte im Trab mit 800 kg Last einen Weltrekord über 2 km auf: 4:21 Min. Die Rasse ist seit 1936 anerkannt und ist auch an der Zucht des Wladimir Pferdes beteiligt.

Wichtige Adressen

Deutschland

Arbeitsgemeinschaft für Pony- und Kleinpferdezüchter (AGP)
Frhr.-v.-Langen-Str. 13,
48231 Warendorf
Tel. (0 25 81) 6 36 21 57

Deutsche Reiterliche Vereinigung e. V. (FN)
Abteilung Zucht
Frhr.-v.-Langen-Str. 13,
48231 Warendorf
Tel. (0 25 81) 63 62-0

Direktorium für Vollblutzucht und Rennen e. V.
Rennbahnstr. 154,
50737 Köln
Tel. (02 21) 74 98-1 08

Hauptverband für Traber-Zucht und -Rennen e. V.
Gutenbergstr. 40,
41564 Kaarst
Tel. (0 21 31) 98 57-0

Regionale Zuchtverbände

Pferdezuchtverband Baden-Württemberg e. V.
Heinrich-Baumann-Str. 1–3,
70190 Stuttgart
Tel. (07 11) 1 66 55 01

Landesverband Bayerischer Pferdezüchter e. V.
Landshamer Str. 11,
81929 München
Tel. (0 89) 92 69 67 13

Landespferdezuchtverband Berlin-Brandenburg e. V.
Hauptgestüt 10,
16845 Neustadt/Dosse
Tel. (03 39 70) 1 32 01

Verband Hannoverscher Warmblutzüchter e. V.
Lindhooper Str. 92,
27283 Verden/Aller
Tel. (0 42 31) 67 30

Verband Hessischer Pferdezüchter e. V.
Pferdezentrum Alsfeld
An der Hessenhalle 5,
36304 Alsfeld
Tel. (0 66 31) 7 20 11

Verband der Züchter des Holsteiner Pferdes e. V.
Steenbecker Weg 151,
24106 Kiel
Tel. (04 31) 3 08 98
oder 3 08 99

Verband der Pferdezüchter Mecklenburg-Vorpommern e. V., Speicherstr. 11,
18273 Güstrow
Tel. (0 38 43) 68 60 33

Verband der Züchter des Oldenburger Pferdes e. V.
Donnerschweer Str. 72–80,
26123 Oldenburg
Tel. (04 41) 98 06 10

Zuchtverband für das Ostfriesische und Alt-Oldenburger Pferd e. V.
Mühlenhof 50, 26831 Bunde
Tel. (0 49 53) 81 00

Rheinisches Pferdestammbuch e. V.
Endenicher Allee 60,
63115 Bonn
Tel. (02 28) 70 33 64 od. 70 34 19

Pferdezuchtverband Rheinland-Pfalz-Saar e. V.
Pferdezentrum,

67816 Standenbühl
Tel. (0 63 57) 8 97

Pferdezuchtverband Sachsen e. V.
Winterbergstr. 98,
01237 Dresden
Tel. (03 51) 2 36 10 01

Pferdezuchtverband Sachsen-Anhalt e. V.
Frommhagenstr. 16,
39576 Stendal
Tel. (0 39 31) 21 28 59

Verband Thüringer Pferdezüchter e. V.
Lisztstr. 4, 99423 Weimar
Tel. (0 36 43) 2 48 80

Westfälisches Pferdestammbuch e. V.
Sudmühlenstr. 33,
48157 Münster
Tel. (02 51) 3 28 09 81

Diverse Rassen

Verband der Züchter des Arabischen Pferdes e. V.
Bissendorfer Str. 9,
30625 Hannover
Tel. (05 11) 55 01 66/7

Friesenpferdezuchtverband e. V., Gut Brückenhaus,
40822 Mettmann
Tel. (0 20 58) 7 29 01

Stammbuch für Kaltblutpferde Niedersachsen e. V.
Lindhooper Str. 92,
27283 Verden/Aller
Tel. (0 42 31) 6 73 42

Verband der Kleinpferdezüchter in Bayern e. V.
Landshamer Str. 11,

81929 München
Tel. (0 89) 92 69 67 43

Zuchtverband der Shagya-
Araber, Anglo-Araber und
Araber e. V. (ZSAA)
Im Langenborn 55,
63825 Schöllkrippen
Tel. (0 60 24) 17 75

Verband der Pony- und
Kleinpferdezüchter
Hannover e. V.
Johannssenstr. 10,
30159 Hannover
Tel. (05 11) 32 04 10

Verband der Ponyzüchter
Hessen e. V.
Rheinstr. 91,
64295 Darmstadt
Tel. (0 61 51) 89 39 55

Verband der Züchter und
Freunde des Ostpreußischen
Warmblutpferdes Trakehner
Abstammung e. V.
Max-Eyth-Str. 10,
24537 Neumünster
Tel. (0 43 21) 9 02 70

Pferdestammbuch Weser-
Ems e. V.
Mars-la-Tour-Str. 6,
26121 Oldenburg
Tel. (04 41) 8 25 81
od. 80 16 04

Zuchtverband für deutsche
Pferde e. V.
Am Nordertor 1,
27283 Verden/Aller
Tel. (0 42 31) 8 28 92

Interessengemeinschaften, Spezialrassen

Achal-Tekkiner Züchter und
Freunde e. V.
Baumgartenstr. 3,
89231 Neu-Ulm
Tel. (07 31) 8 20 25

Interessengemeinschaft und
Förderkreis für Aegidien-
berger e. V.
Görreshof 43, 53347 Alfter

American Saddlebred Horse
Association of Europe e. V.
Staffelgasse 25,
53347 Alfter-Oedekoven
Tel. (02 28) 64 16 26

Andalusier
Verein der Freunde und
Züchter des Pferdes Reiner
Spanischer Rasse e. V.
Kohlstattweg 10,
86875 Wallhaupten
Tel. (0 26 02) 1 86 26

Appaloosa Horse Club
Germany (ApHCG)
Geschäftsstelle:
Catrin Scheckenbach
Mißstedt 1
84437 Reichertsheim
Tel. (0 80 73) 38 45 36

IG Berber Deutschland e. V.
Marktring 19, 49191 Belm
Tel. (0 54 06) 96 71

Verein der Freunde und
Züchter des Berberpferdes
(VFZB)
Heike Schirmböck
Heideweg 24,
67133 Maxdorf
Tel. (0 62 37) 33 64

Interessengemeinschaft
Bosnische Gebirgspferde e. V.
Rathelbeckstr. 330,
40267 Düsseldorf
Tel. (02 11) 20 22 24

Budjonny Pferde
Frau Claudia Weissbach
Am Haag 11,
55605 Oberhausen

Verein der Freunde und
Züchter des Camargue-
Pferdes in Deutschland
Paulstr. 6, 50259 Pullheim
Tel. (0 22 38) 5 39 80

Connemara Pony Interes-
sengemeinschaft e. V.
Am Brombeerschlag 3,
81374 München
Tel. (0 89) 7 14 07 91

Criollo Zuchtverband
Geschäftsstelle M. u.
G. Klebensberger
Bleimer Schloß,
91171 Greding
Tel. (0 84 63) 64 07 10

Interessengemeinschaft der
Dartmoorzüchter und
-freunde in Deutschland e. V.
Paustenbacher Str. 33,
52152 Simmerath
Tel. (0 24 73) 75 33

Interessengemeinschaft des
Dülmener Wildpferdes
Geschäftsstelle:
Frau Brigitte Agricola
Kreisstr. 21,
63633 Kirchbracht
Tel. (0 60 54) 90 08 25

Interessengemeinschaft
Exmoor
Andrea und Bernd Feischner
Flur Oelzsch 17,
07937 Zeulenrode
Tel. (03 66 28) 6 26 90

Interessengemeinschaft
Fell Pony (i. G.)
Barbara Müller
Schweisstahl 20, 54614
Nimsreuland
Tel. (0 65 53) 17 46

Interessengemeinschaft
Fjordpferde (IGF) e. V.
Haffwiesenhof,
17375 Leopoldshagen
Tel. (03 97 74) 2 02 22

Deutscher Förderverein für
Freiberger Pferde e. V.
Dr. Klausch
Hermann-Löns-Weg 25,
30938 Burgwedel
Tel. (0 51 39) 8 71 31

Internationale Gangpferde-
Vereinigung (IGV)
Peter-Staffel-Str. 13,
53604 Bad Honnef
Tel. (0 22 24) 8 96 37

AG der Haflingerzüchter
und Halter in der Bundes-
republik Deutschland e. V.
Landshamer Str. 11,
81929 München
Tel. (0 89) 9 26 96 70

Higland Pony Society
Deutschland, Der Clan
Hans Jürgen Philipp
Düsterntwiete 49,
22850 Norderstedt
Tel. (0 40) 5 23 26 06

Islandpferde-Reiter- und
Züchterverband e. V. (IPZV)
Jüchtstr. 24, 53773 Hennef
Tel. (0 22 42) 78 72
oder 58 80

IG Knapbstrupper Deutsch-
land e. V.
Klinkerstr. 3,
70771 Echterdingen
Tel. (07 11) 7 97 01 64

Kabardiner und Anglo-
kabardiner
Herr Reinhard Knittel
Schönenbühl 4,
71546 Aspach

IG Karabagh und eurasische
Pferderassen e. V.
Verena Scholian
Vogelsbergweg 11, 65462
Ginsheim-Gust
Tel. (0 61 44) 28 07

Interessengemeinschaft für
Koniks
J. Güntherschulze,
Tierpark Warder
24646 Warder

Konikzuchtverein e. V.
Bärbel Leiblein
Rostocker Str. 26,
18334 Dettmannsdorf-
Kölzow

Lipizzaner Zuchtverband
Deutschland e. V.
Dr. Karl Heinrich Kirsch
Kirchstr. 6,
76879 Essingen/Pfalz
Tel. (0 63 47) 26 16

Mangalarga-Marchador-
Vereinigung e. V.
Marina Geyer
Wetterstr. 13,
35516 Münzenberg
Tel. (0 60 04) 16 49

Mérens Deutschland e. V.
Lauchertstr. 16
72393 Melchingen

Internationaler Morgan
Horse Club Deutschland e.
V. (IMHCD)
In den Böcken 7
44227 Dortmund

Interessengemeinschaft New
Forest Pony e. V.
Schubystr. 91 A
24837 Schleswig
Tel. (0 46 21) 2 51 57

Paint Horse Club Germany
e. V.
Wäschbacher Hof 30
67722 Winnweiler
Tel. (0 63 02) 18 49

Paint Horse Club Germany
(PHCG)
Petra Hüren
Haversloh 4
41366 Schwalmtal
Tel. (0 21 63) 45 00 61

Paso Fino Association
Europe e. V.
Berghof,
Ziegelhütte 5,
61276 Weilrod

Peruanische Paso
Vereinigung (PPV)
Marina Unterhardt
Machweg 7
38477 Jembke
Tel. (0 53 66) 13 94

Paso Peruano Vereinigung
Deutschland e. V.
Monika Zehmisch
Am Bach 12
40668 Meerbusch
Tel. (0 21 50) 30 94

Deutscher Pinto Zuchtver-
band e. V.
Kurhenenstr. 21,
34626 Neukirchen
Tel. (0 66 94) 91 94 25

Deutsche Quarter Horse
Association e. V. (DQHA)
Landstr. 7
63939 Wörth am Main
Tel. (0 93 72) 50 31

Interessengemeinschaft der
Shetlandponyzüchter
Clus 1
37581 Bad Gandersheim
Tel. (0 53 82) 23 82

IG Shetland e. V.
Albert-Mertes-Str. 5 a
47929 Grefrath-Oedt
Tel. (0 21 58) 60 24

Deutscher Shirehorse Verein
Geschäftsstelle
Dannbeinbruch 1
53343 Wachtberg
Tel. (02 28) 34 63 11

Tennessee Walking Horse
Ron Powell Stables
Hütschenhauser Str. 17
66892 Bruchmühlenbach-
Miesau
Tel. (0 61 27) 74 99

European Tennessee Wal-
king Horse Association e. V.
Machweg 38
32479 Hille
Tel. (0 57 34) 63 66

Tennessee Walking Horse
Verband International e. V.
(TWHI)
Ortsstr. 6
65510 Idstein/Ts.
Tel. (0 61 27) 74 99

Irish Tinker Horse Club
Hörste 14
48231 Warendorf-Milte
Tel. (02 58) 94 00 58

IG Tinkerpony
Süchstr.4, 56414 Salz
Tel. (0 64 35) 61 25

IG für töltende Traber IGTT
Familie Vierhaus
Coesfelder Str. 69
46325 Borken-Gemen
Tel. (0 28 65) 6 42 52

Interessengemeinschaft
Welsh e. V.
Dieter Bonin
Dweerbecker Weg 1
23714 Nüchel
Tel. (0 45 23) 36 37)

Rheinisches Pferdestamm-
buch e. V.
Endenicher Allee 60
63115 Bonn
Tel. (02 28) 70 33 64
od. 70 34 19

Argentinien

Asociación Argentina de
Criadores de Caballos de
Polo,
Avda. Pte. Roque Saenz
Peña 1160, 9° P. „A", (1035)
Capital Federal Buenos Aires

Criadores Argentinos Sangre
Pura Carrera
E. Costa 3055
1425 Buenos Aires
Tel. 00 54-1-8 02-56 72

Sociedad Rural Argentina
Florida 460
1005 Buenos Aires
Tel. 00 54-1-3 22-21 11-48 47

Australien

Australian Pony Stud Book
Society, Inc.
Box 43 17 G.P.O.
Sydney, N.S.W. 2001

The Australian Stock Horse
Society Ltd. (A.S.H.S.)
PO Box 288, 92 Kelly Street
Scone NSW 2337
Tel. 00 61-65-56 11 22
Fax 00 61-65-45 21 65

The Waler Horse Society of
Australia Inc. (W.H.S.A.)
'Beeandah'
5 Saundaere Court
Elphinstone Vic. 3444
Tel./Fax 00 61-3-54 73-33 25
10

Belgien

Belgisch Warmbloedpaard
Minderbroedersstraat 8
P. B. III, 3000 Leuven

Het Belgisch Halfbloedpaard
V.Z.W.D.
Hamoirlaan 38
1180 Brussels

Société Royale Le Cheval de
trait Ardennais
5408 Marloie, LE
Maison De L'Eleveur
Luxembourgeois

Société Royale „Le Cheval
de trait Belge"
Av. du Suffrage Universal 49
1020 Brussels

Brasilien

Associação Brasileira dos
Criadores do Cavalo
Campolina
Rua São Paulo
824 – 14°, CEP 30170 –
Belo Horizonte
Minas Gerais

Associação Brasileira dos
Criadores do Cavalo Mangalarga Marchador
Rua Goitacases, 14 – e. 13
andares
Ed Bom Destino, Cep
30190, Belo Horizonte, MG

Ministerio Da Agricultura
Commissao Coordenadora
da Criacao Do Cavalo
Nacional
Av. Almirante Barroso139,
10° And.-Modula 1001 –
CEP 20051
Rio de Janeiro – RJ

Chile

Sociedad Nacional de
Agricultura
Tenerini 187, Casilla 40-D
Santiago 1

China

China National Animal
Breeding Stock Import und
Export Corporation
Yang Qing, President
Yangyi Hutong No. 10
Dongdan
Bejing

Dänemark

Dans Varmblod
Udkærsvej 15, Skejby
8200 Århus N.
Tel. 00 45-86 10-90 88
Fax 00 45-86 10-91 60

The Fredriksborg Horse
Breeding Society
Skovgårdsvej 59, Balle,
8300 Odder
Tel. 00 45-86 54-17 50

The Knabstrupper Society of
Denmark
Sillevadsvej 1, 9600 Ars
Tel. 00 45-98 62-44 33

The Breeding Society of the
Jutland Horse
Kolstrupvej 4, 8581 Nimtofte
Tel. 00 45-86 39-80 69

Danish Gotlands Russ
Association
Sandbakkevej 33
4390 Vipperod
Tel. 00 45-53 48-10 10

Finnland

Suomen Hippos r. y.
Raviurheilun ja hevoskasvatuksen keskusjärjestö
Tulkinkuja 3
02600 Espoo

Frankreich

Association Nationale du
Selle Francais (ANSF)
22, rue de Penthievre
F-75008 Paris
Tel. 00 33-14 56-2 88 67

Association des Eleveurs
de Chevaux Ardennais
Maison de l'Agriculture
26 Avenue du 109'RI
52011 Chaumont
Tel. 00 33-25 32 19 91

Association des Eleveurs de
Chevaux de Race Camargues
Parc régional de Camargue
mas du Pont-de-Routy
13200 Aries
Tel. 00 33-90 97 86 32

Association Nationale du
Poney Landais
Saubusse, 40180 Dax

Association Nationale du
Pottok
Chambre d'Agriculture
64240 Hasparren
Tel. 00 33-05 59 70 29 20
Fax 00 33-05 59 70 29 29

Association Regionale de
Developpement du Cheval
Poney
Rue Saint-Berchaire
25220 Montier-en-Der
Tel. 00 33-25-94 43 84

Centre National du Cheval
de Mérens (S.H.E.R.P.A.)
09240 La Bastide de Sérou
Tel. 00 33-5 61 64-59 05
Fax 00 33-5 61 64-59 48

Féderation Francaise des
Eleveurs de Poneys

15, rue de Bruxelles
75009 Paris

Fédération Nationale du
Cheval
11, rue de la Baume
75008 Paris
Tel. 00 33-1-45 63 11 77

Société Hippique Percheronne
1 Rue Doullay
28400 Nogent le Rotrou

Syndicat Central d'Elevage
du Cheval Trait du Nord
Résidence Nicolas Dubois
Entrée G App. 32
59230 Saint Amand les
Eaux

Syndicat d'Elevage du
Cheval Comtois
Haras National
52 rue de Dôle
25000 Besancon

Syndicat des Eleveurs
Bretons
BP 29, 22 Rue de la
Libération,
29208 Landerneau

Syndicat des Eleveurs de
Chevaux Camargue hors
Berceau
30770 Vissec
Tel. 00 33-67 82-0 67

Syndicat du Cheval de Trait
Auxois
2, rue Hoche, BP 15 33
21036 Dijon Cedex
Tel. 00 33-80-43 43 01

Syndicat Hippique
Boulonnais
14–16 Rue Saint-Adrienne
62930 Wimereux

Syndicat National des
Eleveurs et Utilisateurs de
Chevaux Cob Normand
Village 1'Aunerie
50570 Le Lorey
Tel. 00 33-33-07 61 21

Griechenland

Aristotle University of
Thessaloniki
Faculty of Earth Sciences
and Technology
School of Agriculture
Department Animal
Production
540 06 Thessaloniki

International Society for the
Protection and Preservation
of the Skyros Pony
Ktima Litsas
Thermi 57001, Thessaloniki

Großbritannien

The British Horse Society
British Equestrian Centre
Stoneleigh Park
Kenilworth
Warwickshire, CV8 2LR

National Pony Society
Brock House
25 High Street, Alton
Hants GU34 1AW
Tel. 04 20 8 83 33

The British Show Hack,
Cob and Riding Horse
Association
Chamberlain House
88 High Street, Coleshill
W, Midlands, B46 3BZ
Tel. 0 16 75 46 62 11

The British Show Pony
Society
Mrs. J. Hall
124 Green End Road
Sawtry, Huntingdon
Cambridgeshire, CB6 2TB
Tel. 0 13 53 69 94 30

The British Spotted Pony
Society
Mrs. M. A. Broad
7 Sand Farm Lane
Sand Bay
Weston Super Mare
North Somerset, BF22 9UF

The British Warmblood
Society
Mrs. D. Wallin
Moorlands Farm
New Yatt, Witney
Oxfordshire, OX8 6TE
Tel. 0 19 93 86 86 73

The Cleveland Bay Horse
Society
York Livestock Centre
Murton, York, YO1 3UF
Tel. 0 19 04 48 97 31

The Clydesdale Horse
Society of Great Britain
Mrs. K. Stephen
3 Grosvenor Gardens
Edinburgh, EH12 5JU
Tel. 01 31 3 37 55 77

The Dales Pony Society
Mrs. J. C. Ashby
Greystones, Glebe Avenue
Great Longstone, Bakewell
Derbyshire, DE45 1TY
Tel. 0 16 29 64 04 39

The Dartmoor Pony Society
Mrs. L. Setter
57 Pykes Down
Ivybridge, Devon, PL21 0BY
Tel. 0 7 52 89 70 53

The English Connemara
Pony Society
Mrs. H. Coates
Woodland St. Mary Cottage
Woodland St. Mary,
Lambourn
Berkshire, RG18 7SL
Tel. 0 14 88 7 33 13

The Exmoor Pony Society
Mr. D. Mansell
Glefern, Waddlcombe
Dulverton, Somerset, TA22
9RY
Tel. 0 13 98 34 14 90

Fell Pony Society
Keepers Cottage Guyzance
Acklington, Northhumber-
land, NE65 9AA
Tel. 00 44-16 70-761 117

The Hackney Horse Society
Miss S. Oliver
Clump Cottage
Chilterne, Warminster
Wiltshire, BA12 0LL
Tel. 0 19 85 85 09 06

The Highland Pony Society
Mr. I. Brown
Beechwood
Elle, Fife, KY9 1DH
Tel. 0 13 33 33 06 06

The Irish Draught Horse
Society
4th Street
National Agricultural Centre
Stoneleigh
Kenilworth, Warwickshire,
CV8 2LG
Tel. 0 12 03 69 65 49

The National Light Horse
Breeding Society (HIS)
Mr. G. W. Evans
96 High Street
Edenbridge, Kent, TN8 5AR
Tel. 0 17 32 66 62 77

The National Pony Society
Willingdon House
102 High Street
Alton, Hampshire GU34 1EN
Tel. 0 14 20 8 83 33

The New Forest Breeding
Society
Miss D. MacNair
Beacon Cottage
Burley, Ringwood
Hampshire, BH24 4EH
Tel. 0 14 25 40 22 72

The Shetland Pony Stud
Book Society
Ms. E. Ward
Pedigree House
6 Kings Place
Perth, PH2 8AD
Tel. 0 17 38 62 34 71

The Shire Horse Society
Mr. John Ward
East of England Show-
ground

Peterborough, Cambridge-
shire, PE2 8AD
Tel. 0 17 33 23 44 51

The Suffolk Horse Society
Mr. P. Ryder-Davies
The Market Hill
Woodbridge, Suffolk, IP12
4LU
Tel. 0 13 94 38 06 43

The Thoroughbred Breeders
Association
Stanstead House
the Avenue
Newmarket
Suffolk, CB8 9AA
Tel. 0 16 38 66 13 21

The Welsh Pony and Cob
Society
Mrs. A. L. Jenkins
6 Chalybeate Street
Aberystwyth
Dyfed, SY23 1HS
Tel. 0 19 70 61 75 01

Indien

Kathiawari, Marwari Horse
Breed Association
Bhuvaneswari Pith
Gondal, District Rajkot

Marwari Horse Breeders
Association
Umaid Bhawan
Jodhpur

National Bureau of Animal
Genetic Resources and
National Institute of Animal
Genetics
N.D.R.I. Campus
Karnal – 132001 Haryana)

Indonesien

Department of Agriculture
Directorate General of Live-
stock Services,
P. O. Box 4 02
Jakarta 10002

Iran

Mrs. Louise Firouz
No. 10 Danghan
Teheran 15999

Israel

Ministry of Agriculture
Israel Stud Book
P. O. Box 2 19
New Ziona 70 451

Irland

Connemara Pony Breeders
Society
Clifden, Co Galway
Tel. 0 03 53-95-2 18 63
Fax 0 03 53-95-2 10 05

Irish Horse Board
Dept. of Agriculture & Food
Agriculture House
Kildare Street, Dublin 2
Tel. 0 03 53-1-6 07 28 16

Kerry Bog Pony Society
John Mulvihill
Ballincleave
Glenbeigh, Co. Kerry
Tel. 0 03 53-66-6 91 84
Fax 0 03 53-66-6 94 77

Island

Icelandic Horse
Búnadarfélag Islander
Bændahöllini v/Hagatorg
P. O. Box 70 80
127, Reykjavík

Italien

Associazione nazionale
allevatori del cavallo delle
murge e dell'asino di Martina
Franca
Piazza Filippo D'Angio 53
74015 Martina Franca
(Torento)
Tel. 00 30-0 80-4 80 71 09
Fax 00 30-0 80-4 80 95 69

Associazione Nazionale
Allevatori
Cavallo Di Razza
Maremmana
Via Canova 13/A
58100 Grosseto
Tel. 00 39-5 64-41 70 87
Fax 00 39-5 64-2 50 81

Associazione Provinciale
Allevatori – Parma
del Cavallo Bardigiano
Borgo della Salnitrara 3
43100 Parma
Tel. 00 39-5 21-22 09 11
Fax 00 39-5 21-23 45 78

Ente di Gastione del Parco
Regionale „La Mandria"
Marisa Gtta
Viale Carlo Emanuele II
10078 Venaria Reale (Torino)
Fax 00 30-11-4 59 43 52
(Murgeser, Sella Italiano,
Schweres italienisches Zug-
pferd, TRP)

Japan

Japan Equine Affairs
Association
1-2 Kanda Surugadai
Chiyoda-ku, Tokyo

The Cooperator Group of
Protection for Misaki Horse
In the Kushima Municipal
Office
5550 Nishikata Kushimashi
Miyazaki-ken 888

The Perservation Associa-
tion of Hokkaido Native
Horse
In the Hokuno-kaikan Nishi
1 chyome
Kta 4jyo, Chyuku
Sapporo 060

The Preservation Club of
Kiso Horse
Suekawa, kaida-mura
Kiso-gun
Nagano-ken 897-08

The Preservation Club of
Miyako Horse
4F Hirara-shiminkaikan
5-1 Nishisato Hirari-shi
Okinawa-ken 906

The Preservation Club of
Tokara Horse
In the Laboratory of Animal
Breeding Faculty of Agricul-
ture
Kagoshima University
1-21-24 Kourimoto
Kagoshima-shi 890

The Preservation Club of
Yonaguni Horse
129 Yonakuni-chiyo
Yaeyame-gun
Okinawa-ken 907-18

The Promotion Club of
Taishuh Horse
In the Tushima-noukyo
606-10 Nakamura Izhuara-
machi
Shimoga-tumagun
Nagasaki-ken 817

Kanada

Canadian Sport Horse
Association
c/o Valerie Ashenhurst
Box 520, Gormley
Ontario LOH 1GO
Tel. 0 01-4 16-8 87-51 70

The Newfoundland Pony So-
ciety
Box 50 24, St. John's
NF Canada A1C 5V3

Korea

Korea Horse Affairs Association
685 Juang-dong Kwachon
Kyonggi-do 472-070

Professor Dominicus
C. Choung
Depart of Animal Science

Cheju National University
Cheju-do

Lesotho

Basotho Pony Project
P. O. Box 10 27
Maseru 100

Lettland

atvijas Lauksaimniecibas
konsultaciju un izglitibas
atbalsta centre
Rigas iela 34, Ozolnieku pag.
Jelgavas raj. 3018 Latvia

Litauen

Lietuvos Zemdirystes
Institutas, Inetituto aleja 1
5051 Dotnuva-Akademija
Kedainiy raj
Tel. 0 03 70-57-5 26-57
+ 3 72 71
Fax 0 03 70-5 69 96 + 3 75 95

Mexiko

Association Mexicana de
Criadores de Caballos de
Raza Azteca – AC
av. de Mexico, n° 101
Colonia del Carmen
Copoacan, C. P. 04100
Mexico D. F.

Niederlande

Het Nederlande Rijpaarden
en Ponystamboek NRPS
De Beak 125
3852 PL Ermelo

Vereniging „het Groninger
Paard"
Westerweg 33
9824 TE Noordwijk (Gn)
Tel. 06 94-65 81 18

Norwegen

All Breeds
Gudran Gaustad
Sekretaer i Samarbeidsut-
valget
Postboks 85
Årvol, 0515 Oslo 5

Österreich

Arbeitsgemeinschaft der
norischen Pferdezucht-
verbände Österreichs
5751 Maishofen 96
Tel. 00 43-65 42-6 82 70

Bundesfachverband für Rei-
ten und Fahren in Österreich
Geiselbergstr. 26–32/512
1110 Wien
Tel. 01 7 49 92 61
Fax 01 7 49 92 61-91

Bundesgestüt Piber
8580 Köflach-Piber

Haflinger Pferdezuchtver-
band
Haflingergestüt Fohlenhof
6341 Ebbs
Tel. 0 53 73 22 10

Peru

Asociación Nacional de
Criadores y de Caballos
Peruanos de Paso, Bellavista
No. 546, Lima 18

Polen

Ministerstwo Rolnictwa i
Gospodarki Zywnosciowe
Ul. Wspolna 30
00-930 Warsaw

Portugal

Associaçao de Criadores de
Raças Selectas
Rua D. Dinis 2
Lisbon 1200

Ministerio da Agricultura
Serviço Nacional Coudélico
Rua Victor Cordon 2
1200 Lisbon

Puerto Rico

Departamento de Agricul-
tura
Apartado 10163
Santurce
00908 Puerto Rico

Rußland

V. I. Lenin All-Union Acade-
my of Agricultura Sciences
21 Bolshoi Kharitonievsky
pereulok
Moscow 107814

Schweden

Avelsföreningen för Svenska
Ardennerhästen
Hôgaholmen
570 07 Uppsala

Avelsföreningen för Svenska
Varmblodiga Hästen
240 32 Flyinge

Avelsföreningen för Svenska
Varmblodiga Travhästen
(Zuchtverband für das
schwedische Traber-Warm-
blutpferd)
Skogby
31034 Kvibille
Tel. 00 46-35-5 62-60

Lantbruksstyrelsen
(National Board of Agriculture)
551 83 Jönköping

Swedish University of
Agricultural Sciences
Department of Clinical
Nutrition
P. O. Box 70 23
750 07 Uppsala

The Nort Swedish Horse
Association
(Nordschwedisches Pferd)
P. O. Box 40 48
18204 Enebyberg

Schweiz

Schweizer Pferdezucht-
verband
Geschäftsstelle
Kramgasse 58, Postfach 8 60
3000 Bern 8
Tel. 00 41-31-3 11 43 42
Fax 00 41-31-3 11 52 65

Schweizerischer Verband für
Ponys und Kleinpferde
Sekretariat
5728 Gontenswil
Tel. 00 41-6 49-1 91 96

Slowakische Republik

Nationalgestüt Topolcianky
Parkova ul. c. 13
SLO-95193 Topolcianky

Spanien

Asociacion de Criadores
De Caballos de Pura Raza
Espad)
teTrajano 2, 41002 Sevilla

Asociacivilla
Criadores De Caballos de
Pura Raza Espad)
terrCalle Hermosilla 20
28001 Madrid-1

Asociacion Nacional de
Criadores de Caballos de
Pura Raza Espanola
(A.N.C.C.E.)
Adriano, 29, 41001 Sevilla
Tel. 00 34-5-4 21.77.58
Fax 00 34-5-4 21.70.45

Exco. Sr. General Jefe de
Cria Caballar
Paseo de Extremadura 445
28014 Madrid

Südafrika

Kaapse Boerperd Breeders
Society of South Africa
P. O. Box 49, Bedford 5780

Nooitgedacht Horse Breeders
Society
PO Box 1 22 62
Clubview 0014

Thailand

Royal Turf Club of Thailand
183 Pitsanuloke Road
Bangkok 10300

Tschechien

Státní plemenársky podnik,
koncern Nositel Radu práce
Praha (Prag)
Pracovist Hradistko p.
„Medníkem"
252 09 Hradis
tko pod Medníkem
Prague

Státní plemenársky podnik
koncern Praha
Vítezného února 64,
Post Box 91
120 77 Prague 2

Hřebčin Equus Kinky
Ostrov 68
50351 Chlumecnad Cidlinov

Türkei

Tarim Isletmeleri Genel
Müdürlügü
Karacabey Tarim Isletmesi
Müdürlügü
Posta Kod. 16720
Karacabey, Bursa, Turkey

Ungarn

Alle Rassen
Institute for Agricultural
Quality Control

Mezögazdasági Minísítö
Intézet
1024 Budapest
Keleti Károly u. 24
Budapest 114.Pf.30.,90

Verein der Araberzüchter
Ungarns
2943 Babolna
Tel. 36-34-36 91 11
Fax 36-34-36 90 03

Verein der Sportpferde-
züchter Ungarns
Kerepesi út 7
1087 Budapest
Tel. 36-1-1 13 86 79

Ungarisches Sportpferd
Verein für Kisbérer-Halb-
blutzucht Ungarns
Kelati Károly u. 24
1024 Budapest
Tel. 36-1-2 12 31 27
Anglo-Araber und Kisberer
und Gidran

Verein für Nonius-Zucht
Ungarns
Arpád tér 3
6500 Baja
Tel./Fax 36-79-32 33 44

Verein für ungarische Kaltblutzucht
Deák F. u. 57
8360 Keszthely
Tel. 36-83-3 12-5 37

USA

American Appaloosa Assoc.
Box 4 09
Sturgis, KY 42459

American Bashkir Curley
Registry
P. O. Box 2 46
Ely, Nevada 89301
NV 98301
Tel. 0 01-7 02-2 89 42 28

American Miniature Horse
Winner's Circle Ranch
5911, Lakeville Highway

Petaluma, California 94954
Tel. 0 01-7 07-7 62 18 08
Fax 0 01-7 07-7 62 59 07

American Paint Horse Assn.
Dept. WH 90
P. O. Box 96 10 23
Fort Worth, Texas 76161
Tel. 0 01-8 17-4 39-34 00

American Quarter Horse
Assn.
P. O. Box 2 00
Amarillo, Texas 79168
Tel. 0 01-8 06-3 76-48 11

Chickasaw Horse Association
Love Valley, North Carolina

Colorado Ranger Horse
Assn., Inc.
RD 1, Box 12 90
Wampum, PA 16157-9610
Tel. 0 01-4 12-5 35-48 41

Florida Cracker Horse Assn.,
Inc.
P. O. Vox 1 86
Newberry, FL 32669
Tel. 0 01-9 04-4 72-22 28

International American
Albino Asen.
Route 1, Box 20
Naper, NE 68755
Tel. 00 14 02-8 32-55 60

International Buckskin
Horse Assn.
P. O. Box 2 68
Shelby, IN 46377
Tel. 0 01-2 19-5 52-10 13

International Morab Bree-
ders Asscn.
S. 101 W. 34628 Hwy. 99
Eagle, WI 53119

Missouri Fox Trotting Horse
Assn.
P. O. Box 10 27
Ava, MO 65608
Tel. 0 01-4 17-6 83-24 68

National Show Horse
Registry
11700 Commonwealth Drive
Suite 200, Lousville
KY 40299

North American Single-
Footing Horse Assn.
PO Box 10 79
Three Forks, MT 59752
Tel. 0 01-4 06-2 85-68 26

Pintabian Horse Registry,
Inc.
P. O. Box 3 60
Karlstadt, MN 56732-0360
Tel. 0 01-2 18-4 36 77 68

Racking Horse Breeders
Association of America
67 Horse Center Rd.
Decatur, AL 35603
Tel. 0 01-2 05-3 53-72 25

Rocky Mountain Horse
Assn.
6659 E. Hwy.
36, Olympia, KY 40358
Tel. 0 01-6 06-6 74-28 59

Spanish Mustang Registry,
Inc.
Rt. 3, Box 76 70
Willcox, AZ 85643
Tel. 0 01-6 02-3 84-28 86

Spanish-Norman Horse
Registry, Inc.
Linda Osterman Hamid,
Registrar
P. O. Box 9 85
Woodbury, Connecticut
06798
Tel. 00 12 03-2 66-40 48
Fax 00 12 03-2 63-33 06

Spanish-Barb Breeders
Association
188 Springridge Rd.
Terry, MS 39170
Tel. 0 01-6 01-3 72-88 01

Tennessee Walking Horse
Assn.
P. O. Box 2 86

Lewisburg, TN 37091
Tel. 0 01-6 15-3 59-15 74

Tennessee Walking Horse
Breeder's & Exhibitors' As-
sn.
P. O. Box 2 86
250 N. Ellington PKWY
Lewisburg, TN 37091
Tel. 0 01-6 15-3 59-15 74

The American Morgan Horse
Assn., Inc.
P. O. Box 9 60
Shelburne, VT 05482-960

The American Saddlebred
Horse Assn.
Kentucky Horse Park
4093 Iron Works Pike
Lexington, KY 4051
Tel. 0 01-6 06-2 59-27 42 +
2 59-ASHA

The United Quarab Registry
411100 NE Fernwood Road
Newberg, OR 97132
Tel. 0 01-5 03-5 38-0 51

Literatur

Ahnert, R.: Geliebte Rösser. Die schönsten Pferde aus aller Welt. L. B. Ahnert o. J., Friedberg.

Asil Club (Hrsg.): Asil Araber/Asil Arabiens. Georg Ohms (Dokumenta Hippologica), Hildesheim 1990.

Australian Stock Horse Society Ltd. (Hrsg.): The Australian Stock Horse, o. A.

Baudissin, v.: Pferderassen und Rassepferde. Verlag Bernard & Graefe, Berlin 1934.

Beaulieu, Ch. de: Vollblut. Eine Pferderasse erobert die Welt. BLV Verlag, München 1967, 2. Aufl.

Bilke, E.: Pferdepassion. Von Pferdezucht und Pferdeschönheit. Georg Olms, Hildesheim 1976.

Bobilew, I.: Das große Buch der Pferde Rußlands. Reich Verlag, Luzern 1977.

Bölsche, W.: Das Pferd und seine Geschichte. Verlag G. Bondi, Berlin 1909.

Bongianni, M.: Handbuch der Pferderassen. A. Müller Verlag, Rüschlikon-Zürich 1988.

Born, L. und Möller, H.: Handbuch der Pferdekunde. Verlag Parey, Berlin 1928, 9. überarb. Aufl.

Brabenetz, H.: Das k. k. Staatsgestüt Radautz und seine Pferde. JSG-Vlg., CH-Gerlikon 1987.

Bräuer, C.: Die Gestüte des In- und Auslandes. Schönfels's Verlagsbuchhandlung, Dresden 1901.

Bredow, H. v.: Die Pferdezucht in Ungarn. Verlag Schaper, Hannover 1927.

Brady, Irene: America's Horses and Ponies. Houghton Mifflin Comp., Boston 1976.

British Horse Society (Hrsg.): Horse & Pony Breeds of Great Britain. Hrsg., Kenilworth o. J.

Bücherl, L. E.: Geschichte des Staatsgestütswesens in Bayern. Dissertation, München 1952.

Cabell Self, Margaret: The Horseman's Encyclopedia. A. S. Barnes. New and Revised Edition, New York 1963.

Chapeaurouge, Dr. med. A. de: Bilder aus der Entwicklung der Zucht der Orlow-Traber. Schickhardt & Ebner (Unsere Pferde), Stuttgart 1921.

Clabby, J.: Naturgeschichte des Pferdes. Verlag Hoffmann, Heidenheim a. d. Benz 1978.

Comité National de l'Elevage (Hrsg.): Die wichtigsten französischen Rassen. o. A. um 1935.

Dechamps, Bruno J. G.: Über Pferde. Verlag Ullstein, Berlin 1957.

Dencker, Cl.: Das Oldenburger Pferd. Verlag Parey, Berlin 1941.

Devens, F. C.: Das deutsche Ross in der Geschichte, in Sitte, Gang und Sage. Kommissionverlag E. F. Steinacker, Leipzig 1898.

Diem, C.: Asiatische Reiterspiele. Deutscher Archiv-Verlag, Berlin 1941.

Direktorium f. Vollblutzucht u. Rennen (Hrsg.): Die Vollblutzucht der Welt. Podzun-Verlag, Dorheim 1970.

Ders. (Hrsg.): Das Rennpferd. Köln, Hrsg. 1986.

Ders. (Hrsg.): Die Vollblutzucht, 3. Aufl. Köln Hrsg. 1992.

Döhle, Hans-Jürgen: Die linienbandkeramischen Tierknochen von Eilsleben, Bördekreis. Halle (Saale), Landesamt für archäologische Denkmalpflege Sachsen-Anhalt, Bd. 47. 1994.

Edwards, E. H.: Pferde. Begleiter des Menschen durch die Geschichte. A. Müller Verlag, Rüschlikon-Zürich 1988.

Edwards, E. H.: The Encyclopedia of the Horse. Dorling Kindersley. London 1994.

Edwards, E. H.: Mein großes Pferdebuch. A. d. Engl, Bechtermünz, Augsburg 1997.

Ehrensberger, E.: Pfälzische Pferdezucht. Beiträge zur Geschichte derselben und der Gestütsanstalt Zweibrücken. Verlag Schaper, Hannover 1922.

Ernst, H.: Entwicklung des ehemaligen Fürstlich-Lippischen Sennergestüts. Dissertation, Hannover 1956.

Federation des Stud-Books Luxembourgeois (Hrsg.): 75 Jöer Ardennerzucht, 25 Jöer F. S. L., Hrsg., Luxemburg 1996.

Fehringer, O.: Wildtiere und Haustiere. Franckh'sche Verlagshandlung, Stuttgart 1936.

Fehringer, O.: Das Pferd. Verlag W. Burger, Mannheim 1946.

Fehringer, O.: Unser Pferd. Palmen-Verlag, Berlin 1950.

Feuersänger, H.: Der Pinzgauer Noriker. Verlag F. Rauch, Innsbruck 1941.

Flade, J. E.: Shetlandponys. Ziemsen Verlag, Lutherstadt Wittenberg 1975, 4. Aufl.

Flade, J. E. und Gleß, K.: Kleinpferde. Landwirtschaftsverlag, Berlin 1983, 2. erw. Aufl.

Flade, J. E.: Das Araberpferd. A. Ziemsen Verlag, Lutherstadt Wittenberg 1989, 6. erw. Aufl.

Flade, J.E.: Janow Podlaski und die polnische Araberzucht. Zebasil-Vlg., CH-Gerlikon 1997.

Fraisse, F.: Die Warmblutzucht in der Provinz Brandenburg mit besonderer Berücksichtigung der staatlichen Gestüte bei Neustadt a. d. Dosse. Verlag Schaper, Hannover 1927.

Frei, Thomas (Hrsg.): Pferdeland Schweiz. Huber Verlag, CH-Frauenfeld, 1994.

Friede, E.: Der Trabersport. Verlag Reher, Berlin 1937.

Frikart, F. A. (Hrsg.): Schweizer Pferdebuch. Illionverlag, Basel 1944.

Froehlich, G. und Schwarzecker, G.: Lehrbuch der Pferdezucht. Verlag Parey, Hamburg–Berlin 1926.

Geuer, C.: Reiter, Pferd und Fahrer. Verlag Küster & Co., Essen 1939.

Glyn, R. und Bruns, U.: Das große Buch der Pferderassen. Albert Müller Verlag, Rüschlikon–Zürich 1971.

Gold, M.: Kleinpferde und Ponys. Verlag Welsermühl, Wels 1975.

Goldbeck, Dr.: Das edle französische Pferd und die Remontierung Frankreichs. Schaper Verlag. Hannover 1913.

Gorbracht, W.: Das Abenteuer Pferd. Band 1 u. 2. Limpert Verlag 1976 u. 1978.

Gramann, G. und Stien, H. H.: Das Holsteiner Sportpferd. Entwicklung – Zucht – Leistung. Franckh'sche Verlagshandlung 1980.

Große Wiesmann, P.: Die Zucht des Renntrabers in Westdeutschland. Arbeiten a. d. Dtsch. Tierzucht 25, 1950.

Haller, Martin: Ponys aus Irland. Die Connemaras. Müller Rüschlikon, CH-Cham 1994.

Hammond, J./Johansson, I./Haring, F.: Handbuch der Tierzüchtung. Parey-Verlag, Berlin 1961.

Hangen, G.: Sportpferde aus Hessen. Geschichte, Zucht und Sport. BLV Verlagsgesellschaft, München 1998.

Heck, Holger, Weiss, H.: Das Haupt- und Landgestüt Marbach. Ahnert Verlag, Friedberg 1988.

Hecker, W.: Babolna und seine Araber. JSG-Vlg., CH-Gerlikon 1994.

Heling, M.: Trakehnen. BLV-Verlag, München 1962.

Hendricks, Bonnie L.: International Encyclopedia of Horse Breeds. University of Oklahoma Press. Norman 1995.

Heupel, H.: Westfalens Haflinger in Wort und Bild. Westfälischer Haflingerverein, Gütersloh 1989.

Huber, P. (Hrsg.): 1000 Jahre Pferdezucht Kloster Einsiedeln. Ede Verlag, Einsiedeln 1966, 3. Aufl.

Irmscher, J. und Johne, R.: Lexikon der Antike. Gondrom Verlag, Bindlach 1986, 7. Aufl.

Iwersen, E.: Das Holsteiner Pferd. Verlag Parey, Berlin 1937.

Jankuhn, Herbert: Vor- und Frühgeschichte vom Neolithikum bis zur Völkerwanderungszeit. Ulmer Verlag, Stuttgart 1969.

Jähns, M.: Ross und Reiter in Leben und Sprache, Glauben und Geschichte der Deutschen. Verlag Fr. W. Grunow, Leipzig 1872.

Kapitzke, G.: Wildlebende Pferde. Parey Verlag, Berlin 1973.

Kidd, Jane: Horses & Ponies of the world. Ward Lock, London 1995.

Kidd, Jane: Pferde-Rassen, Zucht, Ausbildung. A. d. Engl. K. Müller Verlag, Erlangen 1994.

Kirkpatrick, Joy F.: Into the Wind. Wild horses in North America. North Word Press, Inc. Minoqua 1994.

Kresse, Wolfgang: Pferde und Ponys. Verlag Eugen Ulmer, Stuttgart 1997, 2. Aufl.

Kreuz, A. und Späh, K.: Wildpferde einst und jetzt. Verlag Fredebeul & Koenen, Essen 1931.

Krüger, W.: Unser Pferd und seine Vorfahren. Verlag J. Springer, Berlin 1939.

Kuhn, Prof. Dr. Dieter (Hrsg.): Chinas Goldenes Zeitalter. Die Tang-Dynastie (618–907 n. Chr.) und das kulturelle Erbe der Seidenstraße. Edition Braus, Ausstellungskatalog, Heidelberg 1993.

Lackner, Karl-Ludwig (Hrsg.): Die Senner. Kramer Verlag, Borgholzhausen 1996.

Lisch, G. C. F.: Zur Geschichte der Pferdezucht in Mecklenburg. Archiv f. mecklenburgische Landeskunde, Schwerin 1856.

Löffler, K.: Das Pferd. Zucht, Pflege, Veredlung und Geschichte. Verlag Th. Grieben, Berlin 1866.

Löwe, H.: Pferdezucht. Verlag Eugen Ulmer, Stuttgart 1988. 6., neubearb. Aufl.

Macgregor-Morris, Pamela: Champion Horses and Ponies. Macdonald & Co., London 1956.

Mason, I. L.: A World Dictionary of Livestock Breeds Types and Varieties. Bucks. Commonwealth Agricultural Bureaux 1969.

Meyer, E.: Farbe und Abzeichen bei Pferden. Verlag Schaper, Hannover 1949.

Munckel, H.: Die Rheinische Kaltblutzucht. Verlag Schaper, Hannover 1925.

National Horse Society of Iran (Hrsg.): National Horse Society of Iran. Physical Education Organization of I. R., Iran. Teheran o. J.

National Pony Society (Hrsg.): Mountain & Moorland Nativ Breeds Standards and Showing Rules. Hrsg., Alton 1995/6.

Neuschulz, H.: Pferdezucht, Haltung und Sport. Dtsch. Bauernverlag 1956.

Nissen, Jasper: Welches Pferd ist das? Franckh'sche Verlagshandlung, Stuttgart 1987, 10. Aufl.

Norman, H. v.: Hippologisches Lexikon. Limpert Verlag, Berlin 1939.

Nürnberg, H.: Lipizzaner. Verlag J. Neumann-Neudamm, Berlin 1984, 2., überarb. u. erw. Aufl.

Oklahoma State University, Board of Regents: Horse Breeds. Breeds of Liverstock. Animal Science Home Page, 1997.

Paul, W.: Deutschlands beste Ponys. Ahnert Verlag, Friedberg 1988.

Paul, W.: Haflinger in Europa. Ahnert Verlag, Friedberg 1988.

Paul, W. und Hangen, G.: Kaltblüter. B. Danker-Verlag, Friedberg/H. 1989.

Petersen: Pferde, Pferdezucht und Sport in Ostasien. Neumann Verlag, Neudamm 1894. 2. Aufl.

Ramsauer, R. und Ernst, W.: Das Oldenburger Sportpferd. Ahnert Verlag, Friedberg 1978.

Rau, G.: Aufgaben und Entwicklung der Deutschen Landespferdezucht in Vergleich zur Landespferdezucht in Frankreich und Ungarn. Verlag Schickhardt & Ebner, Stuttgart 1909.

Rau, G.: Die deutschen Pferdezuchten. Verlag Schickhardt & Ebner, Stuttgart 1911.

Rau, G.: Die Beurteilung des Warmblutpferdes. Verlag Parey, Berlin 1935.

Rich, A.: Illustriertes Wörterbuch der römischen Alterthümer. Reprint der Originalausgabe 1862.

Röger-Lakenbrink, Inge: Freiberger. Verlag A. Müller Rüschlikon, CH-Cham 1997.

Roth, F.: Pferde in Frankreich. Limpert Verlag, Bad Homburg 1984.

Royal Horse Society (Hrsg.): The Turkoman Horse. Hrsg. Teheran o. J.

Saenger, O.: Vollblut-Araber in Deutschland. Ahnert Verlag, Friedberg 1982.

Sambraus, H. H.: Gefährdete Nutztierrassen. Ihre Zuchtgeschichte und Bewahrung. Verlag Eugen Ulmer, Stuttgart 1994.

Sambraus, H. H.: Atlas der Nutztierrassen. Verlag Eugen Ulmer, Stuttgart 1994, 4., erw. Aufl.

Simpson, G. G.: Pferde: d. Geschichte d. Pferdefamilie in der heutigen Zeit u. in 60 Millionen Jahren ihrer Entwicklung. Verlag Parey, Berlin–Hamburg 1977.

Summerhays, R. S.: The Observer's Book of Horses and Ponies. Warne & Co., London 1973, 3. Aufl.

Summerhays, R.S.: Summerhay's Encyclopedia for Horsemen. The Kenilworth Press, London 1988.

Schäfer, Michael: Andalusische Pferde. Die Pferde Spaniens und Portugals. Verlag Nymphenburger, München 1980.

Schiele, E.: Arabiens Pferde. Allahs liebste Kinder. BLV-Verlagsgesellschaft, München 1975. 2., neubearb. Aufl.

Schiele, E.: Araber in Europa. BLV-Verlagsgesellschaft, München 1982, 3., völlig neubearb. Aufl.

Schilke, F.: Das ostpreußische Warmblutpferd. BLV Verlag, München 1974. Unveränderter Nachdruck v. Heft 7: Aus dtsch. Zuchten 1938.

Schlie, A.: Der Hannoveraner. BLV Verlag München 1975, 2. Aufl.

Schlieben, A.: Die Pferde des Alterthums. Verlag der J. H. Heuser'schen Buchhandlung. Neuwied & Leipzig, 1867.

Schön, D.: Praktische Pferdezucht. Verlag Eugen Ulmer, Stuttgart 1983.

Schöttler, F.: Das Hannoversche Pferd. Verlag Schaper, Hannover 1925, 2., umgearb. Aufl.

Schola, W.: Das bosnische Pferd. Dissertation. Leipzig 1912.

Schultz, A.: Das Mecklenburgische Landgestüt Redefin mit besonderer Berücksichtigung seiner Geschichte und seiner Bedeutung für die Landespferdezucht. Akademischer Verlag, Halle (Saale) 1935.

Schwark, H. J.: Pferdezucht. Landwirtschaftsverlag, Berlin 1984.

Schwark, H. J.: Das Haflinger Pferd. A. Ziemsen Verlag, Lutherstadt Wittenberg 1965.

Schwartz, J. v. und Krocker, A.: Deutsches Gestüt-Buch. Geschichte und Beschreibung deutscher Gestüte. Verlag Wiegandt & Hempel, Berlin 1872.

Steffens, L.: Die ostfriesische Pferdezucht in ihrer Entwicklung und ihrer Bedeutung für das Reichsheer. Verlag H. Soltau, Norden 1938.

Stenglin, Chr. v.: Deutsche Pferdezucht. FN-Verlag, Warendorf 1994, 2. Aufl.

Stoeckel, C. M.: Die Königlich preußische Gestüt-Verwaltung und die preußische Landes-Pferdezucht. Verlag Parey, Berlin 1890.

Stöve, H.: Das Landgestüt Kreuz. Akademischer Verlag, Halle (Saale) 1935.

Theulegoet, H. de: Monographie des Belgischen Lastpferdes. Verlag Schaper, Hannover 1925.

Thurner, K.: Der Haflinger und seine Zuchtgebiete. Kommissions-Verlag F. Rauch, Innsbruck 1938.

Trench, Ch. Ch.: Geschichte der Reitkunst. Nymphenburger Verlagshandlung, München 1970.

Unger, W. v.: Die Senner. DLG Verlag, Berlin 1915.

Uppenborn, W.: Pferdezucht und Pferdehaltung. Verlag Binz-Dohany, Offenbach 1976, 6. Aufl.

Uppenborn, W.: Ponys: Umgang u. Haltung. Verlag Eugen Ulmer, Stuttgart 1978, 4., völ. neugest. Aufl.

Walford, B.: Champion Horses of the Americas. Galad Books, New York City 1971.

Welsh Pony & Cob Society (Hrsg.): Welsh Ponies of Cob Type and Cobs. Hrsg., Aberystwyth o. J. Ders. (Hrsg.): Welsh Ponies and Cob. Hrsg. Aberystwyth o. J.

Wenzler, G.: Das Arabische Vollblutpferd. Franckh'sche Verlagshandlung, Stuttgart 1980.

Wiesner, Joseph: Fahren und Reiten in Alteuropa und im Alten Orient. Nachdruck. Hildesheim, Ohns 1971.

Wrangel, C. G. v.: Die Rassen des Pferdes. Verlag Schickhardt & Ebner, Stuttgart 1908.

Wrangel, C. G. v.: Das Buch vom Pferde. Verlag Schickhardt & Ebner, Stuttgart 1910.

Wussow, W.: Beurteilung der Pferde. Neumann Verlag, Radebeul 1970, 3. Aufl.

Zorn, W.: Pferdezucht. Verlag Eugen Ulmer, Stuttgart 1944.

Zyderveld, Maryan: Anhang zu Tölt und Paß in Rostock/Feldmann: Islandpferde Reitlehre, Bad Honnef 1994, 7. Aufl.

Register

Bildquellen

Agricola, B., Kirchbracht:
Seite 104.
Associazione Provinciale
Allevatori, Parma
(Italien): Seite 67.
Associcao Brasileira dos
Criadores do Cavalo
Campolina, Savassi
(Brasilien): Seite 84.
Australian Pony Stud Book
Soc., Homebush Bay
(Australien): Seite 63.
Borggreve, G., Bad Bent-
heim: Seite 305.
Clydesdale Horse Society,
Edinburgh (England):
Seite 92.
Darby, C., The Waler Horse
Soc. of Australia, Bardon
(Australien): Seite 299.
Direktorat Jenderal Peterna-
kan, Jakarta (Indonesien):
Seite 147, 284.
Dohna, A. Gräfin von,
Bispingen: Seite 291.
Dossenbach, M. u. D.,
Schlatt (Schweiz):
Seite 28/29, 39, 52, 57,
61, 68, 83, 93, 109, 132,
139, 140, 171, 173, 196,
209, 210, 212, 213, 215,
227, 231, 232, 250, 251,
252, 257, 273, 279, 283,
292, 298.
Dressler, T., Marbella
(Spanien): Seite 2, 36/37,
191.
Dyck, D. & T., Rosemary
(Kanada): Seite 86.
Enz, H., Scheyern: Seite
248.
Ernst, W., Ganderkesee:
Seite 205.
FAO, Genetic Resources
Group, Rom (Italien):

Seite 34, 42, 110, 146,
148, 165, 166, 172, 204,
240, 267, 277, 288, 300,
308.
Il Park, Y., Seoul (Korea)
Seite 89.
Obata, T., Tsukuba (Japan):
Seite 278.
Oishi, T., Tsukuba (Japan):
Seite 311.
Fell Pony Society, Ulveston
(England): Seite 113.
Gretscher-Said, K., Berlin:
Seite 72.
Guni & Streitferdt,
Böblingen: Titelbild,
Umschlagrückseite,
Seite 58 (2), 313.
Hauptverband für Traber-
zucht und -rennen,
Kaarst: Seite 289.
Houghton, K., Spaxton
(England): Seite 47, 50,
64, 65, 66, 71, 78, 88, 97,
98, 118, 122, 127, 128,
141, 144, 145, 149, 168,
174, 188, 189, 190, 193,
194, 200, 214, 216, 220,
224, 225, 230, 234, 237,
242, 244, 245, 254, 269,
276, 281, 306, 309.
IG Dartmoor, Simmerath:
Seite 99.
Jesinghaus, K., Dortmund:
Seite 221.
King, S., Cottonwood (USA):
Seite 91.
Kresse, W., Verden: Seite
116, 117, 137, 138, 155,
164, 179, 187, 229, 256,
295.
Ludenia, S., Lutherstadt:
Seite 44.
Lundström, B., Stockholm
(Schweden): Seite 126, 201.

Maeda, Y., Kagoshima
(Japan): Seite 286.
Merens Deutschland,
Melchingen: Seite 182.
Müller, U., Bremen:
Seite 40.
Norman, B., Petaluma
(USA): Seite 48.
North American Single-
Footing Horse Assoc.,
Three Forks (USA):
Seite 203.
Osterman Hamid, L., Wood-
bury (USA): Seite 271.
Perttunen, E., Suomen
Hippos, Espoo (Finnland):
Seite 114.
Pintabian Horse Registry,
Karlstad (USA): Seite 219.
Rau, J., Mainz- Hechtsheim:
Seite 152, 161, 222.
Rocky Mountain Horse
Assoc., Danville (USA):
Seite 238.
Rosenthal, F., Siegen:
Seite 301, 302, 304.
Sambraus, H. H.,
Weihenstephan:
Seite 25, 38, 43, 54, 56,
70, 71, 74, 75, 77, 82, 93,
96, 103, 105, 115, 120,
124, 134, 135, 143, 150,
151, 156, 158, 159, 160,
163, 170, 178, 183, 185,
197, 199, 208, 236, 239,
243, 249, 259, 261, 264,
265, 266, 275, 297.
Schmelzer, A., Altrip:
Seite 41, 51, 60, 312.
Scholian, V., Ginsheim-
Gustavsburg: Seite 53.
Schröder, B., Neubranden-
burg: Seite 76, 181,
Schumann, R., Dresden:
Seite 101, 253, 258.